应用型本科旅游管理专业精品系列规划教材

旅行社经营与管理

主　编　叶娅丽　陈学春

北京理工大学出版社
BEIJING INSTITUTE OF TECHNOLOGY PRESS

图书在版编目（CIP）数据

旅行社经营与管理/叶娅丽，陈学春主编．—北京：北京理工大学出版社，2018.11（2018.12 重印）

ISBN 978－7－5682－5190－7

Ⅰ．①旅…　Ⅱ．①叶…②陈…　Ⅲ．①旅行社－企业经营管理－高等学校－教材　Ⅳ．①F590.63

中国版本图书馆 CIP 数据核字（2018）第 007817 号

出版发行／北京理工大学出版社有限责任公司
社　　址／北京市海淀区中关村南大街 5 号
邮　　编／100081
电　　话／(010) 68914775（总编室）
　　　　　(010) 82562903（教材售后服务热线）
　　　　　(010) 68948351（其他图书服务热线）
网　　址／http：//www.bitpress.com.cn
经　　销／全国各地新华书店
印　　刷／北京富达印务有限公司
开　　本／787 毫米×1092 毫米　1/16
印　　张／22
字　　数／517 千字
版　　次／2018 年 11 月第 1 版　2018 年 12 月第 2 次印刷
定　　价／59.80 元

责任编辑／龙　微
文案编辑／郑苍一钢
责任校对／周瑞红
责任印制／李志强

出版说明

用创新性思维引领应用型旅游管理本科教材建设

市场上关于旅游管理专业的教材很多，其中不乏国家级规划教材。然而，长期以来，旅游专业教材普遍存在着定位不准、与企业实践背离、与行业发展脱节等现象，甚至大学教材、高职高专教材和中职中专教材从内容到形式都基本雷同的情况也不少见，让人难以选择。当教育部确定大力发展应用型本科后，如何编写出一套真正适合应用型本科使用的旅游管理专业教材，成为应用型本科旅游管理专业发展必须解决的棘手问题。

北京理工大学出版社敢为人先。2015 年夏秋，出版社在成都召开了两次应用型本科教材研讨会，参会的人员有普通本科、应用型本科和部分专科院校的一线教师及行业专家。会议围绕应用型本科教材特点、应用型本科与普通本科教学的区别、应用型本科教材与高职高专教材的差异性进行了深入探讨。大家达成许多共识，并在这些共识基础上组建成教材编写组和大纲审定专家组，按照“新发展、新理念、新思路”的原则编写了这套教材。教材在四个方面有较大突破：

一是人才定位。应用型本科教材既要改变传统本科教材按总经理岗位设计的思路，避免过高的定位让应用型本科学生眼高手低，学无所用；又要与以操作为主、采用任务引领或项目引领方式编写的专科教材相区别，要有一定的理论基础，让学生知其然亦知其所以然，有发展的后劲。教材编写组最终确定将应用型本科教材定位为培养基层管理人才，这种人才既懂管理，又会操作，能被旅游行业广泛接纳。

二是课程和教材体系创新。在人才定位确定后，教材编写组对应用型本科课程和教材体系进行了创新，核心是弥补传统本科教材过于宏观的缺陷，按照市场需要和业务性质来创新课程体系，并根据新课程体系创新教材体系，譬如在《旅行社经营与管理》之外，配套了《旅行社计调业务》《旅游产品设计与开发》《旅行社在线销售与门店管理》等教材。将《饭店管理》细化为《前厅服务与管理》《客房服务与管理》《餐饮服务与管理》，形成与人才定位一致的应用型本科课程体系和教材体系。与此同时，编写组还根据旅游业新的发展趋势，创新了许多应用型本科教材，如《乡村旅游经营与管理》《智能旅游管理与实务》等，使教材体系与产业结合得更加紧密。

三是知识体系的更新。由于旅游业发展速度很快，部分教材从知识点到服务项目再到业务流程都已经落后了，如涉旅法规的变更、旅游产品预订方式的在线化、景区管理的智能化以及乡村旅游新业态的不断涌现等。这就要求教材与时俱进，不断更新。教材编写组在这方面做了大量工作，使这套教材能够及时反映中外旅游业发展成就，掌握行业变化动态，传授最新知识体系，并与相关旅游标准有机融合，尽可能做到权威、全面、方便、适用。

四是突出职业教育，融入导游考证内容。2016 年 1 月 19 日国家旅游局办公室正式发布了《2016 年全国导游人员资格考试大纲》（旅办发〔2016〕14 号），大纲明确规定：从 2016 年起，实行全国统一的导游人员资格考试，不指定教材。本套教材中的《旅游政策与法规》《导游实务》《旅游文化》等属于全国导游资格考试统考科目，教材紧扣《全国导游资格考试大纲》，融入了考证内容，便于学生顺利地取得导游证书。

为了方便使用，编写体例也尽量人性化，大部分教材各章设计了“学习目标”“实训要求”“小知识”“小贴士”“知识归纳”“案例解析”和“习题集”，同时配套相应的教学资源，无论是学生还是教师使用都十分方便。本套教材的配套资源可在北京理工大学出版社官方网站下载，下载网址为：www. bitpress. com. cn 或扫封底二维码关注出版社公众号。

当然，由于时间和水平有限，这套教材难免存在不足之处，敬请读者批评指正，以便教材编写组不断修订并至臻完善。希望这套教材的出版，能够为旅游管理专业应用型本科教材建设探索出一条成功之路，进一步促进并提升旅游管理专业应用型本科教学的水平。

四川省旅游协会副会长
四川省导游协会会长　　陈乾康
四川省旅发委旅行社发展研究基地主任
四川师范大学旅游学院副院长

总 序

随着高等教育迈向大众化发展的趋势，人才培养逐渐由重理论、重学术向重实践、重能力转变，强调职业素质、职业技能与职业能力的培养，注重培养适宜时代发展需要的应用型人才。旅游管理作为一门应用性极强的学科，在探索应用型本科的专业建设、课程体系重构、教学手段革新、教学内容丰富等方面走在前列，对其他专业向应用型本科转型具有引领示范性作用。

2015 年 10 月国家旅游局、教育部联合出台了《加快发展现代旅游职业教育的指导意见》，其中指出要“加强普通本科旅游类专业，特别是适应旅游新业态、新模式、新技术发展的专业应用型人才培养。”在当今时代背景下，本套“旅游管理专业应用型本科规划教材”对推动普通本科旅游管理专业转型，培养适应旅游产业发展需求的高素质管理服务人才具有重要的意义。具体来说，本套教材主要有以下四个特点：

一、理念超前，注重理论结合实际

本套教材始终坚持“教材出版，教研先行”的理念，经过了调研旅游企业、征求专家意见、召开选题大会、举办大纲审定大会等多次教研活动，最终由几十位高校教师、旅游企业职业经理人共同开发、编写而成。

二、定位准确，彰显应用型本科特色

该套教材科学区分了应用型本科教材与普通本科教材、高职高专教材的差别，以培养熟悉企业操作流程的基层管理人员为目标，理论知识按照“本科标准”编写，实践环节按照“职业能力”要求编写，在内容上凸显了教材的理论与实践相结合。

三、体系创新，符合职业教育要求

本套教材按照职业教育“课程对接岗位”的要求，优化了教材体系。针对旅游企业的不同岗位，出版了不同的课程教材，如针对旅行社业的教材有《旅行社计调业务》《导游实务》《旅行社在线销售与门店管理》《旅游产品设计与开发》《旅行社经营与管理》等，保证了课程与岗位的对接，符合旅游职业教育的要求。

四、资源配备，搭建教学资源平台

本套教材以建设教学资源数据库为核心，制作了图文并茂的电子课件，以方便教师教学，还提供了课程标准、授课计划、案例库、同步测试题及参考答案、期末考试题等教学资料，以便于教师参考；同步测试题中设置了单项选择题、多项选择题、判断题、简答题、技能操作题及参考答案，便于学生练习和巩固所学知识。

在全面深化“大众创业，万众创新”的当代社会，学生的创新能力、动手能力与实践能力成为旅游管理应用型本科教育的关键点与切入点，而本套教材的率先出版可谓是一个很好的出发点。让我们一起为旅游管理应用型本科教育的发展壮大而共同努力吧！

教育部旅游管理教学指导委员会副主任委员
湖北大学旅游发展研究院院长

前 言

2015年10月，文化和旅游部（原国家旅游局）[1] 和教育部联合出台的《加快发展现代旅游职业教育的指导意见》明确指出："加强普通本科旅游类专业，特别是适应旅游新业态、新模式、新技术发展的专业应用型人才培养"，把普通本科旅游类专业定位于专业应用型人才培养。

为推动普通本科旅游管理专业转型，培养适应旅游产业发展需求的高素质的技术技能和管理服务人才，北京理工大学出版社将"旅游管理专业应用型本科规划教材"列为重点出版项目，《旅行社经营与管理》就是在这种背景下编写的。笔者把自己20多年从事旅行社经营管理的教学经验和在旅行社从业的实践经验融入到了《旅行社经营与管理》教材编写的过程中，经过多次到旅行社调研、向旅行社相关专家进行咨询，反复修改后，最终完成了这本应用型本科教材的编写工作。该教材具有以下几个显著的特点：

1. 定位准确，正确区分职业教育层次，突出应用型本科教材特色

本教材科学地对应用型本科教材、学术型本科教材和高职专科教材进行区别。理论知识按照"本科标准"要求编写，实践环节按照"职业能力"要求编写，以培养熟悉旅行社操作流程的基层管理人员为目标来编写教材，突出了教材的实用性。

2. 校企合作，按照业界需求选择教学内容，与旅行社真实业务相吻合

旅行社主要业务类型有国内旅游业务、出境旅游业务、入境旅游业务、在线旅游业务。该教材根据旅行社主要业务类型和工作岗位来重新设计教学内容，全书分为组建旅行社、经营旅行社、管理旅行社三个模块，共十章。组建旅行社模块主要介绍旅行社的主要业务和怎样组建一家旅行社，要求学生学会组建一家自己的旅行社；经营旅行社模块主要介绍旅行社国内旅游业务、出境旅游业务、入境旅游业务和在线旅游业务的经营流程与技巧，让学生学

---

① 文化和旅游部，全称为中华人民共和国文化和旅游部，原名为中华人民共和国国家旅游局。于2018年3月设立，同时不再保留国家旅游局。

会经营旅行社；管理旅行社模块包括旅行社的人力资源管理、服务质量管理、安全管理和财务管理的知识，让学生懂得应该如何管理旅行社。

3. 立足创新，按照旅行社业务类型组织教材结构，编写模式新颖

该教材立足创新，完全打破了常规教材按照“旅行社概述—旅行社设立—旅行社产品开发管理—旅行社产品销售管理—旅行社接待管理—旅行社财务管理”的编写模式，而是根据旅行社业务类型，按照“旅行社概述—旅行社的设立—国内旅游经营实务—出境旅游经营实务—入境旅游经营实务—在线旅游经营实务—旅行社人力资源的开发与管理—旅行社服务质量管理—旅行社安全管理—旅行社财务管理”来组织教材结构。

4. 体例完整，按照学生认知规律来设计教学环节，降低了学习难度

按照学生认知规律来设计教学环节，在正文前设置了【学习目标】【实训要求】，在正文中设置了【小知识】【小贴士】【操作示范】【实训项目】，在正文后设置了【知识归纳】【典型案例】【练习题】等栏目。思考题配有单选、多选、判断、问答、技能操作等同步测试题，便于学生从不同的角度来掌握旅行社经营与管理知识，提高实践能力，降低学习难度。

5. 注重资源建设，提供了丰富的教学资源，便于教师参考

本教材配有丰富的课程资源包，制作了图文并茂的多媒体课件，方便教师教学，有课程标准、授课计划、案例库、同步测试题、期末考试题及参考答案等教学资料，便于教师参考；同步练习中设置了单选题、多选题，判断题、简答题、技能操作题及参考答案，便于学生练习和巩固所学知识。

本教材由成都纺织高等专科学校叶娅丽、陈学春担任主编，成都信息工程大学银杏酒店管理学院廖静娴担任副主编。具体分工如下：成都纺织高等专科学校叶娅丽负责全书的整体规划和各章的修改工作，并编写第一到第五章，成都纺织高等专科学校陈学春编写第六到第九章；成都信息工程大学银杏酒店管理学院廖静娴编写第十章。最后由叶娅丽负责全书审定。

该教材在编写过程中，得到了四川康辉国际旅行社有限公司泰好旅游部经理刘蓉、沈锦，泰国入境部吴昊，成都新秀国际旅行社有限公司总经理梁东，四川省中国国际旅行社入境中心经理陈奇，成都泰丰国际旅行社总经理肖军，四川省中国青年旅行社百姓之旅蒋涛，成都新闻国际旅行社谢宏，四川中国旅行社武侯分社赖渝等同志的大力帮助，并提供了旅游企业的一线资料和前沿动态，在此对以上各位的付出表示深深的感谢。

在此书的编写过程中，编者参阅了同类教材及诸多的书籍、报刊，也利用了一些网络资源。但由于时间仓促，有些资料原始出处未能查到和注明，在此对各位作者、专家、学者表示诚挚的感谢，并由衷地欢迎各位作者与我联系，共同探讨一些教学问题。由于编者水平及所掌握的资料所限，本书在内容、体例编排等方面尚有诸多不如人意之处，敬请同行和读者们批评指正，以便今后再作修订和完善。

叶娅丽

目 录

第一章

旅行社概述

学习目标

1. 熟悉旅行社的性质与分类。
2. 掌握旅行社的职能与主要业务。
3. 掌握旅行社的地位与作用。

实训要求

1. 实训项目：本地旅行社基本情况调研。
2. 实训目的：通过到当地旅游局及一些大型旅行社调研，让学生掌握本地旅行社的数量、分布、规模、收入、人力资源、主要业务等基本情况。

第一节　旅行社的性质与分类

一、旅行社的定义

2009年2月20日，国务院颁布的《旅行社条例》第二条明文规定：本条例所称旅行社，是指从事招徕、组织、接待旅游者等活动，为旅游者提供相关旅游服务，开展国内旅游业务、入境旅游业务或者出境旅游业务的企业法人。

2009年4月3日，文化和旅游部颁布的《旅行社条例实施细则》第二条明文规定：招徕、组织、接待旅游者提供的相关旅游服务，主要包括：安排交通服务，安排住宿服务，安排餐饮服务，安排观光游览、休闲度假等服务，导游、领队服务，旅游咨询、旅游活动设计服务。旅行社还可以接受委托，提供下列旅游服务：接受旅游者的委托，代订交通客票、代订住宿和代办出境、入境、签证手续等；接受机关、事业单位和社会团体的委托，为其差旅、考察、会议、展览等公务活动，代办交通、住宿、餐饮、会务等事务；接受企业委托，为其各类商务活动、奖励旅游等，代办交通、住宿、餐饮、会务、观光游览、休闲度假等事务；其他旅游服务。

二、旅行社的性质

（一）营利性

营利性是所有企业的共性，也是旅行社的根本性质。旅行社是一个以营利为目的的独立的企业法人，能够独立地承担民事责任。旅行社依照国家和地方的有关法律法规，依法经营，通过向旅游者或者其他经营旅游业务的企业、单位提供旅游服务获取利润。

（二）中介性

旅行社作为一个企业，本身并没有更多的生产资料，要完成其生产经营过程，主要依托各类旅游目的地的吸引物和各旅游企业及相关服务企业提供的各种接待服务设施。因此，旅行社作为一个中介性的服务企业，主要依附于客源市场、供应商和其他协作单位来完成其生产销售职能。也就是说，旅行社是旅游者和旅游服务供应商之间的纽带与桥梁，具有中介性。

（三）服务性

从行业性质来看，旅行社属于一种典型的服务企业，其主要业务是为旅游者提供服务，包括吃、住、行、游、购、娱六个方面，全方位地为旅游者提供服务。旅行社可以为旅游者提供单项服务，也可以将各项服务组合成包价旅游产品提供给旅游者。

三、旅行社的经营范围

《中华人民共和国旅游法》第二十九条规定：旅行社可以经营下列业务：

（一）境内旅游

《中华人民共和国旅游法》所称境内旅游，是指在中华人民共和国领域内，除香港特别行政区、澳门特别行政区以及台湾地区之外的地区进行的旅游活动。

（二）出境旅游

根据《中华人民共和国出境入境管理法》（以下简称《出境入境管理法》）第八十九条的规定：出境，是指由中国内地前往其他国家或者地区，由中国内地前往香港特别行政区、澳门特别行政区，由中国大陆前往台湾地区。据此，出境旅游包括：一是中国内地居民前往其他国家或地区旅游；二是中国内地居民赴香港特别行政区、澳门特别行政区旅游；三是中国大陆居民前往台湾地区旅游；四是在中国内地的外国人、无国籍人、在内地的香港特别行政区、澳门特别行政区居民和在大陆的台湾地区居民前往其他国家或地区旅游。

（三）边境旅游

《出境入境管理法》第九十条对边境地区居民往来作出了特别规定，即“经国务院批准，同毗邻国家接壤的省、自治区可以根据中国与有关国家签订的边界管理协定制定地方性法规、地方政府规章，对两国边境接壤地区的居民往来作出规定。”据此，边境旅游，是指经批准的旅行社组织和接待我国及毗邻国家的公民，集体从指定的边境口岸出入境，在双方政府商定的区域和期限内进行的旅游活动。

★小知识　**边境游形成五大合作圈　将成为新增长极**

2014年12月17日，由中国科学院地理科学与资源研究所编写的《中国边境旅游发展报告》在北京发布。《报告》分析了中国边境旅游发展历程、现状特征和存在问题，并发布了边境县的旅游竞争力，前12名的分别为：景洪市、腾冲市、瑞丽市、漠河县、珲春市、振兴区、满洲里市、东港市、东兴市、凭祥市、勐腊县、霍城县。神秘的国境线，独特的自然风光，悠久的历史遗存，奇异的民族风情以及和平友好的外交关系，使我国边境地区拥有发展旅游业的独特魅力。

五大边境旅游合作圈日渐形成

以满洲里为核心的中俄旅游市场合作圈、以丹东为核心的中朝旅游市场合作圈、以新疆为核心的中亚旅游市场合作圈、以崇左为核心的中越旅游市场合作圈以及以西双版纳为核心的中缅旅游市场合作圈日渐形成。

满洲里是俄罗斯远东、西伯利亚地区、蒙古国东部地区居民旅游、购物和休闲的首选城市。满洲里设立了中俄互市贸易旅游区，成为中俄蒙三国贸易、文化交流的纽带。

中朝旅游圈以丹东为核心，辐射通化市、白山市和延边朝鲜族自治州和朝鲜境内的新义州、罗先市、江界等地区。目前丹东已开通了至新义州的旅游专列。吉林省开设了至朝鲜罗先市豆满江区的自驾游线路。珲春市开通了东北亚首条中俄朝三国免签证环形跨国游。

独特的地理位置、历史文化渊源和互补性的旅游资源推动新疆和中亚国家互为重要旅游目的地。新疆面向广阔的中亚旅游市场，不断加大对霍尔果斯等边境口岸旅游基础设施的投入。哈萨克斯坦正计划打造丝绸之路走廊景点，以吸引更多中国游客。

中越边境游发展较为成熟，目前已开辟了“越老柬神秘之旅”“中越跨国胡志明足迹之旅”“中越边境探秘游”“中越海上跨国之旅”等多条跨国旅游线路，又设立了“中越国际旅游合作区”。

西双版纳是云南面向东南亚、南亚的重要通道，目前正在与老挝的琅勃拉邦、南塔、波乔和泰国的清迈等地建立旅游合作机制。

成为中国旅游新增长极

未来我国边境地区要打造成为旅游产业体系完善、发展模式创新，集边境观光、生态休闲、边境商贸、文化体验、养生度假等于一体的，具有影响力、吸引力和竞争力的黄金旅游带，成为中国旅游业发展新的增长极。

资料来源：人民日报海外版，2014年12月18日第4版

（四）入境旅游

根据《出境入境管理法》第八十九条的规定：“入境，是指由其他国家或者地区进入中

国内地，由香港特别行政区、澳门特别行政区进入中国内地，由台湾地区进入中国大陆。据此，入境旅游包括：一是其他国家或者地区的旅游者来中国境内旅游；二是香港特别行政区、澳门特别行政区的旅游者来内地旅游；三是台湾地区的旅游者来大陆旅游。另外在实际工作中，在中国境内长期居住的外国人、无国籍人和港澳台居民在境内旅游也作为入境旅游管理。”

（五）其他旅游业务

这是兜底条款，如代订旅游服务、代售旅游产品、提供旅游设计、咨询等业务。根据旅游业发展的需要，旅行社可以从事的业务范围还有可能不断拓展。

四、旅行社的分类

（一）按照分工体系划分

由于不同国家和地区的旅行社行业发展水平和经营环境不同，使得世界各国、各地在分工体系和分类制度上都存在着较大的差距。目前世界范围内主要存在三种分工体系，即政府行政管理部门主导下分割而形成的水平式分工体系；由市场经济体制的内生力量，经过自发演进而形成的垂直式分工体系；由市场因素和政府主导共同作用而形成的混合式分工体系。不同国家和地区旅行社分工体系方面的差异，决定了旅行社分类制度方面的区别。

1. 水平式分工的旅行社

水平式分工体系，是指一些国家政府出于管理的需要，人为地将旅行社划分为若干类别，并规定某些旅行社只能在某些市场中经营的一种旅行社分工体系。在水平式分工体系里，执行同一职能的旅行社在同一操作层次上进行经营，但是它们所服务的市场和所经营的业务范围各不相同。属于水平式分工体系的主要有我国的旅行社行业和韩国的旅行社行业。

我国旅行社的分类在不同时期有所不同，具体分类如下：

（1）1985 年我国把旅行社分为三类。1985 年国务院颁布了我国旅游行业的第一部管理法规——《旅行社管理暂行条例》。该条例按业务范围把我国旅行社划分为一类社、二类社、三类社三种类型。这三类旅行社的分工明确：一类社经营对外招徕并接待外国人、华侨、港澳同胞、台湾同胞来中国、归国或回内地旅游业务；二类社不对外招徕，只经营接待一类社或其他涉外部门组织的外国人、华侨、港澳同胞、台湾同胞来中国、归国或回内地旅游业务；三类社经营中国公民国内旅游业务。

（2）1996 年我国把旅行社分为两类。根据 1996 年国务院颁布的《旅行社管理条例》，我国旅行社按照经营的业务范围划分为国际旅行社和国内旅行社两种类型。国际旅行社指经营入境旅游业务、出境旅游业务和国内旅游业务的旅行社。国内旅行社指专门经营国内旅游业务的旅行社。

（3）2009 年取消旅行社分类。国务院 2009 年 2 月 20 日公布了新的《旅行社管理条例》，2009 年 5 月 1 日起实施，1996 年颁布的《旅行社管理条例》同时废止。该新条例着眼于与国际通行规则全面接轨，取消了沿用 22 年的旅行社分类，统一了从事国内旅游业务和入境旅游业务的准入条件，规定取得旅行社业务经营许可后，既可以经营国内旅游业务，也可以经营入境旅游业务。旅行社取得经营许可满两年，未因侵害旅游者合法权益受到行政机关罚款以上处罚的，就可以申请经营出境旅游业务。

韩国旅行社行业主要分为三种，即一般旅行社、国外旅行社和国内旅行社。其中，一般旅行社以在国内旅行和出境旅游的韩国游客和外国游客为服务对象；国外旅行社是以到国外旅行的韩国游客为服务对象；国内旅行社则是以在国内旅游的韩国游客及外国游客为服务对象。

2. 垂直式分工的旅行社

垂直式分工体系，是指以旅行社在向旅游者提供旅游服务的流程中所起的作用作为划分依据的一种分工体系。垂直式分工体系由执行不同职能的旅行社组成，各类旅行社在经营中互相配合，具有在时间上的先后承接和在职能上的互补关系。在垂直式分工体系里，一些旅行社专门从事旅游咨询和产品的销售工作，一些旅行社专门从事面向其他旅行社的组团工作，还有一些旅行社专门面向单项旅游产品的所有者，批量购买后形成新包价再向专门组团的旅行社进行销售。这种分工是在市场经济社会里依据旅游者的消费流程自然形成的，并呈“相关旅游企业—旅游经营商/批发商—旅游代理商/零售商—旅游者”的垂直状态，故称垂直式分工体系。垂直式分工体系主要流行于欧美国家的旅行社行业。

（1）旅游批发商。旅游批发商，是指主要经营批发业务的旅行社或旅游公司。批发业务，是指旅行社根据自己对市场需求的了解和预测，大批量地订购交通运输公司、饭店、目的地经营接待业务的旅行社、旅游景点等有关旅游企业的产品和服务，然后将这些单向产品组合成为不同的包价旅游线路产品或包价度假集合产品，最后通过一定的销售渠道向旅游消费者出售。

★小知识

美国海鸥旅行社

美国海鸥旅游集团公司是一家集旅游产品批发、散客/团体接待和巴士租赁业务于一身的大规模集团公司，总部设在美国洛杉矶。海鸥提供的优质旅游产品主要集中在美国西部海岸以及美国中部等地区，特点为线路丰富、出团日期频繁，甚至天天出团，线路产品主要是跟团游，行程紧凑、景点丰富，非常适于时间紧张的游客。缺点就是去某些旅游景点在路上的时间会比较长，某些线路可能不太适合年龄比较大的游客，优点是购物和主题公园的线路选择性比较宽。

资料来源：百度百科

（2）旅游经营商。旅游经营商，是指既通过其自身的零售机构从事旅游产品的销售，也通过其他旅游代理商向公众销售其设计或组装的旅游产品的旅行社。相对于旅游代理商，旅游经营商属于上游企业，它们通过对旅游者和潜在旅游者的旅游需求、消费偏好、消费水平等的调查，预测出旅游市场对旅游产品的需求趋势，并据此设计和组装出各种包价旅游产品。旅游经营商一般通过旅游代理商向旅游者销售其产品，有时也直接向旅游者进行销售。

（3）旅游零售商。旅游零售商，是指主要经营零售业务的旅行社。旅游零售商主要以旅游代理商为典型的代表，当然也包括其他有关的代理预订机构。一般来讲，旅游代理商的角色是代表顾客向旅游批发商、旅游经营商及各有关住、行、游、娱方面的旅游企业购买其产品；反之，也可以说旅行代理商的业务是代理上述旅游企业向顾客销售其各自的产品。

3. 混合式分工的旅行社

混合式分工体系，是指旅行社行业在政府的干预下，以法律形式确定的一种水平分工与垂直分工并重的分工体系，是从政府主导下的水平分工体系向市场经济体制下的垂直分工体系过渡阶段的一种分工状态。在这种状态下，各旅行社仍然被划分为不同等级，并被规定了各自的业务经营范围。但是，不同类别的旅行社之间开始出现自然分工的萌芽。例如，一些经营国际旅游业务的旅行社，针对不同的市场区域，通过企业内部分工，有选择地构建批发经营、零售经营和代理经营体系。一些原本从事国内旅游业务的旅行社也可能通过与经营国际旅游业务的旅行社的非正式联盟，涉足国际旅游市场。采用混合式分工体系的主要是日本和我国台湾地区的旅行社行业。

（1）日本旅行社的企业类型。根据日本《旅行业法》，以是否从事主催旅行业务（包价旅游）以及从事何种主催旅行业务为标准，将旅行社行业划分为第Ⅰ种旅行业、第Ⅱ种旅行业和第Ⅲ种旅行业三个类型。它们的经营范围分别为：第Ⅰ种旅行业，可从事国际旅游、国内旅游和出国旅游三种业务，主要是开展对外旅行业务；第Ⅱ种旅行业，可从事国内旅行（包括部分接待外国人的日本国内旅行）业务；第Ⅲ种旅行业，依照注册登记所批准的业务范围，可作为第Ⅰ种旅行业的代理店，从事与其相同的业务，也可作为第Ⅱ种旅行业的代理店，从事与其相同的业务。

（2）我国台湾地区旅行社的企业类型。我国台湾地区《发展观光条例》将台湾岛内的旅行社划分为综合旅行业、甲种旅行业和乙种旅行业三个类型。综合旅行业的经营范围包括：①接受委托代售岛内外海、陆、空运输事业之客票，或代旅客购买岛内外客票、托运行李；②接受旅客委托，代办出入境及签证手续；③接待岛内外观光旅客并安排旅游、食宿及导游；④以包办旅游方式，自行组团，安排旅客岛内外观光旅游、食宿及提供有关服务；⑤委托甲种旅行业代理招揽第④款业务；⑥委托乙种旅行业代理招揽第④款岛内团体旅游业务；⑦代理外国旅行业办理联络、推广、报价等业务；⑧其他经主管机关核定与岛内外有关之事项。甲种旅行业的经营范围包括：①接受委托代售岛内外海、陆、空运输事业之客票，或代旅客购买岛内外客票、托运行李；②接受旅客委托，代办出入境及签证手续；③接待岛内外观光旅客并安排旅游、食宿及导游；④自行组团安排旅客出岛观光旅游、食宿及提供有关服务；⑤代理综合旅行业招揽第⑤款之业务；⑥其他经主管机关核定与岛内外有关之事项。乙种旅行业的经营范围包括：①接受委托代售岛内海、陆、空运输事业之客票，或代旅客购买岛内客票、托运行李；②接待本岛观光旅客岛内旅游、食宿及提供有关服务；③代理综合旅行业招揽第⑥款岛内团体旅游业务；④其他经主管机关核定与岛内有关之事项。

★小知识

日本交通公社

JTB 即日本交通公社，是日本最大的旅行社。每年从日本向海外输送将近 300 万日本游客，其中 2002 年度向中国输送了 29.8 万人。JTB 还是最早在中国设立常驻机构的海外旅行社。1982 年在当时的北京饭店设立了北京事务所。两年后在上海、广州设立了常驻事务所。JTB 与中国众多的旅行社有着长久的伙伴关系，签约的旅行社最多时达到150多家外联社，200多家接待社。最少时也与80多家外联社和100多家接待社保持密切的业务合作关系，几乎与所有中国的大型旅行社都保持相当数量的业务。

JTB积极参与中国各地举行的各种活动，如一年一度的北京国际文化节、马拉松长跑比赛、赴日修学旅游研讨会。JTB还于2000年起，通过中国教科文组织，每年向长城捐献保护基金；在延庆连续7年绿化造林共万余棵；在西安与当地旅游局合作建立古城门入门式旅游项目；在上海市旅游委员会的大力支持下，首开上海购物游；在新疆组织了楼兰探险旅游项目，还设计组织了跨越独联体、巴基斯坦、新疆的大型汽车旅游项目。2000年，经文化和旅游部批准，JTB与中信信托投资有限公司联合成立了新纪元国际旅行社，成为在华第一家中日合资旅行社。新纪元国旅于2001年、2002年连续两年被国家有关部门评为100强旅行社之一。

资料来源：百度百科 经整理

（二）按照接待过程划分

按照旅行社团队的组成和接待过程，可以将旅行社所扮演的角色分为组团旅行社和接待旅行社两种。组团旅行社（简称组团社），是指接受旅游团（者）或海外旅行社预定，制订和下达接待计划，并可提供全程陪同导游服务的旅行社。组团社是与旅游者签订合同的旅行社。组团社负责客人参团报名工作，根据不同的旅游目的地，联系不同的接待旅行社来完成旅游项目，其业务内容主要包括接待旅行社的选择和接待计划的落实。接待旅行社（简称地接社），是指在旅游目的地负责接待组团社客人来本地旅游活动的旅行社。地接社的主要任务就是根据组团社不同客人、不同团队、不同服务要求，包括旅游要素的各个项目及一些特殊的要求提供接待服务。一般对于常规旅游团来讲，是简单的吃、住、行、游、购、娱，但是随着客人要求的不断增加，地接社负担的项目也随之不断完善，所以不能单纯地说地接社的工作就是完成组团社下达的接待任务。

一家旅行社可以扮演不同的角色。地接社就是当地的旅行社；组团社就是游客所在地的旅行社。比如，你是北京人，要去四川玩，在北京的旅行社报名，北京的旅行社没有四川旅行社对四川熟悉，所以就由四川的地接社来接待。在这里，四川的旅行社就是地接社，北京的旅行社就是组团社。反之，四川的游客通过四川的旅行社报名去北京旅游，由北京的旅行社来接待，那么北京的旅行社就是地接社了。

第二节 旅行社的职能与业务

一、旅行社的职能

旅行社最基本的职能是设法满足旅游者在旅行和游览方面的各种需要，同时协助交通、饭店、餐馆、游览景点、娱乐场所和商店等旅游服务供应部门或企业将其旅游服务产品销售给旅游者。具体地讲，旅行社的职能可分为以下五个类型（见表1-1）。

表1-1　旅行社的基本职能

旅行社基本职能	主要表现形式
生产职能	设计和开发包价旅游产品和组合旅游产品
销售职能	销售包价旅游产品和组合旅游产品；代销单项旅游服务产品
组织协调职能	组织各种旅游活动；协调与各有关部门/企业的关系
分配职能	分配旅游费用和旅游收入
提供信息职能	向有关部门/企业提供旅游市场信息；向旅游者提供旅游目的地、有关部门/企业及其产品的信息

（一）生产职能

旅行社的生产职能，是指旅行社设计和组装各种包价旅游产品的职能。旅行社像工厂里的装配线，以批量购买的方式按照优惠价格从其他旅游服务供应部门或企业购进旅游产品的各种基本要素，然后根据旅游市场需求，将这些要素组装成不同的包价旅游产品。有时，旅游者能够不经过旅行社，直接向生产旅游产品要素的各旅游服务供应部门或企业购买，并组装成同样的包价旅游产品。然而，旅游者往往因购买数量较小而难以从旅游服务供应部门或企业那里获得优惠的价格，结果造成旅游价格高于旅行社的报价。另外，就产品质量而言，由于旅行社长期从事旅游经营业务，积累了丰富的经验，享有较高的信誉和声誉，因此，他们能够向旅游者提供价格公道、旅行便利、接待质量好的高质量旅游产品。

（二）销售职能

旅行社除了在旅游市场上销售本旅行社设计和生产的报价旅游产品外，还经常在旅游服务供应部门或企业与旅游者之间充当媒介，代旅游服务供应部门或企业向旅游者销售单项旅游服务项目。例如，旅行社代旅游者从某航空公司购买飞机票，为旅游者安排在市中心的某家饭店住宿，都是为旅游服务供应部门或企业代销其产品。由于旅行社沟通了旅游者和旅游服务供应部门或企业之间的联系，使得旅游服务产品更加顺利地进入到旅游消费领域，同时还拓宽了旅游服务产品的销售渠道，因此，旅行社在旅游产品销售中起着十分重要的作用。

（三）组织协调职能

旅游活动不仅涉及住宿、餐饮、交通、游览、购物、娱乐等旅游服务供应部门或企业，还涉及海关、边防检查、卫生检疫、外事、侨务、公安、交通管理、旅游行政管理等政府机关。为了确保旅游者旅游活动的顺利进行，旅行社必须在旅游业各部门和企业之间及旅游业与其他相关部门之间进行大量的组织与协调工作。例如，一些旅行社在组织或接待来自日本的“友好之船”“友好之翼”，来自欧美地区的海上游船等大型、超大型旅游团体时，或者承担大型旅游节日活动的组织和接待工作时，应当在确保合作各方实现各自利益的基础上，协同旅游业各有关部门、企业和其他相关行业，保障旅游者旅游活动过程中每一个环节的衔接和落实。

（四）分配职能

旅行社的分配职能主要体现在两个方面：一方面，旅行社为了尽量使旅游者对整个旅行过程感到最大限度的满意，必须在不同旅游服务项目之间合理分配旅游者付出的旅游费用，以维护旅游者的利益；另一方面，旅行社应该在旅游活动结束后，根据事先同各相关部门或企业签订的协议和各部门或企业实际提供服务的数量、质量合理分配旅游收入。

（五）提供信息职能

作为旅游产品重要的销售渠道，旅行社始终处在旅游市场的最前沿，熟知旅游者的需求变化、市场动态和发展趋势。旅行社将这些信息及时提供给各有关部门和企业，有利于它们调整产品结构和改善经营管理。例如，旅行社将散客旅游日趋发展、旅游者对参与性旅游的兴趣提高及随着人均期望寿命延长导致老年人外出旅游率提高幅度较大等旅游市场上的重要信息传达给有关部门和企业，引起他们的重视，使其及时采取相应对策，推出新的散客旅游产品、参与性旅游产品和老年人旅游产品，以满足旅游者的需要，并从销售这些产品中获得经济收益。

二、旅行社的基本业务

（一）按照旅游市场范围划分

1. 入境旅游业务

入境旅游业务，是指旅行社招徕或接待来自境外的游客在境内进行各种旅游活动的业务。根据入境游客在境内的停留时间，旅行社经营的入境旅游业务分为入境过夜游业务和入境一日游业务。

2. 出境旅游业务

出境旅游业务，是指旅行社招徕和组织本国游客前往境外和我国港澳台地区进行各种旅游活动的业务。我国旅行社经营的出境旅游业务主要包括出国旅游、边境旅游、港澳旅游和台湾旅游。

3. 国内旅游业务

国内旅游业务，是指旅行社招徕、组织或接待本国游客在国境内进行各种旅游活动的业务。根据旅游线路的距离，旅行社经营的国内旅游业务又可分为长途旅游业务、短途旅游业务和一日游旅游业务。

（二）按照服务流程划分

1. 接待旅游业务

接待旅游业务，是指旅行社按照旅游接待计划为旅游者在旅游目的地提供导游翻译，安排旅游者的旅行游览，并负责订房、订餐、订票及旅游目的地之间的联络等综合性旅游服务，并从中获得经营利润的业务。

2. 批发旅游业务

批发旅游业务，是指旅行社批量采购飞机票、火车票等交通要素和接待产品，组合成包价旅游产品，然后向其他旅行社批发，由其他旅行社代为收客，并从中赚取批零差价的业务。

3. 组团旅游业务

组团旅游业务，是指旅行社将自行招徕的旅游者或者将其他旅行社招徕的旅游者，组织成旅游团队，并安排这些团队到旅游目的地进行旅游的业务。旅行社通过向旅游者提供组团服务获得经济收入。

（三）按照旅游者的组织方式划分

1. 团队旅游业务

团队旅游业务，是指旅行社将游客组织成旅游团队，并提供相应的旅游接待服务的业务形式。根据游客的来源，旅游团队又可分为两个类型，即独立成团和散客成团。独立成团，是指某一个团体（企事业单位、家庭）为了出游方便独立成为一个出游单位，配备单独的导游；散客成团，是指旅游团队是由不同旅行社组织起来的、经客人同意组成的一个旅游团队，由接待社统一安排相关旅游服务。后者在旅行社行业中又被称为“拼团”业务。业内的散客成团根据成团地点不同还分为目的地成团和客源地成团两种。

2. 散客旅游业务

散客旅游业务，是指旅行社为一名游客或数名游客（人数不足 10 人）提供旅游信息咨询、单项旅游要素预订、导游讲解、接送站等服务产品的业务形式。旅行社在提供这些服务产品时，通常按照单项服务内容向游客收取手续费（旅游信息咨询除外）。

（四）按照旅游产品包含内容划分

1. 旅游产品开发业务

（1）包价旅游产品开发业务。包价旅游产品开发业务，是指旅行社通过市场调研、产品构思、产品设计、产品试销等方法，将不同的旅游服务要素按照旅游市场的需求设计组装成各种类型的包价旅游产品，并将其推向市场的业务。

根据包价内容的不同，旅行社开发的包价旅游产品又进一步细分为全包价旅游产品、半包价旅游产品、小包价旅游产品等类型。另外，按照购买包价旅游产品的游客人数及组织形式，包价旅游产品又分为团体包价旅游产品和散客包价旅游产品。

（2）单项旅游服务业务。单项旅游服务包括代订客房、代订交通票、代订文娱票、提供导游服务、代租汽车、代订餐位、提供接送站服务、组织散客参加组合旅游活动、为游客提供一日游等选择性旅游服务等。随着公众旅游经验的不断丰富和自助旅游意识及能力的提高，提供单项旅游服务正成为旅行社一种重要的经营收入渠道。

2. 旅游服务采购业务

无论旅行社是开发包价旅游产品还是提供单项旅游服务项目，其“原材料”主要来自其他旅游服务部门或企业的旅游服务或其他相关服务产品。旅行社通过事先或当场向这些部门或企业采购相关的旅游服务，并加以组合，使之成为能够满足旅游者需要的各种包价旅游产品或单项旅游服务产品，此种运作便构成旅游服务采购业务。旅行社的这类采购业务涉及的部门很多，包括交通、住宿、餐饮、景点游览、娱乐和保险等部门。另外，组团社还需要向旅游路线沿途的各个地接社采购接待服务。

3. 旅游产品销售业务

旅行社产品的销售业务包括制定产品销售战略、选择产品销售渠道、制定产品销售价格和开展旅游促销四项内容。旅行社通过对企业的内、外部环境的分析，制定其产品销售战略和确定产品的目标市场，在此基础上，选择适当的产品销售渠道，并根据产品成本、市场需求、竞争者状况等因素制定产品的价格。旅行社根据其经营实力和旅游市场上的供求状况，确定和实施旅行社的促销战略并选择适当的促销手段以便将旅行社产品的信息传递到旅游市场中。

4. 旅游者接待业务

旅游者接待业务主要是指团体包价旅游者的接待。团体包价旅游者是旅行社的一项重要经营业务。旅行社在接待团体包价旅游者（通常称为“旅游团队”或“旅游团”）的过程中，一方面向旅游者提供旅游活动期间的生活照料服务；另一方面在旅游途中和旅游景点为旅游者提供导游讲解服务。通过提供这些服务，旅行社最终完成了团体包价旅游产品的生产与销售。与此同时，旅游者也实现了对旅行社提供的包价旅游产品的消费。

5. 旅游咨询业务

旅行社通过报刊、电视、电话、互联网、门市部接待人员等渠道向公众提供各种旅游咨询服务。虽然这种咨询服务是免费的，但却是旅行社的一项重要业务。旅游咨询业务能够使公众更加了解旅行社的各种产品内容、价格、购买途径等信息，从而可能成为旅行社产品的购买者和消费者，为旅行社带来宝贵的旅游客源。

6. 差旅管理业务

随着信息技术的迅速发展和经济全球化大潮的到来，越来越多的企业需要专业化旅行企业为其制订差旅计划。国外的一些旅行社积极开发潜力巨大的商务旅行和公务旅行市场，获得了可观的经济效益和市场份额。目前，我国的一些旅行社也在积极开发差旅计划产品，使差旅管理成为重要的经营业务。

第三节 旅行社的地位与作用

一、旅行社的地位

旅行社、旅游交通和住宿共同构成旅游业的三大支柱。旅行社通过自身的经营活动向旅游者提供服务，向其他旅游部门输送客源，从而成为旅游市场的中介和桥梁，带动了整个旅游业的发展。

（一）聚集旅游服务供应部门的中心

旅游者进行旅游活动，需要各种旅游服务，如交通、住宿、餐饮、景点游览、娱乐、购物等。这些服务项目分别由不同的旅游服务供应部门或企业提供，这些部门和企业分别属于不同的行业，相互之间的联系较松散。旅行社通过其经营活动，从不同的旅游服务供应部门或企业采购各种旅游服务产品，把这些部门和企业聚集到以旅行社为中心的旅游服务系统里，有利于更好地为旅游者服务。

（二）连接旅游者与旅游服务供应部门的纽带

由于旅游者所在的旅游客源地和他们所要前往的旅游目的地之间相隔一段距离，所以绝大多数旅游者在选购旅游产品之前对于旅游目的地的各种旅游服务供应部门和企业所知甚少，甚至完全不了解。同样，旅游目的地的许多旅游服务供应部门和企业也难以直接向旅游者推销其服务产品。因此，在旅游者和旅游目的地旅游服务供应部门和企业之间需要一个中介机构，将二者连接到一起，使旅游活动得以实现。于是旅行社充当了这个角色。一方面，旅行社通过旅游咨询向旅游者介绍旅游目的地的各种旅游服务供应部门和企业，使旅游者对它们有所了解并产生购买其服务产品的欲望；另一方面，旅行社通过在旅游客源市场上的销售活动，把旅游者组织成旅游团体或散客送往旅游目的地。旅行社成为旅游者与旅游服务供应部门或企业之间连接的一条纽带。

二、旅行社的作用

（一）旅行社在旅游业中的作用

1. 担任旅游供给与旅游需求的交易媒介

旅行社从多且分散的旅游服务供应部门或企业购买旅游及相关产品和服务，经过组装、生产，形成新的产品和服务，再出售给旅游者及具有旅游需求的部门、单位，并积极传导和沟通旅游市场信息。这样，旅行社在自发的旅游供给和旅游需求之间建立起了制度化的交易媒介，扩大了旅游的时空范围，促进了旅游活动的转化与发展。

2. 促进旅游活动的产业化和市场发展

旅行社把分散的、个体的旅游活动变成了有组织、有计划的社会化活动，把分散的、个体的旅游产品供给要素组合成综合性的系列旅游产品并推向市场，纳入了市场经济的运行轨道，形成了旅游经济特有的流通过程。

3. 改变人们的旅行方式

旅行社改变了人们传统的、封闭式的旅行方式，提供了开放式的一条龙服务，事先为旅游者安排好旅行计划、交通、食宿、转运、导游等各项事宜，把原本须由旅游者自行办理的各项繁琐手续包揽下来，极大地减少了旅游活动中的交易环节和交易费用，推动了旅游市场的扩大。

4. 促进旅游向大众化发展

旅行社通过向旅游者提供有效信息和专业咨询，满足旅游者安全方面的需要，为旅游者提供优惠的价格和丰富的旅游经历，实现了其促进旅游向大众化发展的目标。

（二）旅行社在国民经济中的作用

1. 促进国内消费

旅游消费基本上属于享受型消费，所以发展国民旅游可以促进国内消费总量的增长。旅行社通过向大众消费者提供大量旅游服务产品，推动了国内旅游消费的飞速发展，并促进了国内消费总量的增长，对旅游目的地国家或地区的 GDP 增长发挥了重要的作用。

2. 增加外汇收入

入境旅游者在旅游目的地国家或地区的消费相当于该国或地区的服务贸易出口，可以带来相应的外汇收入。在创汇过程中，旅行社往往扮演着重要的角色，通过向入境旅游者提供旅游服务产品获得相应的外汇收入，并将这些外汇收入注入该国或地区的国民经济运行中。

3. 增加就业机会

旅行社作为劳动密集型的行业，可以提供若干类工作岗位和大量的就业机会，其中有相当一部分岗位属于就业进入壁垒比较低的中级技术岗位和基层服务岗位。另外，旅行社还会提供不少的“间接就业”机会和“引致就业”机会，即由旅行社带动的相关服务供应部门所提供的就业机会和由这些部门或企业职员收入的支出所增加的就业机会。

4. 增加政府税收

旅行社在扩大旅游目的地政府税源、增加政府税收方面起到明显作用。旅行社的经营活动提供的税源包括：①旅行社交纳的营业税、所得税等；②政府对各种旅游服务供应部门和企业因旅游者的消费而增加的营业收入和经营利润部分征收的营业税、所得税等；③当地相关行业因向旅游者提供产品和服务而扩大业务量，增加营业收入，政府也可从这些行业得到更多的税收；④国际旅游者前来旅游目的地时需向当地政府交纳的入境签证费、商品海关税、机场税等。

5. 平衡地区经济发展

在许多经济欠发达地区，发展旅游事业是摆脱贫困、迅速赶上经济发达地区的一条捷径。例如，我国西部的一些贫困地区，由于资金、技术、自然资源、地理位置等条件的限制，难以通过发展工业或种植业迅速发展起来，而这些地区却拥有得天独厚的自然景观资源和人文旅游资源。旅行社通过其促销活动，将大量国内外旅游者吸引到这些地区旅游、度假，使这些旅游资源得到充分开发和利用，为当地经济增长带来大量急需的资金，从而促进当地经济的发展，使其有可能在相对较短的时期内，在经济上和居民生活水平上接近或赶上经济发达地区。

（三）旅行社在社会文化发展中的作用

1. 提高国民素质

旅行社为本国或本地区居民提供修学旅游、教育旅游、高科技企业旅游、工业旅游、农业旅游等专项旅游产品，使他们增加对科技、教育、现代工农业的感性认识，激发他们追求知识的热情。旅行社组织的这些活动有利于提升旅游者的民族自豪感和国民素质。

2. 提升目的地形象

观光旅游是旅游活动的最基本形式，特别是在旅游发展初期，观光旅游占据了旅游消费相当大的比例。旅行社在销售自己的旅游产品时，往往会有意识地把最能够代表本民族或本地区的自然景观、民俗风情、历史文化遗迹组合到旅游线路中，向境外或区域外的旅游者展示本国或本地区的美好形象和民族特性，并以此促进本地的社会文化发展。一些旅行社在国内旅游中广泛开展的爱国主义教育游、历史文化游等旅游活动更是能够直接起到这种作用。

3. 加强环境保护

近年来，各国旅行社纷纷推出生态旅游产品，由旅游者和旅游目的地的公众、政府及相关群体共同参与，以保护现有的自然生态和人文环境。

4. 宣传和保护历史文化

旅行社在旅游产品的生产、销售过程中，有意识地向旅游者宣传所在国家或地区的历史文化，以增加境外和区域外的旅游者对所在国或地区历史文化的认知程度。

（四）旅行社在提高旅游服务质量方面的作用

1. 保证旅游活动顺利进行

作为个人，旅游者分别从不同的旅游服务供应部门或企业那里购买整个旅行过程中所需的每一个单项旅游服务是一件十分辛苦且风险很大的事。对于那些初次前往过去毫不了解的旅游目的地的旅游者来说，困难就更大了。在整个旅游过程中，旅游者必须为每一件事操心，不仅要耗费大量时间，还会影响旅游者对旅游活动的欣赏和享受。旅行社恰恰能够帮助旅游者克服旅游过程中遇到的各种困难。作为经营旅游业务的专门性企业，旅行社把旅游过程中所需要的多种服务集中起来，一次性地销售给旅游者，从而极大地方便了旅游者，为他们节省了大量时间。另外，旅行社通过向旅游者预售旅游服务产品，如交通票据、饭店住房等，可以使旅游者放心旅行，为旅游活动的顺利进行提供了可靠保证。

2. 减轻旅游者的经济负担

由于旅游者作为个人很难以批量购买的方式从旅游服务供应部门或企业获得优惠的价格，所以他们常常要为旅游活动付出较高的价格。在这方面旅行社确拥有得天独厚的优势。旅行社可以把不同旅游者分散的购买量集中起来，形成较大的采购量，以强有力的谈判地位同各个旅游服务供应部门或企业讨价还价，争得非常优惠的价格。旅行社将获得的一部分优惠折扣作为收入留在旅行社，而将大部分优惠折扣以降低旅游产品价格的形式转让给旅游者，从而使旅游费用减少，减轻旅游者的经济负担，促使更多的旅游者参加旅行社组织的旅游活动。

3. 提高旅游服务质量

旅行社长期从事旅游业务，善于组织各种旅游活动，了解旅游供需双方的实际情况和特点，能够妥善地安排旅游线路和活动日程，恰当地选择旅游服务产品。同时，为了在市场上击败竞争对手，保持并扩大市场份额，旅行社要不断努力提高旅游服务的质量并丰富旅游产品的品种，让旅游者感到更加方便、舒适和安全，享受到更好的服务。

（五）旅行社在加强民间交流方面的作用

1. 增进旅游客源地与旅游目的地人民之间的了解

旅行社组织本国或本地区旅游者外出旅游或招徕、接待其他国家或地区旅游者到本国或本地区旅游，都能够起到增进旅游客源地与旅游目的地人民之间的了解和信任、促进不同国家或地区人民之间友谊的作用。

2. 推动各国和各地区科学文化交流

旅行社招徕或接待的旅游者来自不同国家或地区，他们在本国或本地区从事不同的职业，具有不同行业或专业的知识和经验，其中不乏在某个领域造诣颇深的人士。这些人以旅游者的身份来到旅游目的地，一方面游览观光或度假休闲，另一方面也会与同业人士进行学术交流和探讨，他们的这些活动在客观上可以起到传播和交流科学技术和文化知识的作用。另外，不少旅行社招徕和接待各种专业旅游团体、组织各种专业旅游活动，对各国和各地区科学技术和文化交流也能起到促进作用。

★实训项目

本地旅行社基本情况调研

实训目的： 通过到当地旅游局、大型旅行社进行实地调研以及网上调研，让学生掌握本地旅行社的数量、分布、规模、收入、人力资源、主要业务等基本情况。

实训步骤：

第一步，教师提前跟当地旅游局和一些大型旅行社联系，确定调研的时间；

第二步，组织学生到旅游局及一家大型旅行社进行调研，让学生掌握本地旅行社的数量、分布、规模、收入、人力资源、主要业务等基本情况；

第三步，归纳总结调研情况，撰写一份调研报告。

实训成果： 提交一份当地旅行社基本情况调研报告。

★知识归纳

本章是学习旅行社经营与管理的入门内容，为后续章节的学习打基础。本章首先介绍了旅行社的定义、性质以及旅行社的分类；其次重点介绍了旅行社的五大主要职能和旅行社的基本业务；最后重点阐述了旅行社在旅游业发展中的地位和作用。通过本章的学习，要求学生了解旅行社的定义、性质、分类及经营范围，熟悉旅行社的基本职能和主要业务，掌握旅行社在我国旅游业中的地位和作用，通过实地调研掌握本地旅行社的基本情况。

★典型案例

2016年全国旅行社统计调查情况

2016年，全域旅游推动旅游经济实现较快增长。国内旅游市场持续高速增长，入境旅游市场平稳增长，出境旅游市场增速进一步放缓。国内旅游人数44.4亿人次，收入3.94万亿元，分别比上年增长11%和15.2%；入境旅游人数1.38亿人次，实现国际旅游收入1 200亿美元，分别比上年增长3.5%和5.6%；中国公民出境旅游人数达到1.22亿人次，旅游花费1 098亿美元，分别比上年增长4.3%和5.1%；全年实现旅游业总收入4.69万亿元，同比增长13.6%。全年全国旅游业对GDP的综合贡献为8.19万亿元，占GDP总量的11.01%。旅游直接就业2 813万人，旅游直接和间接就业7 962万人，占全国就业总人口的10.26%。

一、国内旅游

全国国内旅游人数44.4亿人次，比上年增长11%。全国国内旅游收入3.94万亿元，比上年增长15.2%。全国国内旅游出游人均花费888.2元。在春节、“十一”两个长假中，全国共接待国内游客8.95亿人次，实现旅游收入8 473亿元。

二、入境旅游

入境旅游人数1.38亿人次，比上年同期增长3.5%。入境过夜游客人数5 927万人次，比上年同期增长4.2%。国际旅游收入1 200亿美元，比上年同期增长5.6%。

三、出境旅游

我国公民出境旅游人数达到1.22亿人次，比上年同期增长4.3%。经旅行社组织出境旅游的总人数为5 727.1万人次，增长23.3%。我国公民出境旅游目的地新增国家为：马其顿、亚美尼亚、塞内加尔、哈萨克斯坦。出境旅游花费1 098亿美元，比上年增长5.1%。

四、旅行社规模和经营

截至年末，全国纳入统计范围的旅行社共有27 939家，比上年年末增长1.2%。

截至年末，全国旅行社资产总额1 277.9亿元，比上年下降4.8%；各类旅行社共实现营业收入4 643.1亿元，比上年增长10.8%；营业税金及附加10.4亿元，比上年下降35.4%。

全年，全国旅行社共招徕入境游客1 445.7万人次、6 020.5万人天，分别比上年增长2.1%、下降0.05%；经旅行社接待的入境游客为1 942.9万人次、6 714.6万人天，分别比上年下降1.8%、增长2.8%。

全年，全国旅行社共组织国内过夜游客15 604.9万人次、48 702.0万人天，分别比上年增长14.1%和11.7%；经旅行社接待的国内过夜游客为17 088.6万人次、53 147.5万人天，分别比上年增长11.4%和40.3%。

分析：上面的数字显示了我国目前旅行社业的发展情况。第一，旅行社数量逐年增加，2016年年底已经达到27 939家。第二，三大市场的发展趋势：国内旅游市场持续高速增长，入境旅游市场平稳增长，出境旅游市场增速进一步放缓。

第一章　练习题

1.1　单项选择题

1. 旅行社的（　　）就是设计和组装各种包价旅游产品。

A. 生产职能　　B. 销售职能

C. 提供信息的职能　　D. 分配职能

2. 新中国成立的第一家旅行社（　　）。

A. 中国旅行社　　B. 中国国际旅行社

C. 中国青年旅行社　　D. 厦门华侨服务社

3. 中国国际旅行社总社于（　　）在北京成立。

A. 1980年6月27日　　B. 1954年4月15日

C. 1949年11月9日　　D. 1945年8月4日

4. （　　）是所有企业的共性，也是旅行社的根本性质。

A. 营利性　　B. 赢利性　　C. 中介性　　D. 服务性

5. （　　）是指接受旅游团（者）或海外旅行社预定，制订和下达接待计划，并可提供全程陪同导游服务的旅行社。

A. 旅游批发商　　B. 旅游经营商

C. 地接社　　D. 组团社

1.2　多项选择题

1. 我国旅行社经营的出境旅游业务主要包括（　　）。

A. 出国旅游　　B. 边境旅游

C. 港澳旅游
D. 境内旅游
E. 台湾旅游

2. 旅行社业务，按照服务流程可划分为（　　）。
A. 接待旅游业务
B. 批发旅游业务
C. 组团旅游业务
D. 入境旅游业务
E. 出境旅游业务

3. 旅行社业务，按照操作流程可划分为（　　）。
A. 产品开发业务
B. 产品促销业务
C. 产品销售业务
D. 服务采购业务
E. 旅游接待业务

4. 旅行社的性质有（　　）。
A. 营业性
B. 中介性
C. 经济性
D. 服务性
E. 文化性

5. 旅行社的经营范围包括（　　）。
A. 境内旅游
B. 出境旅游
C. 边境旅游
D. 入境旅游
E. 其他旅游服务

6. 旅行社在国民经济中的作用有（　　）。
A. 促进国内消费
B. 增加外汇收入
C. 增加就业机会
D. 增加政府税收
E. 平衡地区经济发展

7. 我国台湾地区《发展观光条例》将台湾岛内的旅行社划分为（　　）三个类型。
A. 综合旅行业
B. 甲种旅行业
C. 乙种旅行业
D. 第Ⅰ种旅行业
E. 第Ⅱ种旅行业

1.3 判断题

1. 旅行社是指从事招徕、组织、接待旅游者等活动，为旅游者提供相关旅游服务，开展国内旅游业务、入境旅游业务或出境旅游业务的企业法人。（　　）
2. 赢利性是所有企业的共性，也是旅行社的根本性质。（　　）
3. 水平式分工旅行社的典型代表是欧美国家。（　　）
4. 旅游批发商是一种从事旅游产品的生产、组织、宣传和推销旅行团业务的旅行社组织，一般不直接向公众出售旅游产品。（　　）

1.4 简答题

1. 世界旅行社产生的条件有哪些？
2. 简述旅行社在旅游业中的作用。
3. 简述旅行社的在社会文化发展中的作用。

第二章

旅行社的设立

学习目标

1. 了解设立旅行社可行性调研的基本内容。
2. 掌握旅行社设立的组织形式和经营场所的选择。
3. 掌握旅行社设立的条件和程序。
4. 掌握旅行社组织机构的构建。
5. 能够独立地撰写设立旅行社的各种报告。

实训要求

1. 实训项目：撰写申请设立旅行社的系列报告。
2. 实训目的：通过撰写申请设立旅行社的系列报告，让学生知道申请一家旅行社应该提交哪些报告。能撰写申请报告，为毕业之后自己申报旅行社打下基础。

第一节　设立旅行社的前期准备

为准确把握市场需求，确定旅行社设立的必要性、可能性，并为旅行社后续产品设计做好准备，旅行社投资者应先进行市场调研，了解旅行社设立的宏观和微观环境，熟悉旅行社的基本构架、部门设置、人员机构等内容，为旅行社的申报奠定基础。

一、设立旅行社的可行性调研

旅游市场需求的存在是设立旅行社的前提条件。设立一家旅行社必须要进行市场调研，了解旅游者的旅游需求特点，同时考察市场的竞争情况，以确定旅行社设立的可行性。设立旅行社的可行性调研包括以下几点：

（一）旅行社行业的发展前景和趋势预测

在旅行社设立之初，要对旅游业发展状况、宏观环境等进行调研，通过调研才能了解旅行社行业的发展前景和发展趋势，从而明确旅行社设立的必要性、旅行社的设立类型和经营方向等。如成都新秀国际旅行社就是在旅游互联网＋的全新时代和自媒体时代的背景下设立的一家旅行社。

（二）本地旅游资源调查

设立旅行社之前要对本地的旅游资源进行调研和分析，调研本地有哪些旅游资源，这些旅游资源对哪些客源市场具有吸引力，然后才能有针对性地开发本旅行社的旅游产品。

（三）旅游市场竞争调查

分析本国或本地旅游市场的竞争情况也是设立旅行社必做的工作之一，只有充分了解设立旅行社的行业环境和企业环境，才能在竞争中立于不败之地。

（四）旅游客源市场分析

通过问卷调查、访谈等方法，了解本地及其他主要客源地旅游者的旅游消费偏好、旅游花费预算、出游时间等基本信息，便于旅行社日后推出有针对性的旅游产品。

（五）旅行社设立的内外部条件

旅行社设立的内部条件主要是考虑设立旅行社所必需的场地、设施、资金、人员等内容。旅行社设立的外部条件主要是考虑旅行社所在城市的经济发展情况、居民旅游需求情况、本地旅游市场竞争情况、本地旅游配套能力等内容。

完成旅行社设立市场调研之后，就开始集体讨论，分析设立旅行社的可行性，撰写设立旅行社的可行性报告。根据调研结果进行旅行社市场定位，为下一个阶段的工作做好准备。

二、确定旅行社的组织形式

旅行社主要包括有限责任公司、股份有限公司、个人独资企业和合伙企业等组织形式。刚开始设立旅行社时，大多数都是选择有限责任公司。

（一）有限责任公司

有限责任公司，是指不通过发行股票而由为数不多的股东集资组建的公司。有限责任公司由50个以下股东共同出资设立。有限责任公司的资本无须划分为等额的股份，也不发行股票。股东确定出资金额并交付资金后即由公司出具股权证明，作为股东在公司享有权益的凭证。股东的股权证明不能自由买卖，如果有股东欲出让股权，一般应得到其他股东的同意并受一定条件的限制。股权转让时，公司的股东具有优先认购权。如果股权转让给非公司内部的其他人员，则需征得全体股东的同意。股东以其认缴的出资额为限对公司承担责任，股东入股的资产可以是货币，也可以是实物、知识产权或其他无形资产。

（二）股份有限公司

股份有限公司，是指将全部资本划分为等额股份，并通过股票的形式在市场上自由交易。公司可以通过发起设立和募集设立的方式进行组建。发起设立，是指以发起人认购公司应发行的全部股份设立公司；募集设立，是指以发起人认购公司应发行股票的一部分，然后通过向社会公开发行股票募集其余部分资金的方式设立公司。股份有限公司的资产归股东所有，股东可以是自然人，也可以是法人。股票是一种有价证券，可以自由认购、自由转让。股东一旦认购了股票，就不能向公司退股，但可以通过股票市场出售股票。股东入股的资产以货币为主，但也有以实物或知识产权等作价入股的。股份有限公司对股东负有有限责任，但上市公司必须依法向公众公开财务状况。

（三）个人独资企业

个人独资企业，是指依照法律在中国境内设立，由一个自然人投资，财产为投资人个人所有，投资人以其个人财产对企业债务承担无限责任的经营实体。设立个人独资企业应当具备5个条件：①投资人为一个自然人；②有合法的企业名称；③有投资人申报的出资；④有固定的生产经营场所和必要的生产经营条件；⑤有必要的从业人员。个人独资企业投资人对本企业的财产依法享有所有权，其有关权利可以依法进行转让或继承。个人独资企业投资人在申请企业设立登记时明确以其家庭共有财产作为个人出资的，应当依法以家庭共有财产对企业债务承担无限责任。

（四）合伙企业

合伙企业，是指自然人、法人和其他组织依照法律在中国境内设立的普通合伙企业和有限合伙企业。普通合伙企业由普通合伙人组成，合伙人对合伙企业债务承担无限连带责任。有限合伙企业由普通合伙人和有限合伙人组成，普通合伙人对合伙企业债务承担无限连带责任，有限合伙人以其认缴的出资额为限对合伙企业债务承担责任。国有独资公司、国有企业、上市公司以及公益性的事业单位、社会团体不得成为普通合伙人。普通合伙企业应由两个以上的合伙人组成。合伙企业名称中应当标明“普通合伙”字样。合伙企业的利润分配、亏损分担，按照合伙协议的约定办理；合伙协议未约定或者约定不明确的，由合伙人协商决定；协商不成的，由合伙人按照实缴出资比例分配、分担；无法确定出资比例的，由合伙人平均分配、分担。有限合伙企业由两个以上50个以下合伙人设立；但是，法律另有规定的除外。有限合伙企业至少应当有一个普通合伙人，有限合伙企业名称中应当标明“有限合伙”字样。有限合伙人可以用货币、实物、知识产权、土地使用权或者其他财产权利作价出资。有限合伙人不得以劳务出资。

三、筹集旅行社设立的资金

资金是旅行社经营发展不可或缺的物质基础，是旅行社设立和登记注册的必要条件。旅行社筹措资金主要有3种渠道：自有资金、合股资金和银行贷款。需要指出的是，银行贷款不能作为旅行社的注册资本。旅行社创办者应根据旅行社的业务范围和规模大小，确定筹措资金的数量和方式。

（一）有限责任公司筹资方式

如果旅行社以有限责任公司方式设立，其资金由多个股东共同筹资完成。如成都A旅行社位于人民南路二段，是一家有限责任公司。该旅行社有10位股东，第一股东出资额占公司总资本的60%，第二股东出资额占公司总资本的20%，第三股东出资额占公司总资本的15%，另有5%的股份为其余几位股东占有。该社为三位大股东共同发起创建，3人依照其投资额的多少对公司承担有限责任，享有公司利润的分成和负债的偿还责任。

（二）个人独资企业筹资方式

如果旅行社以个人独资企业方式设立，其资金筹资方式由一个人出资。如王某是成都某公司的高管，为实现个人抱负从公司辞职，准备自主创办一家旅行社。王某用自己多年的积蓄 50 万元投资创办了一家国内旅行社。按照个人独资企业的相关规定，王某以其个人财产对企业债务承担无限责任。

（三）合伙企业筹资方式

如果旅行社以合伙企业的方式设立，其资金筹资方式由几个合伙人共同筹资完成。如某大学旅游管理专业学生小张，毕业后，他和几个同学合伙创办了青春旅行社，该旅行社为合伙公司，张某家里出资 20 万元，王某家里出资 15 万元，李某家住成都，家里有几套住宅，出一套作为旅行社办公用房，廖某提供了旅行社业务经营所需要的车辆、电脑、传真、电话等设备。4 人均对合伙企业债务承担无限连带责任。

四、选择旅行社经营场所

（一）影响旅行社选址的因素

1. 旅行社的主导业务

旅行社的主导业务对旅行社的选址有重要的影响。按其业务特点，旅行社一般分为地接社和组团社两类。地接社主要承接外地游客来本地的参观游览，包括团队和散客类。因此，这类旅行社在选址时多选择靠近重要交通站点、景区，便于外地散客的地点。组团社主要组织本地游客外出旅游，因此，在选址时适合选在商务区、闹市区或居民区，方便目标客户直接接触企业产品，同时也便于宣传企业、方便客户咨询。

2. 成本

对于中小型旅行社，在选址时要考虑旅行社所在地的租金或房价的高低。商业中心区的租金或房价远高于其他地区，企业在选址时往往需要权衡地租、利润、企业资金等多个要素，因而会影响企业的选址。

3. 投资者的个人偏好

对于众多的小型旅行社而言，旅行社在选址时往往受投资者的个人偏好影响更多。

（二）旅行社的选址原则

旅行社应根据自身的条件和发展的战略，选择适合自身生存和发展的办公选址和空间。大致来说，旅行社在选址时应遵循下述几个基本原则：

1. 市场性原则

尽可能地接近市场是旅行社选址所要重点考虑的内容。这个市场包括两方面的含义：一是旅游客源地市场；二是旅游目的地市场。市场性原则还包含了旅行社的选址应当考虑市场的喜好与风格。

2. 便利性原则

旅行社的选址应当考虑顾客前来旅行社进行咨询、业务办理等事项的便利条件。旅行社距离远、交通不方便，对游客是没有吸引力的。

3. 经济性原则

旅行社选址时应考虑租金、硬件设施、水电、物业管理、计算机网络使用等方面的因素，尽可能减少不必要的开支，降低企业的运营成本。

4. 长远性原则

旅行社在考虑选址时，应当与未来企业的发展战略相结合。从宏观的角度出发，应当适当考虑未来市场的迁移和发展以及发展的成本；从微观的角度出发，应考虑所选择的地址是否可以提供较长时间的使用期等现实问题。

5. 关联性原则

旅行社的选址还应考虑到与其他企业之间和同类企业之间的关联性。当所选择的地址与其他企业相靠近时，应考虑这些企业的声誉、品牌、门市状况等因素，以提升自身的形象。

至于旅行社与同类企业是否适宜接近，要根据旅行社自身以及当地旅游发展的情况而定。一般而言，在旅游业刚刚起步的城市，周边同类型的旅行社越少，自身的经营则越具有优势。而对于那些旅游相对发达的城市，规模化反而能带来效益。

★操作示范

海王旅行社的选址决策

海王旅行社4年前建立，现已成长为年营业额达120万美元的旅行社，去年营业额增长了将近40%。

海王旅行社的社址在美国东北部一个近20万人口的城市里。城市的经济很长一段时间主要依靠重工业。然而，随着这个城市日益变为一个重要的商业、银行及医疗中心，其以蓝领阶层为主体的消费特点已逐渐消失。另外，附近的两所大学近十年来在校人数增加了一倍。这一点也促使城市居民职业特征发生了改变。

这座城市及附近地区共有9家旅行社，海王旅行社是位于市中心的4家旅行社之一。和许多城市的情况一样，几年前随着零售商业纷纷迁移到了郊区，市中心开始衰落了。然而，这个城市开始了一项重整市中心的计划，拆除了旧建筑，把主要街道的两个街段改建成一条林荫大道，以吸引新的商业企业。一些新的办公大楼、几所银行、一所新的会议厅和市政中心、几家新餐馆以及一家新的有300间客房的旅馆取代了原有的一些小零售店。

海王旅行社设在市中心主要的第十八广场街区外端的街面房屋中。4年前旅行社的开办选择了这个地点，通过洽谈得到了一个十分优惠的租约。这个月底，旅行社必须决定是否重续租约。虽然房主已经提出了一个反映了市中心复兴的租金，比原来的租房费用高出大约6 000美元。如果旅行社业务继续发展，一年内就能使所增加的租金得到补偿。除了留在原来的地方外，还有许多充分的理由将旅行社迁往新址。一种选择是迁移到海王旅行社的一家竞争者所在的三楼办事处去。这是一家即将停业的地方银行所办的旅行社。这个新地点位于正在发展的市中心。旅行社已经和银行负责人洽谈了这个问题，对方提出的租金比海王旅行社目前所在地的租金稍高一点。另一种选择是迁移到一个商业中心去。目前有两个地方可供选择：一个位于城市东北面的一个新开发的地区性商业中心，那里的居民正在不断增加。这个地方的租金比候选的任何地点都要高，在这个地点开业还会增加一些额外的管理费用。第二个商业中心，是离市中心数英里的一个广场商业点，这个广场商业点是为当地最高级的居民区之一服务的。广场上有一个中型超级市场、一家药店、一家杂货店、一家小餐馆和一家洗染店。海王旅行社最终选定的地点是一家酒馆，租金只比目前所在地点的租金略高一点。

每个地点各有利弊，有许多因素促使海王旅行社签订一个租赁目前所在地点的新租约。其中一个因素是目前的地点更便于将来在必要时进行扩充。如果租金大幅上升，只能在其他地方降低成本，至少在一段时间内必须这样做。

资料来源：陈永发．旅行社经营管理［M］．北京：高等教育出版社，2008.

五、设计旅行社社名

（一）简单、好记、时尚、寓意深刻

旅行社取名时要求名称容易发音，容易理解便于记忆。当读到或听到时令人愉快，具有当代性和现代感，寓意深刻。如黄山长皓旅行社有限责任公司中的“皓”具有光明之意，古人云“登黄山天下无山，观止矣!”。取“长皓”，对公司言，寓意生意兴隆，长长久久，像黄山美景一样；对顾客言，公司提供的服务光明正大，诚信经营。

（二）有利于传达旅行社的发展方向和价值意义

旅行社命名时，应充分考虑社名是否有利于传达旅行社的发展方向和价值意义。每一个公司的名字都包含着重大的意义，一个公司的名字代表着他的品牌、口碑。里面蕴藏着经营者的用心，以及名字背后的意义。如成都新秀国际旅行社有限公司中“新秀”包含了以下几个含义：一是经营方针，以模拟培养旅行社新秀人才，输送旅行社新秀人才为己任；二是经营内容，以旅游业务为依托，策划营销二三线景区，制造旅游新热点；三是经营目标，新秀国旅，国旅新秀，国际旅行社的后起之秀；四是经营思想，新人、新景、新思路，秀山、秀水，秀世界。又如香港首富李嘉诚所创立的“长江实业（集团）有限公司”，中国最强的搜索引擎百度，和联想、360 等一系列著名的公司。这些公司命名的时候，都具有广阔和长久发展的意义，可以从名字看出来一个经营者对企业的重视程度。所以，一定不能忽视公司名字的重要意义。

六、设立旅行社企业标识

（一）企业标识系统

CIS（Corporation Identity System）简称 CI，是企业识别系统，它是提高企业形象的一种经营手段。CI 对外能有效地将企业的各种经营信息传达给社会公众，促使其被认识、识别。企业识别系统由企业视觉识别、企业行为识别、企业理念识别 3 部分组成。

1. VI（Visual Identity）视觉识别

VI 在 CI 系统中最具有传播力和感染力，最容易被社会大众所接受，占据主导的地位。

VI 是将企业标志的基本要素、企业方针及管理系统有效地展示，形成企业固有的视觉形象，是透过视觉符号的设计统一化来传达精神与经营理念，可有效地推广企业及其产品的知名度和形象。因此，CI（企业识别）是以 VI（视觉识别）为基础的，并将 CI 的基本精神充分地体现出来，使企业产品名牌化，同时对推进产品进入市场起着直接的作用。VI 从视觉上表现了企业的经营理念和精神文化，从而形成独特的企业形象，就其本身又具有形象的价值。在 VI 设计中，最重要的就是企业标识设计。

2. BI（Behavior Identity）行为识别

BI 是 CI 的动态识别形式，它的核心在于 CI 理念的推行，将企业内部组织机构与员工的行为视为一种理念传播的符号，通过这些动态的因素传达企业的理念、塑造企业的形象。BI 规范化管理是 CI 导入过程中关键的环节，同时也是最难把握的一环。理念可以树立确定，视觉符号可以设计，而人的行为却难以理想化地进行统一。因此，BI 系统的顺利实施，需要有效的管理手段作为保证。

3. MI（Mind Identity）理念识别

MI 是 CI 中最重要的一个部分，是主导 CI 设计的关键，是 CI 设计的源头。一个企业的文化核心就是 MI，它是企业文化和精神的凝聚。企业的文化和精神凝聚起来不是一两天的事，一个新建的企业可能没有经历过多年风雨的企业有那么多的文化内涵，但是新建企业的发展目标和创业精神本身就代表了一种企业的文化和内涵，MI 不仅是设计师的工作，更是企业文化建设者的重要工作。它包括精神标语、经营理念、经营方针、座右铭等。MI 是一种符号，当此符号发挥有效功能时，无形中会对员工产生潜移默化的教导作用，使员工能肯定自己在公司工作的意义，进而提高士气。

（二）旅行社标识设计的基本要求

心理学研究表明，一个人在接受外界信息时，视觉接受的信息占全部信息量的 83%，听觉接受的信息占全部信息量的 11%，因而在企业文化的建设和传播过程中，VI 的设计依附于企业理念，但却是靠 VI 广泛传播的，它是企业文化、理念的重要载体，企业标识的设计也因此显得尤为重要。

1. 颜色选择有独特意义

标识设计中色彩的应用是品牌成功的阶梯。色彩能使人产生联想和感情，不同的色调会对人有不同的影响，在标识设计中，利用色彩感情规律，可以更好地表达标识的视觉效果，唤起人们的情感，引起人们对企业及商品的兴趣，最终影响人们的选择。

2. 字体的选择要恰当

粗体字、夸张的字体或是柔缓的字体经常容易吸引眼球。但字体的选择应考虑企业特性，如美容院应回避粗壮笨重的字体，健身房一般不能考虑柔婉、精细的字体。旅行社企业的字体一般应避免太繁杂的字体。

3. 标识设计应简单大方

企业标识应该简洁大方，容易识别，同时又能传达出企业信息和品牌价值。太过繁杂或花哨的标识容易降低企业的品位，且不容易被潜在顾客识别并记住。

4. 避免分散注意力的元素

标识中应避免企业细节信息，如有限公司、地址、电话等，太多细节容易分散顾客的注意力；同时，标识设计时要避免花哨的细节设计，以防止这些细节喧宾夺主，影响标识的宣传效果。

★小知识

中国青年国际旅行社企业标识

企业名称：中国青年国际旅行社

企业标识：

标识内涵：中青旅标识由地球、太阳、凤凰三大要素构成。地球，象征着中青旅广阔的服务领域与发展空间；太阳，象征着中青旅宏大的理想抱负与目标愿景；凤凰，象征着中青旅高尚的企业精神与服务品牌。

中青旅标识的标准色释义：橙色，喻示着温暖、关爱；红色，象征着热烈、激情；蓝色，代表着理智、冷静。

第二节 旅行社的设立条件和申办程序

一、申请设立经营国内旅游和入境旅游业务的旅行社

（一）旅行社的设立条件

1. 《中华人民共和国旅游法》（以下简称《旅游法》）中对旅行社设立条件的规定

《旅游法》第二十八条规定：设立旅行社，招徕、组织、接待旅游者，为其提供旅游服务，应当具备下列条件，取得旅游主管部门的许可，依法办理工商登记：

（1）有固定的经营场所。

《旅行社条例实施细则》第六条规定：旅行社经营场所应当符合下列要求：一是申请者拥有产权的营业用房，或者申请者租用的、租期不少于1年的营业用房；二是营业用房应当满足申请者业务经营的需要。

（2）有必要的营业设施。

《旅行社条例实施细则》第七条规定：旅行社营业设施应当至少包括下列设施、设备：一是有2部以上的直线固定电话；二是传真机、复印机；三是具备与旅游行政管理部门及其他旅游经营者联网条件的计算机。

（3）有符合规定的注册资本。

《旅行社条例实施细则》第六条规定：申请经营国内旅游业务和入境旅游业务的，应当取得企业法人资格，并且注册资本不少于30万元。

（4）有必要的经营管理人员和导游。

旅行社是劳动密集型服务企业，同时也是技能、知识和信息等要素聚集的现代服务业，

经营管理人员对企业经营服务和发展非常关键，因此，旅行社应当有必要的经营管理人员。同时，要求旅行社有必要数量的专职导游，有利于解决目前社会导游劳动报酬少甚至无报酬的问题，更有利于保障旅游者的权益。

★小贴士

设立旅行社经营管理人员和导游的要求规定

根据《旅游法》第四章第二十八条规定，设立旅行社的条件之一：“有必要的经营管理人员和导游”，具体需要多少经营管理人员没有具体规定，有各个地方自行规定。目前成都市旅游局对这条的规定是：要有企业法定代表人、计调、财务人员、3名导游人员。

（5）法律、行政法规规定的其他条件。

这是兜底条款。《旅游法》对旅行社设立条件的规定比较原则，具体条件由行政法规来细化。

2.《国务院关于修改部分行政法规的决定》中对旅行社设立条件的规定

2016年2月6日李克强总理签署了《国务院关于修改部分行政法规的决定》（中华人民共和国国务院令第666号）。国务院修改的《旅行社条例》第六条明确规定：申请经营国内旅游业务和入境旅游业务的，应当取得企业法人资格，并且注册资本不少于30万元。

3. 文化和旅游部《旅行社条例（修订草案送审稿）》对旅行社设立条件的规定

2016年8月1日文化和旅游部发布了《旅行社条例（修订草案送审稿）》，送审稿第九条规定：申请旅行社业务经营许可，经营境内旅游和入境旅游业务的，应当取得企业法人资格，并且符合下列条件：

（1）有固定的经营场所；

（2）有必要的营业设施；

（3）注册资本不少于30万元；

（4）有三年以上旅行社从业经历或者相关专业经历的经营和管理人员；

（5）有不低于在职员工总数10%且不少于3名，已与旅行社订立固定期限或者无固定期限劳动合同的导游。

★小贴士

关于旅行社设立条件的说明

《旅游法》第二十八条规定了旅行社设立条件。2016年2月6日李克强总理签署《国务院关于修改部分行政法规的决定》，对旅行社设立条件进行了修改。2016年8月1日文化和旅游部发布了《旅行社条例（修订草案送审稿）》，对旅行社的设立做了新规定，但是没有正式发布。待《旅行社条例》正式颁布以后，各位老师和学生以正式文件为准。

（二）设立旅行社需要提交的材料

《旅行社条例实施细则》第八条规定：申请设立旅行社，经营国内旅游业务和入境旅游业务的，应当向省、自治区、直辖市旅游行政管理部门提交下列文件：

1. 设立申请书

内容包括申请设立的旅行社的中英文名称及英文缩写，设立地址，企业形式、出资人、出资额和出资方式，申请人、受理申请部门的全称、申请书名称和申请的时间。

2. 法定代表人履历表及身份证明

申办人在申请设立旅行社时，应提交旅行社法定代表人的履历表及相关职业资格证书。

3. 企业章程

（1）普通旅行社。普通旅行社，指非股份制旅行社，其章程主要包括：旅行社的经营范围、旅行社的设立方式和经营方式；旅行社的经济性质、注册资金数额及其来源；旅行社的组织机构及其职权；法定代表人产生的程序和职权范围；财务管理制度和利润分配形式；劳动用工制度；章程修改程序和终止程序。

（2）股份制旅行社。股份制旅行社章程除了应具有普通旅行社章程的各项内容外，还须包括：旅行社注册资本、股份总数和每股金额；股东名称、认购股份数、权利和义务；董事会的组成、职权、任期和议事规则；利润分配办法；旅行社解散事由与清算办法；通知和通告办法。

4. 依法设立的验资机构出具的验资证明

旅行社应通过银行、会计师事务所、审计师事务所三种方式进行验资。旅行社申办人将货币资金汇入有关银行、会计师事务所或审计师事务所指定的账户上；由该机构出具书面的验资证明及资本金入账凭证的复印件或验资报告；申办人将验资证明或验资报告送交受理申请的旅游行政管理部门。

5. 经营场所的证明

旅行社应向旅游行政管理部门提交旅行社营业场所的产权证明或租赁期限在一年以上（含一年）的租房协议。

6. 营业设施、设备的证明或者说明

旅行社应提供属于其自有资产的经营设备证明，包括投资部门出具的经营设备使用证明或商业部门开具并具有申办人或该旅行社名称的发票、收据。其中国际旅行社须提供：传真机、直线电话机、电子计算机和业务用汽车等经营设备的证明；国内旅行社须提供：传真机、直线电话机、电子计算机等经营设备的证明。

（三）旅行社的设立程序

1. 《国务院关于修改部分行政法规的决定》中对旅行社设立程序的规定

《旅行社条例》第七条规定：申请设立旅行社，经营国内旅游业务和入境旅游业务的，应当向所在地省、自治区、直辖市旅游行政管理部门或者其委托的设区的市级旅游行政管理部门提出申请，并提交符合本条例第六条规定的相关证明文件。受理申请的旅游行政管理部门应当自受理申请之日起 20 个工作日内作出许可或者不予许可的决定。予以许可的，向申请人颁发旅行社业务经营许可证；不予许可的，书面通知申请人并说明理由。

2. 文化和旅游部《旅行社条例（修订草案送审稿）》对旅行社设立程序的规定

《旅行社条例（修订草案送审稿）》第十条规定：申请旅行社业务经营许可，经营境内旅游和入境旅游业务的，应当向所在地设区的市级旅游主管部门或者其委托的县级旅游主管部门提出申请，并提交符合本条例第九条规定的相关证明文件。受理申请的旅游主管部门应当自受理申请之日起20个工作日内作出许可或者不予许可的决定。予以许可的，向申请人颁发旅行社业务经营许可证；不予许可的，书面通知申请人并说明理由。

（四）缴纳旅游服务质量保证金

《旅行社条例》第十三条规定：旅行社应当自取得旅行社业务经营许可证之日起3个工作日内，在国务院旅游行政主管部门指定的银行开设专门的旅游服务质量保证金账户，存入旅游服务质量保证金，或者向作出许可的旅游行政管理部门提交依法取得的担保额度不低于相应旅游服务质量保证金数额的银行担保。经营国内旅游业务和入境旅游业务的旅行社，应当存入旅游服务质量保证金20万元。

二、申请设立经营出境旅游业务的旅行社

（一）旅行社的设立条件

1.《旅游法》对申请经营出境旅游业务设立条件的规定

（1）旅行社取得旅行社业务经营许可满两年。

（2）两年中未因侵害旅游者合法权益受到行政机关罚款以上处罚的。

满足以上两个条件的可以申请经营出境旅游业务。

2. 文化和旅游部《旅行社条例（修订草案送审稿）》对申请出境旅游业务条件的规定

《旅行社条例（修订草案送审稿）》第十一条规定：符合下列条件的旅行社，可以申请经营出国和赴港澳旅游业务：

（1）连续开展旅行社业务经营活动两年以上；

（2）近两年未因侵害旅游者合法权益或者经营旅行社业务受到行政机关罚款以上处罚；

（3）近两年没有发生较大以上安全生产责任事故；

（4）有不低于在职员工总数10%且不少于5名，已与旅行社订立固定期限或者无固定期限劳动合同的领队。

符合前款规定条件，且住所在开放边境旅游的设区的市、自治州的行政区域内的旅行社，可以申请经营边境旅游业务。

《旅行社条例（修订草案送审稿）》第十五条规定：经营赴台旅游业务的旅行社，由国务院旅游主管部门会同有关部门从取得出国和赴港澳旅游业务经营许可的旅行社范围内指定。

（二）旅行社的申办程序

1.《旅行社条例》对申请出境旅游业务程序的规定

《旅行社条例》第九条规定：申请经营出境旅游业务的，应当向国务院旅游行政主管部门或者其委托的省、自治区、直辖市旅游行政管理部门提出申请，受理申请的旅游行政管理

部门应当自受理申请之日起20个工作日内作出许可或者不予许可的决定。予以许可的，向申请人换发旅行社业务经营许可证；不予许可的，书面通知申请人并说明理由。

2. 文化和旅游部《旅行社条例（修订草案送审稿）》对申请出境旅游业务程序的规定

《旅行社条例（修订草案送审稿）》第十二条规定：旅行社申请经营出国和赴港澳旅游业务、边境旅游业务的，应当向其所在地的省、自治区、直辖市旅游主管部门或者其委托的设区的市级旅游主管部门提出，并提交符合本条例第十一条规定的相关证明文件。受理申请的旅游主管部门应当自受理申请之日起20个工作日内，作出许可或者不予许可的决定。予以许可的，向申请人换发旅行社业务经营许可证；不予许可的，书面通知申请人并说明理由。

《旅行社条例（修订草案送审稿）》第十三条规定：企业法人登记注册的经营范围包括旅行社业务的，应当在工商行政管理部门核准登记注册之日起30日内，向旅游主管部门申请旅行社业务经营许可。工商行政管理部门知道其逾期未申请的，应当责令变更经营范围；拒不变更的，工商行政管理部门直接变更或者注销登记。

（三）缴纳旅游服务质量保证金

按照《旅行社条例》第十三条规定：经营出境旅游业务的旅行社，应当增存旅游服务质量保证金120万元。

三、旅行社分支机构的设立

旅行社分社（简称分社）及旅行社服务网点（简称服务网点）不具有法人资格，以设立分社、服务网点的旅行社（简称设立社）的名义从事《旅行社条例》规定的经营活动，其经营活动的责任和后果，由设立社承担。

（一）分社的设立

文化和旅游部《关于旅行社设立分社有关事宜的通知》（旅办发〔2010〕56号）文件对设立分社作了具体要求。

（1）分社的设立范围。根据《旅行社条例》第十条，旅行社分社的设立不受地域限制，即分社可以在设立社所在行政区域内设立，也可以在全国范围内设立。

（2）分社设立的数量。《旅行社条例》和《旅行社条例实施细则》均没有对旅行社设立分社数量作限制，旅行社设立分社的数量，包括在同一区域、同一城市设立分社的数量，由旅行社根据经营服务的需要决定，旅游行政管理部门应该会同工商行政管理部门加强指导、规范。

（3）出境游旅行社设立分社的类型。根据《旅行社条例》第十条，分社的经营范围不得超出设立分社的旅行社的经营范围。因此，经营出境旅游业务的旅行社可以根据市场发展需要来设立分社，既可以设立只经营国内旅游业务和入境旅游业务的分社，也可以设立只经营出境旅游业务的分社，还可以设立经营国内、入境和出境旅游业务的分社，增存的质量保证金分别为5万元、30万元、35万元。

（4）赴台游旅行社跨省级行政区域设立的分社，一律不得经营赴台游业务，在本省级行政区域内设立的分社只能从事赴台游客招徕业务。

(5) 分社增存质量保证金的管辖地。根据《旅行社条例》第十四条，旅行社设立分社，应当向本社质量保证金账户增存相应数量的质量保证金，而非在分社设立地开设质量保证金账户增存质量保证金。

(6) 办理分社《营业执照》。

旅行社设立分社的，应当向分社所在地的工商行政管理部门办理设立登记，领取分社《营业执照》。分社的名称中应当包含设立社名称、分社所在地地名和“分社”或者“分公司”字样。旅行社分社的设立不受地域限制。分社的经营范围不得超出设立分社的旅行社的经营范围。

(7) 办理《旅行社分社备案登记证明》。

设立社自分社设立登记之日起3个工作日内向分社所在地的旅游行政管理部门备案，领取《旅行社分社备案登记证明》。应当持下列文件向分社所在地同级的旅游行政管理部门备案：

①设立社的旅行社业务经营许可证副本和企业法人营业执照副本；

②分社的《营业执照》；

③分社经理的履历表和身份证明。

(二) 服务网点的设立

旅行社服务网点，是指旅行社设立的门市部等销售机构，为旅行社招徕旅游者，并以旅行社的名义与旅游者签订旅游合同的网点。其服务网点的区域范围，应当在设立社所在地的设区的市的行政区划内。服务网点应该设在方便旅游者认识和出入的公众场所。

文化和旅游部《关于放宽旅行社设立服务网点政策有关事项的通知》（旅发〔2015〕211号）文件明确规定：允许设立社在所在地的省（市、区）行政区划内及其分社所在地的设区的市的行政区划内设立服务网点，不受数量限制。

(1) 在设立社所在地的省（市、区）行政区划内设立服务网点。在设立社所在地的省（市、区）行政区划内设立服务网点的，设立社向服务网点所在地工商行政管理部门办理服务网点设立登记后，应当在3个工作日内，持设立社营业执照副本、设立社旅行社业务经营许可证副本、服务网点的营业执照、服务网点经理的履历表和身份证明向服务网点所在地与工商登记同级的旅游主管部门备案。

(2) 在分社所在地的设区的市的行政区划内设立服务网点。旅行社在其分社所在地的设区的市的行政区划内设立服务网点的，设立社向服务网点所在地工商行政管理部门办理服务网点设立登记后，应当在3个工作日内，持设立社营业执照副本、设立社旅行社业务经营许可证副本、分社的营业执照、旅行社分社备案登记证明、服务网点的营业执照、服务网点经理的履历表和身份证明向服务网点所在地与工商登记同级的旅游主管部门备案。

四、申请设立外商投资旅行社

(一) 外商投资旅行社的分类

外商投资旅行社，是指依照中华人民共和国法律的规定，在中国境内设立的，由中国投资者和外国投资者共同投资或者仅由外国投资者投资的旅行社。外商投资旅行社是一个总的概念，包括中外合资经营旅行社、中外合作经营旅行社和外资旅行社。

1. 中外合资经营旅行社

中外合资经营旅行社指外国的服务提供者，包括外国个人、公司、企业和其他经济组织，依照中国法律、法规的规定，在境内同中国合营者，包括公司、企业和其他经济组织，共同投资举办的合资经营旅行社。

按照相关法律规定，作为合资经营企业，中外合资经营旅行社具有几个主要特点：一是具备企业法人资格，其组织形式为有限责任公司；二是股权式合营企业，合营各方“共同投资、共同经营、按各自的出资比例共担风险、共负盈亏”，即“四共原则”；三是税后分配原则；四是董事会原则。

2. 中外合作经营旅行社

中外合作经营旅行社指外国的服务提供者，包括外国个人、公司、企业和其他经济组织，依照中国法律、法规的规定，在境内同中国合作者，包括公司、企业和其他经济组织，以合作企业合同为基础而共同举办的旅行社。

合作企业合同是合作经营旅行社的基础，该合同的订立，是基于合作各方通过协商，就投资或合作条件、收益分配、风险和亏损的分担、经营管理的方式和合作经营旅行社终止时企业财产的归属等事项达成一致。与合资经营的股权制不同，合作经营是契约式企业。

此外，合作各方达成的投资或合作条件，可以是现金、实物、土地使用权、知识产权、非专利技术，也可以是其他财产权利。

从目前的实际情况看，由于旅行社经营所具有的特点，中外投资者还没有出现选择中外合作经营这种形式。

3. 外资旅行社

外资旅行社指依照中国法律、法规的规定，在中国境内设立的，全部资本由外国个人、公司、企业和其他经济组织投资的旅行社。外资旅行社独立经营、独立核算，并以其认缴的出资额独立承担法律责任。

（二）申请外商投资旅行社应具备的条件

设立外商投资旅行社应具备的条件与申请经营国内旅游业务和入境旅游业务的旅行社条件是一致的。

（三）设立外商投资旅行社的程序

《旅行社条例》第二十二条规定：外商投资企业申请经营旅行社业务，应当向所在地省、自治区、直辖市旅游行政管理部门提出申请，并提交符合本条例第六条规定条件的相关证明文件。省、自治区、直辖市旅游行政管理部门应当自受理申请之日起 30 个工作日内审查完毕。予以许可的，颁发旅行社业务经营许可证；不予许可的，书面通知申请人并说明理由。设立外商投资旅行社，还应当遵守有关外商投资的法律、法规。

《旅行社条例》第二十三条规定：外商投资旅行社不得经营中国内地居民出国旅游业务以及赴香港特别行政区、澳门特别行政区和台湾地区旅游的业务，但是国务院决定或者我国签署的自由贸易协定和内地与香港、澳门关于建立更紧密经贸关系的安排另有规定的除外。

★小贴士　**外资旅行社设立审批权下放到市旅游局**

从2015年9月6日起，受福建省旅游局委托，泉州市旅游局将正式承接外商投资旅行社行政许可工作，也就是说，今后，外商来泉州投资设立旅行社，只需向市旅游局申请并获得批准。

泉州市旅游局行管科人士介绍，此次省旅游局下放的权限具体为在泉州行政区域内设立外商独资、合资和合作旅行社经营国内旅游业务和入境旅游业务的许可，旨在进一步加大简政放权力度，减少中间环节，提高办事效率。为承接好委托事项，市旅游局将进一步建立健全首问责任制、一次性告知制、限时办结制等，努力提高依法行政能力，切实履行监管职责。

据悉，截至目前，泉州市共有85家旅行社，但全部都是内资企业，迄今尚未有外资旅行社落地。

资料来源：记者孙灿芬2015－09－06《泉州晚报》

第三节　旅行社的组织机构

一、旅行社组织机构设置的依据

旅行社设置组织机构时，主要考虑企业规模、业务范围、目标市场和旅游目的地等因素。

（一）企业规模

旅行社企业属于服务行业，往往具有单体企业规模小、分布广泛的特点。旅行社企业的规模决定了需要设置什么样的部门。规模大，设置的部门就多；规模小，设置的部门就相对少些。

（二）业务范围

按照旅游者的流向，可以将旅行社的业务划分为入境旅游业务部、国内旅游业务部和出境旅游业务部；按照旅游组织方式，可以将旅行社的业务划分为团队旅游业务部和散客旅游业务部。

（三）目标市场

目标市场主要是指旅游者客源地所在区域。旅游目的地的旅行社通常按照旅游者的地理分布设置部门。如经营入境业务的旅行社可以根据目标市场所在区域设置欧洲部、北美部、东亚部等。

（四）旅游目的地

旅游客源地的旅行社（组团社）可以按照旅游目的地设置部门。如经营出境业务的旅行社可以根据旅行社选择的旅游目的地设置南亚部、非洲部、欧美部等。如经营国内组团旅游业务的旅行社选择的旅游目的地设置北京专线部、西藏专线部、云南专线部、三亚专线部等。

二、旅行社组织机构设置的原则

组织机构设置的实质是通过对旅行社管理的劳动分工，将不同的管理人员安排在不同的管理岗位或部门中，通过他们的工作使整个旅行社管理系统有机、高效地运转起来。旅行社组织机构的设置应该服从于企业发展战略的要求，旅行社组织机构的设置应以有利于企业发展战略目标的实现为宗旨。在企业发展战略的指导下进行旅行社组织机构的设置时，应遵循以下原则：

（一）目标任务原则

旅行社的主要任务是向旅游者销售其产品、招徕客源，并在旅游者到来后提供旅游服务和组织旅游活动。为了实现上述任务与目标，旅行社在组织机构的设置时应以事建机构、以事设职务、以事配人，而不是因人设职、因职找事。

（二）统一指挥原则

旅行社部门管理中，最基本的关系就是上级与下级的关系，或者说是权力与责任的关系。要处理好这个关系，就必须遵守统一指挥的原则。统一指挥的原则规定：任何人只对自己的上级负责，任何人都不应接受两个或两个以上上级的直接指挥；上级不越级向下发命令（若下级管理者不称职就应该撤换，而不是用越级指挥的方式来代替）。需要特别强调的是，在组织管理中，上级虽不得越级指挥下级，却可以越级检查下级的工作；下级虽不得越级请示上级，但可以越级上告或提出建议。

（三）分工协作原则

旅行社要根据自己企业内部的实际情况，合理地进行分工，企业内每一管理层次、部门的责任和权利要对等。既要明确他们的职权范围和利益，又要要求旅行社各部门之间的团结协作。分工是按照工作效率的要求，把组织的目标分到各级、各部门，甚至到个人，以便提供更专业的服务，有分工就要有协作。尤其是在旅游旺季，只有旅行社各部门的有效协作，才能完成繁重的接待任务。

（四）责、权、利统一原则

旅行社各部门已经建立，就必须根据岗位职务规定严格的职责，并授予这些岗位以相应的权限，使每位管理人员都明确自己的权与责。在这里，权利是履行责任的条件，责任是行使权力的目的，二者关系对等。尽责用权还必须与经济利益相结合，获取相应的经济利益是负责者不可侵犯的权利，也是约束用权者的条件。为此，在明确各个岗位责、权、利的同时，还必须注意提高管理者个人的素质，并注意因事设岗、因能授权。

（五）按岗定人原则

选择适合的人员，分派他们到相应的部门与岗位上去。要坚持“任人唯贤、择优录用”的原则，选择知识、技能和个性特征适合岗位需要的人员。绝不能任人唯亲、盲目追求高学历。

（六）灵活性原则

因为旅行社面对的外部环境是千变万化的，这就要求旅行社的组织机构对外部环境的变化能够做出及时、有效地反应。在旅游市场竞争激烈的今天，旅行社能否根据市场的变化及时推出自己的产品和特色的服务已成为决定企业命运的关键因素。这方面既要求旅行社从业人员保持高度的敏感性，又要求组织机构的设置给予必要的保证。

（七）客人导向原则

如今的旅游市场，满足客人日益变化的需求，才是旅行社立于不败之地的基础。因此旅行社的组织机构设计必须保证公司以统一的形象面对顾客，满足顾客的需求。

（八）精干高效原则

在某些旅行社企业，还存在着人浮于事，因人设岗的现象，大大地限制了旅行社的发展。旅行社在保证公司任务完成的前提下，应做到机构简练，严格控制员工的整体规模，尤其要注意一、二线员工的数量配比，尽量避免“一线紧、二线松、三线肿”的现象，减少职能部门闲散人员。实行满负荷工作法，制定科学、合理、详细的岗位职责，培养一支勤奋高效的员工队伍。

三、旅行社组织机构的种类

旅行社组织机构是表现旅行社组织各部分排列顺序、空间位置以及各要素之间相互关系的一种模式。旅行社组织机构在管理中起“框架”作用，有了它系统中的人力、物力、信息才能顺利流通，使组织目标的实现成为可能。旅行社常见的组织机构种类如下：

（一）职能式组织机构

按职能设部门，又称直线制组织结构模式，是旅行社常见的组织结构。直线制组织结构是比较简单的组织结构类型，适合规模小、业务简单的旅行社。

1. 按照职能（业务流程）设置部门的旅行社组织结构模式

按照职能（业务流程）设置部门的旅行社组织结构模式（见图2－1）的优点在于部门之间分工明确，容易实现专业化运作；缺点在于部门之间沟通要求高，导致工作效率低，并容易产生服务质量等问题。

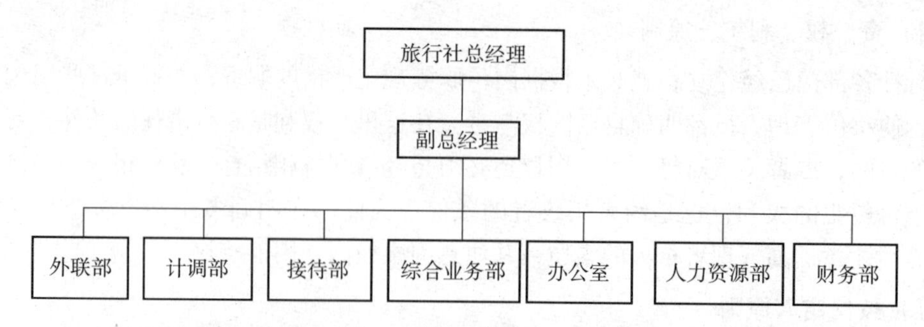

图2－1　按照职能（业务流程）设置部门的旅行社组织结构模式

2. 按照职能（客源市场）设置部门的旅行社组织结构模式

按照职能（客源市场）设置部门的旅行社组织结构模式（见图2－2）的优点在于部门员工了解客源市场，针对性强；缺点在于不利于实现规模效益，同时容易发生销售人员独占客户资源的情况。

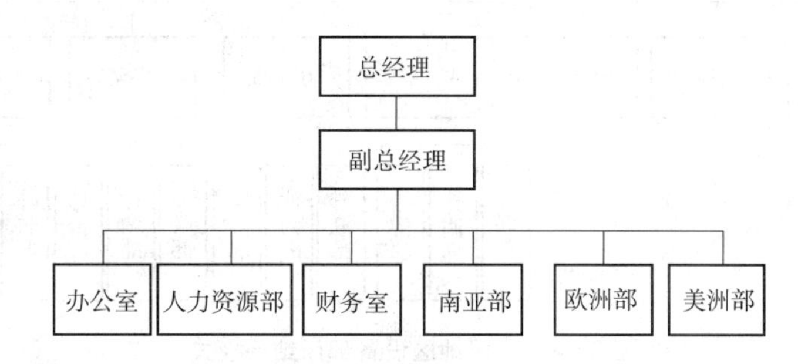

图2－2 按照职能（客源市场）设置部门的旅行社组织结构模式

3. 按照职能（业务类别）设置部门的旅行社组织结构模式

按照职能（业务类别）设置部门的旅行社组织结构模式（见图2－3）的优点在于可以针对业务类别开展专业化经营。需要注意的是，只有当每种业务量足够大时，才能设置相应部门。

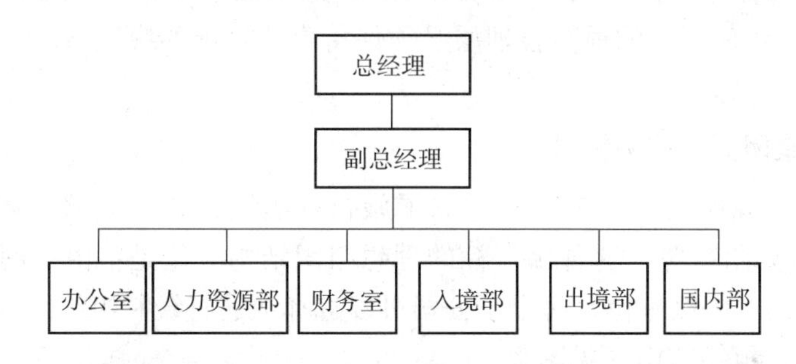

图2－3 按照职能（业务类别）设置部门的旅行社组织结构模式

（二）事业部制组织机构

1. 组织机构

事业部制组织机构是旅行社内对具有独立的产品和市场、独立的责任和利益的部门实行分权管理的一种组织形态。采用这种组织机构形式的旅行社按照旅游客源所在地区划分其业务部门，每一个业务部门均具备外联、计调、接待等功能，能够针对其客源市场开展全部旅游经营业务。旅行社的管理部门则与职能分工式的旅行社一样，承担着各种管理任务（见图2－4）。有些旅行社将采购功能从各个业务部门中抽出，单独设立一个采购部门，负责整个旅行社的对外采购业务。

2. 基本特征

（1）实行政策管制集权化和业务营运分权化。在事业部制组织机构中，旅行社把政策制定与行政管理分开，实行政策管制集权化和业务营运分权化。

（2）旅行社的最高管理层具有最高决策权。以实行长期计划为最大的任务，集中力量

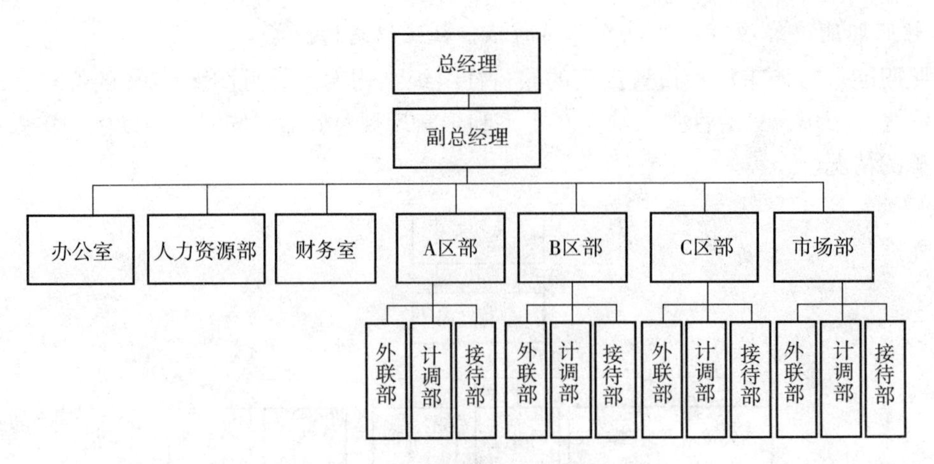

图2－4　按照地区设置部门结构模式

来研究和制定企业的总目标、总方针、总计划以及各项政策。

（3）各个部门分别具有市场、销售、采购和接待功能。在不违背总目标、总方针、总计划的前提下，自行处理各项业务经营活动，成为日常经营活动的中心。

（4）旅行社最高管理层具有事业发展决策权、资金分配权和人事安排权。为了使旅行社保持其完整性，避免使高层领导“大权旁落”，并保证事业部不至于形成“各行其是”“群雄割据”的局面，旅行社的最高管理层必须保持事业发展的决策权、资金分配权和人事安排权。

（三）旅行社集团组织结构模式

目前，我国一些规模较大的旅行社成立了旅行社集团，如“国旅集团”“中旅集团”“青旅集团”“首旅集团”等。这种旅行社的理想组织结构应该是：由呈网络状分布的子公司构成旅行社集团的下一级单位；每个子公司可以选择上述直线制组织结构模式或事业部制组织结构模式来设置组织结构（见图2－5）。

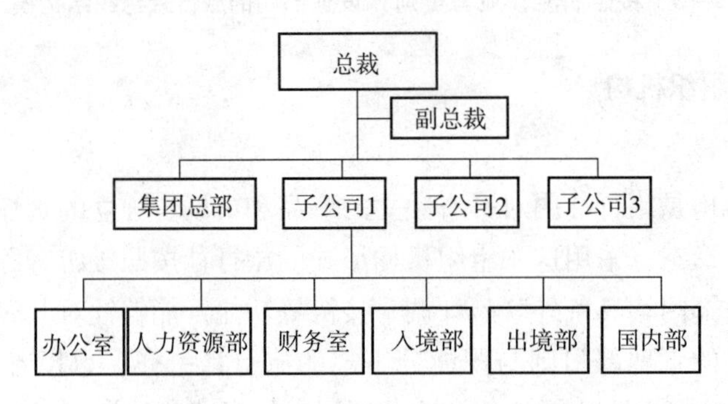

图2－5　旅行社集团组织结构模式

四、旅行社设置的主要岗位

关于旅行社岗位设置的问题，旅行社根据自己的业务范围和员工构成情况的不同，设置的岗位也有一些差别，但是每家旅行社基本上都有以下主要岗位（见图2－6）。

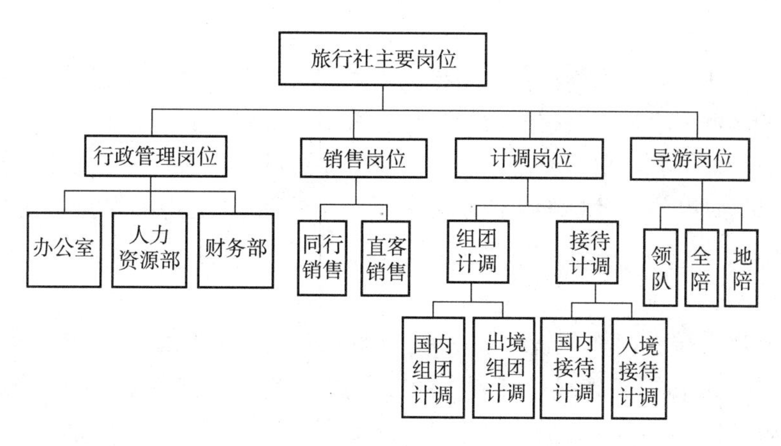

图 2－6　旅行社设置的主要岗位

（一）行政管理岗位

旅行社的办公室、人力资源部、财务部等管理机构都分别设置有不同的行政管理岗位，如办公室设置有办公室主任、文员、秘书、档案等岗位，人力资源部设置有人力资源部长、工资、人事等岗位，财务部设置有财务部部长、会计、出纳等岗位。

（二）销售岗位

销售岗位的主要任务是销售旅行社的产品，又分为同行销售岗位和服务网点的直客销售岗位。同行销售岗位主要是各个专线的外联人员，他们负责把旅行社的产品向各个服务网点销售，经常和各个服务网点保持联系。服务网点的直客销售岗位就是服务网点的工作人员，他们主要是服务网点直接对游客直接销售旅行社的产品。

（三）计调岗位

计调是计划调度的简称，担任计划调度作业的人员，在岗位识别上被称为计调员、线控、团控、担当等，业内简称“计调”。其主要任务是按接待计划落实团队在吃、住、行、游、购、娱等方面的具体事宜，以确保行程、日程正常进行。按照旅行社团队的组成和接待过程来分，可以将计调分为组团计调和接待计调两种。

1. 组团计调

组团计调是负责组成旅游团队，并将团队发送到异地接待社接待的专职人员。按接待社的地区差异，又分为国内组团计调和出境组团计调两种类型。

2. 接待计调

接待计调指在接待社中负责按照组团社计划和要求确定旅游用车等区间交通工具、用餐、住宿、游览、派发导游等事宜的专职人员。按组团社的地区差异，分为国内接待计调和国际入境接待计调两种类型。

（四）导游岗位

根据业务范围不同，可以把导游人员分为海外领队、全程陪同导游人员、地方陪同导游人员和景区导游人员。但是由于景区导游属于景区的工作岗位，因此旅行社的导游岗位可以分为海外领队、全陪和地陪三种岗位。

1. 海外领队

海外领队，又叫国际陪同导游员，是指经国家旅游行政主管部门批准可以经营出境旅游业务的组团社的委派，全权代表该旅行社带领旅游团从事旅游活动的工作人员。如外国访华团队中的外方导游员，我国出境旅游团队中的中方导游员等。领队作为组团社的代表，负责对旅游团队内部管理和沿途各站的协调联络工作，并对旅游地地接社的服务内容和服务质量进行全程监控。

2. 全程陪同导游人员

全程陪同导游人员（简称全陪），是指受组团社委派，作为组团社的代表，在领队和地方陪同导游人员的配合下实施接待计划，为旅游团（者）提供全程陪同服务的工作人员。由于旅游团队性质的不同，通常将全陪分为两种：一是国际入境旅游团队（即来华旅游的境外旅游团队），由中方总地接社派出的导游人员称为全陪，主要负责安排外国团队在华的全部行程；二是中国人在国内旅游，由组团社派出的全程陪同导游人员也称全陪。如四川某旅行社组织华东五省市双飞五日游团队，该旅行社一般情况下将派出导游员全程陪同团队旅行，这位陪同就叫全陪。

3. 地方陪同导游人员

地方陪同导游人员（简称地陪），是指受地接社委派，代表地接社实施接待计划，为旅游团（者）提供其工作的地区旅游活动安排、讲解、翻译等服务的工作人员。这里的地接社指接受组团社的委托，按照接待计划委派地方陪同导游人员负责组织安排旅游团（者）在当地参观游览等活动的旅行社。

★实训项目　撰写申请设立旅行社的系列报告

实训目的：通过撰写申请设立旅行社的系列报告，让学生知道申请一家旅行社应该提交哪些报告。能撰写申请报告，为毕业之后自己申报旅行社打基础。

实训步骤：第一步，撰写旅行社设立申请书。第二步，撰写普通旅行社章程。第三步，撰写依法设立的验资机构出具的验资证明。第四步，撰写设立旅行社的可行性报告。第五步，撰写旅行社经营场所的证明。第六步，撰写旅行社营业设施、设备的说明。

实训成果：把以上六份资料用 A4 纸打印出来。

★知识归纳

本章是学习如何创建一家旅行社。旅行社的设立是旅行社经营的前提。旅行社的设立需要人、财、物的支持，需要有固定的营业场所和必要的设施设备，必要的资金支持和部门设置，符合经营管理需求的从业人员，符合规定的企业名称和管理规范。本章首先阐述了设立旅行社的前期准备工作，需要进行设立旅行社的可行性调研，确定旅行社设立的形式、筹集旅行社设立需要的资金，选择旅行社经营场所，设立旅行社名称和企业标识。其次，阐述了设立一家旅行社需要的条件和申报程序。最后，阐述了如何建立旅行社的组织机构。通过本章的学习，要求学生能够了解旅行社设立前期需要做的各种准备工作；掌握设立旅行社的条件和程序；能独立申请一家旅行社，并组建旅行社的组织机构。

★典型案例 **5.3万元买的玉器首饰只值几百元？**

南昌市民邓女士港澳游遭遇“零价团”陷阱。在香港购买的5.3万元的玉器首饰经鉴定只值几百元。邓女士等14人向旅游局和工商局投诉可乐旅行社。由于可乐旅行社没有旅游经营许可证，旅游局无权处罚，可乐旅行社没有与邓女士签订旅游合同，工商局又很难认定过错。

2015年10月29日，《江西日报》（南昌）记者余红举了解到，由于被投诉的可乐旅行社钻了现行法规的空子，本地旅游管理和工商管理部门均表示无法对其进行处罚，消费者维权暂时没有进展。

据了解，像可乐旅行社这样有工商营业执照，却无旅游经营许可证的旅行社，南昌共有8家。南昌市旅游局执法大队相关人士说：“以前需要有旅游经营许可证，才可以办理工商营业执照。我们对旅行社进行监管，一旦查实违规后会被罚款3万至30万元，情节严重的会被吊销《旅游经营许可证》。”他进一步解释说：“去年年初工商登记制度改革后，没有了前置审批条件，不少旅行社办理工商营业执照后，直接开展旅游业务。引起纠纷后，一般由工商部门对这种无资质的企业予以取缔或者处罚，不得从事该项业务。”

青山湖区市场和质量监督管理局湖坊分局相关人士表示，因为邓女士的《出境游合同》并不是与可乐旅行社签订的，无法认定其存在违规行为，也无法对其进行取缔。

不过据了解，邓女士等人是通过可乐旅行社负责人与深圳某旅行社签订的合同，文化和旅游部已受理了邓女士等人的投诉。业内人士表示，一旦查实，深圳某旅行社或将受处罚，可乐旅行社负责人也会因此受到牵连。

业内人士表示，这些“黑旅行社”往往是通过网络发布低价揽客信息，然后将这些招揽来的游客“卖”给有资质的旅行社，签订旅游合同，从中获取提成。据了解，这些“黑旅行社”虽然价格比正规旅行社便宜，但如果发生纠纷和事故，游客权益很难得到保障。

分析：由于国务院2014年8月19日印发的《关于取消和调整一批行政审批项目等事项的决定》中，将“旅行社业务经营许可证核发”等项目由工商登记前审批改为后置审批，导致一些旅行社不去办理经营许可证。而我国旅游行业管理部门仍以监管正规的旅行社为主，而对无旅游经营许可证、打“擦边球”的在线旅游市场存在监管盲区，消费者投诉无门。旅游者在选择旅行社出游时，要查看旅行社的《旅游经营许可证》、签订正规的《旅游合同》，防止“被倒卖”。否则维权很难。

资料来源：2015－10－27《江西日报》（南昌）

第二章 练习题

2.1 单项选择题

1. 旅行社设立之初的组织形式主要采用（　　）。

   A. 有限责任公司　B. 股份有限公司　C. 个人独资企业　D. 合伙企业

2. 申请经营国内旅游业务和入境旅游业务的，应当取得企业法人资格，并且注册资本不少于（　　）万元。

A. 20　　B. 25　　C. 30　　D. 35

3. 受理申请经营国内旅游业务、入境旅游业务、出境旅游的旅游行政管理部门应当自受理申请之日起（　　）个工作日内作出许可或者不予许可的决定。

A. 10　　B. 20　　C. 30　　D. 60

4. 经营境内旅游业务和入境旅游业务的旅行社，应当存入旅游服务质量保证金（　　）万元人民币，经营出境旅游业务的旅行社，应当增存旅游服务质量保证金（　　）万元人民币。

A. 20；30　　B. 20；120　　C. 20；140　　D. 30；150

5. 旅行社取得经营许可满（　　），且未因侵害旅游者合法权益受到行政机关罚款以上处罚的，可以申请出境旅游业务。

A. 1 年　　B. 2 年　　C. 3 年　　D. 5 年

6. 设立社自分社设立登记之日起（　　）个工作日内向分社所在地的旅游行政管理部门备案，领取《旅行社分社备案登记证明》。

A. 3　　B. 5　　C. 7　　D. 20

2.2　多项选择题

1. 旅行社的组织形式主要有（　　）等组织形式。

A. 有限责任公司　　B. 股份有限公司　　C. 个人独资企业

D. 合伙企业　　E. 个体经营

2. 旅行社在选址时应遵循的基本原则有（　　）。

A. 市场性原则　　B. 便利性原则　　C. 经济性原则

D. 长远性原则　　E. 关联性原则

3. CI 对外能有效地将企业的各种经营信息传达给社会公众，促使其被认识、识别。CI 由（　　）组成。

A. 企业视觉识别　　B. 企业名称识别　　C. 企业行为识别

D. 企业标识识别　　E. 企业理念识别

4. 设立社持（　　）向服务网点所在地同级的旅游行政管理部门备案。

A. 设立社的旅行社业务经营许可证副本和企业法人营业执照副本

B. 服务网点的《营业执照》

C. 服务网点经理的履历表和身份证明

D. 旅行社业务经营许可证副本

E. 旅行社营业执照副本

5. 旅行社设置部门时，主要考虑的因素有（　　）。

A. 企业的规模　　B. 业务范围　　C. 目标市场

D. 旅游目的地　　E. 员工情况

2.3　判断题

1. 申请设立经营国内旅游业务和入境旅游业务的旅行社，应由国家旅游行政管理部门

作出许可或不予许可的决定。(　　)

2. 外资旅行社独立经营、独立核算，并以其认缴的出资额独立承担法律责任。(　　)

3. 外商投资企业申请经营旅行社业务，应当向所在地省、自治区、直辖市旅游行政管理部门提出申请。(　　)

4. 旅行社分社的设立不受地域限制，不得超出设立分社的旅行社的经营范围。(　　)

2.4　简答题

1. 设立个人独资企业应当具备哪些条件？
2. 旅行社标识设计应遵循哪些原则？
3. 旅行社在选址时应遵循哪些基本原则？
4. 简述中外合资经营旅行社的主要特点。
5. 简述旅行社事业部制组织机构的基本特征。

第三章

国内旅游经营实务

学习目标

1. 了解国内旅游业务的业务范围、部门设置及工作岗位。
2. 掌握国内旅游产品的开发和定价的基本原则和方法。
3. 熟悉国内旅游产品的销售渠道和促销方式。
4. 掌握国内旅游业务采购的项目和采购流程。
5. 掌握国内旅游业务的发团管理和接团管理。

实训要求

1. 实训项目：针对大学生旅游市场，设计一条本省三日游旅游线路。
2. 实训目的：通过该项目的实训，要求学生能掌握本省旅游线路的开发。

第一节　国内旅游业务概述

一、业务范围

（一）国内组团社的业务范围

国内组团社的业务主要是为本地游客赴外省旅游提供大交通和选择地接服务。具体包括以下几个方面：

1. 开发外省旅游产品

外省旅游线路的开发，是组团社十分重要的工作，需要与游客、地接社共同协商，开发出游客满意的旅游线路。

2. 销售外省旅游产品

国内组团社在选择目标市场以后，要根据目标市场的特点和自身的经营实力选择适当的销售渠道，并采取灵活的价格策略把外省旅游线路向本地游客推销，促使本地旅游者能够及时购买外省旅游产品。

3. 外省旅游产品促销

旅游线路的无形性所导致的不可转移性和不可储存性，决定了外省旅游线路不可能以实物的方式进入市场，也决定了消费者不可能预先知道外省旅游线路的质量，所以对于国内组团社来说，外省旅游线路的促销活动非常重要。

4. 采购外省旅游服务

组团社把外省旅游线路销售出去以后，就需要向大交通部门和异地地接社购买各种旅游服务。

5. 发团管理

发团，是指国内组团社把通过各种招徕手段形成的旅游团队，委托给选定的外省地接社，并由其负责完成合同中规定的游客应该享受的权利和旅行游览活动的过程。发团管理，是指组团社对发团全过程的管理，主要包括对地接社的选择、对旅游计划的协商和确认、对旅游团旅行游览全程的质量监督和旅游行程结束后的总结控制。

（二）国内地接社的业务范围

国内地接社的业务主要是为在本地旅游的外地游客提供在本地的用餐、住宿、交通、游览、购物、娱乐等服务。具体业务范围与国内组团社大致相同，都是开发、销售旅游产品，不同的地方有三点：第一，国内组团社是开发、销售外省旅游产品，国内地接社是开发、销售本省旅游产品；第二，国内组团社采购的是外省旅游服务，国内地接社采购的是本地旅游服务；第三，国内组团社是发团业务，国内地接社是接团业务。

二、部门设置

（一）根据旅游资源及设施来设置

如果本地或者外地旅游资源丰富，具有很强的吸引力，游客喜欢去这些地方旅游，加之旅游设施完善，那么设置的部门就比较多。相反，如果旅游资源少，对游客的吸引力不大，客流量不大，设置的部门就相对较少。如四川、云南、海南、西安、桂林、北京等省市旅游资源很丰富，对游客具有吸引力，游客量大，所以在国内旅行社一般都设置了四川专线部、云南专线部、海南专线部、西安专线部、桂林专线部、北京专线部等。这些专线部经营的线路都是旅游资源丰富，对游客有吸引力，旅游接待设施比较好的地区。

（二）根据旅行社的规模和实力来设置

如果国内旅行社规模大、实力强，就可以多设置一些专线部；如果旅行社的规模很小、实力比较弱，就少设置一些专线部。如四川康辉国际旅行社有限公司、四川省海外旅游有限责任公司、四川省中国青年旅行社有限公司、成都光大国际旅行社有限责任公司等都属于规模较大、实力较强的国内旅行社，上述旅行社基本上都设置了云南专线部、三亚专线部、北京专线部、桂林专线部等多个专线部门。而其他一些小型的旅行社只设置了其中的1～2个专线部。

三、工作岗位

（一）国内组团社的工作岗位

根据国内组团社的业务情况可以把国内组团社的工作岗位分为以下几种：

1. 外省旅游产品开发岗位

外省旅游产品开发岗位就是根据旅游市场发展情况把握旅游市场的前瞻性，根据旅行社的客源情况，设计出游客满意的外地旅游产品。

2. 外省旅游产品外联岗位

外省旅游产品外联岗位就是通过一定的宣传和公关活动来拓展旅行社的客源市场。根据旅行社在不同时间、不同地域的重点和特色旅游产品开展营销活动，把本社的旅游产品成功地推荐给游客。

3. 国内组团计调岗位

国内组团计调是负责组成国内旅游团队，并将团队发送到异地地接社接待的专职人员。其主要任务是为旅客设计外省旅游线路、采购大交通服务和异地地接社，负责发团和发团管理工作。

4. 全陪岗位

全程陪同导游人员，简称全陪，是指受组团社委派，作为组团社的代表，在领队和地方陪同导游人员的配合下实施接待计划，为旅游团（者）提供全程陪同服务的工作人员。全陪作为组团社的代表，自始至终参与旅游团的全旅程活动，负责旅游团移动中各环节的衔接，监督接待计划的实施，协调领队、地陪、司机等旅游接待人员的关系。因此，旅行社在全陪服务的采购中应注意全程陪同导游人员的品德修养、业务能力、沟通能力等。

5. 综合业务岗位

综合业务部是旅行社多功能、带有拓展业务性质的综合部门。该岗位的主要工作是承担散客旅游咨询业务、票务销售、旅游咨询、临时任务、VIP 接待等。

6. 管理岗位

组团社的管理岗位主要有办公室、人力资源部、财务部等部门的管理岗位和一般行政岗位，主要负责办公室、人力资源部、财务部的管理及其他工作。

（二）国内地接社的工作岗位

国内地接社的工作岗位与国内组团社的工作岗位基本相同，都有产品开发岗位、外联岗位、计调岗位、导游岗位、综合业务管理岗位。不同的是，组团社的计调岗位属于国内组团计调岗位，地接社的计调岗位属于国内接待计调岗位；组团社委派的导游是全陪，地接社委派的导游是地陪。

第二节　国内旅游产品的开发

国内旅游产品的开发包含本省旅游产品开发和外省旅游产品开发。本省旅游产品一般是由国内地接社负责开发。因为旅游目的地的地接社对本地的旅游资源、旅游设施更加熟悉，设计的旅游产品具有较强的操作性和实用性。外省旅游产品开发一般是由国内组团社负责开发。国内组团社对本地游客的需求了解更多，但是对外省旅游资源、旅游设施采购不具有优势，享受的价格优惠也少。因此一般组团社就会直接选择外省地接社提供的旅游产品，如果对外省地接社提供的产品不满意，可以做一些修改，或者根据游客的要求重新与地接社一起共同设计旅游产品。本节重点讲述国内地接社旅游产品的开发。

一、旅行社产品概述

（一）旅行社产品的概念

1. 从旅游经营者角度看

旅行社产品，是指旅行社为满足旅游者的需要向旅游者提供的各种有偿服务。这既包括直接提供的旅游接待服务，也包括旅行社为旅游者安排的旅游过程中交通、住宿、饮食、游览、购物、娱乐等活动而向其他旅游企业及相关企业和部门所采购的各种旅游服务。

在旅行社经营实际运行过程中，其提供的产品既包括整体或综合的旅游服务，也包括零散或单项的旅游服务，还包括介于两者之间任意组合的旅游服务。但在大多数情况下，旅行社提供给旅游者的是整体的旅游服务和根据旅游者的不同需要组合而成的综合旅游服务。因此，旅行社产品与旅游产品的概念在很大程度上是重合在一起的。另外，旅行社向旅游者提供的旅游产品，最典型的市场形态是旅游线路，因而旅游线路常常被用来特别指代旅行社的产品。

2. 从旅游消费者角度看

旅行社产品，是指旅游者为了满足自身的旅游需求花费一定的时间、金钱和精力而获得的一种旅游经历。这种经历一般从旅游者离开出发地起，到旅游结束返回出发地的全过程中对所得到的旅游服务的综合感受。如老张夫妇是一对来自无锡的退休夫妻，他们参加了无锡某旅行社组织的成都、九寨沟、牟尼沟双飞五天品质游（赠送特色餐以及歌舞表演，全程无自费），他们为此次旅游支付给旅行社每人 4 000 元的旅游费用，购买了无锡—成都双飞机票、四晚住宿、全程用餐、空调大巴、景区游览等外，同时购买了许多服务。旅行社为他们制定旅游线路，安排飞机、景点、酒店、用餐，沿途为他们提供讲解、提供帮助。实际上，他们选择参加旅行社的团队而不是自己单独去旅行，目的就是得到这些相应的服务。

（二）旅行社产品的内涵

1. 旅行社提供产品的目的

旅行社向旅游者提供产品的目的是满足旅游者在旅游过程中吃、住、行、游、购、娱等多方面的需求。旅游者的需求具有多样性，对其提供的产品也同样具有多样性的特点。

2. 旅行社产品的形态主要是无形的服务

旅行社提供产品主要是无形的服务。即使旅游者在使用产品过程中消费物质产品，也不过是旅行社用于达到服务目的的工具，其产品的核心和灵魂仍然是服务。

3. 旅行社提供的各种服务都是有偿的

旅游者为了获得旅游经历，必须按照旅行社与其达成的旅游合同上的价格，向旅行社支付旅游费用，而旅行社则按照合同规定的服务标准，向旅游者提供为实现旅游者的旅游经历所必需的各种旅游服务。

（三）旅行社产品的形式

1. 单项服务产品

单项服务产品大多属于旅行社的代理业务，如代订机票、酒店等。这类服务基本上不需要旅行社进行过多的智力加工和组合，只需要和相应单位和部门进行业务联系，因此也不需要进行产品的开发和设计。随着自助旅游的发展，单项服务的业务范围及需求量在不断地扩大，并逐渐成为旅行社的重要业务之一。

2. 包价旅游服务产品（旅游线路）

旅行社提供各类包价旅游服务。这类服务需要旅行社将各个单项要素进行组合，充分考虑“吃、住、行、游、购、娱”的协调，并提供导游、导购咨询、保险等服务，在将这些要素整合的过程中，旅行社需要进行智力加工，形成品牌。在这个过程中，产品的附加值得到增加，旅行社的价值也得到相应的体现。这类产品又称为“旅游线路”，是各个旅行社进行产品开发的重点。

旅游线路是旅行社根据市场需求，结合旅游资源和接待服务的实际状况，为旅游者设计的包括整个旅游过程中全部旅游项目和服务内容的旅行游览计划。

（四）旅游线路的特点

1. 综合性

旅游线路的综合性是旅游线路最基本的特性，它是由旅游活动的综合性所决定的。由于旅游者需求的多样化和旅游活动内容的丰富性，要求旅行社提供的产品必须是要涵盖“吃、住、行、游、购、娱”六大要素的综合性产品，旅行社在设计线路时，必须按照旅游者的各方面需求，进行产品组合。旅游线路的综合性特征，不仅使其成为不同于制造业的物质产品，同时也使其成为有别于其他服务行业的服务产品。旅游线路的综合性主要表现为两个方面：

（1）内容的综合性。旅游线路是多个单项旅游服务项目共同构成的产品，由多种旅游吸引物、交通设施、娱乐场地以及多项服务组成的满足人们在旅游活动中对吃、住、行、游、购、娱各方面需要的综合性产品。它既有无形部分，又有有形部分；它既是精神产品，又是物质产品。而有形产品的价值总是在无形产品价值实现的过程中表现出来。

（2）生产的综合性。旅游线路的各个单项服务内容，都是由不同旅游企业及相关企业和部门所生产的，牵涉众多行业，其中有直接向旅游者提供产品和服务的部门和行业，也有间接向旅游者提供产品和服务的部门和行业。旅游线路必须得到旅游业中各个部门（交通运输业、饭店业、景区景点管理处等）的大力支持；还应得到其他国民经济部门或行业（轻工业、农副业、建筑业等）的大力协助；还要得到非物质部门（政府、文化、教育、卫生、公安等）的支持和配合。涉及众多的行业和部门，使得旅游线路具有综合性。

2. 无形性

旅游者从旅游出发开始到旅程结束返家为止，他们得到的只是在旅途中收集的旅游宣传册和在当地购买的一些旅游纪念品。旅游者花了钱，除了旅途中拍摄的照片，并没有得到多少可以拿来显示于人的东西。虽然如此，他们仍然感觉钱花得非常值得。旅程结束后，他们感觉轻松、精力充沛，除游览了以前不曾去过的景点之外，还结识了许多新朋友。这就表明了旅游线路的一个主要特点：无形性。大多数产业的产物是有形的，看得见、摸得着，有时甚至可以闻到、尝出味道来。有形产物有重量、占空间，如一辆汽车、一双鞋或者是一台洗衣机等。相反，旅游线路是无形的，它们看不见、摸不着。旅游线路包括乘飞机飞行、乘火车旅行、乘游船游览、参观景点、欣赏名山大川、在餐厅吃饭、晚间住宿酒店、娱乐休闲等。这些都是体验，这些体验一旦产生，就只能留存在记忆中，供日后回忆。虽然诸如飞机上的座位、火车上的卧铺、酒店客房中的床位、餐馆里的实物等有形物品是用来辅助创造体验的，但是它们绝对不是旅游者追求的目标。旅游者希望得到的是由旅游体验所带来的无形收益：愉悦、放松、兴奋。购买有形物品只是提供了一条进入他们所追求的无形体验的“通道”而已。

3. 生产与消费的同时性

大多数旅游线路是在相同地方同时生产和消费的。而有形物品是在一个地方生产，在另一个地方消费。比如说，浙江一家电器厂生产的电视机被运往中国各地的电器商场销售，同一型号的电视机，北京的顾客能够买到，上海的顾客能够买到，四川的顾客也能够买到。电视机要先在浙江的工厂生产出来，再运往各地进行销售，它的生产和消费过程并不是同时进行的。相反，旅游线路是先被推销，再同时生产和消费。例如，老张夫妇购买了成都九寨沟的包价旅游线路，当他们乘上飞机从无锡出发时，正同时在消费飞行旅游线路；当晚住宿在酒店时，正在同时消费酒店客房这个旅游线路；当前往各个景点游览时，正在同时消费着旅游景点这个旅游线路。

旅游线路生产与消费的同时性促使供应商和旅游者之间相互依赖。因为旅游线路的生产与消费发生在供应商的设施里或发生在供应商提供设施的前提下，旅游者和供应商必须相互联系，彼此之间的互动塑造出旅游体验。例如，老张夫妇乘飞机飞往成都，旅行发生在飞机上，而飞机属于旅行社的合作单位航空公司（旅游产品供应商）；晚上入住四星级度假酒店，旅行发生在酒店（旅游产品供应商），而酒店也是旅行社的合作单位；白天在景点参观，而景点（旅游产品供应商）同样是旅行社的合作单位。旅行社合作单位的服务态度和接待质量，使老张夫妇旅行非常愉快，感到了满足。

4. 不可存储性

旅游线路的不可存储性意味着旅游线路在生产时，就得想着将其同时消费掉。航空公司的每架航班都有一定数量的座位要出售，酒店每晚都有一定数量的客房供出售，如果你事先预订好了，意味着航空公司或酒店在你预订好了这项服务后已经无法再把它出售给别人，而你的临时变更或取消意味着航空公司和酒店因为时间上的限制又可能无法再将其出售给别人，对于他们而言同样造成了损失。相反，有形物品有一个保存期限，在这期间它们能够被推销出去。让我们再来看看电视机的例子：电视机生产出来后，可以存储在仓库中，直到被发送出去；到了各地的商店后，电视机可以连续几个月放在商店里等待被销售，为了尽快将其推销掉，可以采取降价等措施。有形物品在货架上的存储时间长短有差异，但总是具有存储性的，而对于无形的旅游线路来说，却不能够存储。

5. 季节性

许多旅游线路都会受到季节的影响。季节性是指旅游需求在一年中的不同时间段呈现的波动状态。比如夏天，国内游人们大多会前往青岛、大连、日照等海滨旅游城市或到新疆、西藏这些西部旅游胜地；而一到冬天，国内游则多会选择到东北滑雪、泡温泉或到海南度假。虽然季节性常常是指旅游线路受气候影响的结果，但它也涉及每星期内的需求波动，甚至每天不同时段的需求波动。航空公司的短周期波动特别明显，星期五或星期一对航班的需求量要高于星期二到星期四的需求量，因为大多数人，尤其是商务旅游者，需要在周末回家；在每日的不同时段内，对航班的需求量也明显不同，尤其是上午和下午四五点钟的需求量明显高于夜间，因为大多数旅游者更喜欢白天到达目的地。节假日也影响游客对旅游线路的需求，例如黄金周、暑期、春节的游客出行率很高，也就是我们所说的“旅游旺季”。

6. 雷同性

旅游线路的最大特性就是雷同性，易于复制。吃的都是团餐，住的酒店档次一样，坐的航班就算航空公司不同，机型服务也都差不多，旅游巴士车型、设施也一样，连走的线路都一模一样。同一条线路，有人报价 368 元，马上就会有人报出 338 元，甚至有人报出 298 元。线路没有技术含量，操作简单，一家旅行社刚推出个新线路，另一家马上找个地接社给出同样的行程，基本就可以估算出线路成本，同样就能操作。雷同性也正是“线路”和“产品”的最大区别所在。

（五）旅界需求的旅游产品

卖传统线路能获得微利，但旅行社难以壮大；卖特色线路，能快速盈利，但市场要启动；而策划产品，能有效地让公司快速成长，并且提升公司品牌。我们一定要知道，好的品牌是由好的产品塑造的，品牌的效应会放大公司的产品效益。就好比说到凉茶，就想到加多宝；说到便宜机票，就想到春秋航空；说到互联网在线旅游，就想到携程、途牛；说到买电器，就会想到苏宁、国美和京东商城。

★小知识

经济条件影响我国南北旅游市场的发展

南方市场如广深珠和江浙沪，由于市场性较强，游客关注的是产品和企业品牌，所以涌现出了“南湖国旅”“广之旅”“上海春秋”等民营企业；而北方老百姓趋向于“国旅”“中青旅”“康辉”等国营老字号；在消费观念上，南方游客偏重于享受旅游、品质旅游、特色旅游；而北方则停留在初级旅游的消费层次，注重“游”，注重“价格”，对酒店等级的要求是“干净、能睡觉、能洗澡就可以了”，不是他们不愿意享受，而是受经济条件所限。

从地图上就可以看出经济发展状况，在广州，往东就是东莞、深圳、香港；东南方向，是佛山、南海、顺德、中山、珠海、澳门，这些都是经济发达的城市；看看上海，无论往南的浙江省，还是往北往西的江苏，300 公里以内都是经济发达的城市；再看北方，以北京为例，出 100 公里全是经济相对落后的城市，而北京的经济地位源于国家首都，政府干预扶持较多，真正能个人出游的北京游客人数远不及江浙沪与广东地区，很多国际航线都是经停上海或广州出港，因为这两个口岸能带动客流量。

资料来源：熊小敏．旅游圣经［M］．北京：中国旅游出版社，2014.

旅游行业有个规律：批发好，旅界弱；批发不好，旅界强。说的是，一个地区，批发商能成长壮大的，说明这个地区旅行社弱小散差，自己成不了团，收到散客就卖给批发商，滋养壮大了批发商；反之亦然。从2015—2017年文化和旅游部的官方报表就能看出，广东最大的旅行社是“南湖国旅”“广之旅”，湖南最大的旅行社是“亲和力”，山东最大的旅行社是“嘉华国旅”，上海最大的旅行社是“春秋国旅”，重庆最大的旅行社是“百事通”，这些都是组团社；而北京最大的呢？是“国旅”“中青旅”“康辉”这样的国营企业，还是众信、凯撒、华远、凤凰假期这些批发商呢？无论组团社还是批发商，都要应对市场的需求和选择，有竞争才会有发展。

民营旅游企业更要知道产品才是企业发展的核心动力，旅界真正需要的是价廉物美高盈利、具有诱惑力的卖点和具有不可替代性的旅游产品。

二、旅行社产品的类型

（一）按照旅游组织方式划分的产品类型

1. 团体包价旅游产品

团体包价旅游产品亦称集体综合旅游产品，是指由旅行社按照其与旅游者事先签订的旅游合同或协议所规定的旅游线路、活动日程、交通工具、收费标准和服务标准为旅游者提供的集体旅游服务产品。团体旅游通常由不少于10名成年游客组成旅游团队，在支付了相应的旅游费用后前往旅游目的地进行旅游活动。

根据包含内容的不同，团体包价旅游产品可进一步划分为团体全包价旅游产品、团体半包价旅游产品、团体小包价旅游产品、团体零包价旅游产品4种类型。

（1）团体全包价旅游产品。团体全包价旅游产品，是指旅行社在旅游活动开始之前向参加旅游团队的旅游者收取全部旅游费用，并负责安排整个旅游活动和提供旅游活动过程中所有服务的产品形式。团体全包价旅游所包括的服务有：①饭店客房；②早餐、正餐及饮料；③市内游览用车；④导游服务；⑤交通集散地接送服务；⑥行李服务；⑦游览场所门票；⑧文娱活动入场券。团体全包价旅游产品既具有安全方便、经济实惠、操作方便、经营成本低、经营收入高等优点，也存在着个性化程度低、直观价格高等缺点。

（2）团体半包价旅游产品。团体半包价旅游产品，是指旅行社在旅游活动开始前向参加旅游团队的旅游者收取除了午、晚餐费以外的全部旅游费用的产品形式。旅游者在旅游过程中既可以临时要求旅行社为其安排午餐或晚餐，也可以自行选择当地的餐馆就餐。团体半包价旅游具有降低产品的直观价格、提高产品的竞争能力、旅游者更加自由地选择和品尝当地风味等优点。但是，与团体全包价旅游产品相比，团体半包价旅游产品的经济效益较低。

（3）团体小包价旅游产品。团体小包价旅游产品由非选择性部分和可选择性部分构成，是一种选择性很强的旅游产品形式。非选择性部分包括住房及早餐、机场（车站、码头）至饭店的接送和城市间的交通费用。非选择性部分的费用由旅游者在旅行前预付。可选择性部分包括导游服务，午、晚餐，风味餐，文艺节目欣赏，游览参观等内容。可选择性部分的费用既可以由旅游者预付，也可以由旅游者现付。团体小包价旅游产品具有经济实惠、灵活方便等优点，但也存在利润较低的缺点。

（4）团体零包价旅游产品。团体零包价旅游产品，是一种独特的旅游产品形式。旅游者参加这种形式的旅游必须随旅游团前往和离开旅游目的地，到达目的地后，旅游者可以自由活动，不受旅游团的束缚。团体零包价旅游产品的优点是：①旅游者可以享受团体机票的优惠价格；②可由旅行社同意代办旅游签证手续。

2. 散客旅游产品

散客旅游产品，是指一批旅游者人数在10人以下的旅游产品。散客旅游产品既有能够较多地照顾旅游者个性需求的优点，也有旅行社经营利润较低和旅游者支付费用较多的缺点。旅行社经营的散客旅游产品包括散客包价旅游产品和散客非包价旅游产品两大类型。

（1）散客包价旅游产品。散客包价旅游产品所包含的内容与团体包价旅游产品相同，产品的销售方式也相同。散客包价旅游产品与团体包价旅游产品的区别是旅游者的人数不同。根据旅游者人数的不同，旅行社经营的散客包价旅游产品又分为单人包价旅游产品、2～5人全包价旅游产品和6～9人全包价旅游产品。根据包价内容的不同，散客包价旅游产品也分为散客全包价旅游产品、散客半包价旅游产品和散客小包价旅游产品。除了旅游者人数不同之外，上述类型的散客包价旅游产品在产品内容、经营方式、产品特点等方面与团体包价旅游产品基本相同，故不在此赘述。

（2）散客非包价旅游产品。散客非包价旅游产品，是指由旅游者自己选定旅游日程、线路等旅游活动内容，由旅行社为其安排旅游过程中的某些服务项目，如代订机票、旅馆，提供接送站服务等。由于散客非包价旅游产品具有灵活、自由、可选择性强等特点，所以为不少旅游者所喜爱。

3. 自驾车包价游产品

近年来，自驾车包价游产品成为旅游市场上的一个流行产品。自驾车包价游使得人们在选择旅游目的地方面具有更大的灵活性，并且几乎可以无限制地携带行李。旅行社主要为游客提供相应的代订住宿、娱乐场所、餐馆、景区门票等多项服务。

（二）按照旅游动机划分的产品类型

1. 休闲旅游类产品

（1）观光旅游产品。观光旅游产品，是指旅行社以旅游目的地的自然风光、历史古迹、民俗风情的资源为基础开发的观光旅游产品。旅行社开发的观光旅游产品包括团体观光旅游和散客观光旅游两种形式。产品的主要内容是观赏旅游目的地的名山大川、异域景色、历史古迹、文化遗产、民俗风情等。观光旅游产品一般不包含参与性的活动内容。

（2）度假旅游产品。度假旅游产品，是指旅行社针对旅游者希望暂时逃避紧张、枯燥、压抑的工作环境和生活节奏，到空旷、优美、静谧的环境中去充分放松和休息的心理而开发的旅游产品。旅行社通常利用沿海地区的阳光、海水、沙滩和山间、湖边的优美风景等自然旅游资源，组织旅游者前往度假，以休整其疲劳的身心。

2. 事务旅游类产品

（1）商务旅游产品。商务旅游产品，是指旅行社为从事商务活动的人士提供顺路游览观光的旅游产品。商务旅游产品的消费者主要是企业的管理人员或销售人员。由于商务旅游者是受其所在公司派遣前往目的地进行商务活动，所以他们很少能够自行选择出访的目的地和旅行时间。因此，商务旅游产品具有较强的定向性和较弱的季节性。另外，商务旅游者的旅行经费多由所在公司承担，或由所在公司提供津贴或补助，其消费水平往往高于其他类型的旅游者，并且经常多次光顾同一个旅游目的地。因此，对于旅行社来说，这是一种出售频率高、季节变化小、经济效益好的产品。

（2）公务旅游产品。公务旅游产品与商务旅游产品相似，只是消费此类产品的大多是前往目的地进行公务活动的政府工作人员。公务旅游产品的消费者一般在完成公务活动、返回居住地之前，抽出时间到附近的旅游景点去观光游览。公务旅游者的旅行经费由所在政府部门承担，或提供津贴或补助。同商务旅游者一样，公务旅游者的旅行不受季节和气候等因素的影响。因此，对于旅行社来说，这是一种季节变化小的产品。

（3）会议旅游产品。会议旅游产品，是指旅行社在会议期间或会后组织会议参加者进行参观游览活动的旅游产品。同商务旅游产品、公务旅游产品一样，参加会议的人员通常无法自行选择会议召开的地点和时间，因此，会议旅游产品亦具有定向性强和季节性不明显的特点。另外，多数会议的参加者能够得到所属单位或企业的资助，有些会议参加者还能够从会议组织方得到资助，因此他们可以把原本应用在交通、住宿等方面的费用转用于旅游活动。一般来说，会议旅游产品的消费者消费水平较高，在目的地停留的时间也较长。对旅行社来说，会议旅游产品不失为一种经济收益较高的旅游产品。

（4）奖励旅游产品。奖励旅游产品是近年来发展很快的一种旅行社产品。企业为了奖励优秀员工或成绩斐然的销售代理，委托旅行社组织这些员工或销售代理进行观光旅游或度假旅游活动，并由企业承担全部或大部分旅游费用。在旅游过程中，旅行社根据企业的要求，为奖励旅游者安排高档饭店住宿，并提供高标准的饮食和具有新奇独特内容的游览项目。由于奖励旅游产品的价格一般较高，能够给旅行社带来较大的利润，是一种经济效益较高的产品。

3. 个人和家庭事务旅游类产品

（1）探亲旅游产品。探亲旅游产品，是指旅行社为旅游者到旅游目的地走访亲友提供服务的一种旅游产品。探亲旅游产品具有定向性和客源稳定的特点。参加探亲旅游的旅游者所前往的旅游目的地一定是其亲友的居住地，而且一般受政治、经济等因素的影响相对较小。然而，探亲旅游产品往往也包含一定的游览观光等内容。旅行社通过提供探亲旅游产品，可以获得比较稳定的收入。

（2）修学旅游产品。修学旅游产品，是指以外出学习为主要目的的一种旅游活动。修学旅游产品的主要购买者是青年学生。另外，也有一部分中年人和少数老年人参加修学旅游。修学旅游的时间一般比较长，短期修学旅游至少为一至两周，长期修学旅游的时间可达到数月甚至一年。修学旅游者在旅游目的地学习的同时，还会利用周末、寒暑假的时间到旅游景点游览观光。修学旅游的种类很多，如针灸修学旅游、书法修学旅游、绘画修学旅游等。我国目前的一些旅行社利用当地的修学旅游资源，大力开发修学旅游，取得了良好的经济效益。

（3）宗教旅游产品。宗教旅游产品，是指旅行社利用信仰宗教的人士前往宗教圣地进行朝拜活动而开发的产品。旅行社在为宗教旅游者的朝拜活动提供便利性服务的同时，也在旅游过程中提供游览某些沿途景点的服务，并将两者结合起来，组合成宗教旅游产品。由于宗教旅游活动具有显著的定向性，即某种宗教的信徒只会前往本宗教的圣地朝拜，所以，对于位于宗教旅游目的地的旅行社来说，宗教旅游不是一种客源稳定的旅游产品。

4. 专项旅游类产品

（1）专业旅游产品。专业旅游产品，是一种具有广阔发展前景的旅游产品。参加专业旅游的旅游者以考察和交流知识为旅游活动的主要目的，同时也进行其他形式的旅游活动，如观光游览、度假休闲等。专业旅游多采取团体形式，旅游团多由同一职业或具有共同兴趣的人员组成。一般来说，专业旅游者在旅游过程中比较关注专业性活动的安排，希望能够在游览各种旅游景点的同时，与同行进行专业方面的交流。因此，旅行社在组织和接待专业旅游团时，除安排他们到普通旅游景点参观游览外，还应该设法为他们联系和安排到其专业对口的单位参观访问及同旅游目的地的该专业人员进行座谈交流。这样，可以使旅游者认为不虚此行，增强他们对旅行社服务的满意程度。

旅行社能够经营的专业旅游产品很多，如卫生专业旅游、法律专业旅游、教育专业旅游、农艺专业旅游、科技专业旅游等。随着当今国际联系、地区联系的日益加强，专业旅游市场将会有较大的发展。旅行社应该结合所在地区的特点，合理利用本地区的专业旅游资源，大力开发适销对路的专业旅游产品。

（2）探险旅游产品。探险旅游产品，是旅行社利用人们的好奇心理和寻求新鲜事物的欲望而设计和开发的特殊旅游产品。参加探险旅游的多为富于冒险精神的青年旅游者，一般在旅游目的地停留的时间较长。探险旅游的目的地主要是那些人迹罕至或尚未开发的地区，如原始森林、峡谷、高山、极地等。旅游者多为单人旅行或少数几个人结伴同行，并在旅行前就比较熟悉他们的旅游同伴。同观光旅游者不同，探险旅游者往往只携带少量的行李，选择较经济的旅馆或价格较低的普通旅馆下榻，而且对饮食的要求比较简单，不追求珍馐美味。探险旅游的一个明显特点是旅途艰辛，旅行社在接待他们之前应做好大量准备工作。然而，探险旅游是大众旅游的先导，一些新的旅游地往往首先为探险旅游者所发现，然后经过开发建设而成了众多旅游者的旅游目的地。

5. 混合型旅游类产品

旅行社经营的产品中，除了上述的四个特征明显的产品类别外，还有按照旅游市场需求而开发出来的混合型旅游类产品。由于一部分旅游者在外出旅游时，具有两种以上的旅游动机，所以旅行社在旅游市场上销售的各种具有单一功能的产品往往无法满足旅游者的全部旅游需求，从而可能会使旅游者降低对旅行社及其产品的满意程度并减少日后继续购买旅行社产品的可能性。对于以通过最大限度地满足旅游者需求来获得经济效益和社会效益的旅行社来说，这种状况无疑应该认真对待。因此，不少的旅行社根据一部分旅游者出游目的多样化的特征，设计和开发出混合型旅游类产品。例如，旅行社将开发出含有休闲内容的专项旅游类产品、含有观光旅游项目的探亲旅游产品等。旅行社通过开发混合型旅游类产品，能够更加全面地满足旅游者的需求，有利于实现旅行社的经营目标。

6. 差旅服务与管理类产品

（1）差旅服务产品。差旅服务产品，是指旅行社通过整合旅游住宿、旅游交通、签证服务、旅游线路设计等方面的资源，为委托单位提供各类票务、酒店预订、会务商务安排、签证、展会、旅游等差旅服务活动。旅行社提供的差旅服务产品主要包含以下两项内容：①差旅咨询与预订服务，旅行社按照客户的差旅方案提供咨询、订票、订房和旅游服务；②安全预警，旅行社向委托单位提供旅行预警提示，让客户的出差人员远离不安全的旅行目的地。

（2）差旅管理产品。差旅管理产品，是指旅行社以企事业单位或政府部门为对象，通过为其提供咨询意见，改进差旅管理，利用旅行社所拥有的资源使企业差旅成本最小化并提供全程服务的管理活动。旅行社以委托单位的差旅历史信息及管理目标分析为基础，帮助其建立科学的差旅管理制度，合理的、系统的和专门化的差旅服务系统和稳定的差旅供求关系。

7. 邮轮旅游类产品

邮轮旅游类产品，是指旅行社通过与邮轮公司合作，为乘坐邮轮旅游的旅客提供上岸游览观光的服务产品。但是此类活动并不是必须参加的，游客可以根据自己的需要进行选择。另外，上岸游览的线路不同，价格也不同。

三、旅行社产品开发的原则

（一）市场原则

市场原则就是要求旅行社在开发旅游产品前，对市场进行充分的调查研究，预测市场需求的发展趋势和需求数量，分析旅游者的旅游动机。该原则要求旅游产品开发必须首先了解和掌握旅游市场的需求状况，包括需求的内容、满足程度、发展趋势及潜在需求状况和整个市场的规模、结构以及支付能力，然后根据这些因素进行旅游产品的开发。由于市场需求处于动态变化之中，因此旅行社在进行旅游产品开发的时候不应局限于客源市场的现实需求，还应把握市场的各形成要素，了解长期的发展方向，预测潜在需求的变化趋势。所以旅游产品开发设计人员要及时掌握市场动态信息，提高旅游产品的使用价值。

（二）突出特色原则

旅游产品可以多种多样，特色总是旅游产品的灵魂。突出特色是旅游产品具有吸引力的根本所在。这就要求对旅游产品的资源、形式要精心选择，力求充分展示旅游的主题，做到特色鲜明，以新、奇、异、美吸引旅游者的注意。在确定旅游产品的时候，应尽量使用带有“最”字的旅游资源，这样可以增加旅游产品的吸引力和竞争力。例如，某旅游资源在一定的地理区域范围内属最高、最大、最古、最奇等。只有具有独特性，才能提高旅游产品的吸引力和竞争力。还应该突出当地的民族文化，保持某些传统格调也是为了突出特色。旅游者前来游览的重要目的之一便是要观新赏异、体验异乡风情。不难想象，如果旅游产品同客源地的情况无差别，游客是不太愿意前来游览的，即使来过一次，以后也难故地重游，除非有新的变化。

（三）供给全面原则

旅游是一项综合性极强的活动，旅游者在旅游活动需要得到吃、住、行、游、购、娱等各种服务，还需要其他行业对这些提供支持。实际上，旅游业的发展需要全社会的支持，保证旅游者的最佳旅游体验，也需要全社会的努力。旅游供给是旅游产品设计的前提。旅游资源的类型、规模、级别、容量、季节变化等，旅游交通的方式、便利程度、舒适程度、服务水平等，饭店的规模、级别、服务水平等，娱乐设施的种类，购物设施的种类，导游翻译服务的水平，旅游目的地的公用设施的水平、相应机构的服务水平等，都会对旅游者在旅游目的地的旅游体验产生重大影响。在旅游供给中，对旅游者来说最敏感的是价格问题。景点门票、交通、食宿、导游、保险等一系列费用成为旅游产品价格的主要构成部分，而这些费用都与旅游供给有直接的关系。

（四）时效优先原则

当旅游者选择一条旅游产品，选定一个旅游目的地进行旅游活动的时候，他的很大心愿是要看到旅游目的地最美的季节和最动人的景观。要想满足旅游者的这种心愿，在设计旅游产品的时候要尽量注意旅游景观的时效性。

1. 根据自然景观的季节性变化设计路线

自然景观作为旅游活动的客体，具有季节性变化的特征。一些自然景观受季节变化影响，一年四季呈现不同的景象。某些特定的自然景观只有在特定的季节或特定的时间才能看到，如观赏北京的香山红叶只有在深秋时分，著名的“吉林雾凇”只有在隆冬时节才会出现等。旅行社在设计旅游产品时，应该熟悉各个旅游目的地自然景观的季节变化特点，推出相应的旅游路线。

2. 围绕民间节庆活动设计路线

在世界各地，各种类型的民间节庆活动比比皆是。这些民间节庆活动以丰富的内容、奇特的形式吸引着各地的旅游者。特别是一些世界知名的节庆活动更是对旅游者有极大的吸引力。然而，节庆活动并非天天都有，只在特定的时段才会举行。旅行社要完成对民间节庆旅游产品的设计，就离不开对民间节庆信息的正确了解。

3. 紧扣社会热点推出适应性旅游产品

时效原则的另一项意义，体现在对社会信息的及时采撷，即时推出适应性产品上。在迅速把握机会、果断决策、抢占先机方面，产品的主动性充分体现，这会使产品声名远播，赢得良好的市场声誉。例如：2014 年春节最意外走红的是“庆丰包子旅游团”，由携程网推出的名为“北京 5 日私家团 · 专车专导品美食”的旅游团在行程中推荐到庆丰包子铺用晚餐，还推出了赠送“主席套餐”的团队线路，春节这类产品的走红意味着传统的团队游越来越时尚，紧跟社会热点进行创新。庆丰包子铺月坛店在春节期间每天接待游客 2 500 人左右，外省游客占 80%，其中有 20% 跟随旅游团而来。

（五）效益兼顾原则

旅游效益是旅游者和旅行社甚至全社会都在追求的，不同的是旅游者追求以旅游体验为主的旅游效益，旅行社追求的是经济效益及其在社会上的声誉，全社会追求的是旅游的综合效益，包括经济效益、生态效益和社会效益。设计旅游产品时，要兼顾旅游经济效益、旅游社会效益和旅游生态效益，尽可能做到效益最大化。

1. 旅游经济效益

旅游产品同其他产品一样，也有各种成本支出。一条旅游产品的成本主要由两部分组成：线路构成项目的成本（包括住宿、餐饮、交通、门票、导游服务等各种费用）和旅游产品设计费用（包括设计人员工资、业务费等）。旅行社作为一个企业，其设计旅游产品的最终目的在于销售旅游产品，获得经济利益，即以相对低的投入，获得相对高的回报。

2. 旅游社会效益

旅游活动是一种特殊的活动。旅游者通过旅游，除了可以游览风景名胜，品尝各地美食，开阔眼界、增长知识以外，更重要的是可以领略到自然世界和人类生活的“真、善、美”，获得巨大的精神享受。因此，旅行社设计的旅游产品也应该有较高的文化品位和内涵，能满足旅游者求真、求善、求美的精神需求。同时，旅行社作为社会经济生活中的一个组织，也必须考虑自身的行为对社会造成的影响，也必须重视旅行社自身在公众中的品牌形象。事实上，只有那些既注重经济效益又讲求社会效益的旅游产品，才是真正受旅游者欢迎的产品，才是能在市场中长盛不衰的产品。

3. 旅游生态效益

旅游生态效益越来越受到人们的重视，像“除了脚印，你什么也别留下；除了照片，你什么也别带走”这样的生态旅游口号越来越深入人心。对于生态比较脆弱的旅游目的地，保护旅游生态环境更显得十分重要。在旅游产品设计中，必须要注意保护旅游生态效益。

（六）旅游点结构合理原则

计调人员在设计旅游产品时，应慎重选择构成旅游产品的各个旅游点，并对之进行科学的优化组合。具体地讲，在旅游产品设计过程中，应注意以下几点：

1. 竭力避免重复经过同一旅游点

在条件许可的情况下，一条旅游行程应竭力避免重复经过同一旅游点。根据满足效应递减规律，重复会影响一般旅游者的满足程度。因此在设计线路时，应尽可能使整条线路呈环形线路，如果不是迫不得已，尽量不要在同一城市、同一旅游点重复经停。如以海南岛—三亚为例，可以选择坐高铁，也可以选择坐汽车，建议去时走东线（海口—琼海—兴隆—陵水猴岛—三亚）；返回海口时走西线（三亚—通什—琼中—屯昌—海口）。整个日程安排是环岛一圈，可以欣赏沿途不同的风光。

2. 各旅游点之间距离适中

各旅游点之间的距离不宜太远，以免在旅途中耗费大量的时间和金钱。如福建的泰宁金湖和永安桃源洞两个国家级风景名胜区均属于福建三明地区，但在设计旅游产品时就很难组合在一起，原因就是两个旅游点相距太远，又不在同一交通线（铁路、公路）上。一般说来，城市间交通线上的时间耗费不能超过全部旅程时间的1/3。

3. 择点适量

在时间一定的情况下，过多地安排旅游点，采用“赶鸭子上路”的方式，容易使旅游者紧张疲劳，达不到休息和娱乐的目的，也不利于旅游者细致地了解旅游点（尤其是文化内涵丰富的旅游点）。对于老年旅游团，采用这种方式就更不可取了。目前许多旅游产品设计中，在安排旅游点时都有“贪多求全”的趋势。如某地一旅行社开发的“一日游”的线路中，包含了9个景点，许多旅游者甚至是年轻的游客在看完第6~7个景点时就体力不支，不论第9个景点多么精彩，旅游者们都只好坐在景点的门口，望门兴叹。

4. 顺序科学

旅行社设计旅游产品时一般以空间顺序为根本指导。在交通安排合理的前提下，同一线路旅游点的游览顺序应由一般的旅游点逐步过渡到吸引力较大的旅游点，这样可以不断提高旅游者的游兴，同时要把握游程节奏，做到有张有弛。如福建精华六日游：A 线：福州—武夷山—泉州—厦门；B 线：厦门—武夷山—福州—泉州。A 线显然比 B 线合理，前者符合“中潮—高潮—次高潮—大高潮”的规律。

5. 特色各异

一般说来，不应将性质相同、景色相近的旅游点编排在同一行程中，否则会影响旅游产品的吸引力。当然，专业考察旅游则另当别论。例如，在北京游览了颐和园，就尽量避免再安排北海、圆明园等，因为这些都是皇家园林，虽各有特色，但是园林的性质相同。又如，行程中安排了雍和宫，就尽量避免再安排潭柘寺、法源寺、白塔寺等，因为这些都是属于寺庙建筑。

四、旅游产品开发的流程

（一）细分旅游市场，进行旅游市场需求调研

旅游市场需求调研是旅游产品开发的前提。旅游市场需求调研，是指旅行社运用科学的方法，有组织、有计划、系统、全面、准确、及时地收集、整理和分析有关旅游市场需求的各种资料。旅游市场需求调研主要是了解现实和潜在的旅游市场，为旅行社的经营决策提供客观依据。在开发国内旅游产品之前必须细分旅游市场，然后进行旅游市场需求调研。我们需要了解市场需求调研的内容和方法，设计市场需求问卷，搜集第一手资料，最后还要对资料进行分析整理，撰写一份调查报告。

1. 调研的内容

（1）旅游者的消费趋势。旅行社应对旅游者的消费趋势进行调研，并将其结果作为产品决策的重要依据。旅行社对旅游者消费趋势的调查主要集中在以下 5 个方面：①旅游者对目的地的偏好；②交通工具的选择；③住宿设施的选择；④假期的长短；⑤度假的方式。旅行社对自己客源市场人口特点与生活方式也应当有充分的认识，以了解旅游者真正需要的是什么样的产品。

（2）政治、法律环境。旅行社应当充分了解国内外政治与法律状况可能给旅行社经营带来的影响。战争、事变以及外交关系等都会影响旅游者对旅游目的地的选择。此外，还要充分考虑对旅行社业务有制约作用的相关政策和法律规定。

（3）宏观经济环境。宏观经济环境对旅行社的产品决策会有直接的影响。例如，通货膨胀和汇率、利率的变化都会直接影响旅行社产品的价格，并由此影响旅行社的产品组合。

（4）社会环境状况。旅游目的地和旅游客源地的社会环境状况对旅行社的产品决策也具有较大影响。一方面，旅游目的地居民的好客度能够对旅游者产生一定的吸引力；另一方面，旅游客源地居民的旅游偏好也会影响其对旅游目的地及其产品的选择。因此，旅行社应通过调查，了解和掌握旅游目的地和旅游客源地的社会现状及其发展趋势，以便能够设计和开发出适应游客需求的产品。

（5）市场竞争状况。在影响旅行社的外部因素中，竞争因素恐怕是最重要的因素之一。旅行社必须明确自己的竞争对手是谁、在哪里，他们的主要产品是什么，他们提供什么样的服务，他们产品的价格如何以及他们拥有怎样的市场份额等。旅行社只有在熟知当地行业竞争状况的基础上，才能对自己的产品做出准确的开发计划。

2. 调研的方法

（1）发放问卷。问卷调查是市场调查中最常用的一种方式。通过科学的设计，这种方法可以极好地调查出顾客的有关偏好，可以为旅行社迅速提供大量的信息，这种调查应当以月为基础实施。国外许多著名的旅行社都非常注重这种调查方式。

现在可以通过问卷星（一个自助式在线设计问卷的平台）来设计问题，然后通过微信、QQ来发放问卷，这样可以节省很多时间，统计结果也较为准确。

（2）员工座谈。员工座谈是由旅行社的各类员工提供调查的第一手资料。不同部门的员工在不同程度上是各类问题的专家。例如，旅行社的海外代表对于海外市场顾客对旅行社产品的反映会了如指掌；地区经理或预订人员则会掌握很多分析数据，并根据自己的专业知识和以往的经验对数据进行分析与解释。

（3）数据分析。数据分析就是对旅行社以往的产品销售数据进行分析，在分析的基础上，对未来产品的生产与销售趋势进行预测。

3. 设计调查问卷

调查问卷又叫调查表，是指调查者根据调查目的与要求，设计出由一系列问题、备选答案及说明等组成的向被调查者搜集资料的一种工具。问卷的基本结构有四部分：

（1）起始部分。起始部分一般包括问候语、填写说明、调查问卷的编号。

（2）过滤部分。先对被调查者进行过滤，筛选掉不需要的被调查者，然后针对特定的被调查者进行调查。

（3）主体部分。该部分是调查问卷的核心部分，包括所要调查的全部问题，主要由问题和备选答案构成。

（4）背景部分。这部分主要是有关被调查者的背景资料。

4. 撰写旅游市场调研报告

（1）撰写市场调研报告的原则。

第一，真实性原则。报告内容应真实客观地反映事物发展的本来面目和实际情况，为旅行社决策提供可靠的原始资料。

第二，具体化原则。根据调查的目的和阅读对象的要求，用大量的实例和数字准确地说明客观存在的实际情况。

第三，简明扼要原则。文字简练，数字准确，尽量用图表反映市场相关因素关系与因果关系，这样更容易理解。

第四，紧扣主题原则。回答调查任务中规定的问题，明确中心思想，尤其对所调查的问题、提出的结论与建议要切中要害。

（2）撰写市场调研报告的格式。

市场调研报告的格式包括扉页、序言、正文、附件四个部分。

扉页包括调查报告的标题、调查人员姓名、所属单位和提出报告的日期。

序言包括此次调查的目的和对象的概况、市场总规模、主要用户的情况、产品市场占有率和主要竞争对手的说明等。

正文是调查报告的主体部分，主要包括本次调查研究的主要目的、调查研究所用的方法、市场调查的背景材料、市场调查的结果与建议。

附件主要包括已经在报告正文中汇总的统计表、原始资料的来源和联系对象的名称及地址一览表、实地调查期间所使用的文本副本、为调查选定样本的有关细节等。

★操作示范

某地区大学生旅游市场调研问卷

问卷编号：

亲爱的同学：

您好！

我们是某大学的学生，为了更好地了解某地区大学生旅游市场的情况，特进行此次调查。本次调查采用不记名方式，对您的信息绝对保密。您的意见与建议很重要，恳请得到您的支持！衷心感谢您的合作！（请在符合您情况的选项上打“√”）

甄别题：

1. 您是大学生吗？（选 B 者终止调查）

A. 是　　B. 否

2. 在大学期间您有外出旅游（包括自己组织或参加旅行社的一日游在内）的经历吗？（选 B 者终止调查）

A. 有　　B. 没有

3. 在大学期间您有旅游（包括自己组织或参加旅行社的一日游在内）的打算吗？（选 B、C 者终止调查）

A. 有　　B. 没有　　C. 不确定

调查主体：

4. 您出游的目的一般是什么？

A. 观赏风景　　B. 了解文化　　C. 放松身心

D. 结交新朋友　　E. 其他

5. 您一般会什么时间段去旅游？

A. 暑假　　B. 寒假　　C. 小长假

D. 周末　　E. 其他

6. 在大学期间，您出游的频率为：

A. 每周一次　　B. 每月一次　　C. 每学期一次

D. 每年一次　　E. 不定期

7. 您出游的天数一般为：

A. 一日　　B. 二日　　C. 三日

D. 四日　　E. 五日及以上

8. 您一般到哪种类型的景点旅游？

A. 自然风光类　　B. 名胜古迹类
C. 民俗风情类　　D. 休闲度假类
E. 其他

9. 您外出旅游的方式是：

A. 独自出游　　B. 和好友结伴
C. 班级团体组织　　D. 跟随旅游团
E. 其他

10. 您外出旅游前获取旅游信息的主要渠道是：

A. 同学或朋友介绍　　B. 网络
C. 报纸　　D. 旅行社咨询
E. 校园海报　　F. 其他

11. 您出游时一般使用什么交通工具？

A. 自行车　　B. 汽车　　C. 火车
D. 飞机　　E. 其他

12. 您一般在旅游期间会选择住什么地方？

A. 星级酒店　　B. 经济型酒店
C. 旅馆或招待所　　D. 朋友或亲戚家
E. 其他

13. 您一般会在旅游目的地吃些什么？

A. 当地特色小吃　　B. 家常菜　　C. 快餐
D. 自带干粮　　E. 其他

14. 在旅游期间您会购买商品吗？

A. 会　　B. 不会

15. 请按照金额大小将旅游中的各种费用进行排序（花费最多的排在第一，最少的排在最后）

A. 门票　　B. 纪念品　　C. 食宿
D. 交通费　　E. 其他

16. 您外出旅游期间每天的花费大概为多少元？

A. 100 元以下　　B. 100 ~ 200 元　　C. 200 ~ 300 元
D. 300 ~ 400 元　　E. 400 元以上

17. 您目前的旅游经费来源：

A. 父母供给　　B. 省吃俭用
C. 打工赚钱　　D. 学校奖励
E. 其他

18. 在出游中，您关注的服务要素有哪些？（可多选）

A. 住宿　　B. 餐饮　　C. 娱乐
D. 购物　　E. 交通　　F. 导游
G. 其他

19. 您会通过旅行社外出旅游吗？（选 A 者跳答 21 题）

A. 会　　　　B. 不会　　　　C. 不确定

20. 您认为大学生不选择旅行社出游的原因有哪些？（可多选）

A. 价格高　　　　B. 导游服务差

C. 线路没特色　　　　D. 要进店购物

E. 其他

21. 您对于大学生旅游的态度是什么？

A. 提倡，可以丰富大学生活，增广见闻

B. 一般，大学生旅游可有可无

C. 不提倡，影响学习，增加经济负担

D. 其他

22. 请您为旅行社开发大学生旅游市场提出一些意见和建议。

____

____

背景部分：

1. 您的性别是：A. 男　B. 女

2. 你所在的年级是：A. 大一　B. 大二　C. 大三　D. 大四

3. 您来自：A. 城市　B. 农村

问卷到此结束，再次感谢您的配合！

调查人员：

调查日期：

调查地点：

（二）组织相关人员实地踩线

对于设计出来的新产品，尤其是涉及新的线路、新的特色旅游产品，实地考察是很有必要的。许多旅行社的线路设计平淡、安排不周到、行程不合理，原因多与产品研发阶段没有对线路进行实地考察有关。

1. 制订踩线计划

首先，在网上收集该线路的基本情况，包括目的地的概况、各类相关介绍以及对目的地的评价文章等。把要踩的内容记录下来，先踩哪里，后踩哪里。准备好踩点需要的各种工具。其次，确定踩点人员，谁负责记录，谁负责照相，谁负责写导游词，谁负责活动的设计。

2. 选择踩线人员

实地考察期间，应要求参加考察的人员以旅行社工作人员与游客的双重身份，时刻从两种角度审视周围的一切。

从旅行社的角度看，考察人员是旅行社派出的专业线路制作人员，因此必须时刻用旅行社的专业眼光，对考察期间的所见所闻进行观察、分析、记录，带着挑剔的眼光，冷静客观地发现问题，不时地进行常规或非常规的提问；考察人员还应对考察中发现的问题及解决措施进行评价，并认真做好记录。每天的考察工作开始前，都要对当日的考察内容进行温习，对下榻饭店、用餐餐厅、景点名称、经过线路的名称做到心中有数，以便导游在讲解中提及时不会感到突然和陌生。在每天的考察工作结束后，都要对当日的考察情况进行一次全面的整理和总结，对餐食质量、景点精彩度及路况等涉及旅游行程的各类细节内容均应进行翔实地记录。

从初访客的角度看，考察过程中，要求考察人员能时时从一名初次探访的游客角度来进行实地观察和体验。这种心情体验，要求考察者必须始终处在一种非功利的状态和心境下。对长期从事旅行社工作的专业人员来说，这点把握起来往往有一定的困难。与从旅行社专业考察角度的冷静出发点恰好相反，这里要求考察者不再冰冷，而是热情。在一种对美的欣赏、美的感动的想象中，去拥抱客观世界。与此同时，要将最初的、未加取舍的、能打动自己的、感受最明显的苦与乐捕捉下来，原原本本、细致入微地记录下来。例如，什么地方能使人兴奋？什么地方美不胜收？这些细微之处，往往是在日后“人性化”线路设计中必不可少的。对这些细节的把握常常会发挥出意想不到的作用。

3. 确定踩线内容

实地考察阶段，要对构成旅游的六要素进行全方位的考察。在一次全方位的考察中，要珍惜机会、掌握要领，力求在最短的时间里获取最大的收益。各要素考察要求如下：

（1）景区踩点的内容。景区的类型、资源品位、景区特点、淡旺季门票价格、门票的减免情况、折扣情况、开放时间、游览时间、景区游览线路；景点在旅游者中的吸引力；景点是否安全；到达景点的交通情况如何；景点的管理是否严格；有哪些自费景点等。要特别关注不同客源地客人对这些景点的评价。

（2）住宿踩点的内容。线路所在地主要酒店的具体位置、星级、硬件设施、管理水平、服务质量、服务项目、竞争情况、经营情况、各季节的价格及变化情况；到飞机场、火车站、长途汽车站的距离和用车时间；饭店的联系人、联系电话等。这些信息都要做好记录。

（3）餐饮踩点的内容。了解旅游产品沿线餐饮服务业分布情况，有哪些餐饮企业？各有什么特色？对餐饮企业的地理位置、就餐环境、服务质量、菜品数量、菜品质量、卫生设施、停车场地、餐标、风味餐及其联系人、联系电话等都要做好记录。

（4）交通踩点的内容。本地有哪些汽车站、火车站、机场？位置在哪里？这些枢纽站距离旅行社有多远？距离主要饭店有多远？本地的主要旅游运输公司有哪些？有哪些车型？价格怎样？联系人及联系电话？司机的基本情况？旅游行程沿途的加油站、汽车维修站情况？旅游景区的观光车、索道、游船、电瓶车等交通工具的价格、使用情况、购票方式等都要列入考察范围。

（5）购物踩点的内容。收集本条线路中的购物商店及这些购物单位的信息资料。选择质量有保证的购物商店（购物地点要相对集中，购物商店应当正规，能够保证商品的质量）。

（6）娱乐踩点的内容。收集该线路中有哪些娱乐项目，了解其内容、价格、演出时间等基本情况。选择健康的旅游娱乐项目（娱乐项目是否安全、是否有特色，内容是否健康，价格是否合理等）。

（三）编排旅游线路

1. 确定旅游线路名称

线路名称是线路的性质、大致内容和设计思路等方面的高度概括。因此，确定线路名称应考虑各方面的因素，并应力求体现简约、突出主题、具有时代感、富有吸引力等原则。旅游产品的名称一般由游览目的地、大交通、线路性质及游览天数构成。如“内蒙古希拉穆仁草原、响沙湾、成吉思汗陵、呼和浩特深度四日游”表明主要游览景点是希拉穆仁草原、响沙湾、成吉思汗陵、呼和浩特市区，时间是4天，性质是深度游。

2. 行程特色

好的旅游产品必须有它独特的亮点。一定要突出所设计旅游产品的亮点，一定要突出与其他旅游产品相比，你的产品有什么优势？在哪些方面有特色？目前竞争十分激烈，很多旅行社在设计线路时都很注重突出旅游产品的亮点。亮点的提炼就是广告语，要像“今年过节不收礼，收礼就收脑白金”一样醒目，像“一生一世大堡礁”一样温情。在产品策划上，应遵循四句话原则，即“天天有看点，团团有亮点，看图走行程，享受心旅程”。简单明了，实操性强，便于推广。如梦之旅网站在2016-02-24至2016-03-30推出的【成都出发—拉萨、林芝、纳木错双飞6日游】旅游产品中写道：“阳春三月游西藏，蓝天白云雪山为伴”。强调了其亮点：西藏，一块可供灵魂歇脚的土地，一个充满传奇与神话的地方，也是无数颗凡俗生活疲惫的心想要抵达的归宿。这片雪域高原在旅游节目或报纸杂志上常被评选为“一生中一定要去的神秘景点”，它是那么的遗世而独立，似乎每个被世俗纷扰的心灵都可以在这里找到最原始的体悟。一生能去几次西藏？我们特以此精心设计的贴心产品带您一窥遥远又真切的雪域天堂。

3. 合理编排景点和走向

景点的合理编排对行程设计的成功至关重要。同业的旅游产品，很多都是从网上下载或在同行的行程单上抄来抄去的，景点颠三倒四，行程凌乱，反复走回头路。行程参考网站或同行的行程单当然也是方法之一，但是作为产品开发人，在开发自己的产品时，一定要对行程的景点和走向进行甄选。对于自己尚未涉足的区域，要把自己当作一个自游行者，去找资料做功课，也可以去看看蚂蜂窝（www.mafengwo.cn）、穷游网（www.qyer.com）等。行程景点的甄别和选择很有学问，概括起来就是：因行程而定，由群体而定，因市场而定。行程中的景点可分为必游景点、可替代景点、非必去但有特色的景点三类。其景点选择的原则是：

（1）必游景点。行程中一定要安排的景点。国内如北京的故宫、杭州的西湖、大连的星海广场。

（2）可替代景点。根据产品的目标定位人群，有比较地选择景点，如年轻人可游山玩水，注重游览的舒适性与趣味性，他们愿意爬山而不会倾向选择乘索道；探险者喜欢挑战极限，喜欢寻找原始的自然风光和刺激的景点项目；老年人注重景点的价值和历史韵味，不喜欢玩水、攀岩等危险项目。

（3）非必去但有特色的景点。根据行程安排，适当选择一些有特色的景点作为产品的特色亮点加以推销。

4. 选择旅游交通方式

根据旅游线路的距离、旅游团的等级、旅游者的特点等，选择合适的交通工具类型，注意安全、舒适、经济、快捷、高效，并在可能的情况下做到多样化。一般情况下，多利用飞机，减少旅途时间；少用长途火车，合理使用短途火车；用汽车作短途交通工具，机动灵活。交通工具的选择可以通过搜索引擎，甄选出行方式。比如国内产品的交通以飞机、火车、汽车为主，可以参考去哪儿网（www. qunar. com）。借助搜索引擎是为了帮助我们了解和对比从始发地到目的地的航线信息，知道有哪些航空公司与航班可以选择。有了初步意向后，再进入所选航空公司的官方网站进行航线信息的再度确认。使用搜索引擎对我们了解旅游目的地航空交通有很大帮助，这是产品开发人在进行交通对比时的参考工具，至于最终选择何种出票渠道和平台则可自行决定。

5. 选择住宿餐饮

住宿和餐饮是旅游活动得以顺利进行的保证。根据旅游团的等级、旅游者的特点确定餐饮的标准。根据旅游团的等级、旅游者的目的和兴趣、内宾和外宾的不同要求，有针对性地选择住宿酒店的级别、位置、风格等。一般来说，要体现安全卫生、经济实惠、交通便利、环境优美等原则。我们可以通过携程网、艺龙网、大众点评网等查询酒店信息，可以通过大众点评网等查询餐饮信息。

6. 安排购物娱乐

合理安排购物的时间，避免重复、单调。应选择购物有保障的场所，供选购物品应多样化并具有地方特色。选购场所最好能够集销售、娱乐、参观于一体。娱乐活动的选择要体现丰富多彩、雅俗共赏、健康文明、注重参与等原则。

7. 制定合理的价格

在确定产品价格时，必须考虑线路成本、竞争对手价格和旅游者心理价格三个方面的因素。影响旅游线路价格的因素常常处于不断变化之中。例如，旅游企业战略的改变、机票价格的增减、饭店价格的升降等，都会对线路定价产生影响。具体如何定价，在旅游线路的销售管理中会详细讲解。产品整体策划后的成本要做一个《预审单》，标注分项成本的来龙去脉并对比整体报价与地接社提供的接待成本，认清地接社的盈利点，列出航空交通的最佳时段和出行日期，做出 3 ~ 4 个拼团出行的《散拼计划表》，这样可以让操作计调一目了然。制订出团计划非常重要，千万不要凭经验随意确定日期出团。

8. 调整细节，注重语言的合理利用

行程安排好之后，一定要考虑细节的调整。比如，文案的语言要合情、合理、合法，如果是附加的自费旅游套餐，组团社一定要把它作为《补充协议》附在合同内，同时要把套餐的景点和项目做简单说明，告知这个活动的重要性和趣味性，让人感受到参与的价值。再比如，亮点和看点的文字要简明扼要，如团队游什么？有什么特别安排？另外，还要与地接社沟通、斟酌，将不合理或难以操作的地方进行调整和取舍；对地接社提供的酒店要有所比较；要考虑到地接社和合作者的利益，共赢才是合作的原则。

9. 旅游产品的试销和修改

旅游线路试销主要是了解产品销路，在销售中发现问题、完善问题。这时候要注意规模适中，保证质量。有时候为了尽快占领某个市场，避免让竞争对手发现，这个阶段可以省略。根据旅游者或者中间商的要求对旅游线路做相应的调整，把旅行社想卖出去的线路变成旅游者想购买的旅游线路。

★操作示范

穿越怒江大峡谷8天摄影美食团

泸沽湖·丽江·六库·三江源·永平·大理·昆明

行程亮点：

独家推出全景滇西南摄影美食团，名山、名湖、古城、古镇；

走进泸沽湖，解读女儿国，穿越大怒江，品味傈僳四重唱。

天天风味：汽锅鸡、泸沽鱼鲜、木府糍粑、过桥米线、黄焖鸡；

倾情安排观音阁祈福，摸龙头、龙珠、龙背、龙爪，聚财兴隆。

特别入宿大理五星级标准凤凰温泉大酒店，欣赏傈僳族原声“四声部”。

日期	参考行程	
Day 1	**各地—昆明** 游客在各地机场认“ABCD”导游旗，由我方送机人员安排送机，乘机前往云南省会【昆明】。晚餐后，入宿酒店 【今日看点】：空降四季如春的高原城市，感受“无处不飞花”的春城昆明	
	用餐：机上供餐食	参考酒店：昆明
Day 2	**昆明—西山龙门—云南民族村—丽江** 早餐后，乘车游览曹雪芹《红楼梦》开篇地“七彩云南”的【西山龙门】，欣赏“奇、绝、险、幽”的道教石窟，登高远眺昆明母亲河【滇池】，聆听导游讲解吴三桂与陈圆圆、蔡锷与小凤仙的风流韵事 午餐后，游览会聚云南25个少数民族村寨于一处的【云南民族村】，零距离感受彝、白、傣、苗、景颇、佤、哈尼、纳西、傈僳、独龙等民族的风情，欣赏少数民族的歌舞，了解【钰满天下】艺术特产，品尝云南建水风味晚餐【汽锅鸡】，逛逛【金鸟碧鸡坊】，乘K9602次空调列车前往【丽江】 【今日看点】：游西山，游滇池，玩民族村，听名人风韵逸闻，品建水小吃	
	用餐：早餐、中餐、晚餐	参考酒店：丽江
Day 3	**丽江—金沙江—宁蒗—泸沽湖—船游王妃岛—篝火晚会—阿夏甲搓体舞** 上午抵达丽江，接着乘车穿过【金沙江大桥】经【宁蒗】古城，4小时后抵达神秘的【摩梭人村寨】——这个被联合国教科文组织誉为“人类母系氏族社会活化石”的“世界最后的女儿国”。【泸沽湖落水村】至今还沿袭着“母系大家庭”和“走婚”等习俗 午餐品尝摩梭风味，观赏泸沽湖风景，入宿酒店休息 下午游客们可选择参加【体验女儿国旅游套餐活动】：乘摩梭人特有的【猪槽船】，畅游【泸沽湖】，当一回“走婚人” 晚餐品尝【泸沽湖鱼鲜风味餐】，围篝火而坐，与摩梭青年男女跳起【阿夏甲搓体舞】，入宿酒店 【今日看点】：走进“女儿国”，体验母系大家庭“走婚”，乘猪槽船畅游泸沽湖，当一回王妃，跳一段阿夏舞	
	用餐：早餐自理，午餐、晚餐含在套餐活动内	参考酒店：泸沽湖

续表

<table>
<tr><th>日期</th><th colspan="2">参考行程</th></tr>
<tr><td rowspan="2">Day 4</td><td colspan="2">泸沽湖—丽江—束河古城—玉龙雪山—黑龙潭—龙泉寺—木府养生糍粑宴
清晨，游客再次来到【泸沽湖】畔，欣赏圣湖的美景，留下美好的倩影。接着乘车前往【丽江】古城
午餐后，游览【黑龙潭】的龙神祠、锁翠桥、玉皇阁、五凤楼等景点。走进【束河古城】，漫步在高原“小桥流水人家”的青石板与鹅卵石铺就的古街小巷之中，欣赏夕阳西下金色的【玉龙雪山】，煞是迷人
丽江最有趣的是：走进【木府】【龙泉观音阁】沾沾王爷福气脉络，“摸龙头升官辟邪、摸龙珠养颜美容、摸龙背长寿健康、摸龙爪聚财兴隆”
傍晚，游客聚在一起 AA 制吃上一餐【木府养生糍粑宴】，品尝“螺旋团子状元糕、紫米粑粑竹筒饭”等 20 多种小吃，权当晚餐。欣赏入夜后格外迷人的丽江古城
【今日看点】：游丽江的黑龙潭，走束河古城的小桥流水，摸木府龙泉寺的福气、财气，吃养生糍粑</td></tr>
<tr><td>用餐：早餐、午餐、晚餐 AA 制</td><td>参考酒店：丽江</td></tr>
<tr><td rowspan="2">Day 5</td><td colspan="2">丽江—大理—喜洲—三道茶—大理古城—洋人街—三塔寺
一觉睡到自然醒，乘车 2 小时到达【新华民族村】，“小锤敲打千百年，敲出银都白族寨”，接着来到【大理】上关，走进白族【喜洲民居】
午餐品尝白族著名的【三道茶】，您可以在洱海坐上游船，“观苍山，玩洱海，赏鱼鹰捕鱼表演”（自费）。随后逛逛文献名邦【大理古城】、【洋人街】，沿途欣赏大理古城的标志【三塔寺】，聆听【蝴蝶泉】的“金花对歌”。晚餐吃上大理“段王爷小吃”美食，入宿温泉大酒店，泡泡温泉
【今日看点】：观苍山，玩洱海，逛古城，吃美食，听对歌，泡温泉</td></tr>
<tr><td>用餐：早餐、午餐、晚餐</td><td>参考酒店：大理</td></tr>
<tr><td rowspan="2">Day 6</td><td colspan="2">大理—六库镇—怒江赖茂河瀑布—三江并流景区—怒江峡谷第一湾—溜索
早餐后，高速公路乘车 5 小时来到怒江傈僳族聚集地【六库镇】。这个昔日土司下“鹿扣”的猎场（“鹿扣”是“六库”的谐音），现已成为闻名世界的摄影基地。抵达酒店后用午餐，稍事休息
下午乘车经过【怒江大桥】，往南 6 公里欣赏著名的【怒江赖茂河瀑布】。接着溯江而上，欣赏世界奇观【三江并流景区】：奔腾的怒江，西岸是【高黎贡山】，东岸是【碧罗雪山】，湍急转弯处就是波澜壮阔的【怒江峡谷第一湾】，江上既有铁索桥，也有两条“溜渡”的横江钢索。既然来六库，不妨与独龙族村民一起【溜索】“飞越怒江”。来到怒江，你一定要参加六库著名的【傈僳族节日盛宴套餐活动】：吃着“手抓饭”，喝着“同心酒”，享受着傈僳族天籁之音“四声部”无伴奏大合唱，幸运的话，游客还能欣赏到傈僳族“上刀杆，下火海”，男女共浴的【澡堂会】
【今日看点】：走进三江源，看雪山、瀑布、峡湾、古镇，游玩六库镇，吃手抓饭，听大怒江，玩溜索</td></tr>
<tr><td>用餐：早餐、中餐、晚餐</td><td>参考酒店：六库</td></tr>
<tr><td>Day 7</td><td colspan="2">六库—大理—昆明
用完早餐后，逛逛滇西南的【芙蓉镇】：鹅卵石的古巷窄道、错落有致的临街木屋、斑驳门廊下的店铺、满街的小黑猪、弥漫的豆花香和商家的吆喝，简直就是原汁原味的《清明上河图》。游客们捎上一些当地的特产，午餐后乘车 2.5 小时抵达著名的“西南丝绸之路”重要驿站【永平镇】，这里既是“蜀身毒道”的茶马古道，又是著名的“滇缅公路”滇西战役主战场，接着游览孟获酋长的【霁虹桥】，指点诸葛亮的【宝藏山】、徐霞客的【观音山】，以及走走南诏古国【博南山】下的“茶马古道”。逛完古城后，游客围着锅台一起 AA 制吃上一餐“云南第一名菜”【永平黄焖鸡】风味晚餐。随后东行 2 小时抵达大理火车站，乘 K9638 空调硬卧返回昆明
【今日看点】：逛逛滇西《清明上河图》，走走永平“蜀身毒道”驿站，尝尝云南第一名菜“黄焖鸡”</td></tr>
</table>

续表

日期	参考行程	
Day 8	**昆明—各地** 早抵四季如春的【昆明】，早餐品尝蒙自的【过桥米线】，带着对春城的美好印象结束愉快的旅程。乘机返回您温暖的家 【今日看点】：走鲜花市场，吃过桥米线，捎云南特产，愉快回家乡	
	用餐：早餐，午餐机上供餐食	

一、团费所含内容（游客报名时，请务必逐条解释给游客，并让游客签字确认）	
航空交通	昆明—各地往返机票（含机场建设费、燃油费），昆明—丽江/大理—昆明往返空调列车，以上铺计价，需补差价
旅游用车	全程空调旅游车（每位游客一个正座）
酒店住宿	大理五星级标准酒店双人房（不挂牌），泸沽湖客栈酒店，其余住宿三星级标准酒店双人房
团队用餐	6 早 10 正餐（含 4 次风味餐及机上 2 次餐食），正餐十人一桌，八菜一汤（不含酒水）
景点门票	含行程内景点第一道大门票（不含景点内小门票及另付费项目的缆车、游船等）
导游服务	中文导游服务

二、友情提示

尊敬的游客，为了配合《旅游法》的实施，本着“明明白白消费”的原则，我们在确保正常景点游览之外，特地精选了当地著名的景点，加上特色风味餐，以【旅游套餐】的形式让您在报名前提前选择（详情见下表）

自费旅游套餐	以下费用含：往返接送 + 活动门票 + 正餐 1 次	费用	打√
A.【体验女儿国旅游套餐活动】 价值系数：★★★★★	简介：云南泸沽湖是世界自然文化遗产，山清水秀，淳朴自然，至今仍保持着独特的“母系生活”。游客可以乘摩梭人特有的【猪槽船】畅游【泸沽湖】，登上【王妃岛】，欣赏【格姆女神像】和【阿夏瀑布】，当一回“走婚人”。晚餐为【泸沽湖鱼鲜餐】，围篝火而坐，与摩梭青年男女跳起【阿夏甲搓体舞】	含船、餐、门票	
B.【傈僳族节日盛宴套餐活动】 价值系数：★★★★★	简介：到古镇【六库镇】，可以欣赏著名的世界自然遗产【三江并流】，吃上“手抓饭”，喝着“同心酒”，享受着傈僳族天籁之音“四声部”无伴奏大合唱，载歌载舞，把酒言欢，运气好的话，游客还能在江边温泉滩上看到傈僳族“上刀杆，下火海”，男女共浴的【澡堂会】	含歌舞、晚餐、门票，澡堂会无须费用	

资料来源：熊小敏．旅游圣经［M］．北京：中国旅游出版社，2014.

五、旅游团队电子行程单

（一）旅游团队电子行程单的开发

1. 全国旅游团队服务管理系统的开发

为贯彻落实《国务院关于加快发展旅游业的意见》（国发〔2009〕41 号），把旅游业培育成为国民经济的战略性支柱产业和人民群众更加满意的现代服务业，推进“智慧旅游”

建设，文化和旅游部联合上海棕榈电脑系统有限公司开发了“全国旅游团队服务管理系统”（见图3－1）。该系统于2011年10月15日上线运行。同时，文化和旅游部每年都发文要求各省旅游局推广应用。首先，在上海、浙江、武汉、黄山等地进行了试运行，证明系统可以为旅游管理部门提供信息化管理平台，为旅行社企业提供工作管理平台，实现对出境游、入境游、国内游三个旅游市场的有效监管和服务，为维护广大旅游企业、旅游从业人员、旅游者的合法权益提供服务。

为认真贯彻落实文化和旅游部关于加强《全国旅游团队服务管理系统》推广应用工作的要求，进一步规范旅行社经营行为，准确有效掌握各省旅游团队运行情况，实现对旅游团队的有效监管和服务，利用信息化手段提升各省旅游行业服务监管水平，各省旅游局纷纷下文要求各旅行社加强《全国旅游团队服务管理系统》填报使用工作，并举办各种培训班。

在文化和旅游部和各省市旅游局的带动下，2013年已实现32个省市（含新疆生产建设兵团）全覆盖应用。截至2015年8月19日，已有6 500余家旅行社在“全国旅游团队服务管理系统”中填报了超315万个旅游团队、超6 100万名游客信息。其中，一线城市达到100%的覆盖率，二线城市达到了80%的覆盖率，大中型旅行社基本达到100%的覆盖率。

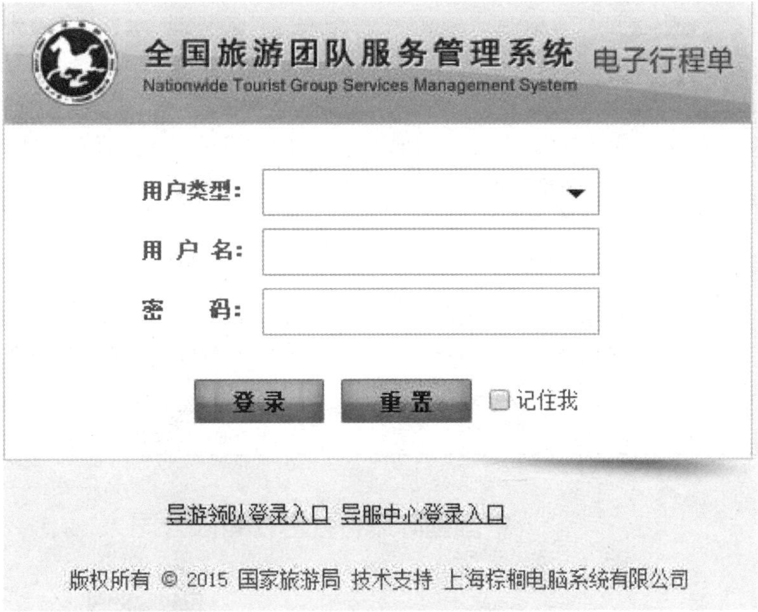

图3－1　全国旅游团队服务管理系统

2. 旅游团队电子行程单的生成

“旅游团队电子行程单管理系统”是“全国旅游团队服务管理系统”的重要子系统，旨在将传统的旅游团队行程单电子化，通过借助现代信息技术，针对当前旅游团队在接待过程中存在的问题，实现对旅游团队运行全要素、全过程的监控和管理。通过“全国旅游团队服务管理系统”自动生成电子版，导游、领队可第一时间获取“全国旅游团队服务管理系统二维码电子行程单”（见图3－2）。行程单中，衣、食、住行一目了然，既保障了游客利益，也保障了正规旅行社的利益。

全国旅游团队服务管理系统二维码电子行程单

团队基本信息

110000151229000001

团　　号：	2015000000-1219	**线路名称：**	锡盟1日游
组 团 社：	上海锦江组团	**地 接 社：**	中国国际旅行社总社有限公司
接团日期：	2016年01月22日	**送团日期：**	2016年01月22日
接团时间：	8:00	**送团时间：**	19:00
接团地点：	锡林浩特火车站	**送团地点：**	锡林浩特火车站
人　　数：	6人	**含儿童数：**	0人
客源城市：	洛阳		
备　　注：			

导游信息

序号	姓名	导游证件号	手机号
1	夏晨	D-0000-902201	18516256036

车队信息

车队公司：	锡盟车运公司	**车牌号：**	蒙A99999	**司机姓名：**	张三	**司机手机：**	18516256036

行程说明

日期	景区景点	餐饮	酒店名称／房间数
01月22日第1站	立山 平和公园 皇居二重桥 浅草寺	锦江大酒店(早餐) 锦江大酒店(午餐) 锦江大酒店(晚餐)	/

填表单位：	中国国际旅行社总社有限公司	旅行社联系电话：		许可证号：	L-BJ-CJ00001
监制：	国家旅游局监督管理司	投诉电话：	010-12301	技术支持：	上海棕榈电脑系统有限公司

打印　☑同时打印游客评价二维码

中国国际旅行社总社有限公司

线路名称：锡盟1日游

导游信息

姓名:夏晨

导游证件号:D-0000-902201

手机号:18516256036

旅行社联系电话：

扫描二维码进行评价

游客可关注“旅途服务”微信号进行评价或查看团队行程

图3－2　全国旅游团队服务管理系统二维码电子行程单（由上海棕榈电脑系统有限公司提供）

（二）旅游团队电子行程单的填报与制作

1. 基本要求

（1）各旅行社加强对本社及分支机构应用团队系统的督促指导和监督自查，明确团队系统应用工作分管负责人及1位联络员，落实专人负责旅游团队动态子系统的填报工作。

填报数据登录方法：登录“中国旅游诚信网”，点击首页右下方的“全国旅游团队服务管理系统”，进入系统界面（或登录 http：//ntsms. palmyou. com/cnta/login. jsp），点击右上角“系统登录”，再选择点击“团队动态子系统登录：正式系统”，进入正式填报界面，输入“用户名”“密码”等信息。

（2）各旅行社组织或者接待旅游团队时应在团队系统“团队动态子系统”中如实填报相关数据信息。

（3）旅行社向游客提供：“机＋酒”自由行、“机＋酒”半自由行（行程中提供部分游览安排），均应如实在团队系统中填报相关数据信息。

2. 填报主体的基本原则

（1）组织、接待旅游团队或提供“机＋酒”自由行、“机＋酒”半自由行旅游服务的均为省内旅行社，由负责具体操作的旅行社进行填报。

（2）组织旅游团队或与游客签订“机＋酒”自由行、“机＋酒”半自由行旅游服务合同的为省内旅行社，具体操作为省外旅行社，则由省内组团社或与游客签订单项旅游服务合同的旅行社进行填报。

（3）组织旅游团队为省外旅行社，接待旅游团队为省内旅行社的，由省内负责地接的旅行社进行填报。

3. 制作旅游团队电子行程单的规定

（1）旅行社组织或者接待旅游团队时，应当使用“团队系统”处理旅游团队业务，并真实、全面、有效地填报旅游团队数据信息。所有地接旅游团队（含入境旅游团队）、自组省内旅游团队、出省旅游团队，旅行社应当制作旅游团队电子行程单。

（2）凡与旅游者签订了出境旅游包价合同的，出境游组团社应当制作电子名单表。为进一步整顿出境游市场，文化和旅游部自2015年9月1日起分别在广东、福建进行港澳游、赴台游的电子名单表试点工作。2015年12月1日起，全国取消了出境游（含港澳游、赴台游）纸质名单表，全面实行电子名单表。

（3）导游、领队受旅行社委派接待旅游团时，应当登录“团队系统”下载“旅游团队电子行程单”，在带团过程中随身携带，并依据“旅游团队电子行程单”开展服务工作。导游、领队可以登录“团队系统”查询执业信息。

★小贴士

旅游团队电子行程单的推广应用

成功试点地区：安徽黄山电子行程单试点工作于2013年11月开始正式实施，目前已有152家旅行社使用旅游团队电子行程单正式系统，累计填报行程单近105 195余份。四川省于2014年大力推广旅游团队电子行程单系统，实现了21个地级市全覆盖，系统全年采集了550余万游客。

电子行程单实施效果：四川省、安徽黄山等试点地区电子行程单的使用、普及是旅游主管部门面向旅行社管理的智能化、规范化的提升。在管理方面，帮助旅游主管部门实现了对旅游团队运行全要素、全过程的实时监控和管理，切实保障了旅行者利益和旅游服务质量，有效提升了旅游主管部门的管理服务水平。在质检执法方面，电子行程单系统还可以帮助旅游主管部门提升旅游质监执法机构的工作水平，通过打击“黑导、黑社、黑车”等不法经营行为，对旅游经营者经营行为进行规范，为当地旅游市场营造了良好的旅游形象，极大地推动了当地旅游市场快速、健康发展。

第三节　国内旅游产品的销售

一、国内旅游产品的价格制定

（一）旅行社产品价格的构成要素

1. 固定成本

固定成本，是指在一定范围和一定时间内，总额不随经营业务量的增减而变动的产品成本。根据《旅游、饮食服务企业会计制度》的规定，旅行社的固定成本不能够一次性地放到某一件旅游产品里，只能逐步地转移到旅行社所销售的全部产品中。固定成本转移到每一项旅行社产品的份额同旅行社产品的销售量是一种反比例关系；产品的销售量越大，分摊到每个产品中的固定成本份额就越小。

旅行社产品的固定成本主要包括租赁的营业用房租金、固定资产（自有营业用房、计算机、汽车等）的折旧、旅游促销费用、销售费用、员工工资等。

2. 变动成本

变动成本，是指旅行社为游客提供各种服务所产生的直接成本，一般包括旅游活动期间旅行社为游客提供的交通、餐饮、住宿、导游、门票等服务所产生的费用。旅行社产品的变动成本与该产品的销售量呈正比例变化关系，因接待游客而产生，并随购买该产品的旅游者的人数、人天数等的增长而增加。如果游客不再购买该产品，则该产品的变动成本将不会发生。变动成本在旅行社产品成本的构成中占很大比重，是决定产品价格高低的主要因素。

3. 产品利润

产品利润，是指旅行社通过销售其产品所获得的收入和旅行社为生产和销售这些产品所付出的各项成本费用相抵后的余额，是旅行社销售产品的财务成果。产品利润是旅行社价格的重要构成因素之一。

4. 相关税金

根据国家的相关规定，旅行社应就其提供的旅游服务产品所得的收入向税务机关缴纳相应的税金。这些税金主要包括营业税、城市维护建设税、教育费附加税和企业所得税。因此，旅行社产品的价格中应包含上述的税金。

（二）旅行社产品的定价目标

1. 利润最大化

利润最大化是最常见的旅行社产品定价目标之一。在此目标下，旅行社通过单位产品的高价格或整体产品的薄利多销来获得最大的经营利润。旅行社所追求的最大化利润是指长期利润而非短期利润，是希望通过其产品在旅游市场上的长期销售获得最大的利润总量。因此，在制定具体的某项产品价格时，旅行社并非要一味地将价格抬高，而是要根据具体情况来制定既能够实现长期利润最大化，又能够为市场所接受的价格。

2. 投资回报最大化

投资回报最大化，是指旅行社以增加企业投资者的投资回报来达到使投资者权益增值的目的。奉行投资回报最大化定价目标的旅行社为了能够实现这个目标，在为产品定价时往往采用在产品成本的基础上加入预期水平的投资报酬的定价方法。

3. 维持企业生存

当旅行社处在因旅游淡季、市场竞争激烈、市场竞争态势不利、宏观经济衰退等原因造成的对旅行社产品需求大幅度减退并威胁旅行社生存的困难时刻，可以将维持企业生存作为定价目标。采取这一产品定价目标的旅行社所制定的产品价格一般较低。

4. 扩大产品销售量

扩大产品销售量是一种以牺牲眼前利益换取长远利益的定价目标。以扩大产品销售量为产品定价目标的旅行社通过扩大产品的销售量来提高旅行社产品在旅游市场上的占有率，并获取经营中最需要的现金流。旅行社往往以降低产品售价的办法来实现这种定价目标。

5. 应对竞争对手

应对竞争对手目标，也称为竞争导向目标。在旅游市场竞争中，价格是最有效也最敏感的竞争手段。旅行社可以以有影响力的竞争对手的价格为基础，根据自身条件为自己的产品定价。在竞争激烈的旅游产品市场中，若本旅行社实力较弱，一般价格应定低些。只有具备特别优越的条件（如资产雄厚、产品质量优异、服务水平很高等），才可能把价格定得高一些。

6. 树立企业良好形象

树立企业良好形象目标，也称为形象导向目标。旅行社形象是旅行社通过长期市场营销等活动给予消费者的一种精神感知。旅行社良好的企业形象会存在于旅游者的心目中，给旅行社带来可观的利润。良好的形象与产品销售、市场占有率、竞争能力等密切相关，这些又会通过价格表现出来。所以，旅行社为建立或保持良好的企业形象，产品价格的制定就要符合企业形象的要求。这种定价目标有利于改变目前我国旅游市场上存在的恶性削价竞争局面，有利于提高旅行社的产品销售和利润率，也会受到旅游者的欢迎。旅行社要提高产品的质量，提供优质、优价的服务，树立良好的企业形象。

（三）旅行社产品的定价策略

1. 取脂定价策略

取脂定价策略，是指旅行社将产品的销售价格定得很高，力图在较短的时间里将开发这种产品的投资全部收回，并获得可观的投资回报的产品定价策略。旅行社通常在新产品刚刚投放市场时采用取脂定价策略。在这一时期，旅行社的竞争对手尚未推出与之竞争的同类产品，从而使开发该产品的旅行社在旅游市场上暂时处于一种产品垄断的地位。由于经营该产品的旅行社很少，甚至是独家经营，所以可能在旅游市场上造成一时供不应求的局面。如果该产品确实能够满足一部分游客的需求，他们可能愿意为此付出较高的价格。在这种情况下，旅行社采取取脂定价策略，以较高的价格在市场上进行销售，往往能够在短期内获得较好的经济效益。

2. 渗透定价策略

渗透定价策略，是指旅行社以较低的价格将产品投放市场以迅速增加销售量和扩大市场份额的产品定价策略。经营这种产品的旅行社一般在旅游市场尚不具有垄断地位，其竞争对手较容易通过仿制等手段大批量地生产出相同或相似的产品。同时，这种产品的需求弹性较大，游客对其价格变化较为敏感。因此，为了达到有效排斥竞争者、长期占领市场的目的，旅行社往往采取渗透定价策略。

3. 尾数定价策略

尾数定价策略，是指旅行社利用一部分游客对于价格变化十分敏感的心理特点所采取的产品定价策略。一般情况下，游客在比较和选择价值较低的旅行社产品时，往往对于同类旅游产品在价格上的微小差距十分关注。这种差距甚至成为他们选择某一家旅行社而不选择其他旅行社的重要原因。因此，旅行社在为这类产品定价时，通常将价格的尾数定得较高但尽量不进位，以造成物美价廉的印象。尾数定价策略多适用于短途旅游、低档旅游、单项旅游服务等产品的定价。

4. 整数定价策略

整数定价策略适用于价格较高的旅行社产品，如豪华旅游、团体全包价旅游等。整数定价策略容易使购买这类产品的旅游者产生“货真价实”“一分价钱一分货”的感觉，有利于提高产品的形象。

5. 声望定价策略

声望定价策略多见于在旅游市场上享有较高声望的旅行社及其产品。采取声望定价策略的旅行社一般将其产品的价格定得高于多数旅行社。然而，由于旅行社及其产品的声望，旅游者能够接受这种高价格，而且还会产生一种购买到优质产品的感觉。

6. 吉祥数字定价策略

吉祥数字定价策略，是指旅行社根据不同游客群体的文化背景和风俗习惯，尽量使用或回避使用某个或某些数字的定价策略。例如，旅行社通常选用数字“8”为中国商务旅游产品定价，选用“9”为中国新婚蜜月产品定价，而在为日本市场的旅游产品定价时，回避使用数字“4”或“9”。这些都是吉祥数字定价策略的具体运用。

（四）旅行社产品的定价方法

1. 成本导向定价法

（1）成本加成定价法（盈利）。

成本加成定价法，是指将单位产品的变动成本总额和一定比例的利润加在一起后确定产品价格的定价方法。其计算公式为：

单位产品价格 = 单位产品成本 ×（1 + 利润率）

例如：某旅行社的一条旅游产品的单位变动成本是 1 500 元，固定成本是 300 000 元，假设报名参加这条旅游产品的游客为 300 人，旅行社的预期利润为 20%，请问单位产品销售价格是多少？

单位产品价格 = 单位产品成本 ×（1 + 利润率）
= ［1 500 +（300 000 ÷ 300）］×（1 + 20%）
= 2 500 ×（1 + 20%）
= 3 000（元）

成本加成定价法是旅行社的一种常见定价方法，其主要优点是计算简便，而且在市场环境基本稳定的情况下能够保证旅行社通过销售产品获得一定比例的利润。然而，这种方法是以成本为中心的定价方法，它只是从保证旅行社本身的利益角度制定产品价格，忽视了市场需求多变的现实，所以，利用这种方法制定出来的产品价格有时不能够被广大旅游消费者所普遍接受，甚至会因此造成旅游产品在市场上缺乏竞争力。

（2）目标利润定价法（盈利）。

目标利润定价法，又称投资回收定价法，是指旅行社为在一定时期内收回投入企业的资金而采用的一种定价方法。首先，旅行社为所投入的资金确定一个回收期限，然后根据投资额和回收期限计算出目标利润率和目标利润额。最后，根据目标利润额、固定成本、单位产品变动成本和预期销售量制定出产品的销售价格。其计算公式为：

单位产品价格 = 固定成本/预测销售量 + 单位产品变动成本 + 单位产品目标利润

其中：单位产品目标利润 = 目标利润总额/预测销售量

目标利润定价法的优点是旅行社可以通过这种定价方法保证实现既定的目标利润和目标收益率，在预定的回收期内收回投资，从而保护投资者的利益。然而，同成本加成定价法一样，目标利润定价法也是一种从保护旅行社的利益角度制定产品价格的方法，没有充分地考虑到市场需求和竞争的实际情况。此外，这种方法是以预测产品销售量为基础计算产品价格的，而旅行社的产品是需求弹性大的产品，其销售量往往取决于产品的价格。因此，用这种方法计算出来的产品价格难以确保预测的销售量能够实现。

（3）盈亏平衡定价法（保本）。

盈亏平衡定价法，又称保本定价法，是指旅行社根据产品的成本和估计销量计算出产品的价格，使销售收入等于生产总成本。其计算公式为：

单位产品的价格 = 单位产品的变动成本 +（固定成本总额/估计销售量）

例如：某旅行社的一条旅游产品的单位变动成本是 1 500 元，固定成本是 300 000 元，假设报名参加这条旅游产品的游客为 300 人，请问单位产品销售价格是多少？

单位产品价格 = 单位产品成本 ×（固定成本总额/估计销售量）
= 1 500 +（300 000 ÷ 300）
= 1 500 + 1 000
= 2 500（元）

盈亏平衡定价法是企业对各种定价方案进行比较选择的参考标准，以其他方案制定出来的价格如果高于盈亏平衡价格，企业就有钱赚；如果低于盈亏平衡价格，则亏损。

（4）边际贡献分析定价法（不求盈利，只求少亏）。

边际贡献分析定价法，又称变动成本定价法，是旅游企业在定价时只计算变动成本，不计算固定成本，只要价格高于单位产品的变动成本，企业就可以继续生产和销售，否则就应该停产、停销。

即：单位产品售价 > 单位产品的变动成本

其计算公式为：

$$边际贡献 = 单位产品售价 - 单位变动成本$$

例如：某一旅游产品的总成本为 800 元。其中，变动成本为 600 元，固定成本为 200 元。现在，线路销售十分困难，旅行社为了减少亏损只能采用边际贡献分析定价法来确定线路的价格。因此单位产品的价格至少要定在高于 600 元的水平。

这种定价方法的优点是使旅行社在市场条件不利的情况下仍能保住市场份额，并可随时根据市场需求和季节变化对价格进行调整，具有较大的灵活性。这种定价方法的缺点是使旅行社蒙受一定的利润损失。另外，产品的变动成本经常因旅游服务供应市场变化而发生变动，这会迫使旅行社不断地重新计算和调整产品的价格。

2. 需求导向定价法

（1）需求差异定价法。

需求差异定价法，也可以说是“看客下菜”，是指旅行社根据旅游者对产品的价值认识及旅游者对产品需求的差异的定价。也就是说，对单位成本相同或相近的同类产品，根据不同细分市场的需求，制定不同的价格。实施需求差异定价是有条件的。一般而言，必须是在市场细分之后，细分市场在不同的条件下表现出的需求强度有明显的差别。同时，实行差别定价必须以不引起消费者的反感为前提。

（2）认知价值定价法。

认知价值定价法，也称“感受价值定价法”“理解价值定价法”。这种定价方法认为，某一产品的性能、质量、服务、品牌、包装和价格等，在消费者心目中都有一定的认识和评价。消费者往往根据他们对产品的认识、感受或理解的价值水平，综合购物经验、对市场行情和同类产品的了解而对价格做出评判。当商品价格水平与消费者对商品价值的理解水平大体一致时，消费者就会接受这种价格，反之，消费者就不会接受这个价格，商品就卖不出去。

3. 竞争导向定价法

竞争导向定价法是为了应付市场竞争而采取的特殊定价方法。它优先考虑市场能承受的消费能力以及在竞争对手面前能占一定的优势，而不是盲目追求本企业的利润最大化。这种定价方法充分考虑到了市场竞争和旅游者的反应因素，所制定出的产品价格容易为旅游者所接受，并能够使旅游产品在较短的时间内在市场竞争中占据优势。竞争导向定价法主要有随行就市法和率先定价法。

（1）随行就市定价法。

随行就市定价法，是指旅行社通过对市场竞争、市场需求及旅游者反应的不断监测，以随机的方式对产品价格进行相应调整，以期在可能的范围内获得最大利润的定价方法。这种定价方法充分考虑到了市场竞争的因素和旅游者的反应，所制定出的产品价格容易为旅游者所接受，并能够使旅行社在市场竞争中取得优势地位。这种定价方法的不足之处：一是旅游者的态度因受众多因素影响而不断变化，从而导致旅行社在判断旅游者态度方面困难很大；二是旅行社无法预测产品的销售量和经营利润；三是旅行社采用随行就市定价法与其他同类旅行社竞争，容易引起竞争对手的报复，从而导致恶性削价竞争的局面。

（2）率先定价法。

一些实力雄厚的旅行社或产品独具特色的旅行社可以采取这种主动竞争的方法。自行制定价格后，在对外报价时先于同行报出，可以在同行中取得“价格领袖”的地位，获取较高的利润。

（五）国内地接社旅游产品的构成

1. 餐费

餐费包括团队餐和特色餐费用。旅行社报价中一般只包含团队用餐费用，特色餐费用由游客自付。团队餐包含早中晚三餐，许多酒店为住店客人提供免费早餐，因此旅行社报价时含的餐费多指正餐的费用。

2. 房费

房费一般指双人标准间的费用。旅行社可按旅游者要求预订高、中、低档饭店或由旅游者自订房、委托代订房和委托代订指定房，但一律加收自订房手续费。团队价和散客价相差很大。淡季价、平季价和旺季价也有很大差异。计调人员必须熟悉业务，充分了解每个地区饭店的淡、平、旺季的划分，否则会导致报价不真实，报价过高，会失去竞争力；报价过低，会造成旅行社亏损。

3. 目的地交通费

目的地交通费包括市内接送费用、市区到景区交通费、景区之间的交通费、景区观光车费等。其主要是以汽车交通费为主，也有少数的航空费、火车费及轮船费。

4. 游览景区门票

目的地景区门票一般包括景区大门的第一道门票。景区内的小门票费一般都没有包含，须游客自付。

5. 地陪服务费

每个旅游团需要安排一名地陪，需要支付地陪服务费。目前地陪服务费一般都是按照天数计算，每天的费用大致在 300 ~ 800 元。当然，根据不同的情况，每天给的费用是不同的。

6. 旅游意外险

《旅行社条例实施细则》第四十条规定：为减少自然灾害等意外风险给旅游者带来的损害，旅行社在招徕、接待旅游者时，可以提示旅游者购买旅游意外保险。鼓励旅行社依法取得保险代理资格，并接受保险公司的委托，为旅游者提供购买人身意外伤害保险的服务。旅游意外险保险费每人 10 元，保额每人 10 万元。

7. 经营利润

获取利润是旅行社的根本性质，接待社应根据旅游市场的情况确定适当的利润。

（六）国内组团社旅游产品的构成

1. 城市间大交通费

城市间大交通费，是指飞机、火车、轮船、内河及古运河和汽车客票价格。从目前来看，城市间大交通主要以火车、飞机为主，距离较近的，可以使用汽车。如成都到西安，可以根据游客的情况选择飞机、火车、汽车等交通工具；重庆到上海，可以选择飞机、火车、轮船等交通工具。

2. 省外地接社费用

省外地接社费用包括目的地交通费、住宿费、餐费、景点门票、地陪等费用。地接社根据接待的标准和人数，给组团社一个总的报价。如果是独立成团，一般要求外省地接社提供一份详细的分项报价。

3. 全陪分摊费用

一般情况下，国内组团社派出全陪全程陪同游客游览的所有费用，是分摊到每个旅游者头上的。目前散客旅行社一般都没有安排全陪，就可以节约这笔费用。独立成团，一般要安排全陪，就要计算全陪费用。

4. 市内接送费用

市内接送费是接送游客到机场（车站、码头等）的费用。对于散客来说，旅行社一般都安排游客自己到机场（车站、码头等），就没有这笔费用，对于团队，一般都要安排接送，在计价时就要加上这笔费用。

5. 旅游意外保险费

旅游时一定要购买保险，保险包括责任险和意外险，责任险由组团社强制购买，意外险由游客自己购买。目前散客的保险费由组团社购买，但有时为了更加保险，地接社也在购买保险，独立成团一般是由组团社购买，地接社可以不买。

为了更好地保障游客的安全，有些地方旅游局要求旅行社必须为游客购买意外险，如四川省旅游局要求从2002年10月1日起，在全省范围内实施旅行社为旅游者投保旅游意外险，把旅游意外险作为四川省事实上的法定保险。投保旅游意外险，是四川省对旅行社规定的义务，具有法规的强制性。法规规定：只能由旅行社为游客投保意外险并支付保费，不能由游客在团费价内或价外支付意外险保费。因此，四川省的旅行社地接报价就不能包含意外险保费。

★小贴士

四川省把旅游意外险作为法定保险

针对主要旅游区域在边远地区、高海拔山区和主要以汽车作为交通工具的特点，四川省旅游局于2002年9月28日发出《关于实施旅行社为旅游者投保旅游意外保险的通知》〔2002〕39号）。其中明文规定：“从2002年10月1日起，在全省范围内实施旅行社为旅游者投保旅游意外保险”，把旅游意外险作为四川省事实上的法定保险。投保旅游意外险，是四川省对旅行社规定的义务，具有法规的强制性。只能由旅行社为游客投保意外险并支付保费，不能由游客在团费价内或价外支付意外险保费。在四川省旅游局、四川省工商行政管理局制订的2006版旅游组团合同中，已经明确将“旅行社为游客投保旅游意外险”列入合同。由于《旅游组团合同》中已经列明旅行社为游客购买意外险，因此严禁在《旅游组团合同》中单列“旅游意外险保费”一项，严禁在合同中写“团费中包含旅游意外险”。在《单项服务合同》中，正确的写法是：“旅行社为客人购买旅游意外险”。

6. 经营利润

获取利润是旅行社的根本性质，组团社应根据旅游市场的情况确定适当的利润。

二、国内旅游产品的销售渠道

（一）本地旅游产品的销售渠道

1. 直接销售渠道（地接社—旅游者）

直接销售渠道，就是地接社直接把旅游产品销售给旅游者，中间不经过任何形式的商业企业、代理机构等中间环节转手的营销渠道结构。地接社采用零环节销售渠道一般有以下两种形式：

（1）通过其设立的服务网点或分社直接向当地居民或外省居民销售其旅游产品，如旅游者直接到旅行社服务网点报名参加本地的一些旅游产品。例如，四川省中国青年旅行社在成都设立了一些服务网点，在四川各个二级城市建立了分社，这些服务网点和分社就可以向当地居民销售本地旅游产品。

（2）通过新媒体直接向旅游者销售旅游产品。创新旅游营销模式，主动利用新媒体展开旅游新营销，如利用网站、手机微博、飞信、手机 QQ、公司客户 QQ、公司官网等平台开展营销。这是营销模式的变革，我国经济条件好的国内旅行社，目前大都采取零层渠道，就地招徕客源。

2. 间接销售渠道（地接社—组团社—旅游者）

间接销售渠道，是指地接社通过组团旅游中间商将旅游产品销售给旅游者的途径。地接社间接销售渠道在实际运用中主要包括以下三种形式：

（1）地接社—外省组团社—旅游者。地接社通过外省的组团社把本地的旅游产品卖给外省的旅游者。如四川康巴冰川旅行社有限公司，专门负责海螺沟地接服务，四川康巴冰川旅行社把海螺沟产品卖给北京、上海等地的组团社，北京、上海等地的组团社再把海螺沟产品卖给北京、上海等地的旅游者。

（2）地接社—本地代理商—旅游者。本地的一些代理商，他们为地接社销售产品，如四川本地的一些小旅行社，本身没有接待能力，但他们作为代理商，为四川康巴冰川旅行社销售海螺沟产品，他们收客之后直接把旅游者交给地接社接待。

（3）地接社—网络销售平台—网络旅游者。网络销售平台通过网上收客，收客之后交给地接社负责接待，如携程网、同程网、途牛网等。他们通过网络销售平台把海螺沟旅游产品销售给网络旅游者，收客之后把旅游者交给地接社负责接待。例如，途牛网的旅游产品就是从近千家旅行社中精选出性价比高的优质线路，组成丰富的产品线，满足旅游者的国内外出游需求。

（二）外省旅游产品的销售渠道

1. 直接销售渠道（国内组团社—游客）

这是组团社将其产品直接销售给旅游者的一种销售方式，又称为零层次渠道，即在旅行社和消费者之间不存在任何中间环节。直接销售渠道一般有以下两种形式：

（1）通过其设立的服务网点或分社直接向当地居民销售其旅游产品，如旅游者直接到旅行社服务网点报名参加外省的一些旅游产品。例如，四川康辉国际旅行社有限公司在成都设立了一些服务网点，在四川各个二级城市建立了分社，这些服务网点和分社就可以向当地居民销售外省旅游产品。

（2）通过新媒体直接向旅游者销售外省旅游产品。组团社主动利用新媒体展开旅游新营销，如利用网站、手机微博、飞信、手机 QQ、公司客户 QQ、公司官网等平台开展营销。旅游者通过这些新媒体直接可以购买外省旅游产品。

2. 间接销售渠道

（1）组团社—本地代理商—旅游者。本地的一些代理商，他们为组团社销售产品，如四川本地的一些小旅行社，本身没有组团到北京的能力，但他们作为代理商，为四川康辉国际旅行社有限公司销售北京旅游产品，他们收客之后直接把旅游者交给组团社发团。

（2）组团社—网络销售平台—网络旅游者。网络销售平台通过网上收客，收客之后交给组团社负责发团，如携程网、同程网、途牛网等。他们与国内组团社签订了合作协议，通过网络销售平台把北京旅游产品销售给网络旅游者，收客之后把旅游者交给北京专线部负责发团。

三、国内旅游产品的促销方式

国内旅游产品促销，是指旅行社为了鼓励消费者购买自己的旅游产品，运用各种推销方法与手段，将旅游产品的有关信息及时传递给客源市场中间商和潜在的旅游消费者，从而促进旅游产品销售，实现旅游产品价值的过程。

由于我国旅行社行业发展起步比较晚，企业规模普遍太小，市场机制不很完善，行业管理也欠规范。因此，旅游产品促销特别依赖价格竞争，从而导致大部分旅行社恶性削价、微利经营。进入 21 世纪以后，随着我国旅游行业的不断发展，越来越多的旅行社开始注重研究旅游者的消费需求心理，对于不同消费者的兴趣、偏好、欲望等特定需求采取多种多样的促销策略，有针对性地与中间商和潜在消费者进行信息沟通。在促销活动中，引入旅游电子商务等新兴营销方式，既可以减少买卖双方的时间耗费，又可以降低费用，节省开支。在接待服务过程中，也把提高旅游者满意度作为产品促销的重要竞争手段，营造旅游活动全过程的轻松愉快气氛，努力让旅游者产生难忘的经历，留下美好的体验。

旅游产品促销的方法很多，但如果对其进行分门别类地加以总结，主要包括广告促销、直接促销、营业推广和公共关系四大系列。

（一）广告促销

广告促销就是通过一定的媒体，将旅游产品介绍给潜在消费者，激发其购买欲望，促进旅游产品销售，提高旅行社经营效益的宣传推介活动。广告促销具有传播速度快、覆盖范围广、利用手段多、宣传效果好等许多优点，因此，它是旅游产品促销中使用最频繁、最广泛的一种促销方法。旅游产品促销广告根据使用媒体的性质不同，又可以将其分为自办媒体广告和大众媒体广告两种基本类型。

1. 自办媒体广告

自办媒体广告根据其所凭借的媒介物不同，可以分为广告宣传单、户外广告牌以及印有旅行社产品信息的旅游纪念品三种常见的具体形式。

（1）广告宣传单。广告宣传单有单页宣传单、折叠式宣传单以及各种各样的宣传小册子，由专人在公共场所散发或在公共广告栏内张贴。广告宣传单具有信息量大、内容介绍比较详细、制作与传播成本低廉等许多优点。

（2）户外广告牌。户外广告牌是一种影响力较大的自办媒体广告，其位置一般选择在飞机场、火车站、长途汽车站以及水运码头等流动人口频繁出入的公共场所、公路侧旁、建筑物顶部等醒目地带。广告牌制作要求文字简洁、语言生动、字体大小适当，并配备相关彩色图片。另外，旅行社应加强对户外广告牌的维护，确保完好无损，否则就会影响视觉效果。

（3）印有旅游产品信息的纪念品。现在有许多旅行社通过载有企业或产品信息的旅游纪念品进行宣传促销。旅行社可以向消费者赠送印有自己名称、主要产品、通信地址以及电话号码等内容的旅行包、太阳帽以及T恤衫等纪念品。旅游者在日常生活中携带这些纪念品出入各种公共场所时，无疑就为旅行社做了免费的广告宣传。

2. 大众媒体广告

在现代社会生活中，各种类型的大众媒体特别多。除了人们常说的电视、报纸、杂志和广播四大传统大众媒体外，如今又新增加了网络这种极其重要的大众传媒。

（1）电视。在当今的大众媒体中，电视广告促销对潜在消费者的影响最大。电视作为旅游宣传媒体的优点是视听共存、图文并茂、传送及时、真实生动、覆盖面广、效果明显。不足的地方就是播放时间短，潜在消费者看到广告多属偶然，而且制作技术难度大，成本费用高，级别越高的电视台，广告收费越贵。所以，一般中小旅行社是没有能力负担昂贵的广告费用的，目前只有少数大型旅行社在地方电视台的特定旅游频道进行电视广告宣传。

（2）报纸。报纸是普及率最高的传统大众媒体，一般可分为全国性报纸、地方性报纸和专业性报纸等三大类。报纸广告的价格各不相同，旅行社应根据旅游产品的不同目标市场与自身的财力状况来选择不同的报纸作为广告宣传媒体。报纸作为旅游广告媒体的优点是传播面广、使用率高、受众对广告内容比较信任，且费用相对较低，大多数旅行社财力均可承受。缺点就是版面太多、内容繁杂，如果广告刊登不太显眼，较难引起读者注意。

（3）杂志。杂志广告是一种以一定阶层读者为宣传对象的特殊媒体，具有针对性强、保留时间长、制作质量好、信息量特别大等优点。尤其是旅游专业杂志，旅游消费者往往对其介绍的产品信息信赖度较高，是旅行社针对具体目标市场开展广告宣传促销的理想工具。不足之处就是出版周期太长，费用较高，并且传播范围有限。

（4）广播电台。广播电台广告是一种以地方性受众为主要宣传对象的传统媒体，具有信息播送快捷、重复率高、价格低廉等优点。其缺点是播放的声音转瞬即逝，不能产生视觉效果，很难使信息在听众头脑中长久保留，并且随着其他传播媒体的普及，广播电台的听众越来越少，因而选择广播电台刊登旅游产品广告的旅行社并不多见。

（5）旅游网站。旅游网站是21世纪新兴的一种现代化电子媒体广告，具有信息传播速度快、覆盖面特别广、形式灵活多变、易于在青年人和广大知识分子中造成影响等诸多优点。自从电子商务应用到我国旅游经营领域以后，网络促销已经成为许多旅行社，特别是拥有国际旅游经营业务的大型旅行社一种极为重要的促销方法。这些旅行社通过在著名网站付费建立自己的网页，宣传介绍旅游产品，发布各种优惠信息，以实现产品促销目标。

（二）直接促销

直接促销，是指旅行社通过直接与旅游中间商或潜在消费者进行接触来推动旅游产品销售的过程。直接促销是旅游产品促销的重要方法，具有联系紧密、机动灵活、反馈及时、选择性强等主要特点，有利于确立同消费者之间的良好关系。直接促销主要有人员推销、电话促销、直接邮寄促销、文化广场促销、旅游大篷车促销和会展促销 6 种形式。

1. 人员推销

人员推销是旅行社在旅游旺季来临之前或者推出新旅游产品的时候，派出外联人员直接上门介绍和推销旅游产品的促销行为。由于受到推销费用的制约，国际旅行社在派员出境推销方面一般采取比较慎重稳妥的态度。但国内旅行社每年一般需要派出外联人员主动上门向客户旅行社推销 2 ~ 3 次。对于新组建的旅行社，更是需要派员到主要客源目标市场进行产品促销。人员推销一般以联络感情、达成合作意向为主要目的，能够草签合作协议那就更好。至于具体的旅游产品销售，双方需要通过电话协商和传真确认来进行。

2. 电话促销

电话促销的优点是及时方便、针对性强，能够与客户进行直接交流。缺点是长途通信费用比较昂贵，无法形成文字或者视觉效果，对交易双方约束力不强，导致促销成功率不高。电话促销一般用于向国内重点老客户推出新产品，或者通过电话向重点老客户征询对产品与服务的意见，解答客户的各种询问，说服客户大量购买本社产品等环节。由于电话通信费远高于直接邮寄费，且缺乏可信任感，并且潜在客户对电话促销一般反应不强烈，故对待新客户不宜采用电话促销方式，更不宜用于国际旅游产品促销。

3. 直接邮寄促销

旅行社将旅游产品信息宣传资料通过邮寄方式发送给客户旅行社或者潜在消费者的过程称之为直接邮寄促销。旅行社可以将产品线路、价格条件、优惠措施、组织方式、通讯联络等详细资料，甚至可以加上景区景点的宣传图片，一并邮寄给潜在客户。假如对方刚好有旅游消费需求意向，那么就会主动联系，然后双方进一步协商，最后促成产品销售。直接邮寄促销的优点是成本费用低廉，存在投入少而收益高的机遇，正是如此，几乎所有旅行社都愿意采用这种促销方式。但其缺点也是显而易见的，绝大多数邮寄资料就像泥牛入海，不见回音，因此，促销成功的概率非常低。

4. 文化广场促销

随着城市规模的不断扩大，城市建设和管理的水平也大大加强，一些新型文化娱乐设施大量涌现。近年来，许多城市兴建了大型的中心文化广场，以供人们在工作之余散步、休闲和娱乐。那么，旅行社就可以在文化休闲广场中树立大型电子屏幕，用电子荧屏不间断地播放旅游产品广告信息，或者在广场举办促销宣传文艺演出，附带散发旅游产品信息资料。这种促销方式的优点是易造声势，且成本费用较低，缺点则是针对性不强，无法选择受众。

5. 旅游大篷车促销

旅游大篷车宣传是近年来兴起的最新联合促销方式之一。它一般由旅游行政主管部门牵头，各旅游企业参与，乘坐旅游大巴或旅游专列巡游于旅游客源市场，或跨市、跨省，在主要城市通过多种手段大张旗鼓地开展促销活动，散发旅游宣传资料，解答潜在消费者的各种提问。旅行社参加旅游大篷车宣传可以节约促销开支，利用政府的高信誉度，扩大企业影响，但旅游大篷车往往只能起提高知名度、引起旅游兴趣的作用，很难当场促成交易，所以，主要着眼点应该放在未来。

6. 会展促销

每年国际与国内都会举办各种形式的旅游展销会，旅行社在展销会上租用展台进行促销是开辟新市场的重要促销方法。由于出席旅游展销会的代表均为业内人士，这种促销方法就节约了大量的外联差旅费用，为旅行社会晤老客户、增进老交情以及广交新朋友、建立新友谊提供了良好的平台。因为出境外联成本非常高，我国香港等地的旅游展销会就应运而生，成为我国经营海外旅游业务的国际旅行社首选的促销阵地。

（三）营业推广

在市场营销学中，营业推广又称销售促进，是指对中间商、潜在消费者以及本企业销售人员提供短期激励，以达到促成购买或努力销售的各种行为活动。对于旅游产品促销来说，营业推广的作用也是非常明显的，其手段也相当多。在这里，重点介绍价格促销、礼品促销、竞赛促销和踩点促销 4 种形式。

1. 价格促销

价格促销，是指旅行社通过短期内降低产品价格来吸引潜在旅游者和客户旅行社的一种促销方法。营业推广的价格促销不同于旅行社因市场需求变化而采取的降价行为。价格促销是旅行社采取临时性的价格下调来吸引消费者的注意，并刺激消费者在特定时间内大量购买某种旅游产品的行为。当消费者对产品产生良好印象之后，旅行社还会将价格复原。旅行社的价格促销多集中在节假日以及新产品试销等特殊的时间段。

2. 礼品促销

礼品促销是旅行社营业推广的另一种常见形式。旅行社可以赠送消费者各种各样的纪念品和土特产品，在这些小礼品上一般都印有旅行社名称、详细地址、联系方式等具体内容。在赠送礼品的时间上，既可以在旅游购买活动之前或者旅游消费结束之后顺便赠送，也可以在逢年过节或者重大庆祝活动的时候上门特意赠送。在礼品的选择上，要讲究深刻内涵和良好寓意，具有代表性或纪念意义，千万不能太过庸俗。通过这些礼品赠送活动，旅行社能够收到对其自身及产品进行宣传的良好效果。

3. 竞赛促销

竞赛促销是旅行社经常用到的营业推广促销的一种形式，如针对某项旅游产品知识的有奖竞赛、关于某个旅游目的地情况的有奖竞赛等。在举办这种竞赛时，旅行社通常提供具有一定价值的奖品作为奖励。通过参加竞赛，公众对于举办竞赛的旅行社及其产品一定会产生深刻印象，并可能因此获得好感，有利于旅游产品在后续时段的销售。旅行社举办各种竞赛时，需要注意内容和形式的群众性、知识性和趣味性，并且参加的人数越多，影响面就越大，竞赛促销的效果也就越好。

4. 踩点促销

由于客户旅行社对推出的新产品心中没底，一般均要求先行踩点。邀请对方前来踩点以达到促销目的，是目前许多旅行社经常采用的流行做法。踩点一般有两种具体形式：一种是利用旅游目的地的各种节庆活动，邀请所有重要客户统一前来进行踩点；另一种是当客户旅行社提出踩点要求时，个别邀请客户前来踩点。通过踩点，可以帮助新开辟的旅游产品扩大影响，增加销售量。

（四）公共关系

公共关系，是指旅行社通过信息沟通，建立与社会、公众以及消费者之间的良好关系，维护企业及其产品形象，营造有利于企业经营环境的一系列措施。在目前，我国旅行社经营的社会软环境不够理想，旅游质量投诉事件过多，各种负面报道影响较大。因此，采用公关手段十分必要。旅行社公共关系主要有新闻媒体公关和社会公众公关两大类型。

1. 新闻媒体公关

社会公众一般认为新闻报道相对客观公正、真实可靠，而各种广告所传达的信息则可信度较低。如果能撰写一些正面的新闻报道或者旅游产品推介文章，让各大新闻媒体竞相采用的话，它所带来的效应以及产生的价值远比花费数十万甚至上百万的广告还要大。诚然，正面积极的新闻报道对于宣传推广产品、树立品牌形象的作用十分明显。但是，负面消极的新闻报道也同样能够摧毁一个品牌、搞垮一家企业。所以，旅行社必须展开新闻媒体公关活动，慎重处理好与各种新闻媒体之间的关系。

2. 社会公众公关

社会公众公关具体可分为针对顾客、针对本企业员工和针对旅游目的地公众的各种公关活动。其内容主要包括：注重服务质量，高度重视并妥善处理游客投诉；及时与员工沟通，关心员工生活及其职业发展，增强员工的归属感、自豪感和向心力；赞助各种公益事业，参加各种社会活动，担负一定社会责任；与政府主管部门、行业团体以及协作单位建立友好关系；在业务开展过程中，做到诚信经营、公平竞争、依法行事、合理盈利等。

第四节　国内旅游业务的采购

一、采购业务在旅行社经营活动中的地位

（一）采购业务是旅游产品质量的重要保障

在旅行社把旅游产品销售出去以后，旅行社就需要向各相关部门购买各种旅游服务。旅行社的采购业务是旅行社为组合旅游产品而以一定的价格向其他旅游企业及相关部门购买旅游服务项目的行为。采购业务会直接影响旅游产品的成本与质量，旅行社协调好与有关各方的关系是非常重要的。

（二）采购业务是旅游团队正常运行的重要保障

旅行社通过采购业务提供旅游者所需的各种旅游服务，保证旅游团队的正常运行。在旅行社产品成本中，由旅行社采购的相关旅游服务产品成本占据主要地位，因此，加强旅游采购业务的管理，对于降低旅行社线路报价、增强企业竞争力具有十分重要的意义。

二、旅行社采购业务的原则

（一）保证供应

保证供应是旅行社在其采购业务中必须遵循的首要原则。旅行社产品主要由旅行社采购其他部门或企业的旅游服务项目所构成。由于旅行社的产品多数采用预售的方式，所以一旦旅行社不能从有关的部门或企业购买到已经预售出去产品所包含的服务内容，就会造成无法履约的恶果，引起旅游者的不满和投诉，并给旅行社带来经济损失和声誉损害。因此，旅行社在旅游服务的采购工作中，必须坚持保证供应的原则，设法保证采购到已售出的产品中所包含的全部内容。

（二）保证质量

旅行社在采购各项旅游服务时，不仅要保证能够买到产品所需的全部内容的数量，而且要保证其所购买的旅游服务全部符合产品所规定的质量。如果旅行社只是关心所购买的旅游服务项目的数量，而忽视这些项目的质量，同样会造成旅游者的不满和投诉。所以，旅行社在采购各种旅游服务项目时，必须遵循保证质量的原则，为旅游者购买到与其所达成的旅游合同中规定的质量相符合的产品。

（三）降低成本

旅行社产品中的主要成分是采购其他旅游服务部门或企业的旅游服务项目，所以购买这些旅游服务项目的价格构成了旅行社产品的主要成本。换句话说，旅行社经营的成败在很大程度上取决于旅行社采购来的各种旅游服务项目的价格。如果旅行社的采购工作得力，采购到的旅游服务项目价格低于其他竞争对手，则旅行社就能够在激烈的市场竞争中占据上风，获得较多的利润。因此，旅行社必须在保证旅游服务的供应和旅游服务质量的前提下，尽量设法降低成本。

（四）互利互惠

旅行社的产品质量和价格在很大程度上取决于所采购的旅游服务产品的质量和价格。相关企业的价值链和旅行社的价值链之间的各种联系为旅行社增强其竞争优势提供了机会。旅行社与相关企业的关系，不应该是一方受益而另一方蒙损，而应该是一种双方都能受益的关系。因此，旅行社在采购活动中，应该坚持互利互惠的原则，建立起与相关企业和部门之间互利互惠的合作关系，以实现合作最优化和降低总成本的目标。

三、旅行社采购工作的管理

（一）建立多层次、多渠道的采购协作网络

为了保证供应，旅行社计调部门应该和有关的旅游服务供应企业，特别是饭店、交通运输企业等，建立起广泛的、相对稳定的、多层次多渠道的协作关系，尤其是在出现旅游服务供不应求时，协作网越广泛，渠道越多，旅行社取得这些紧缺服务的能力就越强。在出现供过于求的情况时，采购工作的重点转向取得优惠价格方面，而为了得到最便宜的价格，也同样需要有一个广泛的、多层次多渠道的协作网。

旅行社计调部门建立和维护广泛的协作网络，须从两方面入手：一要善于运用经济规律，与协作企业建立起互利的协作关系，实现双赢；二要善于开展公关工作，使企业领导之间及有关营销预订人员之间建立起良好的人际关系，甚至是私人关系。这点至关重要。

（二）正确处理保证供应与降低采购成本的关系

保证供应和降低成本是旅行社计调采购工作中同等重要的两大任务。但在实际工作中，保证供应和降低成本常常是矛盾的，计调人员要根据不同的情况采取不同的策略。

当某种旅游服务供不应求时，谁能获得该服务，谁就能在市场上占据有利地位，获得高额利润。因此，在供应紧张时，旅行社采购工作应该以保证供应作为主要的采购策略。反之，当某种服务出现供过于求时，保证供应已经不成问题，旅行社就应该致力于获得最便宜的价格，通过降低成本来增强自己的竞争力和获得更多的利润。因此，在供应充足时，应该以降低成本作为主要的采购策略。

（三）正确处理集中采购与分散采购的关系

旅行社是旅游中间商而不是旅游消费者，它将旅游者的消费需求集中起来向旅游服务供应企业进行采购，这种采购是批量采购而不是零星分散的采购。按照商业惯例和一般规律，批发价格应该比零售价格低，而且批发量越大，价格也就越低。因此，旅行社计调部门应该集中自己的购买力以增强自己在采购方面的还价能力。

1. 集中采购

集中采购有两个方面的含义：一是把本旅行社各部门和全体销售人员接到的全部订单集中起来，通过一个渠道对外采购；二是把订单尽可能集中地投向一个供应商进行采购，用最大的购买量获得最优惠的价格。

2. 分散采购

分散采购也是旅行社采购时常用的策略，其重要性不亚于集中采购。在供不应求的紧张情况下，分散采购可能更易于获得旅游者所需的服务。在供过于求十分严重的情况下，分散采购往往能够得到便宜的价格。这是因为，集中采购数量虽大，但其中远期预订较多，而远期预订具有较大的不确定性。例如，当旅行社和供应单位谈判来年的采购合同时，旅行社可以提出一个量很大的采购计划，但到来年，可能会由于种种原因使实际采购量比计划采购量少很多。也就是说，计划量大，“水分”（即取消率）含量可能也高，供应单位会因此对买方计划的可靠性缺乏信心，也就不一定愿意把价格定得很低。反之，分散采购多是近期预订，预订时旅行社一般已有确定的客源，供应单位迫于供过于求的压力，常常愿意以低价出售。

对于上述问题，旅行社计调可以采取两种策略：其一，和卖方商定适当的数量折扣，不论今后的实际采购量如何，买卖双方都以事先商定的折扣进行集中交易，从而双方都有利可图；其二，如果旅行社判定来年将出现严重供过于求的情况，则可以用分散采购的策略，用近期预订的办法获得优惠价格。但是要注意，不论对卖方采取集中还是分散的采购策略，旅行社计调部门都应该把内部的购买力集中起来统一对外。

（四）正确处理增订与退订的关系

旅游属于预约性交易，旅行社计调部门一般在年底或年初根据其计划采购量和旅游服务供应企业洽谈来年或当年的业务合作事宜。计划采购量一般是由旅行社参照前几年的实际客流量，并根据对来年市场的预测来确定的，每一次的采购也是提前若干时间进行的。客源市场在不断变化，旅行社的计划也在不断变化，计划采购量和实际采购量之间总有差距。如果实际采购量小于旅行社的预订量，旅行社就要临时退订。可是，卖方对退订是有时间限制的。例如，旅游团预订达到日期以前两周是退订截止期限，如在限期之后退订，卖方要向旅行社收取罚款，退订越晚，罚款额占售价的比例越高，最高可达100%。反之，如果实际到客数超过预订数，旅行社就要临时增订，卖方对增订一般也有数额限制，有时也要多收费用。旅行社当然希望退订的限期越晚越好，罚款越少越好，增订的限额越高越好，而卖方的希望正好相反。这就要求双方通过协商达成一致意见，并要求旅行社在计划变更时特别注意采购的调整。

买卖双方的协商也会受到市场供求状况的影响。一般来说，供过于求的市场状况有利于旅行社获得优惠的交易条件。另外，双方协商的结果还取决于旅行社的采购信誉。如果在过去几年中旅行社的采购量一直处于稳定增长状态，其计划采购量与实际采购量之间的差距比较小，卖方就愿意提供较为优惠的条件。

（五）加强采购合同的管理

1. 签订采购合同的意义

合同，是指当事人之间为了实现一定的经济目的而明确相互权利义务关系的协议。签订合同是当事人为避免和正确处理可能发生的纠纷而采取的行为，目的在于确保各自经济利益的实现。旅游采购不是“一手交钱，一手交货”的简单交易，而是一种预约性的批发交易，是一次谈判、多次成交的业务，谈判和成交之间既有时间间隔又有数量差距。

旅游采购的这种特点使旅行社计调与协作部门之间签订经济合同显得更为必要。它可以预防各种纠纷的发生。但是由于目前旅游业竞争激烈，加之我国旅游立法不够健全，旅行社的采购协作网络也相对不固定，因此采购中也就很少使用采购合同。旅行社计调部门在与旅游服务供应企业交易时，大多使用传真订购，且传真文本格式五花八门，这也是目前买卖双方经济纠纷不断的一个原因。随着我国旅游业的发展，旅行社与其他旅游企业都应积极推行格式化合同制，以利于我国旅游业更加健康的发展。

2. 采购合同的基本内容

采购合同的基本内容包括以下5个方面。

（1）合同标的。合同标的，是指合同双方当事人权利义务指向的事物，即合同的客体。旅游采购合同的标的就是旅行社购买和旅游服务供应企业出售的旅游服务，如客房、餐饮、汽车运输等服务。

（2）数量和质量。由于旅游采购合同是预购契约，不可能规定确切的购买数量，只能由买卖双方商定一个计划采购量，或者规定一个采购和供应制度。关于质量，则由双方商定一个最起码的质量要求。

（3）价格和付款办法。合同中应规定拟采购服务的价格。由于价格常常随采购量的大小而变动，而合同中又没有写明确定的采购量，因此，可商定一个随采购量变动的定价办法，同时要规定在合同期内价格可否变动及其变动条件。在国际旅游采购合同中应规定交易所用的货币以及在汇率变动时价格的变动办法。此外，还要规定优惠折扣条件、结算方式及付款时间等。

(4) 合同期限。合同期限，是指签订合同后开始和终止买卖行为的时间。一般为一年签一个合同，也有的是每年按照淡旺季签两个合同。

(5) 违约责任。违约责任，是指当事人不履行或不完全履行合同所列条款时应负的法律责任。按照我国《合同法》规定，违约方要承担支付违约金和赔偿金的义务。

★小知识

旅游电子合同

上海金棕榈电脑系统有限公司提供了金棕榈旅游电子合同管理示范平台，自2012年试点运行赴台游合同以来，得到了广大用户的认可与喜爱。短短几年的时间，系统得到了全面的推广，合同上报量迅速的增长。截至2015年7月26日，金棕榈合同管理平台覆盖游客超过百万。金棕榈旅游电子合同4.0版本，以电子旅游合同为核心，覆盖旅游合同的网上填写签署、修改审核、上传备案、统计分析、监督管理的全套流程，最终实现旅游合同综合管理、旅游查询监督、旅行社内部辅助管理、旅游综合信息服务等多种功能。

金棕榈旅游电子合同4.0版本，在实现旅游合同的三方互动的同时（在线填写签署，合同上传备案、查询，游客签字、评价、旅行社评价处理），实现了在线保险购买、定金支付，同时提供了完善的手机端、微信、pad版服务，合同实现CA认证加密，合同合法安全。

该合同已经覆盖全国31个省，超100个城市，年服务游客过百万。携程、去哪儿、驴妈妈、凯撒旅游、锦江等多家OTA与大型旅行社对接，已经全面覆盖上海、苏州等地的旅行社。如今，已经有1 000多家旅行社和1 000多家供应商使用这个合同了。

资料来源：由上海金棕榈电脑系统有限公司提供

四、国内地接社的采购项目

（一）本地旅游交通服务的采购

国内地接社本地旅游交通服务的采购主要是以汽车为主，有些地区也有一些支线航空交通服务、火车交通服务的采购。本地汽车交通服务包括机场与酒店之间交通服务、酒店与景区之间交通服务、景区与景区之间交通服务、景区内交通服务。

1. 确定采购对象

计调人员要对提供此项服务的汽车公司（包括定点旅游车队、出租汽车公司等）进行调查，充分了解这些公司的车辆数目、车型、性能、车况、驾驶员技术水平、公司管理状况、服务规范、准运（营运资格）、租车费用等。整理所收集到的信息和资料，进行分析，从中选出管理严格、车型齐全、驾驶员素质好、服务优良、已取得准运资格且善于配合

（用车高峰期能提供给本社旅游车辆）、车价优惠的汽车租赁公司，作为本社的采购对象。

2. 签订合作协议

在实际操作中，尤其是旅游旺季时，汽车票很难购买，容易造成旅游计划无法顺利实施，遭到游客投诉。因此，计调要与这些合作单位提前签订正式的合作意向书或经济合同书，明确双方的责任、权利，避免损失。计调人员与多家汽车租赁服务采购对象进行洽谈，协商《用车协议书》的有关条款，并代表旅行社同这些公司签约。计调人员将经过双方签字的《用车协议书》存档，并送本社相关部门备案。

3. 整理相关资料

一是计调应及时领取最新价格表，与交通部门保持联系，了解各种票务的最新规定，然后进行整理、打印、分类、备案（包括提前预订票的时间限制，订票应交付定金（或订金）的百分比，改票、退票的损失比例）。二是计调人员将签约汽车租赁公司的名称、24 小时值班电话、调度联系人姓名及联系方式等相关资料列表，将汽车租赁公司的相关规定等资料分发给本社相关部门。三是与财务部门协商、设计和印制各种单据，包括机/车票报账单、机/车票定（或订）金报账单、机/车票变更/取消报账单。

4. 根据接待计划及时订车

计调人员根据接待用车计划，将需用车型、接送时间、行程安排时间顺序、是否购物等信息向有合作关系的多家汽车服务公司提出用车要求，用恰当的询问方式（因向多家公司询问，而最终只选择一家，以免伤害情感），向汽车服务公司寻价，选择符合本次旅游行程要求的公司，填写《旅行社订车通知单》（见表 3－1），签章后传至汽车服务公司。

表 3－1 旅行社订车通知单

<table>
<tr><td colspan="3">接收方：××车队　负责人：
传真：　电话：</td><td colspan="3">发出方：××旅行社　负责人：
传真：　电话：</td></tr>
<tr><td colspan="6">您好！现将我社用车计划传给您，请派车并回信确认告知师傅电话、车号。感谢支持！</td></tr>
<tr><td colspan="2">团号：</td><td colspan="2">国家：</td><td colspan="2">人数：</td></tr>
<tr><td colspan="2">日期：</td><td colspan="2">天数：</td><td colspan="2">团队类别：</td></tr>
<tr><td colspan="6">用车要求：</td></tr>
<tr><td colspan="2">车型：　座旅游空调车</td><td colspan="2">车价：　元</td><td colspan="2">结算方式：</td></tr>
<tr><td colspan="2">行程表：</td><td colspan="2"></td><td colspan="2"></td></tr>
<tr><td colspan="2">日期：</td><td colspan="2">行程：</td><td colspan="2">住宿：</td></tr>
<tr><td colspan="2"></td><td colspan="2"></td><td colspan="2"></td></tr>
<tr><td colspan="2"></td><td colspan="2"></td><td colspan="2"></td></tr>
<tr><td colspan="2">备注：</td><td colspan="2"></td><td colspan="2"></td></tr>
<tr><td colspan="6">回传确认：</td></tr>
<tr><td colspan="6">车队名称（盖章）：　派车人：
本次车号：　本次驾驶员姓名：　驾驶员电话：</td></tr>
</table>

制表人：　日期：　（单位盖章生效）

汽车租赁公司落实后回传，计调人员将车号、车型、驾驶员姓名及联系方式、使用该车注意事项、时间、地点、付款方式通报给相关部门和人员。计调人员应在游客或旅游团到达前一天，再次与汽车租赁公司联系，核实车辆落实情况有无变更。如有更改，还需要重新订车，填写《旅行社订车变更单》（见表3－2）。

表3－2　旅行社订车变更单

<table>
<tr><td colspan="3">TO：　　　　　　　　　　FROM：
TEL：　　　　　　　　　　TEL：
FAX：　　　　　　　　　　FAX：
您好！感谢贵公司的信任与支持，由于团号行程计划变动，现将更改单传真给您，请尽快确认、回传！谢谢！</td></tr>
<tr><td>事项</td><td>原订情况</td><td>变更后情况</td></tr>
<tr><td>人数
（需座位数）</td><td></td><td></td></tr>
<tr><td>日期</td><td></td><td></td></tr>
<tr><td>用车类型</td><td></td><td></td></tr>
<tr><td>车费</td><td></td><td></td></tr>
<tr><td colspan="3">汽车租赁公司确认：</td></tr>
</table>

公司名称（盖章）：　　　　　　联系人：　　　　　　年　　月　　日

5. 报账结算

计调人员根据《用车协议书》的相关规定，将实际发生的用车费用及明细账上报财务部门。财务部门审核，确定符合《用车协议书》后，根据本次用车协议付款方式规定与汽车租赁公司办理结算付款手续。

（二）住宿服务的采购

1. 确定采购对象

计调人员根据本社经营计划，收集、调查各地酒店/宾馆的资料，根据实际情况，与基本符合本社要求的酒店/宾馆洽谈合作事宜，并进行实地考察，主要考察环境、设施和服务、酒店的类型、酒店的等级等。通过实地考察，了解有关订房的各种规定。具体包括：有无预订要求或提前预订房的时间；明确旺季、平季、淡季的月份划分及其具体价格；清楚客房单、双、三人间，大、中、小套间，豪华、总统套间等不同类型的房间在不同季节的价格；门市价（散客价）、旅行社合同价（团队价）和特殊优惠价，加床费、陪同床费等；各式早餐、正餐的价格等。

2. 签订合作协议

计调人员与多家符合本社要求的酒店/宾馆进行合作洽谈，根据当地具体行规，由一方或双方协商拟订《合作协议书》，通过谈判与协商，计调人员代表旅行社与对方代表签订《合作协议书》。对签署的《合作协议书》进行编号、存档，并报送相关部门备案。掌握饭店最新客房行情，争取更优惠的房价，要经常与饭店保持联络，及时主动将客人反映的情况转达给饭店。

3. 整理相关资料

一是整理与住宿单位签订的《合作协议书》、酒店/宾馆的名称、值班电话、销售联系人姓名及24小时联系方式、淡旺季价格等相关资料及规定并列表，将列表分发给本社相关部门并备案。二是印制相关单据，其中包括住房预订单、变更住房预订单、取消住房预订单。

4. 根据接待计划落实订房工作

计调人员根据游客住宿要求，对行程安排、酒店位置、房间数量、入住时间、是否在酒店用餐、本次旅游活动的住宿价格、付款方式的要求制订住宿采购计划。根据住宿采购计划，在已签订《合作协议书》的酒店/宾馆中用恰当的询问方式选择符合要求的酒店/宾馆，询问该酒店/宾馆是否余有房源，价格是否可以降低等信息。如没有符合要求的酒店/宾馆，需调整住宿采购计划，直至采购到符合本次要求的酒店/宾馆为止。及时与酒店/宾馆联系，传真发送《旅行社订房计划单》（见表3－3）；及时掌握最新的客房行情，争取更优惠的房价。

表3－3 旅行社订房计划单

TO：	FROM：
TEL：	TEL：
FAX：	FAX：
团队（客人）名称：	人数：
入住时间：　年　月　日　时至　年　月　日　时，共　天	
住宿要求：房间，全陪房床，陪同免房床	
房费标准：　房　元/天，全陪床　元/天，住宿费累计　元	
膳食标准：早餐　元/人（含早，不含早），中餐　元/人，晚餐　元/人，餐费累计　元	
付款方式：按付款协议约定执行（导游前台凭此单登记入住）	
备注： 1. 代订费、房费结算账单，请寄到我社财务部。 2. 其他费用均由客人自理，本社不予承担。 3. 收到订房委托后，请速将订房回执回传我社。	
酒店确认：	

公司名称（盖章）：　　联系人：　　年　月　日

计调人员在收到酒店/宾馆的确认传真后，进行登记并按发团时间顺序排列存档，计调人员将酒店/宾馆星级、位置、联系方式、使用该酒店/宾馆注意事项、入住天数、价格、付款方式等信息转交给接待部门。如有更改还需要重新订房，填写《旅行社订房变更单》（见表3－4）。

表3-4 旅行社订房变更单

<table>
<tr><td colspan="3">TO：　　　　　　　　FROM：
TEL：　　　　　　　　TEL：
FAX：　　　　　　　　FAX：
您好！感谢贵酒店的信任与支持，由于团号　　入住计划变动，现将变更单传真给您，请尽快确认、回传！谢谢！</td></tr>
<tr><td>事项</td><td>原订情况</td><td>变更后情况</td></tr>
<tr><td>人数</td><td></td><td></td></tr>
<tr><td>日期</td><td></td><td></td></tr>
<tr><td>用房类型</td><td></td><td></td></tr>
<tr><td>用房数目</td><td></td><td></td></tr>
<tr><td colspan="3">酒店更改确认：</td></tr>
</table>

公司名称（盖章）：　　　　　　　　联系人：　　　　　　　　年　　月　　日

5. 报账结算

计调人员根据《合作协议书》的相关规定，根据本次用房协议付款方式规定，及时将住房费用明细报财务部门。财务部门对《合作协议书》审核无误后，与酒店/宾馆办理结算。

（三）餐饮服务的采购

1. 确定采购对象

计调人员根据本社经营计划，调查、收集餐饮部门（定点餐馆、饭店等）的相关信息资料。经过初步筛选后，对基本符合本社要求的餐饮单位进行实地考察，重点考察餐馆/饭店的餐厅卫生标准、地理位置、洗手间、餐标、主要经营风味、菜单（特色餐）、结算方式、销售配合、环境、停车场地、接待能力和服务情况等。通过实地考察，进行综合比较和评价，与符合本社要求的餐馆/饭店联系，选出符合本社要求的餐馆/饭店。

2. 签订合作协议

计调人员根据考察结果，与多家符合本社要求的餐馆/饭店进行合作洽谈，根据当地具体行规，由一方或双方协商拟订《合作协议书》。通过与餐馆/饭店负责人谈判，协商具体的合作事宜，并签订双方认可的《合作协议书》。将签署的《合作协议书》进行编号、存档，并报送相关部门备案。

3. 整理相关资料

一是整理与餐饮单位签订的《合作协议书》和餐馆/饭店的名称、主要经营风味、值班电话、餐标、销售联系人姓名及24小时联系方式、接待能力等相关资料及规定并列表，将列表分发给本社相关部门并备案。二是与财务部门协商印制或打印专用的餐饮费用结算单。其结算单的具体内容包括：签约餐饮单位名称、电话、联系人的姓名，不同等级（标准、豪华）旅游者（团）的便餐、风味餐最低价格标准，用餐人数、司机、陪同人数、导游签字等。

4. 根据接待计划落实订餐工作

计调人员根据游客餐饮要求，即用餐禁忌、用餐风味、行程中路程距离、餐馆/饭店位置、接待能力、餐标、是否在饭店入住、付款方式等要求制订餐饮采购计划，在已签订《合作协议书》的餐馆/饭店中选择，用恰当的询问方式选择符合要求的餐馆/饭店。如不能满足本次用餐需要，再次调整餐饮采购计划。最终选择符合本次旅游行程要求的餐馆/饭店，及时与餐馆/饭店联系，传真发送《旅行社订餐计划单》（见表3－5）。及时掌握饭店行情，争取更优惠的餐标。

表3－5　旅行社订餐计划单

TO： TEL： FAX： 团队（客人）名称： 人数：成人　　小孩 用餐要求：　　菜　　汤（十人一桌，荤素） 餐标：早餐　成人　　元/人，小孩　　元/人 　　　中餐　成人　　元/人，小孩　　元/人 　　　晚餐　成人　　元/人，小孩　　元/人　餐费累计　　元 付款方式：按付款协议约定执行（导游在前台凭此单登记用餐） 备注： 1. 其他费用均由客人自理，本社不予承担。 2. 收到订餐委托后，请速将订餐回执回传我社。	FROM： TEL： FAX： 用餐时间：　　年　　月　　日　　餐 特殊要求：
餐厅确认：	

公司名称（盖章）：　　　　联系人：　　　　年　　月　　日

根据餐馆/饭店的传真确认情况，按照接待计划中的发团日期顺序存档，并将餐馆/饭店位置、联系方式、在该餐馆/饭店用餐的注意事项、本行程在该餐馆/饭店的用餐次数、餐标、是否再次提醒客人用餐禁忌、特殊用餐要求、付款方式等信息，转告给接待部门。如有更改，还需要重新订餐，填写《旅行社订餐变更单》（见表3－6）。

表3－6　旅行社订餐变更单

TO：　　　　FROM：
TEL：　　　　TEL：
FAX：　　　　FAX：
您好！感谢贵公司的信任与支持，由于团号　用餐计划变动，现将变更单传真给您，请尽快确认、回传！谢谢！

事项	原订情况	变更后情况
人数		
日期		
餐标		
总餐费		
餐厅确认：		

公司名称（盖章）：　　　　联系人：　　　　年　　月　　日

5. 报账结算

根据本社的财务规定和《合作协议书》的相关规定，及时将用餐费用明细报财务部门。财务部门根据《合作协议书》的付款方式规定，审核无误后，与餐馆/饭店办理结算。

（四）游览服务的采购

1. 确定采购对象

计调人员根据本社经营规划，调查、收集旅游资源管理部门（文物局等）及游览单位（名胜古迹、风景区、动植物园、博物馆等）的相关信息资料。经过初步筛选后，对基本符合本社要求的游览项目进行实地考察，重点考察旅游资源情况、地理位置、公路状况、停车场地、结算方式、销售配合、接待能力和服务情况等。通过实地考察，进行综合比较和评价，选出符合本社要求的游览项目。

2. 签订合作协议

根据本社需求与选定的游览单位进行洽谈，协商合作事宜，包括：旅游团队门票折扣、旅行社散客门票折扣（包括代理推广景区不成团的补助），年底返利、广告支持额度、游览前是否传真确认、门票、殿堂等的单价折扣价；大、小车进园的单价；结算方式和期限；陪同的减免人数及费用等。在协商一致的基础上，根据当地具体行规，由一方或双方协商拟订《合作协议书》。将签署的《合作协议书》进行编号、存档，并报送相关部门备案。

3. 整理相关资料

整理签约旅游项目单位的资料，包括单位名称、电话、联系人、淡旺季价格、团队散客价格等相关资料，并做成列表。计调人员根据《合作协议书》和双方的相关规定，编制《游览结算单》，主要内容包括：旅行社的名称、人数、收款单位、导游人员签名、日期、编号等；该单的份数（正联导游签字后交旅游项目单位保存，存根联由导游带回旅行社，以备结算）。将《合作协议书》及列表分发给本社相关部门并备案。

4. 带团游览

计调人员根据游客游览要求，确定游览单位及游览该单位的时间，如有需要，可以向景区传真确认、向导游人员派发《游览结算单》（见表 3－7）；导游人员根据接待计划，安排游客游览观光。导游人员按规定填好《游览结算单》并交给旅游景点工作人员，双方按协议共同做好游客的接待和游览工作。

5. 报账结算

导游人员将《游览结算单》统一交给财务部门。财务部门根据《合作协议书》的规定，根据本次游览协议及付款方式规定，审核无误后与相关旅游项目单位办理结算。

表 3－7　游览结算单

参观游览券存根	××旅行社参观游览券
团名：	旅游团名称：
人数：	旅游团人数：（大写）
地点：	收款单位：（公章）

续表

参观游览券存根	××旅行社参观游览券
陪同：	陪同姓名：
日期：	日期：　年　月　日

（五）娱乐服务的采购

1. 确定采购对象

计调人员根据本社的业务需要，调查、收集各地具有特色的娱乐节目的信息资料。与这些提供娱乐节目的单位协商，洽谈合作事宜。根据协商的结果，选择符合本社业务需要的娱乐节目。

2. 签订合作协议

计调人员根据协商的结果和当地具体行规，由一方或双方协商拟订《合作协议书》。通过与娱乐单位谈判，双方在公正平等的基础上签订《合作协议书》。将签署的《合作协议书》进行编号、存档，并报送相关部门备案。

3. 整理相关资料

整理与娱乐单位签订的《合作协议书》和娱乐单位的相关资料并列表，注明各娱乐节目提供单位的要求及特殊规定。将娱乐节目提供单位的列表及特殊规定分发给本社相关部门。

4. 实施采购

与娱乐节目提供单位随时保持联系，了解新节目的上演，索取节目简介与节目单并及时分发本社相关部门。计调人员根据游客的娱乐要求，制订采购计划，落实具体的订票工作。节目门票预订落实后，及时通知接待部门或导游，安排游客去欣赏娱乐节目。

5. 报账结算

根据本社的财务规定和《合作协议书》的相关规定，及时将娱乐费用明细报财务部门。财务部门根据《合作协议书》，审核无误后，与娱乐节目提供单位办理结算。

（六）购物服务的采购

1. 确定采购对象

计调人员根据本社经营计划，与这些旅游定点商店协商，洽谈合作事宜。根据协商的结果，选择有特色的购物商店。

2. 签订合作协议

计调人员根据协商的结果和当地具体行规，由一方或双方协商拟订《合作协议书》，通过与旅游定点商店谈判，双方在公正平等的基础上签订《合作协议书》，将签署的《合作协议书》进行编号、存档，并报送相关部门备案。

3. 整理相关资料

整理与旅游定点商店签订的《合作协议书》，注明各旅游定点商店提供单位的要求及特殊规定，将旅游定点商店的相关资料列表及特殊规定分发给本社相关部门。

4. 落实旅游购物商店

计调人员根据本社业务计划和游客的要求，安排旅游定点商店，并落实具体的工作，安排旅游定点商店后，及时通知接待部门或导游，带游客去欣赏或购物。

5. 报账结算

根据本社的财务规定和《合作协议书》的相关规定，及时将《结算单》报财务部门，财务部门根据《合作协议书》，审核无误后，定时与旅游定点商店办理结算。

（七）地陪服务的采购

1. 确定采购对象

计调人员根据本社经营计划，调查、收集地接导游人员的相关信息资料。经过初步筛选后，对基本符合本社要求的地接导游人员进行考察，重点对声誉好、经验丰富的地接导游人员进行考察。通过考察后，进行综合比较和评价，与符合本社要求的地接导游人员联系，初步约定合作关系。

2. 签订合作协议

通过与地接导游人员谈判，协商具体的合作事宜，计调人员根据协商的结果，利用本社的标准采购合同文本，拟订《地接导游聘用协议书》，签订双方认可的《地接导游聘用协议书》。

3. 整理相关资料

将签署的《地接导游聘用协议书》进行整理、编号、存档，并报送相关部门备案，将《地接导游聘用协议书》分发给本社相关部门。

4. 落实带团工作

计调人员根据组团社的要求，通过对已签协议导游人员的筛选，选择合适的地接导游人员，将与组团社约定的旅游行程、人数、时间、注意事项等具体要求，以《出团计划单》的形式发给地接导游人员并提醒导游人员携带各项证件资料，并协助地接导游人员处理带团过程中的各项事宜。

5. 报账结算

根据本社的财务规定和《地接导游聘用协议书》的相关规定，及时将该团导游服务费费用明细报财务部门。财务部门根据财务规定和《地接导游聘用协议书》，审核无误后，与地接导游人员办理结算。

五、国内组团社的采购项目

组团社计调的采购业务主要有城市之间大交通旅游服务的采购、异地地接社的采购、全陪服务的采购、市内接送服务的采购及旅游保险的采购等内容。

（一）大交通旅游服务的采购

1. 航空交通服务的采购

（1）确定采购对象。计调人员通过各种渠道和方法收集航空公司、机票销售单位信息资料及负责人的联系方式，然后根据旅行社的线路需求，了解航空公司的规定及航空公司的经济实力，主要包括：航空公司的机票折扣、机位数量、服务态度、航班密度、改/退票的手续及费用；机票销售单位信誉度、网络是否方便、付款方式、工作配合度、竞争优势、机票返利额度等信息。最后，确定多家本旅行社的采购对象。

（2）签订合作协议。旅行社计调人员与航空公司或机票销售单位经过多次协商之后，确定相关事项，然后双方签订正式的《经济合同书》，明确双方的合作关系及相互约定并备案。

（3）整理相关资料。计调部门要印制航空公司的航班、票价信息及相关规定、机票销售单位信息，然后分发给社内相关部门，并备案；根据航空交通部门的相关要求，设计并印制订购票所需的表单，如《飞机票预订单》（见表3－8）《订票身份证信息确认单》《机票变更/取消单》等。

表3－8　飞机票预订单

团号		国籍		人数		组团单位	
乘机日期			航班			去向	
人员	成人	2岁以下儿童	2～12岁儿童		金额合计	开票要求	
游客							
陪同							
订票日期			订票单位		订票人		
票务员联系日期				民航接受人			

××旅行社

（4）实施订购票业务。计调人员根据接待计划和《经济合同书》的相关要求选择机票销售单位，向机票销售单位提出订票、购票需求，航空交通部门在约定的时间内出票，计调人员在约定的时间内接票。

（5）报账结算。计调人员根据本社的规定及《经济合同书》的要求，将订、购票的明细账及返利情况上报财务部门，财务部门审核无误后，根据约定付款时间及方式为航空交通部门办理结算事宜，并支付相应的票款。

2. 铁路交通服务的采购

（1）确定采购对象。计调人员要了解铁路部门的相关规定及列车时刻表，主要包括：列车密度、提前预订票的时间限制、预订票应交的手续费、改/退票的手续等，通过各种渠道和方法收集车票销售单位、火车票销售网点的信息资料及负责人的联系方式。

（2）签订合作协议。旅行社计调人员要与车票销售单位、火车票销售网点的相关人员进行多次的协商，然后签订正式的《经济合同书》，明确双方的合作关系并备案。

（3）整理相关资料。计调部门需要印制铁路部门的相关规定、列车时刻表、票价等信息，分发给社内相关部门并备案。根据铁路部门的相关要求，设计并印制订购票所需的表单，如《火车票订票确认单》（见表3－9）《火车票变更/取消单》等。

表3－9　火车票订票确认单

<table>
<tr><td>团号</td><td colspan="2"></td><td>国籍</td><td></td><td colspan="2">人数</td><td></td><td colspan="2">组团单位</td><td></td></tr>
<tr><td>乘车日期</td><td colspan="3"></td><td>车次</td><td colspan="3"></td><td colspan="2">去向</td><td></td></tr>
<tr><td rowspan="2">人员</td><td>成人</td><td colspan="2">1.2～1.4米儿童</td><td colspan="2">1.4米以上儿童</td><td colspan="2">金额合计</td><td colspan="3">开票要求</td></tr>
<tr><td></td><td colspan="2"></td><td colspan="2"></td><td colspan="2"></td><td colspan="3"></td></tr>
<tr><td>游客</td><td colspan="3"></td><td colspan="2"></td><td colspan="2"></td><td colspan="3"></td></tr>
<tr><td>陪同</td><td colspan="3"></td><td colspan="2"></td><td colspan="2"></td><td colspan="3"></td></tr>
<tr><td>订票日期</td><td colspan="3"></td><td>订票单位</td><td colspan="3"></td><td>订票人</td><td colspan="2"></td></tr>
<tr><td>票务员联系日期</td><td colspan="3"></td><td colspan="4">车站接受人</td><td colspan="3"></td></tr>
</table>

××旅行社

（4）实施订购票业务。计调人员根据接待计划中人数、车次、火车类别及特殊游客乘车席别、铺位的需求和《经济合同书》的相关要求，在规定时间内向铁路交通部门提出订票、购票需求，铁路交通部门在约定的时间内出票，计调人员在约定的时间内接票。

（5）报账结算。计调人员根据本社的规定及《经济合同书》的要求，将订、购票的明细账及手续费上报财务部门，财务部门审核无误后，与铁路交通部门办理结算事宜并支付相应的票款。

（二）异地地接社的采购

1. 异地地接社的选择标准

（1）良好的信誉。地接社必须根据事先同组团社达成的合作协议，严格按照双方商定的接待标准和组团社的旅游接待计划向旅游者提供接待服务。地接社不得以任何借口拒绝履行合作协议，或者不按照双方商定的接待标准提供服务。地接社如因特殊原因无法落实旅游接待计划所要求的活动内容时，必须及时通知组团社，并在征得组团社的同意后，方可改变原先的接待计划。

（2）较强的接待能力。地接社必须具有较强的接待能力，能够采购到组团社委托其采购的各项旅游服务，并提供优质的旅游服务。

（3）真诚的合作愿望。地接社必须具有同组团社真诚合作的愿望，积极主动地配合组团社履行与旅游者达成的旅游合同。

（4）合理的收费。地接社的收费不能过高，不能超过旅游者和组团社的承受能力。地接社不能以各种借口违反事先达成的协议，侵害旅游者和组团社的合法权益。

2. 异地地接社的采购流程

（1）确定采购对象。计调人员根据本社经营计划，调查、收集地接社或外省在当地办事处的相关信息资料。经过初步筛选后，对基本符合本社要求的地接社或外省在当地办事处进行考察，重点考察接待质量和信誉等。通过考察后，进行综合比较和评价，与符合本社要求的地接社或外省在当地办事处联系，初步协商合作事宜。

（2）签订合作协议。计调人员根据协商的结果，利用本社的标准采购合同文本，拟订

《合作协议书》。通过与地接社或外省在当地办事处负责人谈判，协商具体的合作事宜，并签订双方认可的《合作协议书》。

（3）整理相关资料。将签署的《合作协议书》进行编号、存档，并报送相关部门备案，将相关资料及规定列表分发给本社相关部门。

（4）落实游览工作。计调人员根据游客游览要求，制订异地接待服务采购计划，并落实具体的游览工作，将发团的人数、时间等具体要求用传真发给地接社索要报价，根据地接社回传的传真确认情况，按照接待计划中的发团日期顺序排列存档，并将地接社联系人姓名、联系方式转告给接待部门。

（5）报账结算。根据本社的财务规定和《合作协议书》的相关规定，及时将该团费用明细报财务部门，财务部门根据《合作协议书》，审核无误后，与地接社办理结算。

（三）全陪服务的采购

1. 全陪服务的采购知识

全程陪同导游人员，简称全陪，是指受组团社委派，作为组团社的代表，在领队和地方陪同导游人员的配合下实施接待计划，为旅游团（者）提供全程陪同服务的工作人员。全陪作为组团社的代表，自始至终参与旅游团的全旅程活动，负责旅游团移动中各环节的衔接，监督接待计划的实施，协调领队、地陪、司机等旅游接待人员的关系。因此，旅行社在全陪服务的采购中应注意全程陪同导游人员的品德修养、业务能力、沟通能力等。

2. 全陪服务的采购流程

（1）确定采购对象。计调人员根据本社经营计划，调查、收集全陪导游人员的相关信息资料。经过初步筛选后，对基本符合本社要求的全陪导游人员进行考察，重点对声誉好、经验丰富的全陪导游人员进行考察。通过考察后，进行综合比较和评价，与符合本社要求的全陪导游人员联系。

（2）签订协议书。通过与全陪导游人员谈判，协商具体的合作事宜。计调人员根据协商的结果，利用本社的标准采购合同文本，拟订《全陪导游聘用协议书》，签订双方认可的《全陪导游聘用协议书》。

（3）整理相关资料。将签署的《全陪导游聘用协议书》进行整理、编号、存档，并报送相关部门备案，将《全陪导游聘用协议书》分发给本社相关部门。

（4）落实带团工作。计调人员根据游客的要求，通过对已签协议导游人员进行筛选，选择合适的全陪导游人员，将发团的旅游行程、人数、时间、注意事项等具体要求以出团计划单的形式发给全陪导游人员并提醒导游人员携带各项证件资料，协助全陪导游人员处理带团过程中的各项事宜。

（5）报账结算。根据本社的财务规定和《全陪导游聘用协议书》的相关规定，及时将该团导游服务费费用明细报财务部门。财务部门根据财务规定和《全陪导游聘用协议书》，审核无误后，与全陪导游人员办理结算。

（四）市内接送服务的采购

这里的市内交通服务是指组团社组团到外地旅游时，需要把游客送到机场、火车站、码头等地，游客结束外地旅游返回本地时，需要把游客从机场、火车站，码头等地接到游客出发地所提供的交通服务。这个交通服务是根据游客的需要来确定。目前散客一般都不需要提供市内交通服务，团队很多时候需要提供交通服务。

（五）旅游保险服务的采购

根据《旅行社条例》及相关法律，旅行社应该为旅游者提供规定的保险服务。计调要认真理解旅游保险规定，收集、调查保险公司的资料，根据实际情况，与实力强、信誉好的保险公司协商洽谈，与符合本社要求的保险公司进行合作洽谈，代表旅行社与对方代表签订《合作协议书》，对签署的《合作协议书》进行编号、存档，并报送相关部门备案、整理与保险公司签订的《合作协议书》及相关资料及规定并列表，将列表分发给本社相关部门，通知收取保险费。将每一名投保游客的资料送发给保险公司，并请保险公司及时回复传真确认，注意接收《承保确认书》以此作为投保依据。在旅游途中发生意外事故时，及时通知保险公司并向导游了解真实情况，必要时可进行现场考察，在保险协议规定的期限内向保险公司呈报书面材料，索赔时，真实地向保险公司提供相关方面的证明。

第五节　国内旅游发团和接团管理

一、国内旅游发团管理

（一）发团管理的定义

国内组团社发团，是指国内组团社把通过各种招徕手段形成的旅游团队，委托给选定的国内地接社，并由其负责完成合同中规定的游客应该享受的权利和旅行游览活动的过程。这里所讲的组团社，一般是指客源地的组团社，它们通过各种招徕方式集合游客组团，向游客提供符合其需求的旅游产品，并就旅行中的有关事项与游客协商后，签订旅游合同。

国内组团社发团管理，是指国内组团社对发团全过程的管理，主要包括对外省地接社的选择、对旅游计划的协商和确认、对旅游团旅行游览全程的质量监督和旅游行程结束后的总结控制。国内组团社将旅游团委托给国内旅游目的地地接社后，由地接社根据合同规定，安排该旅游团在旅游目的地的一切旅游活动，而国内组团社通过对地接社的监督，督促对方完成旅游合同。

（二）发团管理的作用

1. 发团管理是保证旅游产品顺利完成的重要环节

国内组团社通过各种广告招徕旅游产品的购买者，即游客，然后根据游客的需求提供相应的旅游线路，与游客签订旅游合同，确定出发时间、接待标准，以及旅游目的地地接社等。国内组团社向外省地接社派发旅游团后，还要监督地接社按照旅游合同规定提供相应的旅游产品，及时处理游客提出的意见，保证旅游活动的顺利完成。国内组团社发团管理是保证旅游活动从计划到完成的桥梁，也是旅游产品顺利完成销售的基石和重要环节。

2. 发团管理是协调国内组团社与地接社之间关系的重要保障

国内组团社与地接社之间是一种特殊的营销关系和质量监督机制，通过发团管理来监督和约束旅游目的地地接社的接待活动，从而使旅游目的地地接社能够保证按照约定的标准向游客提供服务，进而保障游客利益。同时，旅行社通过发团管理来衔接旅游行程，获得游客的相关信息，有利于帮助双方旅行社共同处理突发事件，从而保证旅游活动顺利进行。

3. 发团管理是维护旅行社服务质量的重要组成部分

发团管理与旅游者的各项活动密不可分，国内组团社应慎重选择地接社，通过切实的合同对双方进行约束，发团管理直接影响旅游者旅游活动的满意度，影响客人的回头率，也影响旅行社的信誉和日后的产品销售。旅行社，与各地旅行社建立良好的营销业务关系和业务往来，是扩大自己营销网络的有效措施。旅行社应当制定严格的发团管理标准，维护旅行社的服务质量。

★小知识

发团社与地接社的关系

发团社与地接社是相互合作的关系。合作关系是两个或两个以上独立的成员之间形成的一种协调关系，以保证实现特定的目标或效益。发团社和地接社通过相互合作，进行市场信息共享、协调采购降低成本、加强管理、提高整个旅游产品供应链的运作绩效。随着旅游市场需求不确定性的增强，发团社与地接社要尽可能削弱旅游需求不确定性的影响和风险，尽量保证旅游团队的旅游活动有序、顺利地完成。在实际操作中，根据联系密切程度的不同，可分为单一合作关系、松散合作关系、稳定合作关系。

相互监督的关系。发团社与地接社之间具有质量监督关系。发团社对地接社的监督是通过两方面实现的，一个是游客对地接社服务质量的意见或建议，另一个是全陪或领队对地接社旅游服务进行现场督促，以使其结果能达到预定的目标。地接社对发团社的监督则通过对其旅游计划、付费方式等的确认和反馈来实现。

互惠互利的关系。一般来说，发团社只有通过与旅游目的地地接社的协作，才能圆满完成旅游产品的销售。地接社对旅游目的地景区（点）、交通、食宿等要素更加熟悉，可以很方便地购买相关旅游服务。而发团社对客源市场旅游产品的销售和推广更有优势，对于游客账款的催缴、投诉等后续事宜的处理更加方便。所以，地接社通过发团社来组织汇聚旅游者，发团社通过地接社来组织和安排旅游者在旅游目的地的旅游活动。双方注重履行协议，建立良好的营销关系和业务往来，是扩大市场增加收益的良好途径。

（三）发团业务的流程

1. 建立团队档案

（1）确定团名和团号。

团名一般采用“地区(省或城市)＋组团社(简称)＋线路名称”组成,用中文表示。例如,北京东大旅行社组织了一个到福建武夷山4日游的旅游团,则团名可命名为“北京东大福建武夷山4日游团”。

各个旅行社会根据自己的业务情况来设置团号，目前主要有WTO规范团号。

WTO 规范团号由“旅游目的地所在区域及第一个游览城市的拼音首字母（共三位字母）+总行程天数+交通方式代码+出团月日+团队序号”组成。

①旅游目的地所在区域。中国分为六大区域，即东北（DB）、华北（HB）、华东（HD）、华南（HN）、西北（XB）、西南（XN），加上第一个游览城市的拼音首字母，即成为三位数的目的地代码。例如，北京由华北（HB）和北京的首字母（B）构成 HBB，上海由华东（HD）和上海的首字母（S）构成 HDS。

②总行程天数。可直接用数字表示。例如，05 代表 5 日游，11 代表 11 日游。

③交通方式。用数字加交通方式首字拼音构成。数字 1 表示单，2 表示双；F 表示飞机，W 表示卧铺，Z 表示座，T 表示汽车。例如，2F 代表双飞，FT 代表单飞单汽车。

④出团月日。直接用数字表示。

⑤团队序号。团队序号指当日发出的第几个同类团队，用 26 个英文字母排序。按照上述编号法，如果西安某旅行社 10 月 15 日发出两个到成都的 5 日游团队，交通方式为飞机往、火车卧铺返回，其中第二个团队的编号应是：XNC05—1F1W1015B（依次代表：西南成都区域、5 日游、单飞单卧、10 月 15 日出发、第二个同类团队）。

（2）编制团队动态表。

国内组团计调编制公司各类团体明细出团表，将团号、人数、陪同数、抵/离航班（车）、时间、地接旅行社、接团时间及地点、其他特殊要求等逐一登记在《团队动态表》中，形成公司的年度发团基本资料。

2. 发出预报计划

预报计划就是国内组团社向目的地地接社编制的出团计划（见表 3－10）。如果包含多个地接社，就要同时向行程中的各地接社发出预报计划。预报计划的目的是使地接社将此团列入该社的接待计划，要求地接社尽早预订酒店、车辆等。预报计划的内容应该包括团号、旅游团的准确人数、团队抵离时间及交通工具、行程、食宿标准以及其他要求等。向选定的地接社发出正式的团队预报，将产品的旅游行程计划书交给地接社，方便地接社提前做准备工作。

表 3－10　××旅行社国内旅游组团中心出团计划书

TO: FR:	T: T:		F: F:	Date
团号:	人数:		房间数:	团型:
日期	交通	日程安排	餐饮	酒店
服务标准				
购物说明				

续表

客人姓名		T：
注意事项		
结算		

请盖章回传确认，多谢！　　　　　　　　　　　　发件人

3. 正式出票

飞机团应首先将客人的身份证号码与航空公司传真的机票订单逐一进行数字核对，查看名单是否正确（特别注意很多航空公司散客预订一旦确定机位就不允许更改客人姓名，特别在出团旺季，因此必须确保名单的正确），将核对好的订单附在《机票委托预订单》上传真给航空公司通知出票，确认好当日出票金额，并提交给财务。机票出好后，应仔细核对机票内容，并留机票复印件备存，同时应及时将机票发票交还给财务部。火车团应注意核对发车时间、车次、铺位、张数，并留复印件备存交财务部。如返程火车票是否需要在本地出票，有无回民、残疾人、军人等特殊游客。团队中如有团员在境外旅游期间过生日，应告知全陪或地接酌情安排庆祝等。如有公务活动的安排，应在出团前确认好接待时间、地点等事项。

4. 地接社正式确认

要求地接社发送《团队确认单》（见表3－11），要注意核对确保客人所拿到的出团行程与地接确认行程一致，以避免客人在旅游目的地与全陪、司机之间因此发生纠纷。同时应在出团前与地接社根据最终出团人数与行程确认团队账单。

表3－11　地接社团队确认单（国内地接社使用）

<table>
<tr><td>To</td><td colspan="3">/经理</td><td>From</td><td colspan="3">/制作人</td></tr>
<tr><td>Tel</td><td></td><td>MP</td><td></td><td>Tel</td><td></td><td>MP</td><td></td></tr>
<tr><td>Fax</td><td></td><td>QQ</td><td></td><td>Fax</td><td></td><td>QQ</td><td></td></tr>
<tr><td colspan="8">感谢你的信任与支持，现将贵社________团________人赴________旅游的团队确认传真给您，如有疑问或不详，敬请来电，期盼合作愉快！</td></tr>
<tr><td colspan="8">一、主要游览行程及景点参考</td></tr>
<tr><td colspan="8">二、旅游团队接待地标准及成本分解，以星级标准执行</td></tr>
<tr><td>房费</td><td colspan="3">元/人/晚×　　晚＝　　元/人</td><td colspan="4" rowspan="5">B报价：代办项目及注意事项说明
幼儿：身高不超过　米，年纪不超过　岁不占床位，不含门票，仅收：　元/人
其他：
本团接待费用累计为：A＋B＝　　元/人×　人＝　　元
应付：</td></tr>
<tr><td>餐费</td><td colspan="3">房费含早，共　早　正餐
元/人/正×　　正＝　　元/人</td></tr>
<tr><td>车费</td><td colspan="3">坐空调旅游车，平均　　元/人</td></tr>
<tr><td>门票</td><td colspan="3">元/人</td></tr>
<tr><td>其他项目</td><td colspan="3">导游：　　元/人
游船：　　元/人
区间交通：　　元/人</td></tr>
<tr><td>A报价</td><td colspan="3">元/人</td><td colspan="4"></td></tr>
</table>

续表

三、有效接团方式	
游客抵达交通方式	□乘机，航班 □乘火车，车次 □自备车 □自行前往集中地点
有效接团	月 日 时 在手持导游旗或游客姓名牌接团
有效送团	月 日 时 将游客提前2小时送抵，并协助办理登机手续
四、旅游团队结算方式及付款方式	
结算方式	以双方拟定的合约执行，即：
付款方式	□卡号 □转账 □现付，团走前结算

组团社（盖章）： 地接社（盖章）：

经办人： 经办人：

日期： 日期：

5. 办理旅游人身意外保险

团队出发前，要给团队中选择意外保险的客人上意外保险，并在出团前得到保险公司的回执确认。

6. 发出团通知书

团队出发前，应该制作好出团通知书（见表3－12），把出游前需要准备的资料、出游中的注意事项向游客逐项交代清楚。

表3－12 ××西安旅行出团通知书

尊敬的________先生/小姐一行15人（独立成团）：

您好！感谢您订购我公司 西安华山延安双飞六日游 的产品。请您在出团前仔细阅读以下注意事项，以免耽误您的旅行：

1. 集合时间：2012 年 9 月 15 日20：55分
2. 集合地点：成都双流机场T1航站楼3号厅
3. 集合标志：黄底红字“寻秦之旅”导游旗集合
4. 去程航班：15/9 成都—西安：3U8803；起飞时间：22：55分起飞
5. 回程航班：20/9 西安—成都：3U8804；起飞时间：23：05分起飞
6. 西安接团导游：小雯 13468838253 成都紧急联系人：小吴 13980016344
7. 成都送团导游：小胡 18980069518 18980927826

特别提示：请您携带本人有效身份证原件、12岁以下儿童带户口本原件出团!!!!!

温馨提示：

1. 气候：西安属西北气候，空气干燥，建议多吃水果、蔬菜。
2. 饮食：西安主要以面食为主，可以根据个人口味自带小菜。特色小吃：牛肉泡馍、羊肉泡馍、葫芦头、凉皮、肉夹馍、饺子等各类面食。
3. 行车：如有晕车者，请提前服用晕车药。
4. 购物：蓝田玉、冬青木烙花筷、陕北大红枣、仿秦兵马俑、仿唐三彩、唐三彩、黄桂稠酒、农民画。
5. 出行：请游客保管好自己的随身物品，注意自己的人身及财产安全，最好穿一双舒适的旅游鞋出游；带上雨具及常备药品出游；夜间自由活动要结伴出行，切记不要单独行，尊重当地民俗习惯，不要随意和陌生人搭话，不要随意算命，以免造成不必要的麻烦。
6. 西安最近气温参考：15℃～26℃，延安6℃～19℃，气候适宜，但紫外线比较强，请注意防晒。
7. 自费景点随客意，如果不去，可以在景区外等其他参观的客人，绝不强制。
8. 若产生单房差，旅行社可根据情况安排三人间或加床，如无法拼住，请客人自补房差。
9. 因自然灾害或国家政策性调价等人力不可抗拒的因素造成滞留或延误，所产生的费用请客人自理。
10. 在不减少景点、降低服务标准的情况下，旅行社有权根据具体情况，适当调整行程游览先后顺序。

祝您旅途愉快！

注：该资料由成都京都旅行社提供。

7. 委派全陪

全陪作为国内组团社的代表，自始至终参与旅游团的全旅程活动，负责旅游团移动中各环节的衔接，监督接待计划的实施，协调领队、地陪、司机等旅游接待人员的关系。因此，旅行社在全陪服务的采购中应注意全程陪同导游人员的品德修养、业务能力、沟通能力等。根据不同团队的要求，选派不同的全陪，确定团队接待重点及服务方向，交代接待计划、各种资料。发放的资料有：《全陪导游出团通知书》（见表3－13）《地接确认行程》《旅游车评核表》《全陪费用支出单》《出团手册》《游客分房名单》《全陪导游日志》《购物计划单》《全陪导游报账单》《游客意见反馈单》。

表3－13 全陪导游出团通知书

TO：导游员　　　手机：　　　导游证号：　　　制单单位（盖章）

现公司有一团，特委派你负责全陪导游工作，请认真阅读本出团通知书及注意事项，注意行为规范，维护公司信誉。

<table>
<tr><td colspan="4">一、团队注意事项　本团团号：　　　人数：　　　性质：□独立成团　□散拼团</td></tr>
<tr><td colspan="4">出发地点：　　月　　日　　时　在　　　手举旗或游客姓名牌与游客一同出发前往目的地</td></tr>
<tr><td colspan="4">二、团队行程注意事项（公司应急电话：　　　　　手机：　　　　联系人：　　　　）</td></tr>
<tr><td>日期</td><td>合同内容规定景点</td><td>餐</td><td>用餐要求</td></tr>
<tr><td rowspan="3">/</td><td rowspan="3"></td><td>早</td><td></td></tr>
<tr><td>午</td><td></td></tr>
<tr><td>晚</td><td></td></tr>
<tr><td rowspan="3">/</td><td rowspan="3"></td><td>早</td><td></td></tr>
<tr><td>午</td><td></td></tr>
<tr><td>晚</td><td></td></tr>
<tr><td rowspan="3">/</td><td rowspan="3"></td><td>早</td><td></td></tr>
<tr><td>午</td><td></td></tr>
<tr><td>晚</td><td></td></tr>
<tr><td rowspan="3">/</td><td rowspan="3"></td><td>早</td><td></td></tr>
<tr><td>午</td><td></td></tr>
<tr><td>晚</td><td></td></tr>
<tr><td colspan="4">三、费用支付事项（请导游员仔细阅读核查一下内容，如有不详，务必接团时向计调询问清楚）</td></tr>
<tr><td>酒店</td><td colspan="3">用房：双人间　　间，其他人房　　间，全陪房　　间，共计入住　　晚
备注：如实际用房数量临时有变，务必与OP联系确认</td></tr>
<tr><td>车辆</td><td colspan="3">□目的地车辆：　　座，　车型　□自带车
备注：请根据本次团队用车情况如实填写《旅游车评核表》，以便公司用作评核团队接待质量标准之一</td></tr>
</table>

续表

门票	本团行程包括　　个景点，其中有门票景点　　个，无门票景点　　个，分列如下： A.　　B.　　C.　　D.　　E.　　F.
提示	本团需托全陪导游现收客人团款　元；地接社团款　元。 团队有任何变动，必须填写《团队旅游项目变更补充协议》；团队结束前，必须请游客填写《游客意见反馈单》并交给公司，以便公司评核团队接待质量。
四、导游必读（接单时必须问清带团要求，一旦签字领单，则意味着导游都清楚明白，如有差错，导游自行解决并承担责任）	
• 本次带团你需领取的现金款为：　　元，借用公司信用卡一张，卡号：	
• 本次带团你需要自备的现金：　　元	
• 导游带团领取物品：□全陪导游出团通知书　□游客名单表　□游客意见反馈单　□团队旅游项目变更补充协议	

8. 发团及监督

发团，是指组团社把通过各种招徕手段形成的旅游团队，委托给选定的地接社，并由其负责完成合同中规定的游客应该享受的权利和旅行游览活动的过程。组团社将旅游团委托给旅游目的地的地接社后，由地接社根据合同规定，安排该旅游团在旅游目的地的一切旅游活动，而组团社通过对地接社的监督，督促对方完成旅游合同。

团队发出之后，组团计调要时时监控团队的异地运行，监控内容如下：

（1）监督地接社的接待情况。组团计调人员在团队发出后应该履行监督职责。监督地接社的接待质量，具体监督方法可以通过组团社派出的全陪或客人的信息反馈，发现问题及时纠正，消除各种隐患。

（2）监督全陪的工作情况。组团计调人员在团队发出后应该要求全陪定期向组团社汇报团队的情况，同时还要向地接社了解全陪在工作中是否认真履行自己的职责。现在很多国内团为了降低成本，不再派全陪，给组团社的督察工作带来一些不便，这样就更要维持通信联系，“遥控”地接，如有问题，必须及时按程序处理。

（3）监督游客的游览情况。组团计调在团队发出后应该向全陪、地接社了解客人游览的情况，在第一时间发现问题，并及时与地接社协商加以解决，保证团队顺利游览。对游客违规要收集证据，为以后处理问题留下依据。

在团队顺利结束异地行程返回本地后，组团计调人员应该与全陪一起搞好送团工作，主动征求客人的意见，让游客高高兴兴地结束整个旅游行程。

9. 后续工作

（1）核算团队成本。团队返回后，全陪应在 3 日内前往公司报账，提交全陪导游报账单、全陪导游日志、游客意见反馈单、旅游车评核表、发票、团队合影照片。初步了解团队接待情况，团队如果有投诉，应即刻转交质检部处理，并配合质检做团队情况说明。

与地接社确认好最终账单后，核算最终团队成本，回团一周内与财务部结团：地接社最终账单、团队结算单，同时填写《汇款协议确认通知》《团队款项收支明细表》《团队盈亏明细表》。与地接社沟通反映接待反馈情况，并通知团款支付时间。

（2）总结、归档。团队结束之后，要整理该团的原始资料，每月底将该月团队资料登记存档，以备查询。建立团队档案的主要内容有：地接报价单（历次报价）、双方签字的确认单（盖章）、客户名单表、合同、缴费单、最终行程表、订车单、订票单。这些资料保存期为两年以上。

全陪对整个带团工作进行总结，检查全陪的带团日志；处理表扬与投诉，有表扬和投诉都需要报告给部门负责人，有的表扬需要对当事人进行褒奖，或通过一定的宣传，增加旅行社的美誉度；有的投诉涉及多个部门，处理不好，旅行社可能会有名誉或经济损失，计调要搞清情况，如实报告给部门领导，做好协调工作。

（3）调整产品销售。在团队顺利结束行程返回本地后，国内组团计调人员应进行客户满意度调查，掌握准确的信息，为今后工作的改进提供依据。计调人员要与客户保持良好的关系，努力使其成为自己的朋友，为第二次销售工作打下基础。

二、国内旅游接团管理

国内旅游接团管理，是指本国、本地区的旅行社对来自外地区的，从事游览、观光、探亲以及商务、会务或其他旅游活动的团队和个人做好接待与服务工作的过程。接团工作开始后，旅行社将从多方面为旅游者提供服务，旅游者与旅行社的接触也随之增加。因此，接团管理工作的质量，直接关系到旅行社的知名度和效益。

（一）旅行社接团人员的管理

1. 地陪导游人员的管理

（1）订立合同，加强导游人员的责任感。旅行社在聘用兼职导游人员时，应对其导游证书、思想品德、身体素质、专项技能、应急能力、业务状况等进行审核登记，全面考察以确定是否与其签订劳动合同。劳动合同作为劳动关系的法律形式，具有控制人们在劳动过程中的行为、规范劳动活动、调整劳动关系的作用。劳动合同一旦签订就具有法律效力。旅行社和导游相互享有权利和义务，两者的利益紧密结合，可以有效增强导游的责任感和事业心，极大地激发其工作积极性，使其更好地为游客服务。

（2）加强对导游人员的培训和考核。导游服务的质量取决于其自身素质和职业技能，旅行社应当加强对导游人员各个方面的培训和考核，不遗余力地提高其从业水平。

①培训。岗前培训、岗上培训、业务交流、专题培训、脱产深造等都是不错的常用方式。旅行社对新招聘的导游在上岗前，可抽取一定时间进行接待业务知识和企业文化的培训，由经验丰富的在岗导游或管理人员充当教员。培训内容可集中在职业道德、服务意识和技能、语言能力、应急能力等方面，导游的工作对象是不同人组成的不同团队，多交流带团经验和处理问题的方式，可提醒导游自觉注意作业规范，增强导游的业务能力。

②考核。导游人员的考核主要分为考试和年审两种形式。考核内容主要有全年工作量、业务能力、旅游投诉和表扬、学习与进修情况等。通过考核可以全面了解每个导游人员的品德、能力与成绩，考核后可建立导游人员档案，登记《导游人员情况登记表》，作为对导游进行奖惩和晋级的主要依据（见表3－14）。

表3-14 导游人员情况登记表

<table>
<tr><td colspan="2">姓名</td><td colspan="2"></td><td>性别</td><td></td><td colspan="2">文化程度</td><td></td></tr>
<tr><td colspan="2">出生年月</td><td colspan="2"></td><td>语种</td><td></td><td colspan="2">专、兼职</td><td></td></tr>
<tr><td colspan="2">导游卡号
（IC卡背面）</td><td colspan="2"></td><td colspan="2">导游证号</td><td colspan="3"></td></tr>
<tr><td colspan="2">服务单位
（兼职填写）</td><td colspan="4"></td><td colspan="2">联系电话</td><td></td></tr>
<tr><td colspan="2">合同期限</td><td colspan="7">自　年　月　日至　年　月　日</td></tr>
<tr><td rowspan="6">当年从事导游业务情况</td><td rowspan="2">带团量</td><td>专职</td><td colspan="6">年　月至　年　月共带团　批，　人次，共　天。</td></tr>
<tr><td>兼职</td><td colspan="6">年　月至　年　月共带团　批，　人次，年均带团　天。</td></tr>
<tr><td>有无损害国家和民族言行</td><td></td><td>有无私自承揽导游业务</td><td></td><td>有无索要小费</td><td></td><td>有无擅自增加减少旅游项目</td><td></td></tr>
<tr><td>有无诱导安排旅游者参加黄赌毒活动项目</td><td></td><td>有无欺骗胁迫旅游者消费</td><td></td><td>有无私自转借导游证</td><td></td><td>其他</td><td></td></tr>
<tr><td rowspan="2">游客反映情况</td><td>评价</td><td colspan="4">好 □　一般 □　差 □</td><td colspan="2">游客反映良好率（%）</td></tr>
<tr><td>表扬</td><td>次</td><td>投诉</td><td colspan="2">次</td><td colspan="2"></td></tr>
<tr><td rowspan="2">扣分情况</td><td>一次扣10分</td><td>累计扣10分</td><td>8分</td><td>6分</td><td>4分</td><td>2分</td><td colspan="2">0分</td></tr>
<tr><td></td><td></td><td></td><td></td><td></td><td></td><td colspan="2"></td></tr>
<tr><td colspan="2">接受行政处罚情况</td><td colspan="7"></td></tr>
<tr><td colspan="2">年审培训考核成绩</td><td colspan="7">培训时间　小时　合格□　不合格□</td></tr>
</table>

（3）完善对导游人员的激励机制。激励是通过满足需要而促进行为的重要手段，进修、晋级、奖励、关怀、认同等都可成为激励的因素。旅行社可以采取工作激励、奖惩激励、情感激励、角色激励等方法激发导游人员的工作积极性。给导游人员分配恰当的接团任务，把接团的数量和质量同导游服务质量挂钩，通过经济杠杆，强化和提高导游的服务意识和服务技能，对于兼职导游可以采用风险保证金制度来规范他们的行为。落实导游人员的等级评定制度，根据导游的不同职称给予相应的政策和经济倾斜，鼓励导游人员积极参加高等级导游人员的考试和考核。导游人员的技术评定，有利于导游服务质量的提高和导游队伍的建设。

（4）强化对导游人员的检查和监督机制。在导游行业中，建立健全的导游服务质量监督系统是提高导游人员遵守服务规范的重要条件。由于导游常年在外独立工作，采取一些措施强化对导游人员的监督是很有必要的，除了文化和旅游部（原国家旅游局）质监所这样的专门机构进行质量监督，旅游者也是感受导游服务质量最直接和最权威的评价者。旅行社通过向游客发放《游客意见表》《导游服务质量评价表》和要求导游人员填写工作日志，根据结果或综合得分来了解导游的服务质量。旅行社还可以定期或不定期的到相关接待单位或现场进行检查，用对游客的投诉测评等方式来对导游进行综合测评。

2. 后勤工作人员的管理

旅行社的后勤工作是保证旅游业务正常开展的基础和保障，是接团工作的重要组成部分。后勤工作，是指旅行社在接待工作中为旅游者安排各种旅游活动所提供的间接服务，以及为确保这种间接服务而与其他旅游企业及旅游业相关部门所建立的合作关系的总和。

（1）及时收集相关信息。后勤工作大都涉及旅游活动的方方面面，后勤人员常常与交通部门、住宿餐饮、景点景区、购物商店等单位联系，应及时收集了解有关对内对外信息，提交相关部门编制计划，开发完善旅游产品。同时，旅游活动结束后，后勤部门还要对该次活动进行定性定量统计分析，保证产品销售情况完好，及时发现其中存在的问题，并尽早解决。

（2）与地陪导游人员密切配合。后勤人员要掌握本部门旅游团的活动日程和与相关导游人员的联系方法，以便协助处理好导游人员委托的各种接待事务，处理好旅游活动过程中发生的问题和事故，旅游活动有变化要及时通知导游人员。

（3）落实接团事宜。后勤人员在收到接待计划后，首先必须认真研究团队的服务项目与要求，如组团社名称、联络方式，每天游览景点、停靠点、用餐地点，每天移动距离、交通工具、抵离时刻、购物点、下榻酒店，风味餐、娱乐项目、语言导游、另类标准、特殊细节等；然后尽快与相关部门联系，以确保旅游计划的落实，如果计划内容变更，后勤人员应及时通知有关部门，处理好各种变更事宜。

（4）建立部门档案。后勤人员是旅行社服务质量的基本保障，在日常工作中需要根据旅行社实际情况，建立相应的部门档案，主要有旅游团队的接待资料，行程中相关单位和游客对接待人员工作质量的反馈，人员考核记录。团队接待资料主要包括接待计划、各种通知回执传真件、活动日程表、接待情况表、日志等。反馈信息主要指投诉、表扬、事故处理意见等。考核记录包括考勤表、培训考核表、接待工作时间表等。

（二）接团阶段的管理

一般说来，国内接待业务的接待过程大致可以分为三个阶段，即接待前的准备阶段、实际接待阶段和接待后的总结阶段。旅行社应根据每个阶段的特点在不同的阶段采取不同的措施，以确保每个阶段达到理想的效果。

1. 准备阶段管理

（1）安排适当的接待人员。接待部门应根据旅游计划中对游客的介绍和要求以及旅游者的文化层次、年龄结构、职业特点等因素，认真挑选合适的导游人员。这就要求旅行社接待部门的负责人对本旅行社导游人员的性格、知识水平、身体条件等有全面的了解，一旦有了接待任务，就可以安排合适的导游人员。例如，如果接待的是一个老年团队，就应该配一名热情、细心、性格温和、生活经验丰富，并具有一些医学常识的导游人员；如果接的是三八妇女节的妇女团，就应该为她们配备一名年龄相仿、比较了解中年妇女心理且对购物比较在行的女性，这样有利于提供有针对性的服务。

(2) 适时检查接待计划及其接待计划的落实情况。接待计划是旅游者旅游活动的依据，接待计划的质量将直接影响旅游者对旅游活动的评价。因此，在准备阶段，旅行社接待部门的负责人应适时检查或者抽查准备工作的进展情况和接待计划以及落实情况，以便发现计划的不足之处和可能存在的漏洞，特别是对重点旅游者的接待计划和新手拟定的接待计划应给予特别的留意，并提供必要的指导和帮助，确保各个环节的工作顺利进行和落实。

2. 接待阶段管理

整个旅游过程中发生的问题多集中在接待阶段，所以接待阶段是接待过程中最重要的环节，同时也是最困难、最薄弱的一环。为此，旅行社接待部门的管理人员应特别重视该阶段的管理。

(1) 严格请示汇报制度。旅行社接待工作的过程中具有较强的独立性，作为接待过程的主角——导游人员，也应该具有较强的组织能力、独立能力和应变能力，这是导游工作的性质所决定的，也是旅游活动顺利进行的重要保障。虽然导游人员具有这些独立能力和一定的权利，但在现实的接待工作中，还是要遵循严格的请示汇报制度，因为对一些重大变化和事故等问题的处理，导游人员的个人知识、能力和经验毕竟是有限的，有了请示汇报，可以获得必要的指导和帮助，尤其是对新手更为重要。所以这种严格的请示汇报制度既要允许导游人员在一定的范围内和一定程度上拥有随机处置的权利，以保证接待工作的高效率，又要求导游人员在遇到重大变化或事故时及时遵守严格的请示汇报制度。

(2) 建立畅通的信息系统。信息是进行决策的依据，在旅游接待过程中，信息的畅通情况是及时掌握旅游团队（者）的旅游活动进展情况的关键。有了信息，就能对发生的不满和意外情况，采取及时有效的措施，弥补接待过程中发生的服务缺陷，减少不必要的投诉，保证旅行社良好的声誉，并为自己争取更多的回头客。所以，建立畅通的信息系统是为自己更好地服务。

(3) 必要的抽查和监督。抽查和监督是直接获取有关接待方面信息的有效途径，通过这一途径，旅行社管理部门可以迅速、直接地了解接待服务质量和旅游者的评价，为旅行社改进服务质量提供有用的资料。

3. 总结阶段管理

总结阶段主要是对接待过程中发生的各种事件、对旅游者的表现和投诉、对导游人员的表现和处理事件的行为进行分析总结，总结出经验和教训，以此来提高旅行社的接待水平。

(1) 建立健全的旅行社接待总结制度。总结是接待服务不可缺少的一个环节，是旅行社提高工作效率和服务质量的必要手段。我国旅行社发展的实践也已经证明，凡是总结制度健全的旅行社，其服务质量和接待人员水平就高，反之则低。这就要求旅行社必须建立健全接待总结制度，不断提高接待服务质量。

(2) 抽查重大、特殊事件报告。在接待过程中发生的重大、特殊事件要求导游人员进行详细记录，并做出相关报告，通过审查重大、特殊事件的报告，旅行社可以发现问题、积累经验、吸取教训。

(3) 抽查陪同日志和接待记录。陪同日志和接待记录是记载导游人员工作过程的实质性文件资料，通过抽查这些文件资料可以了解旅游者接待情况和相关服务部门协作情况，为旅行社改进产品、提高导游人员水平和完善协作网络提供必要的依据。

（4）处理旅游者的表扬和投诉。表扬是旅游者对接待人员工作的肯定，旅行社通过对优秀工作人员及其事迹的宣扬，可以在接待人员中树立良好的榜样，而榜样的作用又将激励旅行社其他人员不断提高自身的素质。而投诉是客人对接待人员的服务质量不满的一种表示。通过对旅游者投诉的处理，既可以争取旅游者的理解，又可以教育当事人员，鞭策其他人员，避免类似的事件再次发生。

（三）接团业务操作流程

1. 服务准备

地陪的接待服务准备应在接到旅行社分配的任务、领取了盖有旅行社印章的旅游接待计划后立即开始。充分做好各项准备工作，能使地陪始终掌握服务工作中的主动权，做到心中有数，从而有计划、有步骤地完成接待任务。上团前，地陪应该在旅游团抵达之前认真阅读接待计划和有关资料，详细地、准确地了解旅游团的服务项目和要求，重要事宜要做好记录。地陪在旅游团抵达的前一天，应该与有关部门或人员落实、核查旅游团的交通、食宿、行李运输等事宜。地陪应该做好必要的物质准备，带好接待计划、导游证、导游旗、接站牌、结算凭证等物品。

2. 接站服务

接站服务，是指地方陪同导游人员前往机场（车站、码头）迎候旅游团（者），并将旅游团（者）转移到下榻饭店过程中所要做的工作。接站服务在整个接待服务工作中至关重要，其服务质量直接影响到以后的工作。地陪应在接站出发前确认旅游团（者）所乘交通工具的准确抵达时间，地陪应提前半小时抵达接站地点，并再次核实旅游团（者）抵达的准确时间。地陪应在旅游团（者）出站前与行李员取得联络，通知行李员行李送往的地点。地陪应与司机商定车辆停放的位置。地陪应在旅游团（者）出站前持接站标志，站立在出站口醒目的位置热情迎接旅游者。旅游团（者）出站后，如旅游团中有领队或全陪，地陪应及时与领队、全陪接洽。地陪应协助旅游者将行李放在指定位置，与领队、全陪核对行李件数无误后，移交给行李员。地陪应及时引导旅游者前往乘车处。旅游者上车时，地陪应恭候车门旁。上车后，应协助旅游者就座，礼貌地清点人数。

行车过程中，地陪应向旅游团（者）致欢迎辞并介绍本地概况。欢迎辞内容应包括：①代表所在地接社、本人及司机欢迎旅游者光临本地；②介绍自己姓名及所属单位；③介绍司机；④表示提供服务的诚挚愿望；⑤预祝旅游愉快顺利。

3. 入住服务

旅游团（者）抵饭店后，地陪应引导旅游者到指定地点办理入店手续，并且在旅游者进入房间之前，地陪应向旅游者介绍饭店内就餐形式、地点、设施和时间，并告知有关活动的时间安排。地陪应等待行李送达饭店，负责核对行李，督促行李员及时将行李送至旅游者房间。带领旅游团（者）用好第一餐。应向全体旅游者重申当天或第二天的日程安排，包括叫早时间、用餐时间和地点、用餐形式、集合地点、出发时间等。

4. 商定日程

地方陪同导游人员应把旅行社有关部门已经安排好的活动日程与领队、全陪一起核对、商定，征求他们（包括旅游者）的意见。这样做，一是表明对领队、全陪导游人员、旅游者的尊重，二是旅游者也有权审核活动计划，并提出修改意见。同时导游人员也可利用商谈机会了解旅游者的兴趣、要求。所以说，核对、商定日程是做好接待工作的重要环节，也是地方陪同导游人员和领队、全陪导游人员之间合作的序曲。活动日程一经商定，需及时通知每一位旅游者，并请他们给予配合。

5. 参观游览服务

出发前，地陪应提前十分钟到达集合地点，并督促司机做好出发前的各项准备工作。上车后，地陪应清点人数，向旅游者报告当日重要新闻、天气情况及当日活动安排，包括午、晚餐的时间、地点。在前往景点的途中，地陪应向旅游者介绍本地的风土人情、自然景观，回答旅游者提出的问题。抵达景点前，地陪应向旅游者介绍该景点的简要情况，尤其是景点的历史价值和特色。抵达景点时，地陪应告知在景点停留的时间，以及参观游览结束后集合的时间和地点。地陪还应向旅游者讲明游览过程中的有关注意事项。抵达景点后，地陪应对景点进行讲解。讲解内容应繁简适度，应包括该景点的历史背景、特色、地位、价值等方面的内容。讲解的语言应生动，富有表达力。在景点导游的过程中，地陪应保证在计划的时间与费用内，旅游者能充分地游览、观赏，做到讲解与引导游览相结合，适当集中与分散相结合，劳逸结合，并特别关照老弱病残的旅游者。在景点导游过程中，地陪应注意旅游者的安全，要自始至终与旅游者在一起活动，并随时清点人数，以防旅游者走失。

6. 购物服务

购物对大多数游客来说，是一项重要活动，也是开展旅游活动的六大要素之一。为此，作为导游协助游客购买一些当地的名特产品、旅游商品是很有必要的。因此，提供购物服务也是地陪的一项重要工作。地陪应合理地安排好此项活动，恰到好处地宣传、推销本地的旅游商品，做到既符合游客的意愿，也符合导游工作的要求。

7. 餐饮服务

用餐时，地陪应引导游客进餐厅入座，并介绍餐厅及其菜肴特色，向游客说明餐标中是否含酒水及其酒水的类别。向领队讲清司陪人员的用餐地点及用餐后全团的出发时间。用餐过程中，地陪要巡视旅游团用餐情况一两次，解答游客在用餐中提出的问题，并监督、检查餐厅是否按标准提供服务并解决出现的问题。用餐后，地陪应严格按实际用餐人数、标准、饮用酒水数量，填写《餐饮费结算单》与餐厅结账。

8. 娱乐服务

安排游客观看计划内的文娱节目，地陪应陪同前往，并向游客简要介绍节目内容和特点。到达剧场（比赛场馆）后应引导游客就座，介绍剧场（比赛场馆）结构、设施、位置，解答提出的问题。在节目演出或比赛过程中，地陪要始终坚守岗位，不得擅自离开。

9. 送站服务

旅游团（者）离站的前一天，地陪应确认交通票据及离站时间，通知旅游者移交行李和与饭店结账的时间。离饭店前，地陪应与饭店行李员办好行李交接手续。地陪应致欢送辞，致欢送辞时语气应真挚、富有感情。地点可选在行车途中，也可安排在机场（车站、码头）。欢送辞的内容应包括：①回顾旅游活动过程。②感谢大家对工作的支持和配合。

③若在旅游活动中出现不顺利或旅游服务有不尽如人意之处，导游人员应借此机会再次向旅游者赔礼道歉。④诚恳征求旅游者对接待工作的意见和建议。⑤表达友谊和惜别之情，表达美好的祝愿。

提前到达机场、火车站或车站，将交通和行李票证移交给全陪或旅游者。若送乘坐飞机离开的旅游团（者），当旅游者进入安检口或隔离区时，导游人员应与旅游者握手告别，并祝他们一路平安。若送乘坐火车、汽车、轮船离开的旅游团（者），导游人员应等交通工具启动后或旅游者出关后，方能离开。

10. 结算事宜

地陪与全陪结算。若接待国内旅游团，地方陪同导游人员应在团队结束当地游览活动后、离开本地前，与全程陪同导游人员办理好拨款结算手续；若接待离境旅游团，地方陪同导游人员应在团队离开后，与全程陪同导游人员办理好财务拨款结算手续，并妥善保管好单据。

地陪与司机结账。送走旅游团后，地陪应与司机核实用车里程数，在用车单据上签字确认，并要保留好单据备查。

11. 善后工作

送走旅游团后，并不意味着全部接待工作的结束，地方陪同导游人员还必须做好善后总结工作。下团后，地陪应妥善、认真处理好旅游团的遗留问题。按旅行社的具体要求并在规定的时间内，填写清楚有关接待和财务结算表格，连同保留的各种单据、接待计划、活动日程表等按规定上交有关人员，并到财务部门结清账目。地方陪同导游人员应认真做好陪同小结，实事求是地汇报接团情况。

★实训项目　针对大学生设计一条本省两日游旅游线路

实训目的：通过设计本省旅游线路，让学生掌握旅游线路设计的基本方法，能够针对具体的目标市场设计不同的旅游线路。

实训步骤：

第一步，通过问卷星设计市场调查问卷；

第二步，通过微信、QQ 发送问卷，进行市场调研，问卷调查人数 100 人以上；

第三步，根据调查结果设计一条两日游旅游线路；

第四步，确定该旅游线路的报价。

实训成果：提交纸质版和电子版大学生两日游旅游线路文案。

★知识归纳

本章是学习如何经营国内旅游业务。国内旅游业务包含了国内组团业务和国内接待业务两个部分。本章从国内旅游概述、国内旅游产品的开发与销售、国内旅游业务的采购、国内旅游的发团和接团流程等方面进行了详细的阐述。国内旅游概述部分阐述了国内组团社和地接社的业务范围、机构设置和岗位设置。国内旅游产品开发部分分析了旅游线路与旅游产品的概念和区别，旅行社产品的类型、旅行社产品开发的原则和流程。国内旅游产品的销售业务重点讲了国内旅游产品的价格制定、销售渠道及促销方式。国内旅游采购业务部分阐述了采购业务的重要性、原则、管理，强调了国内组团社和国内地接社的采购项目。最后重点阐述了国内旅游的发团流程和接团流程。通过本章的学习，要求学生能独立操作国内组团业务和国内接待业务。

★典型案例

车票车次出错造成的后果

2015年10月9日，成都某旅行社工作人员小余送团，抵达火车北站时将火车票交给全陪，全陪将三段火车票一一发给客人。一位细心的客人发现当日火车票有错，时间为9月24日，虽然名字是对的，但是显然已是废票。此时全陪完全不知所措，游客顿时想炸开了锅一样骂全陪做什么事都做不好，骂旅行社做事不负责，要投诉等之类的。当然小余也免不了被其中几位客人围着骂，由于客人太过激动，小余无法脱身。其中一位冷静客人站出来拉出小余，叫小余联系旅行社。小余将情况告诉旅行社，工作人员告知立刻将错误的9张票收起来，去购票处改签。其余正确火车票的游客，由领队带进候车室等候。

由于距离发车只剩下1个小时了，排队改签需要很久的时间。小余不得不插队改签，好不容易插个队排到售票窗口，售票员说车票已经报废，改签必须是在火车没有开动之前。

无奈，小余打电话问组团社怎么办？组团社告知重新买票，当时小余身上刚好有200元钱，够买9个人的站票（抵达德阳），于是小余抓紧时间重新插队准备买同一车次的站票，当排到售票窗口时，被售票员告知需要客人的身份证！此时，距离发车只剩半个小时了。

小余再次打电话给组团社，组团社强调排在窗口不要动，并询问是几号窗口。由组团社通知全陪马上收那9位客人的身份证，再送过来。小余焦急地等待着，过了几分钟，全陪送来身份证，买好了火车票。全陪急急忙忙地带着客人进了站，终于坐上了那趟车次，离开了成都。

资料来源：学生顶岗实习收集的真实案例

请问：这次购错火车票产生了哪些影响？出现了类似问题应该怎样解决？今后应该吸取哪些教训？

解析：这次火车票出错产生的影响有：游客认为旅行社做事不负责任，对旅行社产生不信任。车票的报废给组团社造成一定的经济损失。

解决的方案：第一，发现车票出错，要向客人道歉，并告知解决的办法，让游客冷静；第二，发现车票出错，一定要打电话向组团社说明，再确定方案，不可隐瞒；第三，如果车票可以改签，则改签，尽可能地减少损失；第四，如果车票已经报废，一定要收集客人的身份证后再去买票，以免耽误更多的时间；第五，买好车票给客人，再次希望客人的谅解。

吸取的教训：第一，组团社应该与出票工作人员核对好客人的车票是否正确；第二，送团人取票的时候一定要先核对票是否正确；第三，如果已经发现车票出错，立马告知组团社，并向客人道歉，不能不知所措；第四，买票的时候一定要收齐客人的身份证。

第三章　练习题

3.1　单项选择题

1. (　　) 的业务主要是为在本地旅游的外地游客提供在本地的住宿、交通、用餐、游览、购物、娱乐等服务。

A. 国内地接社　　B. 国内组团社
C. 出境组团社　　D. 入境地接社

2. (　　) 岗位的主要职责是按照计划向有关服务单位购买服务，组合成旅游产品，并将游客已购买的旅游产品具体落实，以保证旅游活动的正常运行。

A. 国内组团计调　　B. 国内地接计调
C. 出境组团计调　　D. 入境地接计调

3. (　　) 是指国内组团社把通过各种招徕手段形成的旅游团队，委托给选定的外省地接社，并由其负责完成合同中规定的游客应该享受的权利和旅行游览活动的过程。

A. 发团　　B. 组团
C. 接团　　D. 拼团

4. 旅行社向旅游者提供的旅游产品，最典型的市场形态是 (　　)。

A. 旅游线路　　B. 旅游资源
C. 旅游娱乐产品　　D. 旅游购物品

5. 旅游线路最基本的性质是 (　　)。

A. 无形性　　B. 雷同性
C. 不可存储性　　D. 综合性

6. 旅游线路的最大特性就是 (　　)，易于复制。

A. 生产与消费的同时性　　B. 雷同性
C. 季节性　　D. 综合性

7. 团体旅游通常由不少于 (　　) 名成年游客组成旅游团队，在支付了相应的旅游费用后前往旅游目的地进行旅游活动。

A. 6　　B. 9　　C. 10　　D. 16

8. (　　) 就是要求旅行社在开发旅游线路前，对市场进行充分的调查研究，预测市场需求的发展趋势和需求数量，分析旅游者的旅游动机。

A. 市场原则　　B. 经济原则
C. 特色原则　　D. 供给全面原则

9. (　　) 是线路的性质、大致内容和设计思路等方面的高度概括。

A. 线路安排　　B. 线路名称
C. 线路主题　　D. 线路内容

10. 旅行社通常选用数字 (　　) 为中国商务旅游产品定价。

A. 4　　B. 6　　C. 8　　D. 9

3.2　多项选择题

1. 团体包价旅游产品可划分为 (　　) 等类型。

A. 团体全包价旅游产品　B. 团体半包价旅游产品
C. 团体小包价旅游产品　D. 团体零包价旅游产品
E. 团体组合产品

2. 团体小包价旅游产品的非选择性部分包括（　　）。
A. 住宿　B. 早餐
C. 接送　D. 导游服务
E. 午晚餐

3. 国内地接社部门设置的依据有（　　）。
A. 本地的旅游资源　B. 本地的旅游设施
C. 旅行社的经营规模　D. 旅行社的经济实力
E. 旅行社员工的多少

4. 商务旅游产品的消费者主要是（　　）。
A. 企业的管理人员　B. 政府工作人员
C. 企业的销售人员　D. 会议人员
E. 一般人员

5. 事务旅游类产品可分为（　　）。
A. 商务旅游产品　B. 公务旅游产品
C. 会议旅游产品　D. 探亲旅游产品
E. 奖励旅游产品

6. 在为日本市场的旅游产品定价时回避使用数字（　　）。
A. 4　B. 6
C. 8　D. 9

7. 设计旅游线路时，要兼顾（　　），尽可能做到效益最大化。
A. 旅游经济效益　B. 旅游社会效益
C. 旅游生态效益　D. 旅游文化效益
E. 旅游政治效益

8. 地接社间接销售渠道在实际运用中主要包括（　　）形式。
A. 地接社—外地组团社—游客
B. 地接社—本地代理商—游客
C. 通过服务网点或分社销售旅游产品
D. 地接社—网络销售平台—网络游客
E. 通过新媒体销售旅游产品

9. 旅行社产品促销的方法主要有（　　）。
A. 广告促销　B. 直接促销
C. 公共关系　D. 网络促销
E. 营业推广

10. 旅游业务采购的原则有（　　）。
A. 保证供应　B. 友好往来

C. 保证质量　　　　　　　　　　　D. 降低成本

E. 互利互惠

3.3　判断题

1. 旅行社产品是指旅行社为满足旅游者的需要向旅游者提供的各种有偿服务。(　　)
2. 旅行社产品的形态都是无形的服务，而且提供的各种服务都是有偿的。(　　)
3. 团体小包价旅游产品的费用既可以由旅游者预付，也可以由旅游者现付。(　　)
4. 商务旅游产品和会议旅游产品都具有较强的定向性和较弱的季节性。(　　)
5. 参加探险旅游的多为富于冒险精神的青年旅游者，一般在旅游目的地停留的时间较长。(　　)
6. 宗教旅游活动具有显著的定向性，所以宗教旅游不是旅行社的客源稳定的旅游产品。(　　)
7. 营业推广的价格促销等同于旅行社因市场需求变化而采取的降价行为。(　　)
8. 旅游采购是“一手交钱，一手交货”的简单交易。(　　)
9. 旅游团结束之后，所有的团队资料都应该保存一年以上。(　　)
10. 广告促销是旅行社产品促销中使用最频繁、最广泛的一种促销方法。(　　)

3.4　简答题

1. 简述国内地接社的业务范围。
2. 团体全包价旅游所包括的服务有哪些?
3. 本省旅游产品开发应该遵循哪些原则?
4. 简述旅游产品的定价目标。
5. 国内地接计调应该如何加强采购管理工作?

3.5　操作题

1. 请你用问卷星设计一份大学生旅游市场需求调研问卷，并通过微信圈或者QQ群进行调研。然后根据调研结果为大学生设计一条本省旅游线路。
2. 地接社和组团社计调报价。

   4月22日中午13：10，上海国旅组织30位游客乘坐东方航空MU5407于16：40分到达双流国际机场，由四川青旅峨眉乐山专线负责接待。接机之后入住成都丽都大酒店，在酒店用餐，4月23日游览乐山大佛，晚上入住峨眉山金叶宾馆，4月24日游览峨眉山，晚上21：05乘坐春秋航空9C8888离开成都，返回上海。各服务单位费用如下：

   住宿费：成都丽都大酒店每晚每间200元，峨眉山金叶宾馆每晚每间180元。

   成都市区到机场接机：每人50元。

   门票：乐山大佛90元、峨眉山185元、观光车90元，索道自理。

   包车：每天租车价格为1 800元，按照两天计算。

   餐：成都餐标为每人每餐50元，峨眉山餐标30元，酒店含早。

   地陪：每天600元，按照2天计算。

   地接社购买保险：每人10元。

   机票：上海到成都往返均为5折，全价1 610元，机场建设费50元，燃油税120元。

全陪：总费用 3 000 元。

上海：游客自行到机场，无接送。

组团社购买保险，每人 10 元。

请你根据以上信息完成下列事项：(要求列出各项详细费用的计算步骤)

(1) 代表地接社四川青旅进行内部计价。

(2) 代表四川青旅向上海国旅报价。(按照 10% 的利润报价，四舍五入)

(3) 代表上海国旅进行内部计价。

(4) 代表上海国旅向上海游客报价。(按照 10% 的利润报价，四舍五入)

第四章

出境旅游经营实务

学习目标

1. 了解出境组团社的主要业务以及部门设置情况。
2. 熟悉出境组团社旅游产品的开发要求及开发流程。
3. 熟悉出境组团社旅游产品价格构成及报价方法。
4. 明确出境组团社旅游产品销售渠道和促销方式。
5. 掌握出境组团计调的业务范围及采购业务。
6. 掌握出境组团社组团业务的操作流程。

实训要求

1. 实训项目：推销出境旅游产品；采购国际旅游机票。
2. 实训目的：通过出境旅游产品推销实训，让学生掌握出境旅游产品的促销方法；通过采购国际旅游机票实训，让学生掌握国际机票的选择和采购方法，能够为旅游团队采购国际大交通服务。

第一节　出境旅游概述

一、我国出境旅游的发展阶段

中国公民出境旅游是中国改革开放政策实行的产物，它的发展经历了从无到有、从小到大、从慢到快的发展过程。中国的出境旅游经历了从“政策真空”，到“适度发展”，到“规范发展”，再到目前的“有序发展”几个阶段。

（一）1984—1993 年的政策真空出境旅游阶段

1984 年 8 月 13 日，中共中央办公厅、国务院办公厅印发的《关于不宜组织群众自费旅游团出国访问的通知》中明确指出："根据我国目前的经济发展水平和绝大多数人民的经济能力，还不宜组织国内人民群众出国旅游"。1992 年 7 月 24 日，国务院批复文化和旅游部《关于扩大边境旅游，促进边疆繁荣的意见》。国务院批准适当扩大黑龙江、吉林、辽宁、内蒙古、新疆等省（区）边境旅游业务，原则同意这几个省区的 23 个地区开办适合当地具体情况的边境旅游，并授权文化和旅游部有关部门逐个审批。1993 年 2 月 22 日，当时的国务院副总理吴学谦主持召开国家旅游事业委员会第 12 次会议，原则同意试办我国公民自费出境旅游，以改善和提升我国对外开放的整体形象和我国旅游业的国际地位，并在关贸总协定的服务贸易协定谈判中取得积极主动权。

为了满足中国公民出境探亲的旅游需求，经国务院批准，从 20 世纪 90 年代的初期开展了中国公民出境探亲旅游，授权的有中国国际旅行社总社、中国旅行社总社和中国青年旅行社总社，三家旅行社组织公民以旅游团的形式到新加坡、马来西亚、泰国等地去探亲旅游，从此拉开了中国公民出境旅游的序幕。

出境旅游最初在"探亲"范围试行时，出境旅游者的外汇由境外亲属担保，出境人数有限。后来发展到"自费"出境游阶段时，出台了《中国公民出境旅游管理暂行办法》，采取量入为出、配额发放等措施，控制出境游的总量。

（二）1993—2004 年的适度发展出境旅游阶段

1994 年 3 月，国务院办公厅批准印发的《国家旅游局职能配置、内设机构和人员编制方案》中首次提出：制定中国居民出境旅游政策，管理出境旅游事务，研究掌握出境旅游的发展规模和外汇平衡。1997 年，针对当时的政治经济形势，国家明确提出了"大力发展入境旅游，积极发展国内旅游，适度发展出境旅游"的方针。在 2001 年《国务院关于进一步加快旅游业发展的通知》中再次提出：要大力发展入境旅游、把国内旅游放到重要位置，同时适度发展出境旅游。虽然是适度发展，但出境旅游已经放到了国家的发展政策层面。

"适度发展出境旅游"政策提出的时候，正处于自费出国旅游阶段。文化和旅游部制定"有组织、有计划、有控制"的"健康有序、适度控制"出境旅游发展方针，即以团队为组织形式，并对经营出境游业务旅行社的资格、数量和配额进行全面控制。具体管理措施上主要体现在以下三个方面：第一，对出境旅游目的地资格的限制；第二，对出境旅游经营主体资格的限制；第三，对出境旅游程序、手续等审核的限制。

（三）2005—2008 年的规范发展出境旅游阶段

2005 年，国家制定了"大力发展入境旅游、规范发展出境旅游、全面提升国内旅游"的新三大市场发展方针。针对当时出国旅游、边境旅游和中国港澳游市场存在的问题，从维护国家利益、保护旅游者和企业的合法权益出发，采取一系列办法和措施加大行业管理的力度，进一步规范出境旅游市场秩序，促进出境旅游健康发展。重点是以发布实施新的《中国公民自费旅游出国管理办法》为契机，整顿出境旅游市场。按照特许经营的方式重新审批确定出国旅游组团社，加大查处违法经营、超范围经营行为的工作力度，应用技术标准和手段改进和提高出境旅游服务质量。

所谓"规范发展出境旅游"的政策，就是要依据市场经济的固有规则和法律法规确定的行为准则来发展出境旅游。具体地讲，就是要通过引导方向、规范秩序、保障供给、满足需求，加强对出境旅游市场的宏观调控，促进出境旅游市场的健康、持续、有序发展。解读这一政策设计，我们可以认为，我国出境旅游市场的高速发展已经是必然趋势。但是，从全球旅游业的发展历史来看，没有哪一个国家会采取主动积极鼓励或者大力促进发展出境旅游的政策，对出境旅游发展的推动也总是处于某个特定时期或者基于某些特殊的情况，例如为了减少巨额贸易顺差。所以，规范发展出境旅游，其核心应当是对出境旅游总体采取不鼓励、不限制的原则。

（四）2009 年至今的有序发展出境旅游阶段

2009 年年初，中国公民出境旅游进入新的发展阶段，采取的政策是有序发展出境旅游。在深入学习科学发展观的过程当中，文化和旅游部以科学发展观为指导，对中国旅游业的发展进行了重新的定位，提出了要“大力发展国内旅游，积极发展入境旅游，有序地开展出境旅游”。2010 年颁布的《中国旅游业发展第十二个五年计划纲要》中指出：“在未来的五年规划中，我国旅游市场开发继续以国内旅游为重点，按照‘全面发展国内旅游、积极发展入境旅游、有序发展出境旅游’的战略方针，统筹协调、深化开发三大市场，形成更加协调的市场格局”。有序发展出境旅游方针，是根据我国旅游业发展的现状，针对旅游业发展的未来提出来的。随着出境旅游组团社的数量增多和出境旅游目的地的大幅度增加，以及市场化经营机制的普遍形成和行业竞争的加剧，为了保护广大出境旅游消费者和经营出境旅游业务的旅行社的权益，文化和旅游部适时提出了对出境旅游有序发展的政策。

二、中国公民出国旅游管理规定

（一）出国目的地审批制度

1. 国务院批准并公布

出国旅游的目的地国家，由国务院旅游行政部门会同国务院有关部门提出，报国务院批准后，由国务院旅游行政部门公布。任何单位和个人不得组织中国公民到国务院旅游行政部门公布的出国旅游的目的地国家以外的国家旅游；组织中国公民到国务院旅游行政部门公布的出国旅游的目的地国家以外的国家进行涉及体育活动、文化活动等临时性专项旅游的，须经国务院旅游行政部门批准。

★小知识　**已经批准的出国旅游的目的地国家数量**

截至 2014 年年底，已正式开展组团业务的中国出境旅游目的地国家 117 个，占与我国建交的 172 个国家的 68%。截至 2015 年 1 月 20 日，共有 52 个国家和地区对持普通护照的中国公民个人因私前往，实施免签、落地签证政策，与“出境大国”相匹配的签证环境正在形成。可以说，出境旅游的发展对我国整体外交格局的构建产生了积极影响，“旅游外交”的作用正在彰显。

资料来源：《中国出境旅游发展年度报告 2015》

2. 开放中国公民出国旅游目的地国家和地区的条件

开放中国公民出国旅游目的地国家和地区的条件主要有6个，分别是：（1）中国公民出国旅游目的地国家和地区是我国的客源国；（2）它们在政治上对我国友好；（3）它们的旅游资源有吸收力；（4）它们具备适合我国旅游者的接待服务设施；（5）它们对我国旅游者没有歧视性、限制性、报复性政策；（6）它们能保障我国旅游者的安全，具有良好的可进入性出国旅游。

（二）出境组团社审批制度

出境组团社，是指接受本地旅游团（者）预订，制订和下达接待计划，并可提供领队全程陪同导游服务的旅行社。出境组团社是与旅游者签订合同的旅行社。出境组团社负责旅游者参团报名工作，根据不同的境外旅游目的地，联系不同的境外地接社来完成旅游项目。其业务内容主要包括境外地接社的选择和国外接待计划的落实。出境组团社必须经过审批之后才有资格组团出境旅游。

（三）出国人数总量控制、配额管理制度

国务院旅游行政部门根据上个年度全国入境旅游的业绩、出国旅游目的地的增加情况和出国旅游的发展趋势，在每年的2月底以前确定本年度组织出国旅游的人数安排总量，并下达省、自治区、直辖市旅游行政部门。省、自治区、直辖市旅游行政部门根据本行政区域内各组团社上年度经营入境旅游的业绩、经营能力、服务质量，按照公平、公正、公开的原则，在每年的3月底以前核定各组团社本年度组织出国旅游的人数安排。国务院旅游行政部门应当对省、自治区、直辖市旅游行政部门核定组团社年度出国旅游人数安排及组团社组织公民出国旅游的情况进行监督。

三、出境组团社的主要业务

出境组团社的主要业务就是为本地游客开发出境旅游产品、采购国际旅游交通工具、选择境外地接社、办理出国旅游证件、选派领队、购买旅游意外险等。具体包括以下几个方面：

（一）开发出境旅游产品

出境组团社开发出境旅游产品，最主要的就是设计境外旅游线路。出境组团社根据本地旅游者的需求，结合境外旅游资源和旅游设施，与境外地接社一起共同开发出旅游者满意的出境旅游线路。出境旅游包括出国旅游、边境旅游和港澳台旅游三个部分。因此，设计的出境旅游线路包括出国旅游线路、边境旅游线路和港澳台旅游线路。

（二）销售出境旅游产品

出境组团社在选择目标市场以后，要根据目标市场的特点和自身的经营实力选择适当的销售渠道，并采取灵活的价格策略把出境旅游线路推向本地市场，促使本地旅游者购买。特别是由于旅游产品本身的特点，其销售环节就显得更为重要，所以旅行社对销售渠道的依赖性是非常明显的。

（三）促销出境旅游产品

旅游线路的无形性所导致的旅游产品的不可转移性和不可储存性，决定了旅游线路不可

能以实物的方式进入市场，也决定了消费者不可能预先知道旅游线路的质量，所以对于出境组团社来说，旅游线路的促销活动非常重要。要使旅游消费者知晓、熟悉、认同、购买本企业的旅游线路，出境组团社需要开展各种形式的宣传促销活动，从而影响旅游者的购买行为。同时，在日益激烈的旅游市场竞争中，出境组团社也需要通过促销活动来提高产品的知名度，在市场中获得商机。

（四）采购出境旅游服务

出境组团社把旅游线路销售出去以后，就需要向各相关部门购买各种旅游服务。出境组团社计调采购业务主要是国际大交通、境外地接社、领队服务的采购，市内接送服务的采购及旅游保险的采购等内容。

（五）办理出境旅游证件

中国公民出国旅游需要向户口所在地的市、县公安出入境管理部门提出申请办理护照和签证；中国公民进行边境旅游需要向户口所在地的市、县公安出入境管理部门提出申请办理边防通行证；内地居民因私往来香港或澳门特别行政区旅游需要向户口所在地的市、县公安出入境管理部门提出申请办理中华人民公共和国往来港澳通行证；大陆居民赴台旅游需要向其户口所在地公安机关出入境管理部门申请办理大陆居民往来台湾通行证，并根据其采取的旅游形式，办理团队旅游签注（L签）或个人旅游签注（G签）；参加团队旅游的，应事先在指定的组团社登记报名。此外，还需要入台证，入台证由台湾方面办理。

（六）办理出入境手续

1. 边防检查

这项检查很多国家由移民局（外侨警察局）负责。入出境者要填写入出境登记卡片（有时航空公司代发卡片，可提前填写），交验护照和签证。卡片的内容有姓名、性别、出生年月、国籍、民族、婚否、护照种类和号码、签证种类和号码、有效期限、入境口岸、日期、逗留期限等。护照、签证验毕加盖入出境验讫章。

2. 海关检查

海关检查人员一般仅询问有否需申报的物品，但有的国家要求出入境者填写携带物品申报单。海关有权检查出入境者所携行李物品，有的海关对个人日用品、衣物等的检查不十分严格，对持外交护照者可以免验。各国对出入境物品管理规定不一，烟、酒、香水等物品常常限额放行。文物、武器、当地货币、毒品、动植物等为违禁品，非经允许，不得出入国境。有些国家还要求填写外币申报单，出境时还要核查。

3. 安全检查

近年来，由于劫持飞机事件不断发生，因此对登机的旅客采取安全检查措施越来越普遍，手续也日趋严格。主要是禁止携带武器、凶器、爆炸物、剧毒物等。检查方式包括安全门、用磁性探测器近身检查、检查手提包、搜身等。我国也实行国际上通用的安全检查方法。安全检查往往根据当时的局势、国际的状况以及其他方面的各种因素而定，所以有时较严，有时较松。

4. 卫生检疫

入关时一般需要进行卫生检疫，交验黄皮书。目前，很多国家对来往某些国家、地区的旅客免验黄皮书。但对发生疫情地区，则检查特别严格；对未进行必要接种的旅客，则会采取隔离、强制接种等措施。

（七）管理出境发团业务

具有出境组团资质的组团社通过各种方式招徕组合成旅游团队，将其发给国外相关旅行社接待。根据旅游团目的地分别发给沿途地接社接待，也可以直接发给境外某旅行社总负责，由该旅行社将团队再转发给境外其他相关旅行社接待。

四、出境组团社的部门设置

（一）根据境外目的地来设置

出境组团社部门设置是根据境外旅游目的地来设置的，如境外某国旅游资源丰富，具有很强的吸引力，旅游设施完善，交通十分便捷，那么出境组团社就会设置一个部门来经营该国的旅游产品。相反，如果某国旅游资源少，对游客的吸引力不大，旅游设施不完善，交通不方便，出境组团社就不会设置专门的经营部门。

（二）根据旅行社的规模和实力来设置

如果出境组团社的规模大、实力强，就可以多设置一些出境专线部；如果旅行社的规模很小，实力比较弱，就可以少设置一些出境专线部。

五、出境组团社的工作岗位

根据出境组团社的业务情况可以把出境组团社的工作岗位分为以下几种：

（一）出境旅游产品开发岗位

出境旅游产品开发岗位就是根据本地游客的需求、外国旅游资源及旅游设施情况设计出让旅游者满意的境外旅游产品。

（二）出境旅游产品外联岗位

出境组团社外联岗位就是要把出境组团社开发的出境旅游产品，通过一定的销售渠道、一定的宣传手段和公关活动，让当地的游客了解、喜欢出境组团社开发的旅游产品，从而购买旅行社的出境产品。

（三）出境组团计调岗位

出境组团计调岗位是负责组成出境旅游团队，并将团队发送到国外地接社接待的专职人员。其主要任务是为出境旅游者设计境外旅游线路，采购国际大交通服务和境外地接社，负责发团和发团管理工作。

（四）海外领队岗位

海外领队，是指经国家旅游行政主管部门批准可以经营出境旅游业务的组团社的委派，全权代表该旅行社带领旅游团从事旅游活动的工作人员。海外领队必须具备三个条件：一是依法取得领队资格；二是接受组团社委派；三是工作任务是带队出入境，监督旅游接待计划的落实，为旅游消费者提供相应的服务。领队作为国内组团社的代表和团队利益的代言人，对组团社圆满履行旅游合同、提高游客舒适度和满意度、维护旅游者生命财产安全起着极其重要的作用。熟练掌握领队服务程序，是做好领队工作的前提。海外领队的服务规程包括服务准备、通关手续、境外旅行服务、后续工作等。

（五）签证岗位

出国旅游，大多数国家都需要办理签证，因此出境组团社一般都专门设置签证岗位，该岗位专门负责办理游客出国旅游签证事宜。

（六）管理岗位

出境组团社的管理岗位主要有办公室、人力资源部、财务部、出境管理部等部门的管理岗位和一般行政岗位。

第二节　出境旅游产品的开发

一、出境旅游产品开发的要求

出境旅游产品的开发，主要是根据客源地旅游者对出境旅游产品和地区的需求，并针对他们的要求与欲望，结合旅游目的地国家或地区旅游资源的分布，以及地接社的旅游产品，综合制定出符合旅游市场的旅游产品。具体有以下几个方面的要求：

（一）具有安全保障，能保证游客在境外人身、财产安全

在旅游活动中，保障安全是旅游者最基本的要求。在旅游安全没有保障的情况下，再精彩的游览活动也不能激发旅游者的旅游兴趣。只有那些能够确保旅游者人身、财产安全的旅游线路，才能让旅游者放心购买、放心游玩，才是有市场活力的旅游线路。

（二）符合国家法律法规、部门规章、国家或行业标准的要求

《旅行社条例》第26条规定：旅行社为旅游者安排或者介绍的旅游活动不得含有违反有关法律、法规规定的内容。这是关于旅行社安排或者介绍的旅游活动的禁止性义务。设计的出境旅游线路一定要符合相关国家的法律法规、部门规章、国家或行业标准要求。

（三）正常情况下能确保全面履约，发生意外情况时有应急对策

由于出境旅游产品具有很强的预约性，一般要提前较长时间预定。但是，旅游产品易受影响，任何一个部门和因素发生变化，都会引起旅游需求的变化，诸如战争、政治动乱、国际关系、政府政策、经济状况、汇率变化、贸易关系以及地缘文化等社会因素和地震、台风、海啸等自然因素，其中任何一项关系发生变化，都会引起旅游需求的变化，从而影响旅行社产品的生产和消费。因此，在设计旅游产品时，应该考虑这些因素，保证在正常情况下能确保旅游合同全面履约，发生意外时有应急对策。

（四）满足不同消费档次、不同品位的市场需求，可供不同的旅游者选择

开发出境旅游产品，首先要对不同消费档次的潜在旅游者进行调研，根据他们的偏好、

经济、时间等要素设计不同档次、不同品位的出境旅游产品，以满足不同消费者的旅游需求。

（五）选择的地区对旅游者有吸引力

可出境旅游的地区太多，我们一定要仔细分析旅游者的需求，然后对国外目的地进行一一筛选，选择旅游者最感兴趣的、对旅游者吸引力最大的目的地。

二、出境旅游产品的开发流程①

（一）看同行行程，了解竞争对手产品的开发情况

所谓知己知彼，才能百战不殆。策划产品时，首先从了解本地竞争对手出境游线路的做法开始。如果旅行社要开发澳洲的旅游产品，就要了解目前我国做澳洲旅游产品的地区有哪些；主要是哪些旅行社在操作，他们开发了哪些产品。通过分析广州、上海、北京等地旅行社开发的澳洲产品发现：行程单一，没有“未出行先兴奋”的亮点，游客没有参团的欲望。所有常规的行程都逃不开这几种：澳新、澳新凯、澳新凯墨、澳凯、澳一地。以澳新凯为例，传统批发商的行程见表4－1。

表4－1　澳新凯产品行程

Day 1	各地乘机经上海、北京抵达凯恩斯，宿机上
Day 2	凯恩斯—土著文化公园，宿凯恩斯
Day 3	凯恩斯—翡翠岛大堡礁一日游，宿凯恩斯
Day 4	凯恩斯—飞往黄金海岸—华纳电影世界一日游，宿黄金海岸
Day 5	黄金海岸—冲浪者天堂—布里斯班—故事桥—市政厅广场，晚上乘机飞往奥克兰，宿奥克兰
Day 6	奥克兰—罗托鲁瓦—政府花园—毛利文化村—红树林，宿罗托鲁瓦
Day 7	罗托鲁瓦—爱歌顿农庄—返回奥克兰，宿奥克兰
Day 8	奥克兰市区观光—伊甸山—海港大桥—游艇俱乐部—教会湾，宿奥克兰
Day 9	奥克兰—悉尼—蓝山一日游，宿悉尼
Day 10	悉尼—海德公园—圣玛利亚大教堂—麦考利夫人椅子—悉尼歌剧院—悉尼大桥—悉尼港，宿悉尼
Day 11	悉尼乘机飞往中国

（二）对本地游客和目的地进行调研

出境旅游线路的开发首先要分析境外目的地在本地市场是否具有开发潜力。出境组团社应优先选择符合本地旅游者消费水平和消费习惯的旅游产品进行开发。例如，四川的游客喜欢到美国、欧洲、东南亚、韩国、日本等地旅游，因此四川的很多家出境组团社都开发了美

① 熊小敏．旅游圣经［M］．北京：中国旅游出版社，2014.

国出境旅游线路、欧洲出境旅游线路、东南亚旅游线路、日韩旅游线路等。

（三）看旅游地图，了解目的地城市和景点方位

设计出境旅游产品，一定要摸清目的地国有哪些主要城市，这些城市分布有哪些景区，客源地游客喜欢该国的哪些城市和哪些景点，它们之间的地理位置如何。摸清了这些情况之后，在设计行程上尽量不走回头路。如果选择泰国作为目的地，首先要了解曼谷的城市基本情况。曼谷有两个机场，北部是曼谷的廊曼国际机场，又称为旧曼谷国际机场，现在主要走泰国境内航线以及包机、廉价公司所用机场，比如飞清迈。东部是素万那普国际机场，又称为新曼谷国际机场，一般是正规的国际航线的机场。曼谷的市区主要景点有大皇宫、玉佛寺、卧佛寺、郑王庙，都在西部，即湄南河两岸。而购物店也在曼谷的东边，临近素万那普国际机场。北部主要有三个景点：大城府皇宫、大城遗址以及邦巴茵夏宫、三保皇庙。西边还有 3 个郊区景点：桂河、安帕瓦水上市场、梅哥隆火车交易市场；西南角有华欣宫殿和景区。芭提雅在曼谷的南部，主要景区有龙虎园、东芭乐园和皇家狩猎场等；还有众多海岛，如金沙岛、沙美岛、皇后岛等。

（四）根据旅游者，精选旅游景点

每个国家每个城市可选的景点都很多，由于时间的限制，不可能一一俱全，所以一定要精选各个城市的景点。要抓住重点，精选旅游者喜欢的景点，合理设计行程，不要安排过多的购物活动和自费项目，不要与我国实行的《旅游法》发生冲突。例如，对于日本景点的选择，如果是年轻人，可以轻松、欢快与自然景观为主，比如北海道，可以安排电影《非诚勿扰》的拍摄地阿寒湖和鲜花盛开的富良野；如果是老人团，可以采取北海道绕圈走，由札幌进，加游小樽，看看阿寒湖，逛逛富良野，从旭川乘机返回；如果游本州，年轻人或带孩子的游客可以增加迪士尼乐园；如果是高品位的游客，可以增加伊豆，打高尔夫球；如果是购物团，建议大阪进，东京返，在秋叶原和大雅逛逛免税店；如果是日本北海道 + 本州东京大阪 + 冲绳岛全境游，最好的安排是先北海道，后本州，再冲绳，这叫“游山玩水”，否则先玩水就游不动山了。北海道的景点，东边是以电影《非诚勿扰》的拍摄地阿寒湖为主，北边是以空中花园的富良野为主，西边是以魅力城市小樽为主，南边是以海港都市夜景函馆为主，这就需要根据客户群体的需求、景点的特色和特征、路程距离远近，以及可操作性来选择、编排行程景点，这是产品策划人必须首先考虑的。

又如，在设计泰国旅游行程时，有些旅行社为了安排购物不停地重复走路，逼得境外导游经常因为堵车而临时调整行程。加上曼谷的堵车是出了名的，一堵就是大半天。所以，中国游客去泰国旅游，时间对他们而言特别宝贵，一旦因为堵车或购物影响了正常行程，极易造成游客的不满和投诉。而实际上，造成这种投诉的隐患恰恰是很低级的，是可以避免的。

（五）突出亮点，行程描述简单醒目

在产品策划时，以“天天有看点，团团有亮点”为原则。好产品必有好亮点，亮点就是广告语，如日本产品“大约在冬季北海道”“樱花国度富士山”“邂逅在冲绳”“京都逸事”等。很多旅行社在策划出境旅游线路时，行程语言文案的描述过于渲染，仿佛导游词介绍，不仅占满了文字，没抓住重点，而且让游客看得云里雾里。玩什么、玩多长时间、怎么走，都不清楚。好产品应该语言简洁、行程清晰、亮点突出、重点游览，这是产品设计时最需要注意的。应以旅游为主，适时安排当地特产，劳逸结合，因人而异，把旅游六大元素安排和谐。

（六）精心设计和包装行程单

最终的产品定稿要体现在行程单的包装和设计上，因为第一印象很重要。如果行程单的受众群体是旅游者，那么让旅游者看懂行程单尤为重要。

1. 设计排版要清晰

这是给旅游者的第一眼印象，排版好了，主题鲜明了，一下子抓住了旅游者的眼球，旅游者的“心门”打开了，才有兴趣往下读。

2. 文字撰写要简洁

行程单不是导游词，要简洁明了，无须洋洋洒洒、妙语连珠的描述。我们换位思考一下，当你作为旅游者，要你去读一份犹如散文或小说的行程单时，你的心情会如何？该说的一定要说，该突出的一定要突出，这样才会受旅游者欢迎。

3. 纸张要少，亮点要明

每天要有亮点，这个亮点在旅游者出行之前唯一的传递渠道便是这张行程单。因此，我们要将每一天的亮点用最精练的语言呈现在行程之内，践行真正实现让旅游者“未出行，先兴奋”的宗旨。

4. 看图旅游，旅游者踏实

旅游者报名时，一般对旅游目的地的游览位置毫无概念，如果我们配了一张游览图，会让旅游者在出行前就对旅游目的地产生更多的期待和了解。

三、出境旅游线路的开发类型

具有经营出境旅游资质的旅行社在境外不同的地区都开发了很多条旅游线路，主要有跟团游、自由行、邮轮游和定制游四种类型。

（一）跟团游旅游线路

团队旅游是由旅行社或旅游中介机构将购买同一旅游路线或旅游项目的10名以上（含10名）旅游者组成旅游团队进行集体活动的旅游形式。团队旅游一般以包价形式出现，具有方便、舒适、相对安全、价格便宜等特点，但游客的自由度小。

目前各旅行社开发的出境参团游出境旅游线路主要有：港澳旅游线路、泰国旅游线路、柬埔寨旅游线路、新加坡旅游线路、印尼巴厘岛旅游线路、台湾旅游线路、韩国旅游线路、日本旅游线路、欧洲旅游线路、中东旅游线路、非洲旅游线路、大洋洲旅游线路等。欧洲旅游最经典的是法国、瑞士、意大利三国12日游，还有荷兰、德国、法国、瑞士、意大利5国15日游等。东欧国家一般是捷克、奥地利、斯洛伐克、匈牙利4国10日游。北美洲美国分东海岸和西海岸旅游，主要有美一地14日游，东西海岸、夏威夷旅游，美国、加拿大旅游。南美洲一般是巴西、阿根廷、秘鲁、智利21日游。澳洲线路一般是澳大利亚一地9日游、澳新12日游、澳新凯13日游。亚洲旅游线路主要有韩国首尔、济州岛5晚6日游，阿联酋迪拜6天5晚游，日本本州双飞6晚7日游，香港、澳门4晚5日游，越南岘港4天3

晚游等。

（二）自由行旅游线路

出境自由行产品是以度假和休闲为主要目的的一种自助旅游形式，产品以机票 + 酒店 + 签证为核心，精心为游客打造的系列套餐产品。2003 年 7 月，国家开放了公民个人去香港旅游，2011 年 6 月 28 日正式实施大陆居民赴台湾地区个人旅游。中国的香港、澳门、台湾，以及东南亚地区已成为“自由行”的热点。目前自由行的服务已大大超越了“机票 + 酒店”的简单组合，而增加了丰富的附加服务。例如，可以使游客组合各种交通、酒店、一日游、门票等，“动态打包”自己的特色行程。一些在线预订旅游服务商提供的地面服务非常丰富，有几十种接送、包车、观光游、票券等附加产品可以在出行前预订，仅仅接送和交通产品就包括了机场快线、机场至酒店的专车、穿梭巴士、包车专属游、全日通地铁票等，甚至还提供豪华车接送机服务。客人到了机场还有专门的柜台接待。自由行的时间自由度也在增强，以往的很多自由行只有周末才出团，被称为“周末购物团”，而现在许多产品拓展到了天天都发团。旅游服务商对于合作酒店的储备也有所增加，游客可根据不同需要自由选择酒店入住。此外，签证更方便，也成为利好消息。

★小知识

自由行产品成为推广重点

一直以来，自由行旅游产品不是出境组团社的优势业务领域，且因利润贡献率不高、聚集规模化需求相对不易等原因，这类产品成为出境组团社锦上添花型的利润来源，业务经营基本体现为等客上门。但随着散客化趋势的不断推进，特别是《旅游法》的出台对出境组团社的传统拼团作业带来了较多的限制，旅行社违规经营的风险和成本明显增加。为此，许多出境组团社纷纷剥离业务流程中的风险点，并推进业务流程和旅游产品标准化，转而将较多的资源配置向自由行产品领域倾斜。广之旅、南湖国旅、广东中旅等几家旅行社为了争夺市场份额，近年来在广告投入上不甘落后，但是在自由行产品的推介上，无论哪家旅行社都不值一提。但是，《旅游法》出台前后，出境自由行产品开始大批量地登上广告版面，甚至已然成为旅行社产品宣传的标准化动作。例如，南湖国旅力推搭团自由行，加大力度将动感沙巴双飞五天、巴厘岛双飞五天、清迈双飞五天等自由行产品推向市场；广之旅更推出了浪漫海岛、日韩、台湾、新马、泰国等系列化自由行产品。

目前各旅行社开发的出境自助游旅游线路主要有：港澳自助游旅游线路、泰国自助游旅游线路、新加坡自助游旅游线路、柬埔寨自助游旅游线路、斯里兰卡自助游旅游线路、日本自助游旅游线路、韩国自助游旅游线路、欧洲自助游旅游线路、澳大利亚自助游旅游线路、美国自助游旅游线路等。

（三）邮轮游旅游线路

邮轮旅游是用邮轮将一个或多个旅游目的地联系起来的旅游行程。这种旅行方式始于 18 世纪末，兴盛于 20 世纪 60 年代。邮轮度假风潮是由欧洲贵族开创的，它的精髓在于全家人借浩瀚的海洋去寻访历史，是种优雅、闲适、自由的旅行，是欧美人最向往的度假方式之一。邮轮是海上漂浮的度假村，省去车马劳顿，享受旅游的每分每秒。邮轮的精彩生活一般从晚上开始，盛大的晚宴、各色酒店、演出、剧场会让黑夜变得那么短暂。而中午则是邮轮的早晨，只有吃完午饭，邮轮才开始热闹起来，在甲板上享受日光浴、打高尔夫、在泳池游泳、在健身房做运动、在美容室做SPA、在咖啡馆聊天，如此享受生活，你终会爱上邮轮！

经过几年的发展，邮轮旅行已经成为当今世上最休闲、最奢华、最流行的度假方式之一。这个巨大的移动城堡，带着旅游者探索广阔海洋的秘密，领略神奇的海洋生物，旅游者真正感受地球的“水之魅力”。

目前主要的邮轮公司有：歌诗达邮轮、公主邮轮、皇家加勒比游轮、地中海邮轮、丽星邮轮、海航邮轮、夸克探险邮轮、挪威邮轮、美维游轮、黄金游轮、海达路德邮轮、精致邮轮等。主要航线有：东南亚航线、日韩航线、港澳台航线、地中海航线、加勒比海航线、夏威夷航线、美墨航线、中东航线、澳新航线、极地航线等。例如，日韩航线5天4晚【维多利亚号】济州＋仁川/首尔，东南亚航线6天5晚【海洋水手号】巴生＋普吉岛，加勒比海航线8天7晚【逍遥号】奥兰多＋巴哈马群岛，日韩航线4天3晚【海洋水手号】济州等。

★小知识

皇家加勒比邮轮海洋航行者号介绍

2012年6月，皇家加勒比国际游轮将旗下的“海洋航行者号”引入中国，并于2012年以上海为母港开设国际游轮航线。作为全球十大游轮之一，“海洋航行者号”进入中国后将成为中国乃至整个亚太地区最大的豪华游轮。整艘游轮犹如一座海上城邦，除舒适齐全的住宿选择外，各式餐厅、酒吧、精品店、图书馆、海上历奇青少年活动中心、皇家娱乐场、电影放映厅、夜总会、健身房、室内外游泳池、运动场等设施一应俱全。精彩之处不止于此。游轮上还拥有诸多突破传统的创意游轮设施，包括挑空四层的室内繁华商业大街——皇家大道，拥有弓形窗台、可俯瞰室内景观的皇家大道景观房，华丽壮观的三层主餐厅和烧烤、意大利、美式等多个特色餐厅，室内真冰溜冰场和直排轮滑道，高于海平面200英尺①的攀岩墙，以及小型高尔夫球场等。各种激动人心的娱乐活动将最大限度地满足不同类型消费者的度假需求，并为广大游客的海上之旅增添无穷乐趣。

（四）定制游旅游线路

定制游是一种国外非常流行的旅游方式，是根据旅游者的需求，以旅游者为主导进行旅游行程的设计。通俗地说，就是根据自己的喜好和需求定制行程的旅行方式。这种模式在业界的特点就是弱化了或者去除了中间商，能够给旅游者带来最个性化的服务。目前，定制游已经引入中国，处于发展阶段。对旅行社来说，定制旅游产品可谓是旅游业的“金矿”，与普通旅游产品相比，定制游的利润达到10%～15%，甚至更多。目前的大众旅游线路很多

① 1英尺＝0.3048米。

已走入低价竞争的恶性循环中，旅行社只有通过差异化竞争才能更好地生存。“设计独特、服务优质的定制旅游产品，将成为旅行社新的经济增长点。”

随着国内富翁旅游私密性和尊崇性的加强，以及国内“80后”、“90后”个性化需求，越来越多的旅游者喜欢通过定制旅游来完成自己的旅游行程，而更多的企业员工春游也倾向于通过定制企业春游方案来完成。据7998旅游网站内统计分析，每天约有1 000条定制旅游需求发布，每天约有1万家旅行社参与定制旅游竞标，而这只是中国定制旅游的起点，也许未来3年内中国定制旅游将占据国内旅游市场的半壁江山，定制旅游将会极大程度上改变旅行社主导线路设计的状况。

定制旅游的设计：首先，需要了解定制需求，即根据客人的具体想法或预算，提供一对一的人性化服务，推荐适宜的旅游目的地、酒店、项目，介绍相关风俗人情、气象、交通等情况；然后，由专业人士开始定制行程；最后，预约付款。定制旅游设计的范围比较多的是会议旅游、国际邮轮、团队拓展、留学考察、度假放松等。

★小知识

途牛定制旅游

途牛定制旅游分为两种类型，一种是公司定制游，要求人数大于10人，另一种是家庭定制游。首先需要游客在网上填写从哪儿出发、到哪儿玩、玩多久、何时出发、行程安排、出游人数、人均预算、姓名、手机号、邮箱等信息，提交之后，就可以获得一个验证码，成为途牛会员，途牛就会根据你的需求帮你设计旅游线路。

四、出境旅游线路的开发方式

（一）国际大交通+境外地接社提供的旅游线路

跟团游出境旅游线路开发，目前一般都是直接采用境外地接社提供的线路。由于境外旅游目的地的地接社对本地的旅游资源、旅游设施更加熟悉，设计的旅游线路具有较强的操作性和实用性。因此，很多出境组团社就直接采用境外地接社设计好的旅游线路，只是根据旅游者的要求选择出发地城市到境外目的地之间的往返大交通工具，把来回的交通工具确定了，旅游线路就基本上确定了。例如，四川省青年旅行社出境部提供的美一地14天行程，就是在美国地接社提供的行程基础上，加上成都至洛杉矶的往返大交通就可以了。又如，梦之旅出境游网站提供的上海－圣彼得堡莫斯科超值7日游，就是典型的散客旅游线路。该线路一般就是由境外地接社提供，组团社计调在该线路基础上加上出发地城市与境外目的地城市之间的往返大交通就可以了。

（二）国际大交通+修改后的境外地接社提供的旅游线路

出境组团社对境外地接社提供的线路基本认可，根据游客的要求做一些小的改动，比如增加一些旅游景点，或者减少一些购物项目，提高餐标或住宿标准等。例如，北京某旅行社在欧洲地接社提供的德法瑞意4国13日游行程的基础上，把原来的住宿标准提高了，用餐标准提高了，增加了半天的购物时间。又如，马尔代夫，境外地接社提供的行程一般是6天4晚的行程，但是由于马尔代夫岛屿众多，岛上房型类型也很多，因此出境组团社会根据游客的要求修改一些行程内容，如住不同的岛屿，重新选择房型（沙屋、水屋、日落（出）沙屋、日落（出）水屋）。

（三）国际大交通+重新设计境外旅游线路

目前要求独立成团的旅游者比较多。独立成团一般都不会采用境外地接社现成的旅游线路，而是由出境组团社根据旅游者的要求重新设计具有个性化的出境旅游线路。出境组团社就要认真研究旅游者的需求，与境外地接社一起共同开发能满足旅游者需求的出境旅游线路，即重新为旅游者设计境外旅游线路。重新设计境外旅游线路的流程与地接社开发旅游线路是一样的。下面就是四川省中国青年旅行社出境部为17位成都旅游者重新设计的美国西海岸+夏威夷10日游旅游线路（见表4-2）。

表4-2　美国西海岸+夏威夷独立成团10日游

行程安排
Day 1　成都-东京　参考航班：NH948　CTUNRT（0930/1520），东京-夏威夷　参考航班：NH1052 NRTHNL（2130/0930），含：中晚餐　住：夏威夷 今日集合于成都双流机场，乘机经东京转机，飞往世界著名的度假胜地——檀香山。夏威夷（Hawaii）在1959年8月21日成为美国第50个州，由夏威夷群岛组成，位于北太平洋中，距离美国本土3 700公里，总面积16 633平方公里，属于太平洋沿岸地区，首府为火奴鲁鲁（檀香山）。抵达后【市区观光+珍珠港】游览（约2小时），首先前往建筑外观相当典雅、也是美国领土上唯一的皇宫遗址【依兰尼皇宫】（外观）；披着金黄色外袍的【卡美哈美哈国王铜像】、夏威夷近代政治权力的象征【州议会】（外观）、被浓密树荫包围的白色建筑物【夏威夷州长官邸】（外观），【市政厅】（外观）参观举世闻名的【珍珠港】——美国太平洋舰队总部所在地，前往港中央亚利桑那号战舰纪念馆，凭吊被日军炸沉的“亚利桑那号”战舰遗骸，参观一千多名阵亡将士纪念碑。晚餐后送往酒店休息
Day 2　夏威夷　含：早中晚餐　住：夏威夷 早餐后【小环岛精华游】（行程约2.5小时）：游览【钻石头山】（途经），【高级住宅区】（途经），欧胡岛有名的海滩之一——【恐龙湾】、【喷泉洞】，夏威夷族保护区大风口风景区【巴里大风口】，海浪、岩岸及沙滩，把岛屿的轮廓雕琢得千变万化，天空的蓝与光影，映照出海面的透明色彩，让海底礁石忽隐忽现，像看着瞬息万变的万花筒。随后前往当地珠宝店和土特产店，自由选购您心仪的商品，随后入住酒店休息
Day 3　夏威夷-拉斯维加斯　含：早晚餐　住：拉斯维加斯 早餐后乘机飞往充满魔幻、夜夜笙歌、越夜越美丽的世界最大娱乐中心及最大的赌城——拉斯维加斯。这里是一座从沙漠里建起来的神奇城市，经过一百多年的发展，如今已经成为世界娱乐之都，每年吸引将近4 000万的游客造访。在这个沙漠环绕的地方，所有的注意力都集中到热闹非凡的拉斯维加斯大道，大道两边摆放着自由女神像、埃菲尔铁塔、沙漠绿洲、摩天大楼、众神雕塑等雄伟模型，模型后矗立着美丽豪华的赌场酒店，每一个建筑物都精雕细刻，彰显拉斯维加斯非同一般的繁华。世界上十家最大的度假旅馆就有九家在这里，其中最大的就是拥有5 034个客房的米高梅MGM大酒店了。在这里游览就好像到了巴黎、纽约、埃及、中东，可以感受到在世界各地旅行的气氛。入夜后赌城的夜景、五彩霓虹、尖端科技的特效噱头令人赞叹，这里有世界上最豪华和最别致的酒店，以及享誉全球、精彩的表演秀。抵达后，可自费【拉斯维加斯夜游】，无论是金殿的人造火山爆发，还是西泽宫的雕像秀，还有赌城中最神秘的百乐宫，其壮观迷人的芭蕾水舞，令人荡气回肠，达到无限的愉悦与欢畅。如有时间，您也可在威尼斯酒店外看到威尼斯钟楼及水上游船，在幻象酒店观赏火山爆发及神奇丛林，或者前往西泽酒店，在经过奇幻欧洲购物大道时，会看到天空色彩变幻的神奇景观、巨大的欧式喷泉及木马屠城计的景观等

续表

Day 4　拉斯维加斯　　　　含：早中晚餐　住：拉斯维加斯

早餐后，前往【科罗拉多大峡谷】。科罗拉多大峡谷是一处举世闻名的自然奇观，位于美国西部亚利桑那州西北部的凯巴布高原上，大峡谷全长446公里，平均宽度16公里，最大深度1 740米，平均谷深1 600米，总面积2 724平方公里。由于科罗拉多河穿流其中，故又名科罗拉多大峡谷，是联合国教科文组织选为受保护的天然遗产之一。大峡谷之令人向往，系于大自然为沧海桑田提供了完整的证据，其侵蚀的力量令人不得不赞叹大自然的无穷魅力。您可以从不同的角度欣赏阳光和岩壁折射的奇景，其壮观与艳丽无与伦比。科罗拉多大峡谷由几十个国家公园相连，其中尤以塞昂国家公园、布赖斯国家公园、拱门国家公园和纪念谷等最为著名。您还可以选择自费前往科罗拉多大峡谷国家公园耗资3 000万美元建造的悬空透明玻璃观景廊桥【大峡谷天空步道 Skywalk】体验，天空步道直接建筑在科罗拉多河上空1 200米的大峡谷的边缘，玻璃步道底部以454吨钢梁支撑，能够承受住72架波音飞机的重量，能够抵御80公里外发生的里氏8级地震和最高时速为160公里的大风。晚上可自费观看独特的【拉斯维加斯表演秀】

Day 5　拉斯维加斯 – 洛杉矶　　　　含：早中晚餐　住：洛杉矶

早餐后，自由活动，下午指定时间集合，之后乘车返回洛杉矶。

Day 6　洛杉矶　　　　含：早中晚餐　住：洛杉矶

早餐后前往市内观光（约1小时），首先游览【星光大道】，人行道上镶嵌着一块块星形青铜图案，这里是著名的【日落大道】，记载了2 000多名曾经在电影、电视等领域有所成就的名人，接着参观【文氏中国戏院】（外观），戏院门前守候着两只巨型石狮，这里是许多传奇影片的首映片场，戏院门前有许多著名影星的手印、脚印，引来无数影迷，接下来参观举办奥斯卡颁奖典礼的【柯达戏院】（外观），这里造价9 000万美金，拥有1 300多个座位，是奥斯卡金像奖颁奖典礼的永久会场。好莱坞的电影几乎离不开教堂的身影，您可参观《修女也疯狂》中的拍摄教堂（外观）。参观【好莱坞音乐中心】（外观），是一个20年代所建立的露天音乐剧场，与天然景致结合为一，是洛杉矶交响乐团夏季演出的固定场所。之后前往▲【好莱坞环球影城】（含门票）游览（约6小时）。这里是世界上最大的电影、电视制片及电影题材为主的主题公园。影城占地420英亩①，1912年成立。乘坐电动游览车参观各个好莱坞拍片工厂：有旧金山地震区、洪水区、侏罗纪公园的恐龙区、大白鲨拍摄区、芝加哥大火拍摄区等，参观电影幕后制作及特殊摄影技巧，原本晴朗天空，忽然电闪雷鸣、倾盆大雨瓢泼而下，如电影中那样逼真。游览车还会经过一些如西部小镇、纽约、英国伦敦、德国柏林、罗马古城等电影拍摄场地。以表演为主的娱乐中心可观赏其中的水世界、魔鬼终结者。以著名电影为主题的游乐区，有以火灾为主题的电影浴火赤子情现场连火成海的景象，总计运用了40种以上的特殊效果，让您在这熊熊烈火中体验炙热的临场感。侏罗纪公园，带领您进入古代热带雨林之中，亲眼看见恐龙生态的乘船之旅，并登上侏罗纪公园的顶部，感受由八层的高度向下俯冲的刺激

Day 7　洛杉矶　　　　含：早中晚餐　住：洛杉矶

早餐后，前往参观加州第二大城市圣地亚哥，这里是美国太平洋舰队最大的军港，美国海军第三舰队司令部及所属许多部队的司令部都驻扎于此，这里是太平洋海滨城市、爱美人不爱江山的温莎公爵和辛普森夫人的定情地，以及美国共和党全国代表会所在地，美国西海岸最大造船商——美国通用动力国家钢铁造船公司的总部所在地。抵达后，游览圣地亚哥军港，眺望第一艘钢构飞行甲板航空母舰——中途岛号航空母舰、战列舰、巡洋舰等，以及美国海军现役最先进动力航空母舰“里根号”等。从圣地亚哥海港码头上船，您可以欣赏到圣地亚哥海港风景，以及停泊在圣地亚哥海港的美国海军第三舰队的舰队停泊在圣地亚哥海湾。接下来登美丽的【科罗那多岛】，参观享誉盛名的五星级全木质结构百年酒店——科罗纳多酒店。它是加州最古老的酒店之一，也是美国最大的维多利亚风格木质结构建筑，被确定为美国国家历史地标，玛丽莲·梦露曾经在此拍摄外景，大发明家爱迪生曾亲自为它装电灯。最后，参观【圣地亚哥老城】。坐落在圣地亚哥市中心的圣地亚哥老城是一个美丽而充满乐趣的历史古城，它是加州的诞生地，也是西班牙早期殖民地，同时还是第一批欧洲人定居所。这里有150多个商店，屡获殊荣的餐厅，17个博物馆和历史遗迹。另外，还有免费现场表演，专业剧场、工匠、画廊和商店都在步行距离之内。之后返回洛杉矶，晚餐后返回酒店休息

① 1英亩 =4 046.865平方米。

续表

Day 8　洛杉矶－旧金山　　含：早中晚餐　住：旧金山 早餐后，乘车前往旧金山。抵达后，可以自由游览旧金山夜景
Day 9　旧金山－圣何塞东京　参考航班：NH1075　SJCNRT（1145/1610+1）含：早餐 早餐后，乘机飞往东京转机，飞越国际日期变更线，日期自动增加一天
Day 10　东京－成都　参考航班：NH947 NRTCTU（1715/2300） 从东京转机飞往成都，结束此次美国之旅
报价： 人民币：23 786 元/人 一、费用包含 1. 国际往返机票及美国境内段机票（经济舱、含机场税） 2. 行程中所标明的餐食：早餐为酒店内用餐或外送早餐（拉斯维加斯段），餐标为 5 美元/人；午餐为中餐或自助餐（五菜一汤），餐标为 7 美元/人；晚餐为中餐或自助餐（六菜一汤），餐标为 8 美元/人 3. 行程中所标明的美国酒店（双人标准间），全程为当地三星酒店 4. 行程中标注为▲符号的景点首道门票（特别声明的除外）：环球影城 5. 全程提供巴士，专业司机 6. 旅行社为客人购买的旅游意外保险 二、费用不含 1. 护照费、申请签证中准备相关材料所需的制作、手续费 2. 小费 11 美元/人/天×10 天＝110 美元/人（美国有付小费的规定，请在机场交给领队） 3. 单房差（140 美元/人/晚） 4. 交通工具上非免费餐饮费、洗衣、理发、电话、饮料、烟酒、付费电视、行李搬运、自由活动期间等私人费用 5. 出入境的行李海关课税、超重行李的托运费、管理费等 6. 美国境内段航班行李托运费用 7. 费用包含中没有列明的部分 8. 如因航空公司原因，西南城市联运段提前一天出发，出境口岸的一晚住宿自理 三、购物说明 （一）指定购物店 1. 美国：DB Vitamin Outlet，地址：1021 S. Glendora Ave，West Covina，CA91790，主要商品有保健品、首饰品、名牌化妆品等，购物时间不少于 60 分钟 2. 夏威夷：AMW 土特产店，主要商品有 NONI 系列，螺旋藻、虾红素、夏果巧克力，购物时间不少于 60 分钟 3. 夏威夷：珠宝店，主要商品有海洋产品，深水黑珍珠、红珊瑚、绿宝石等，购物时间不少于 60 分钟 4. 购物说明：以上购物场所及数量仅供参考，根据境外行程游览及时间安排会有适当调整，但全程进店总数不超过 3 家，百货商场、超市、加油站商店等不作为购物店范围 （二）自费项目特别说明 1. 自费项目是推荐性活动，每个团员都在“自愿自费”的前提下参加，导游组织自费项目不会带有任何强迫的因素 2. 自费项目价格仅供参考，实际价格以美国当地为准 3. 有些推荐项目价格为一定人数以上参加的团队价格，如果人数未达一定数额，具体价格将视参加的人数而做相应调整或无法成行

续表

4. 以上所列各项自费项目的价格包含了司导服务费、门票费、附加车费及相关预订费、讲解费用
5. 团员自愿自费参加以上项目，并接受以上价格，请游客参加前慎重考虑，一旦付费后，恕不退还（依实际自费人数而定）
6. 如遇天气、突发状况以及不可抗力等因素造成自费项目无法成行，我司将退还相关费用，敬请谅解
四、境外法律法规
1. 美国法律规定：司机每行驶两小时后必须休息 20 分钟，每天开车时间不得超过 9 小时，且休息时间在 12 小时以上
2. 美国政府规定：公共场合及房间内禁止吸烟！如被查到将会受到当地相关执法部门的重罚，根据各州法律规定的不同，对于罚款金额各有限定，罚款金额高达 500 ~ 10 000 美元不等，请游客一定要严格遵守美国的重要规定，以免造成不必要的经济损失
3. 美国有付小费的习惯，是国际礼仪之一，是对服务人员工作的肯定与感谢，小费将会由领队在境外统一收取
4. 行李箱请勿上锁，否则会被划开检查
五、安全提示
1. 境外游览时游客应注意人身安全和财产安全。尤其景区、酒店大堂、百货公司、餐厅等游客聚集的地方更是偷窃行为多发地，游客务必随同导游带领并注意结伴而行，在游玩过程中，时刻注意自己随身携带的物品安全
2. 乘坐交通工具时，现金、证件或贵重物品请务必随身携带，不应放进托运行李内；外出旅游离开酒店及旅游车时，也请务必将现金、证件或贵重物品随身携带。因为酒店不负责游客在客房中贵重物品的安全，司机也不负责巴士上旅客贵重物品的安全，保险公司对现金是不投保的
六、保险
1. 游客应在出行前确保自身身体条件能够完成旅游活动。旅行社建议游客在出行前根据自身实际情况自行选择和购买旅行意外伤害保险或旅行境外救援保险
2. 旅游意外伤害险或救援险承保范围不包括以下情况，游客在购买前应咨询相关保险公司：
（1）游客自身带有的慢性疾病
（2）参加保险公司认定的高风险项目，如跳伞、滑雪、潜水等
（3）妊娠、流产等保险公司规定的责任免除项目
七、风险提示
境外的中餐厅在规模和口味上与国内相比有很大的差距，中餐厅规模都比较小，环境不如国内，饭菜口味为了适应当地的饮食习惯都已经西化，而且由于当地原材料和调料不够齐全，口味不纯正，故希望游客能够理解；行程中赠送项目若遇不可抗拒的客观因素和非旅行社原因，旅行社有权取消或变更行程；关于在美详细注意事项请仔细阅读出团前《出团通知》及《美国旅游须知》
八、特别说明
1. 是否给予签证、是否准予出入境，为有关机关的行政权力。如因游客自身原因或因提供材料存在问题不能及时办理签证而影响行程的，以及被有关机关拒发签证或不准出入境的，相关责任和费用由游客自行承担
2. 因不可抗拒的客观原因和非旅行社原因（如天灾、战争、罢工、政府行为等）或有航空公司航班延误或取消、领馆签证延误、报名人数不足等特殊情况，旅行社有权取消或变更行程，一切超出费用（如在外延期签证费、住、食及交通费、国家航空运价调整等）旅行社有权追加差价
3. 美国独特的人文风俗和历史环境，造就了各地风格各异的教堂、广场及喷泉等景点，这些景点一部分是免费对外开放的，领队会根据实际情况酌情安排部分景点入内参观；另外，部分景点如市政厅、议会大厦等，作为城市典型标志，同时也是政府实际的办公地点，建筑风格极具当地特色，这部分景点是不能够入内参观的，游客可以外观并留影纪念
4. 由于团队行程中所有住宿、用车、景点门票、餐食等均为旅行社打包整体销售，因此若游客因自身原因未能游览参观的则视为自动放弃，旅行社将无法退费用，请游客谅解

续表

5. 美洲不同的国家有不同的酒店星级评判标准，大部分酒店没有星级的挂牌，但是这类酒店都具备等同于行程中指定同星级酒店的设施标准和接待能力

6. 分房以同性客人住一房为原则，如需住单人间，报名时应提出申请，并补交单间差；如报名时为夫妻、母子/父女（子、女需占床）、兄弟姐妹需住一间房请提前告知，在不影响整团出现单人间的情况下予以安排同住，否则以我社安排分房为准。根据地接社规定，12 岁以上小孩必须占床，12 岁以下小孩可选择是否占床，如不占床，请游客提前说明，具体费用根据所报团队情况而定；若一个大人带一个 12 岁以下儿童参团，建议住在一个标间，以免给其他游客休息造成不便

7. 以上为参考行程，最终航班信息、行程顺序安排及餐食安排请以最终出团通知为准！由于团队票价已经是折扣价格，所以 12 岁以下儿童票价和成人一致

8. 美国内陆航班：因机票资源紧张或者是到了美国线的旺季，有时要经另一个城市转飞目的地城市，有时还要将整团拆分为几个小团飞往目的地城市，同时机上不提供用餐，饮料费为 2 美元/份，请自备糕点

9. 美国内陆段航班托运行李是要额外收费的，请您提前准备好费用，收费参考标准：第一件为 25 美元/件，第二件为 35 美元/件，超重部分另行收费；美国国际段航班容许携带两件托运行李，重量不超过 23 公斤/件，超重部分另行收费

10. 旅途中客人的购物纯属个人行为，对因商品质量问题而造成的经济损失和纠纷，与本公司无关，本公司不予承担任何责任

11. 美国境内段脱团需要额外支付 200 美元/人的脱团费

12. 因报名人数不足无法成团，旅行社在 7 天前（含 7 天）通知游客延期出团，或建议拼团，或旅客取消本次旅行计划，旅行社不承担违约责任

九、预定特别条款

1. 定金为 5 000 元/人，作为向航空公司支付机票定金保留机位和酒店定金，游客因任何原因退团，旅行社将不予退还定金

2. 以下几种情况，请注意将产生损失费用：

（1）被美领馆拒签：我社需要收取的损失费用（机票定金 1 500 元/人 + 签证费 1 500 元/人 = 3 000 元/人）

（2）资料递交领馆后，由于客人的原因取消出行的，我社需要收取的损失费用（定金 5 000 元/人 + 签证费 1 500 元/人 = 6 500 元/人）

（3）签证出签后，已向航空公司支付定金但尚未出票的，由于客人的原因取消出行的，我社需要收取的损失费用（定金 5 000 元/人 + 签证费 1 500 元/人 = 6 500 元/人）

（4）若客人被美领馆拒签，而同行的其他客人签证出签后要求取消出行的，此时已向航空公司支付定金但尚未出票的，我社需要收取的损失费用（定金 5 000 元/人 + 签证费 1 500 元/人 = 6 500 元/人）

（5）若客人签证出签，同时航空公司已经出完机票，此时客人取消出行的，因航空公司规定团队机票不允许改期、签转、退票，因此我社将收取包含但不限于机票、酒店、用车等实际产生的损失费用

十、货币兑换、时差及使馆信息

1. 目前美元为美国主要流通货币，其他货币在使用或在美国兑换美元时都会有汇率上的损失，因此建议游客在出国之前换好所需美元。持中国银联卡可在美国境内部分商店刷卡消费，并可使用 ATM 取款

2. 行程中所涉及地区目前与中国时差分别为：

美国东部与中国有 13 小时时差

美国中部与中国有 14 小时时差

美国落基山时区与中国有 15 小时时差

美国西部太平洋时区与中国有 16 小时时差

美国夏威夷与中国有 18 小时时差（夏令时则比标准时间早 1 个小时）

3. 中国驻美国大使馆联系方式：

地址：3505，International Place，N. W.，Washington D. C. 20008，U. S. A

电话：1 - 202 - 495 2266

传真：1 - 202 - 495 2138

注：该资料由四川省中国青年旅行社出境部提供。

第三节　出境旅游产品的销售

一、出境旅游产品的定价和报价

（一）出境旅游产品价格构成

1. 出发城市与境外目的地城市间往返交通费

在国际旅游活动中，选用最多的交通工具就是民用航空器。东南亚旅游都是以包机为主，欧美旅游主要是控位置，平时散客量多，团队要位置的时候就方便。该费用包括机票费、机场建设费、税费。乘坐国际航线的班机机场建设费为人民币 90 元，税费各个国家、不同航班、不同时间都是不一样。

从国内出发到国外的航班很多，不同的航空公司通常会有不同的价格，即使是同一家航空公司的同一班次，在不同售票点的价格也不同。而不同航空公司选择的机型和座位设置也有所不同，服务质量和机上餐食也不一样，这会直接影响长途旅行的舒适程度和质量。国际航班的往返机票一般有短期特价和长期特价之分。短期价格一般分 30 天、45 天、3 个月之内往返有效；长期价格分半年和一年。

2. 境外地接费

境外地接费包括境外目的地交通费、住宿费、餐费、景点门票费、导游服务费、保险等费用。境外地接社根据接待的标准和人数，给组团社一个总的报价。如果是独立成团，一般要求境外地接社提供分项报价。

3. 签证费

办理签证需要缴纳签证费，每个国家的签证费不一样。目前欧美的签证多数都是 1 000 元以上，中东、南美等不开放的国家甚至要收 3 000 元左右的签证费，而最便宜的当属我们近邻的东南亚国家。签证费有时包含在团费中，有时须单独交签证费。

4. 领队分摊费

具有出境资质的组团社必须派出领队全程陪同游客在境外游览，即负责办理登机手续、进出关手续、酒店入住手续及全程食住行游的质量监督。领队往返机票及税金、领队司机保险费用、领队司机导游酒店住宿等费用都要分摊在每个游客上。出境旅游领队一般都能申请到免费的机票，到达另一国后，领队、司机、导游的住宿及景点门票一般都由另一国的地接旅行社解决，基本上都是免费的。如果团队人数不够，或者申请不到免费的机票，或者境外地接社不解决领队、司机、导游的各种费用，就要分摊到团队里所有游客。

5. 市内接送费

市内接送费是组团社接送游客到机场（车站、码头等）的费用。目前在出境旅行社的实际操作中，组团社基本上都不包含这笔费用了，都是游客自己到机场（车站、码头等）去，回程时自己返回家中。如果是团队，需要安排接送时，在计价时就要加上这笔费用。

6. 境外保险费

出境旅游一定要购买保险，保险分旅行社责任险和人身意外伤害险，旅行社责任险由组团社购买，人身意外伤害险由游客自己购买。出境游保费30元/人，保额30万元。

7. 操作费用（利润）

获取利润是旅行社的根本性质，出境组团社应根据旅游市场的情况确定适当的利润，大约在5%～10%。

以上是出境旅游的散客和团队操作的一些基本费用，但是不同的线路包括的项目是不一样的，自由行、自驾游等包括的项目就比较少一些，自由行费用一般只包括机票、住宿及签证3项。在旅行社操作的常规团队中，报价主要包含以下项目（见表4－3）。

表4－3　出境游常规团队报价的项目

报价包含的项目	报价不含的项目
1. 国际往返机票（含机场税） 2. 团队旅游签证费 3. 境外住宿费 4. 境外用餐费 5. 境外全程豪华游览大巴及专业司机 6. 全程中文领队服务 7. 行程中游览景点的首道门票 8. 旅游人身意外险 9. 旅行社责任险	1. 护照费 2. 境外洗衣、理发、电话、饮料、烟酒、付费电视、行李搬运等私人费用 3. 境外司机、导游小费 4. 行李海关课税、超重行李托运费、管理费 5. 行程中未提及的景点游览及其他费用，如特殊门票、游船（轮）、缆车、地铁票等费用 6. 因交通延阻、罢工、大风、大雾、航班取消或更改时间等人力不可抗拒原因所引致的额外费用 7. 与签证相关的，如未成年人公证、认证等相关费用

（二）出境组团社对游客报价流程

目前，我们国家出境游的具体操作是由专线负责，收客主要是由各服务网点负责，出境组团社对客人的报价应该分为几个步骤：首先是出境专线部向境外地接社和国际大交通询价，等境外地接社和国际大交通部门报价之后，出境专线部进行内部计价。专线部进行内部计价之后，加上利润再向服务网点报价，服务网点加上自己的利润之后，再向本地游客报价，即出境组团社专线部向国际大交通部门和境外地接社询价→境外地接社和国际大交通部门向出境组团社专线部报价→出境组团社专线进行内部计价→出境组团社专线在内部计价的基础上加上利润向服务网点报价→服务网点在专线报价的基础上加上利润向直客报价（见图4－1）。

1. 向境外各地接社和国际航空公司询价

出团计调将最终行程传真至境外各家地接社和国际航空公司询价。询价时选择合适的境外地接社报价是关键。询价时务必写明人数、出发日期、详细行程，包含内容的标准，如报价包含三星或四星酒店、中式午晚餐（五菜一汤，饭后水果）、中文导游（中文导游兼司机）、豪华旅游大巴车、常规景点门票、国际航班、保险、签证、特殊服务项目等各项要求。询价时必须认真填写询价单（见表4－4），询价为最终依据，只有在询价的基础上才能

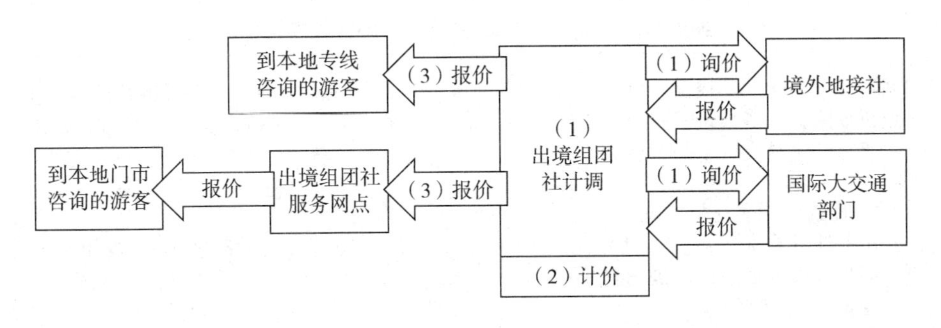

（1）出境组团计调向境外地接社和国际大交通部门询价：填写询价单进行询价

（2）出境组团计调进行内部计价：境外地接社报价+国际交通费+领队费+接送+保险+签证

（3）出境组团社向本社服务网点或向来专线咨询的游客报价：报价＝专线计价+利润

（4）出境组团社服务网点向来门市游客报价：报价＝门市计价+利润

图4－1　出境组团社报价流程图

报价。每个团队需要两家以上的地接社报价，以保证最合理的价位。询价时要考虑签证邀请的问题，所有地接社都是接到确认后才发出邀请。

表4－4　旅行社计调部询价单

<table>
<tr><td>TO</td><td colspan="2">旅行社</td><td>FROM</td><td colspan="2">旅行社</td></tr>
<tr><td>电话</td><td colspan="2"></td><td>电话</td><td colspan="2"></td></tr>
<tr><td>传真</td><td colspan="2"></td><td>传真</td><td colspan="2"></td></tr>
<tr><td>手机</td><td colspan="2"></td><td>手机</td><td colspan="2"></td></tr>
<tr><td>QQ</td><td colspan="2"></td><td>QQ</td><td colspan="2"></td></tr>
<tr><td colspan="6">举例：
今有我社21人团队于2013年2月12—25日参加美一地14日行程，12日从上海飞到纽约，24日从洛杉矶返回，25日到达上海。游览城市有纽约、华盛顿、夏威夷、拉斯维加斯、洛杉矶，美国境内全程要求入住五星级酒店，用车要求安排25座大巴1辆，司机、导游分开，配备一名优秀的导游及经验丰富的司机，全程含餐，请你尽快根据已经做好的行程做出报价。谢谢！（附上行程）</td></tr>
<tr><td>询价方式</td><td></td><td>开始询价时间</td><td></td><td>接到报价时间</td><td></td></tr>
</table>

2. 出境组团社专线部进行内部计价

出境组团社专线部根据境外地接社的报价、大交通费用、签证费、领队分摊费、保险费等进行内部计价，计算出接待本团的成本价，即出境组团社专线部计价＝境外地接社的报价＋往返大交通费用＋签证费＋领队分摊费＋保险费等。

以四川康辉国际旅行社有限公司台湾操作中心提供的“成都——宝岛台湾双飞八日游”行程（见表4－5）为例，来说明组团社内部计价方法。

表4-5 成都——宝岛台湾8日游行程安排

Day 1 成都—台北机场（川航/国航/长荣）用餐：晚（以具体航班为准，若为飞机餐，算为正餐） 在成都双流机场集合，搭乘班机自成都飞往台湾，抵达后由当地导游接待，晚餐后返回酒店休息，或自行前往台北著名的士林夜市，品尝台湾小吃
Day 2 台北—南投 用餐：早中晚 早餐后，专车前往【台北故宫】，之后前往台湾最著名的【日月潭】（含游船费用），这里是全台最大的淡水湖泊，因潭景雾薄如纱，水波涟涟而得名为“水纱连”。四周群峦叠翠，海拔748米，面积7.7平方公里。后因湖为光华岛所隔，南形如月弧，北形如日轮，改名日月潭，参观日月潭农特产品中心【御芝园】
Day 3 南投—嘉义 用餐：早中晚 早餐后，前往【中台禅寺】，由惟觉老和尚住持，最高点达150米。整个新建筑乍看下仿佛金字塔形态，另外架构包括讲堂、禅堂、关房、公园等，设备俨然是一个清净佛国、人间净土世界。随后参观台湾特有的【茶叶展示中心】，品尝台湾特有的高山茶，游览【阿里山森林游乐区】园区中的著名景点【阿里山神木】，接着前往【姐妹潭】，相传有二位山地女孩在此双双殉情，故后人附会而称姐妹潭（由台湾当地的天气等因素决定，如遇无法上山，将根据实际情况进行安排，景点会另行调整，以最终出团确认行程为准！）
Day 4 南投—高雄 用餐：早中晚 早餐后，前往【高雄西子湾风景区】，西子湾在清朝初年名为“洋路湾”“洋子湾”，原本是一处以海水浴场及天然珊瑚礁闻名的湾澳，而位于半山腰的【打狗英国领事馆旧址】陈列有人文、地理、历史及其他台湾文物史料，晚餐后前往酒店休息。晚间可自行前往高雄最著名的夜市【六合夜市】品尝著名的台湾小吃
Day 5 高雄—垦丁—台东 用餐：早中晚 早餐后，参观【钻石展示中心】后出发前往垦丁。“垦丁国家公园”位于台湾本岛最南端的恒春半岛，三面环海，东面太平洋，西邻台湾海峡，南濒巴士海峡。“垦丁国家公园”地理上属于热带性气候区，终年气温和暖，热带植物衍生，四周海域，海水清澈且无污染，因而珊瑚生长繁盛，自然景致保存优良。景区内有著名的猫鼻头★和鹅銮鼻★。后经南回公路前往台东
Day 6 台东—花莲—宜兰 用餐：早中晚 酒店早餐后前往【珊瑚展示中心】，后沿花东海岸公路前往花莲，途中能够看到“水往上流”奇观、在【北回归线纪念塔】稍事停留、观赏并摄影留念。游览花莲最著名的【太鲁阁】，首先前往【燕子口】，燕子口是指中横公路距靳珩公园约500米的大理石峡谷峭壁上，无数小岩洞的奇景。之后前往【九曲洞】，这是中横公路的一大奇观，著名的大理石峡谷，令中外游客叹为观止。最后参观花莲的【大理石艺术中心】，随后专车前往宜兰
Day 7 宜兰—野柳—101—台北 用餐：早中晚 早餐后，搭车经雪山隧道前往【野柳风景区】，参观奇岩妙石，可以与经典的女王头像、亲嘴的哈巴狗等岩石合影留念。后专车前往为纪念孙中山先生百年诞辰而兴建的【中山纪念馆】。纪念馆占地35 000坪①，为宫殿式建筑。馆外有中山公园环绕，还有九曲桥、池塘、假山、柳树等景色点缀。继往【台北精品店】及【土特产名店】品尝台湾特产凤梨酥，继续参观有“台北曼哈顿”之称的信义百货商圈、华纳威秀影城商圈、新光三越百货商圈及台北101大楼（登至89层，费用已含），这里可将台北盆地的全景一览无遗，白天的景观与夜晚的景色是各有不同
Day 8 台北—成都（川航/国航/长荣） 用餐：早中 早餐后，前往免税商店购买免税品，之后出发前往机场搭机返回成都

① 1坪=3.3平方米。

续表

报价：6 000 元/人（同行价报价） 费用包含： 1. 全程机票（经济舱），含机场税、燃油附加费；台湾签发的入台许可证件费 2. 全程 4 花 +5 花空调双人标准间 3. 行程中所列餐食（14 正餐，飞机餐算正餐），含早餐（7 早） 4. 全程豪华观光巴士 5. 行程内所列景点门票 6. 全程持证领队一名，台湾当地持证导游一名 7. 12 岁小孩以下不占床位（不含 12 岁）收总费用的 90%，12 岁以上收全额团费 8. 旅行社责任保险及旅游意外保险 9. 全程含司机和导游小费 50 元/天，共计 400 元 费用未含： 1. 客人在户口所在地公安局办理台湾通行证的费用 2. 行李物品的保管费及超重费，私人消费（如酒店洗衣费、电话费等），自由活动期间的费用 3. 因交通延阻、天气、战争、罢工或其他不可抗力所引致的额外费用 4. 行程中未提到的其他费用：如特殊门、游船（轮）、缆车、地铁票等费用 5. 一切超出费用（如在外延期签证费、住、食及交通费、国家航空运价调整等）我公司有权追加差价 6. 台湾没有自然单间，若出现单男或单女由我司安排，领队将有权调配房间，客人如不接受此种方式，须在出发前补房差

注：此行程由四川康辉国际旅行社有限公司台湾操作中心提供。

具体计价如下：

（1）台湾某地接社向成都某旅行社台湾专线报的基本地接费用：2 850 元/人，包含：

车费：500 元/人；

餐费：30 元/人/次 ×12 次 =360 元/人；

入台证：300 元/人；

门票：阿里山 45 元 + 日月潭 65 元 + 垦丁鹅銮鼻 5 元 + 101 大厦 90 元 + 台北故宫 35 元 =240 元/人；

导游、司机小费：50 元/人/天 ×8 天 =400 元/人；

住宿：7 晚 ×150 元/晚 =1 050 元。

（2）往返机票（含机建、燃油、税费）及税金 2 000 +600 元/人，

机票为暂定价格，最终价格以航空公司通知为准。

（3）领队摊销费用：120 元/人，

领队往返机票及税金，领队司机保险费用，领队司机导游酒店住宿费用分摊。

（4）出境旅游意外保险：30 元/人，

该台湾专线的内部计价 = 境外报价 + 往返机票费用 + 领队分摊费 + 出境意外保险费

=2 850 +2 600 +120 +30 =5 600（元/人）

即该专线接待每位赴台旅游游客的成本价为 5 600 元/人。

3. 出境组团社专线部对各服务网点报价

出境组团社专线部在所经营地区都开发了很多条不同的旅游线路，在对每一条旅游线路

进行内部计价的基础上，加上每条线路的操作费用（操作费包含整个旅游行程的制定与落实费、航空机票出票操作费、境外旅游服务预定协调工作费、签证资料整理及证件办理费用等）就是专线部对服务网点的报价了。操作费用的多少根据具体的线路来确定，一般跟团游的利润低一些，一般是计价的5%左右，包团游的利润高一些，一般是计价的10%左右。

即：出境组团社专线部报价 = 内部计价 + 操作费用（利润）

仍以上面的成都 – 宝岛台湾 8 日游行程为例：专线的内部计价为 5 600 元，假定利润为 400 元（利润的多少由专线部自行确定），那么：

该出境组团社专线部对服务网点的报价 = 内部计价 + 操作费用（利润）

= 5 600 + 400 = 6 000（元/人）。

4. 出境组团社服务网点对游客报价

出境组团社所属的服务网点对游客报价一般是采用成本加成法进行的。服务网点的成本就是专线提供的旅游计划上的同行报价，利润就是各个服务网点自行确定，一般是 300 元左右，当然要根据不同的时间，不同的线路来确定具体的利润。出境组团社服务网点对游客的报价 = 出境组团社专线报价 + 服务网点利润。

仍以上面成都 – 宝岛台湾 8 日游行程为例：该专线对服务网点的报价为 6 000 元/人，服务网点利润为 300 元/人（利润的多少由服务网点自行确定，我们假定为 300 元/人来计算），那么：

该出境组团社服务网点对游客的报价 = 专线部报价 + 服务网点利润

= 6 000 + 300 = 6 300（元/人）。

通过以上的计算可以看出，成都 – 宝岛台湾 8 日游，地接价是 2 850 元/人，往返机票（含机建燃油税费）2 600 元/人，领队摊销费 120 元/人，出境旅游意外保险 30 元/人，专线内部计价为 5 600 元/人，专线给服务网点报价为 6 000 元/人，毛利为 400 元/人，服务网点给游客报价为 6 300 元/人，服务网点毛利为 300 元/人（见表 4 – 6）。

表 4 – 6　成都—宝岛台湾 8 日游计价报价分解表　　单位：元/人

<table>
<tr><th>部门</th><th colspan="2">成本</th><th>内部计价</th><th>对外报价</th><th>毛利</th></tr>
<tr><td rowspan="4">出境组团社出境专线</td><td>地接报价</td><td>2 850</td><td rowspan="4">5 600</td><td rowspan="4">6 000（对服务网点报价）</td><td rowspan="4">400.00</td></tr>
<tr><td>往返机票（含：机建燃油税费）</td><td>2 600</td></tr>
<tr><td>领队分摊费</td><td>120</td></tr>
<tr><td>出境旅游意外保险</td><td>30</td></tr>
<tr><td>出境组团社服务网点</td><td>专线报价</td><td>6 000</td><td>6 000</td><td>6 300（对游客报价）</td><td>300.00</td></tr>
</table>

（三）出境旅游组团社整团（散拼团）成本结算

出境旅游组团社在经营一条线路时应该进行成本结算。详见表 4 – 7 出境旅游组团社整团（散拼团）成本结算表。

表 4－7　出境旅游组团社整团（散拼团）成本结算

<table>
<tr><td>出团日期</td><td></td><td>线路</td><td></td><td>航班</td><td colspan="2"></td><td>领队</td><td></td><td>人数</td><td></td></tr>
<tr><td>团数</td><td>客源</td><td>人</td><td>客人名</td><td>总报价（明细）</td><td>实收款</td><td>余款</td><td colspan="2">成本</td><td colspan="2">毛利</td></tr>
<tr><td>1</td><td></td><td></td><td></td><td></td><td></td><td></td><td colspan="2"></td><td colspan="2"></td></tr>
<tr><td>2</td><td></td><td></td><td></td><td></td><td></td><td></td><td colspan="2"></td><td colspan="2"></td></tr>
<tr><td rowspan="5">成本明细</td><td>机票</td><td></td><td rowspan="2">地接 A</td><td rowspan="2"></td><td>签证 A</td><td></td><td colspan="2">小费</td><td colspan="2"></td></tr>
<tr><td>税费</td><td></td><td>签证 B</td><td></td><td colspan="2">自费</td><td colspan="2"></td></tr>
<tr><td>中段</td><td></td><td rowspan="3">地接 B</td><td rowspan="3"></td><td>保险</td><td></td><td colspan="2" rowspan="3">其他</td><td colspan="2" rowspan="3"></td></tr>
<tr><td>票务提成</td><td></td><td rowspan="2">名单</td><td rowspan="2"></td></tr>
<tr><td>领队分摊</td><td></td></tr>
<tr><td rowspan="4">费用开支</td><td colspan="6" rowspan="4"></td><td colspan="2">总收款</td><td colspan="2"></td></tr>
<tr><td colspan="2">总成本</td><td colspan="2"></td></tr>
<tr><td colspan="2">本团毛利</td><td colspan="2"></td></tr>
<tr><td colspan="2">欠款</td><td colspan="2"></td></tr>
<tr><td>备注</td><td colspan="10"></td></tr>
<tr><td>特别注意操作流程！</td><td colspan="10">（1）预订机位、书面告知地接（准确时间及人数）、预备领队
（2）与同行签订转并团协议，回执盖章
（3）收全款（团款若没收全，向账务详细说明原因）
（4）收有效证件（护照：6 个月以上有效期/通行证：签注时效），或安排客人面试
（5）送签证（算准送签时间，注意领馆假期）
（6）仔细核对名单（拼音名、证件号、签证/注有效期）
（7）行程及名单传给地接确认
（8）与同行再次确认操作内容、发出团通知书、买保险
（9）再次仔细核对名单!! 出机票，仔细检查机票（名字/航班）
（10）上名单，送边防
（11）与领队/送团人交接（机票、护照、领队现付款、代收款、行程、名单、胸牌、导游旗、出入境卡、领队计划表、意见表）</td></tr>
</table>

注：该表格由四川省中国青年旅行社有限公司出境部提供。

成本结算应该包括 5 个方面的内容。

1. 团队（散拼团）和线路的基本信息

团队（散拼团）和线路的基本信息包括出团日期、线路名称、航班号、领队、参团人数、游客姓名等基本信息，要求把这些信息反映在结算表中。

2. 总报价及实收费用

该团总报价是多少，具体的分项报价是多少，实收费用多少，未收回的余额是多少，余款什么时间收回。

3. 成本明细

接待该团所支付的总成本是多少，分别由有哪些部分构成，在成本明细中注明机票（含税费）、票务提成费、领地分摊费、境外地接费用、签证费、小费等费用的具体数目。

4. 费用开支情况

在接待该团过程中，具体开支了哪些项目，每一笔都需要详细说明。

5. 结算

接待该团总收款是多少，总成本是多少，本团的毛利有多少，还没有收回的余款有多少。

通过成本结算对该团的经营情况、获利情况有了一个详细的了解，可以为下一步的经营提供参考。

二、出境组团社旅游产品销售渠道

（一）出境组团社销售渠道的类型

1. 直接销售渠道（出境组团社—游客）

这是出境组团社将其产品直接销售给游客的一种销售方式，又称为零层次渠道，即在出境组团社和游客之间不存在任何中间环节。出境组团社的直接销售渠道一般有两种形式：

（1）出境专线部对直客的旅游产品销售。

出境组团社对直客的旅游产品销售分为专线直接对个体直客的旅游产品销售和专线直接对企业的旅游产品销售。专线直接对个体的旅游产品销售，是指出境组团社专线部对直客的被动销售方式（B2C 模式）。一是专线销售人员对直客进行电话销售；二是专线销售人员在网络上对直客进行产品销售，如利用网站、手机微博、飞信、手机 QQ、公司客户 QQ、公司微官网等平台开展营销；三是专线销售人员面对面向直客销售产品。专线直接对企业的旅游产品销售，是指出境组团社专线部对企业的产品销售方式。对企业的销售通常是专线主动到企业沟通跑出来的销售业务。从企业的招标开始，销售部门要做出相应的标书来和其他旅行社竞争，投标成功后，要全程跟踪，出团前开出团说明会，在团队运行过程中及完团之后对客人进行回访。企业的客人如果一次团队旅游服务比较满意，之后会带动很多其他线路的连锁销售。

直客的来源主要有：一是公司老总和部门负责人介绍。老总和部门负责人直接把客人的联系方式给销售人员，销售人员直接联系客人。这里面的客人又分为老总的同学、朋友和重要客户。二是朋友介绍。这些朋友介绍一般都为客人直接联系专线销售人员，有目的、有方向地对产品进行了解。这些直客是比较有意向参加专线的产品团出去旅游的。三是直客直接到专线办公室进行咨询，这些直客大多来自临近楼层的公司员工。

（2）出境专线部对同行（门市/专线）的旅游产品销售。

一是对门市的销售。旅行社在本地设立门市柜台或在外地设立分社、办事处等销售机构，这些机构直接向游客销售旅行社产品。旅行社专线派销售人员拿着计划书或者 DM 单去跑旅行社门市市场。这就是所谓的旅行社传统销售收客模式，是指专线对门市对游客的形式，也就是现在所谓的 B2B2C 模式，也是最简单的“手工业作坊”操作模式。简单来说，专线将产品线路包装好做出计划价格，由专线的销售人员挨家挨户到门市上去派发相关计划行程，门市再将线路产品推荐给自己的新老客户，客人确定出行之后，再由门市与专线沟通，由门市收取资料及团款，并签订合同，最后由门市将资料及团款付给专线。在这个流程中需要门市上的客服人员与专线销售人员进行大量的沟通和交流，之所以称之为“手工业作坊”模式，是因为在此流程的各个环节中，都要求专线和门市的相关人员细心作业，不能有半点差错，包括对客人证件资料的收取检查，让客人了解行程价格、注意事项、团费中所包含项目、不含项目、必须消费项目、购物项目等。这种模式，好处在于能让门市与专线之间的沟通更多，促使门市与专线之间达到更加默契的合作。

二是对本社其他专线的销售。所谓的旅行社专线对专线的销售模式，其实就是同一个旅行社有不同的部门（比如出境操作中心、大客户部、市场部、欧美中心、日韩中心等）类似于专线和同一旅行社其他专线的销售。其销售模式和门市一样。只是每一个专线都有一个人际关系，专线和专线能实现一个销售客源的整合，也可以带来一定的经济利益。

出境组团社的直接销售渠道见图 4－2。

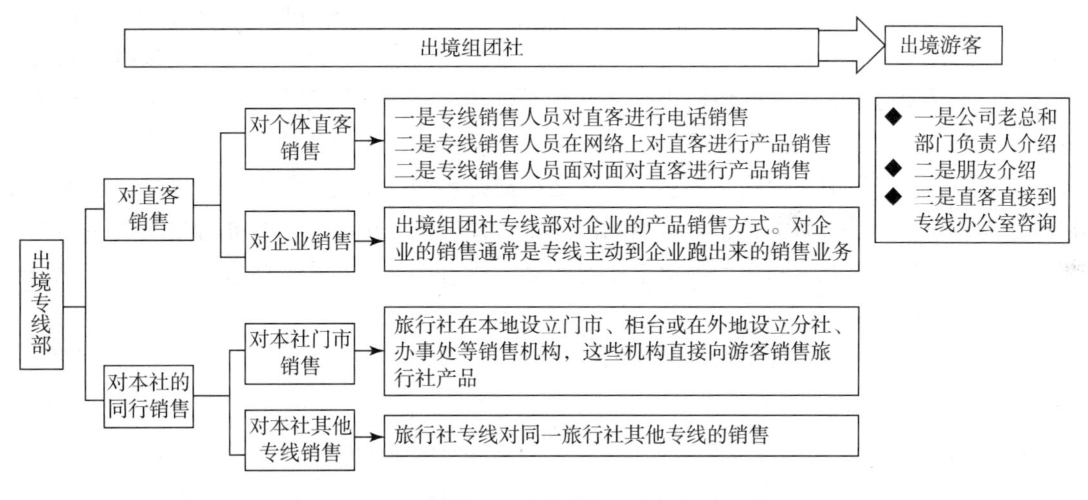

图 4－2　出境组团社旅游产品直接销售渠道

2. 间接销售渠道

（1）出境组团社——本地代理商——出境游客，即本地的一些代理商为出境组团社销售产品。本地代理商又分为两种：

一是对门市联合体的销售。随着旅游门市市场竞争越来越大，如果单纯依靠等待散客自己上门咨询，就没有太多固定客源，能继续维持下去的门市越来越少。于是出现了很多门市联合体，抱团取暖，一起来抢占客源的情况。此联合体可以同时加盟很多个旅游公司（比如康辉、宝中、青旅、国旅等），在二线城市有多个门面，这些门面有可能是旅游集团自己开后派人员管理的，也有可能是单个的个体门市在维持不下去后进行兼并的。门市联合体融合了很多的优势（比如资源共享、客源共享等）。门市联合体在看过专线的计划和线路之后，通过对他们的客源进行分析，然后把专线的整套机位或者部分机位切下来，专线通过门市联合体切的机位数量和线路，在正常同行价的基础上再优惠下来，然后门市联合体通过他们所有的门市，对从专线那切的机位进行全力销售。

二是对供应商的销售。随着各家旅行社顺应市场变化而进行的改革，资源整合客源集中等政策，近两年来各专线与其他旅行社总部的合作与交流增多，于是形成了一种新的模式——“供应商模式”。此处的旅行社供应商和传统的旅行社供应商又有所不同。传统的旅行社供应商是针对门市来做的产品批发，此处的供应商是专线对其他旅行社总部（落地平台）进行产品线路的供应，然后通过其他旅行社总部的门市或者是网站把产品线路销售出去。

所谓供应商模式，就是最近发展起来的一批旅行社，它们本身没有自己的线路部门或专线部门，但有自己所挂牌的门市（此门市是加盟门市，总部对门市提供系统技术支持，提供旅行社供应商线路），直客部门和网络销售部门（游客可以直接在总部网络平台上直接对心仪的线路下订单），它们的总部作为一个平台（落地平台），为自己的门市部提供专线资源采购，引入其他旅行社较大的专线部门作为自己的产品供应商，供应商每年根据线路和地区支付年费，同一条线路招多家专线进来成为供应商，以供门店的多样选择，同时各家旅行社都有自己的产品系统，门市与供应商在系统上进行交易，费用由供应商与各社总部进行结款，总部以每成交一笔的金额百分比进行抽成作为自己的盈利。

（2）出境组团社——网络销售平台——网络出境游客。随着互联网络在我国政府机关、商业、企业的广泛应用和个人用户的逐步普及，旅行社通过互联网和自建网站来推介销售旅游产品必将带来无限商机。网络销售平台就是通过网上收客，收客之后交给出境组团社负责发团。携程网、同程网、途牛网等，它们与出境组团社签订了合作协议，他们通过网络销售平台把境外旅游产品销售给网络游客，收客之后把游客交给出境专线部负责发团。例如，途牛网提供的海外旅游产品由具备全资质的国际旅行社提供，国际旅行社充分借用途牛网的网络预订平台，推出全方位的海内外旅游旅行产品，所有产品的行程安排以及合同签订均由全资质国际旅行社提供。

出境组团社的间接销售渠道见图4－3。

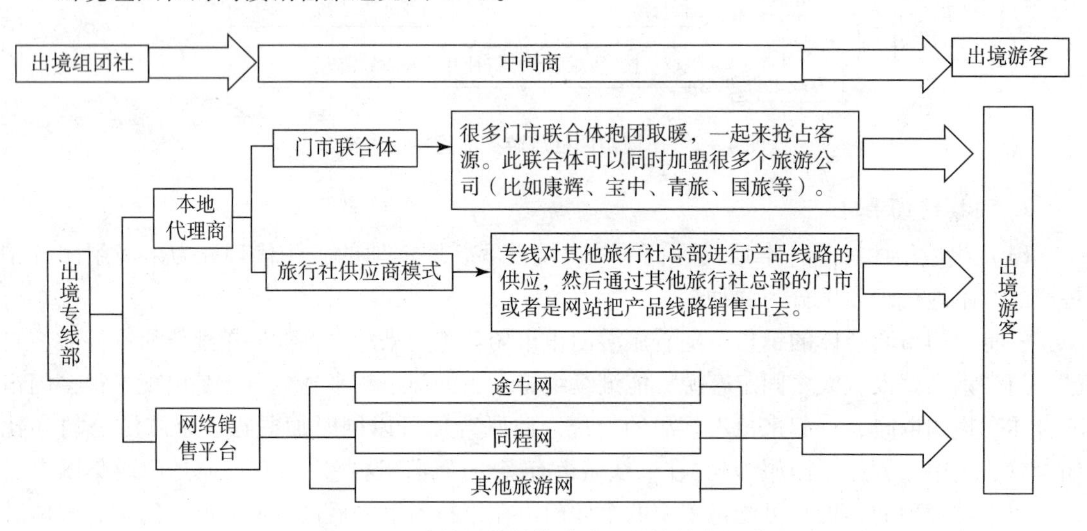

图4－3　出境组团社旅游产品间接销售渠道

（二）出境组团社销售渠道的选择

1. 直接销售渠道与间接销售渠道的选择

在当今我国国际市场由卖方市场转为买方市场，这导致中间商的盈利要远远超过销售旅游产品的旅行社。也就是说，出境组团社的利润要比境外地接社的利润高，通过直接销售渠道售出的旅行社产品所产生的利润大大高于通过间接销售所获得的利润。有时候直接销售的利润可以是间接销售的2～4倍。因此，出境组团社应该尽自己最大的努力采取直接销售渠道销售出境旅游产品，多设立一些服务网点和分社，依靠服务网点和分社来销售旅游产品。但是旅行社设立的服务网点和分社总是有限的，因此还应该选择以间接销售渠道为主的销售策略。间接销售渠道的选择就是要正确地选择本地代理商和网络销售平台。

2. 本地代理商的选择

由于本地有很多小的旅行社，它们自己没有能力开发境外旅游产品，也没有出境组团资质，但是他们可以作为出境组团社的代理商，为出境组团社代理出境旅游产品。出境组团社就应该与这些本地代理商建立一种互利互惠的关系，让一些本地代理商能够为出境组团社推销出境产品。

3. 网络销售平台的选择

中国互联网络信息中心（CNNIC）发布的第36次全国互联网发展统计报告显示：我国网民总数已达6.68亿人。通过网络销售平台销售出境旅游产品是一种很好的途径，网络销售平台收客之后交给出境组团社发团。携程网、同程网、途牛网等网上收客能力很强，很多时候收客能力远远大于本地代理商和旅行社服务网点和分社。例如，四川康辉国际旅行社有限公司泰好旅游就与途牛网签订了网上收客合同，途牛网收客量远远大于康辉各服务网点和分社的收客量。

（三）出境旅游产品销售过程的管理

1. 建立旅游销售合同制度

旅游销售合同是调整旅游经济关系的一种法律形式。其主要包括三大类的合同：一是出境组团社与出境旅游者就境外旅游接待服务内容和服务标准所订立的合同；二是出境组团社与旅游中间者就旅游接待服务内容和服务标准所订立的合同；三是出境旅行社与境外地接社为确保旅游供应服务和供应标准所订立的合同。旅游销售合同明确了合同双方的权利和义务，规范了旅游企业的经营行为，从根本上将旅行社产品销售过程纳入法制化轨道。

2. 制定科学的销售工作程序

出境组团社在出境产品销售过程中，应对每个环节制定明确的工作流程、文书格式、授权范围和岗位责任等，特别注意每个环节之间的衔接和配合，以免产生差错和失误。

3. 加强对销售人员的管理

出境组团社首先要选择适当的销售人员，其次要通过培训和深造等不断提高销售人员的业务素质，再次要明确业务人员的权利，最后要通过制度约束销售人员的责任心以及制定发挥销售人员的积极性等措施，来提高旅行社产品的销售质量。

三、出境组团社旅游产品促销方式

出境组团社产品促销，是指出境组团社为了鼓励消费者购买自己的旅游产品，运用各种推销方法与手段，将旅游产品的有关信息及时传递给客源市场中间商和潜在的旅游消费者，从而促进旅游产品销售，实现旅游产品价值的过程。旅行社产品促销的方法很多，但如果对其进行分门别类地加以总结，主要包括广告促销、直接促销、公共关系和营业推广四大系列。

第四节　出境旅游的采购业务

出境组团的采购业务主要有：出发地城市与境外目的地城市之间大交通采购、境外地接社采购、领队服务采购、市内接送采购及旅游保险采购等内容。

一、国际往返交通服务采购

在国际旅游活动中，选用最多的交通工具就是民用航空器。作为经营国际旅游业务的计调人员，必须了解和掌握相关的航空知识，熟悉航空运输规则，特别是其中具有法律效力的航空规定，才能在经营中不出错误，或者是少出错误。尽管现在已经开始实行了电子机票，但是基本的理论与规则依然有效力，电子机票只是换了一个方式，取消了纸制机票而已。

（一）国际航空基本知识

1. 航班公司缩写代码及航班号

常用的航班公司缩写有：日本航空公司－JL、法国航空公司－AF、英国航空公司－BA、泛美航空公司－PA。国际航班号用航空公司的两个英文字母和三个阿拉伯数字来表示，例如CA981，“CA”代表中国国际航空公司，“981”的9表示国际航班，8表示中美航线，1表示飞往美国的第一个航班。

2. 航班起止点

依照国际惯例，在国际航空中，通常采用世界各大城市或机场英文缩写的前三个字母为该城市的代号，表示航班或航线的起止点。例如，北京—巴黎，即PEK－PAR。世界各大中城市和机场都有自己的三字代号，如果抵达的城市有两个以上的机场，在表示航班或航段起止点时就不用城市代号而用机场代号。例如，北京到阿联酋沙迦，即PEK－SHJ表示（见表4－8）。

表4－8　国外部分城市和机场代号

国外部分城市三个字母代号				国外机场三个字母代号	
城市	代码	城市	代码	机场	代码
新加坡	SIN	伦敦	LON	东京成田机场	NRT
巴格达	BGW	洛杉矶	LAX	东京羽田机场	HND
曼谷	BKK	莫斯科	MOW	纽约肯尼迪机场	JFK
悉尼	SYD	纽约	NYC	纽约拉瓜地机场	LGA
东京	TYO	大阪	OSA	纽约涅瓦克机场	EWR
法兰克福	FRA	巴黎	PAR	巴黎戴高乐机场	CDG
香港	HKG	罗马	ROM	巴黎奥利机场	ORY
华盛顿	WAS	旧金山	SFO	伦敦希思罗机场	LHR

3. 航班基本信息

出境组团计调一定要掌握国际航班的起飞城市、经停城市、到达城市、航空公司、成人票价、儿童价格、婴儿价格、退票条件、税金及燃油附加费等基本信息。表4－9为中国至美国的航班信息。

表4－9　中国至美国（北京—纽约）航班信息

姓名	张某某	证件	护照	证件号	
国籍	中国	出生日期		性别	女
保险种类	国际航空险	60元/份（每段30元）		最高赔付	100万/航段
航班信息	去程	日期：2015年01月30日　北京—纽约			
		航班：联合航空 UA088 777 经济舱			
		出发时间和机场：2015年01月30日17：00首都国际机场T3航站楼			
		到达时间和机场：2015年01月31日17：45纽瓦克机场			
	回程	日期：2015年02月05日　纽约—北京			
		航班：联合航空 UA089 777 经济舱			
		出发时间和机场：2015年02月05日11：55纽瓦克机场			
		到达时间和机场：2015年02月06日15：00首都国际机场T3航站楼			
票价信息	票价￥4 555（不含税费） 应付金额：￥7 151	明细（1名乘客） 成人：￥7 091×1人 票价：￥4 555/人 机票税：￥2 536/人 燃油费：￥0/人 保险：￥60/人			

注：该表资料根据携程网提供的信息整理而成。

4. 特殊情况下的服务与费用

（1）由于机务维护、航班调配、商务、机组等原因，造成航班在始发地延误或取消，承运人应当向旅客提供餐食、住宿等服务。

（2）由于天气、突发事件、空中交通管制、安检以及旅客等非承运人原因，造成航班在始发地延误或取消，承运人应协助旅客安排餐食和住宿，费用可由旅客自理。

5. 票价和费用

（1）票价只适用于从出发地机场至目的地机场的航空运输，不包括机场与机场或者机场与市区之间的地面运输。

（2）适用票价是承运人公布的票价、无公布标价的为承运人规定的组织票价。适用票价是客票第一张乘机联上的航班运输开始之日有效的票价。

（3）政府或者其他有关当局或者机场经营人，因向旅客提供服务设施按规定征收的税款或者收取的费用，均不包括在适用票价之内。该项税款或者费用，应当由旅客支付。

（4）旅客应当使用承运人可以接受的货币支付票价和费用。支付的货币不是公布票价的货币时，应当按承运人规定的兑换率换算后支付。

（5）票价的有效期

出境旅游的国际机票一般为回程票或是联程票，正常的机票有效期为一年，但是值得特别注意的是，旅游团的机票是团体票、优惠票、折扣票，因此没有一年的有效期，而且团队机票一概不能退、不能改、不能换。

6. 行李托运

在行李托运方面，航空公司会免费托运两件行李（一件行李的三边之和在158厘米以内，两件行李的三边之和不超过273厘米，每件行李的重量不超过23公斤）；手提行李，每人限一件，规格不得超过22英寸[①]×14英寸×9英寸。

7. 登机要求

乘机需凭登记卡和护照登机，登机口一般于飞机起飞前30分钟开启，于起飞前15分钟关闭；在飞行全程中应关闭所携带的手机；在飞机起飞前半小时和着陆前半小时，应确保手提电脑、CD机等电子产品处于关闭状态。

8. 机票订座

（1）旅客应当按照承运人规定的手续订座，并在承运人规定的购票时限内交付票款。在承运人或者其授权代理人为旅客填开客票，并将该订座列入客票有关乘机联后，方能认为座位已经定妥和有效。旅客未在承运人规定的购票时限内交付票款，承运人有权取消该旅客所订座位。

（2）旅客持未订妥座位的全部或者部分乘机联客票要求订座，或者持有已订妥座位的全部或者部分乘机联的客票要求更改订座的，无权要求优先订座。对非自愿改变航程的旅客，承运人应当在情况许可时，给予优先订座。

（3）旅客未按照承运人规定使用已订妥的座位，也未通知承运人的，承运人可以取消旅客所有已经订妥的续程和回程座位，并可向未使用已订妥座位的旅客收取服务费。

旅客更改或者取消订座，应当在承运人规定的时限内提出。票价附有条件，旅客更改或者取消订座，应当符合该条件的规定。

9. 乘机

（1）旅客应当在航班始发前充足的时间内到达承运人的乘机登记处，以便办妥所有政府规定的手续和乘机手续。

旅客未及时到达承运人的乘机登记处、未出示适当的凭证、未做好旅行准备，承运人可取消该旅客预订的座位，而不延误航班。

对因旅客违反本条规定所造成的损失，承运人不承担责任。

（2）旅客未出示根据承运人规定填开的并包括所乘航班的乘机联和所有其他未使用的乘机联和旅客联的有效客票，旅客出示残缺客票、出示非承运人或者其授权代理人更改的客票，承运人有权拒绝其乘机。

10. 税金

购买国际机票时需要缴纳税金，是航空公司代当地国家政府收的税（见表4-10）。税金大致分为三种：离境税、过境税、入境税，个别国家还有其他名目的税。例如，美国除了有上述税以外，还有海关使用税、机场税、动植物免疫检查费等。当然有些国家是不收税

① 1英寸=2.54厘米。

的，像中国、菲律宾等国家是不收税的。税一般根据购买机票时的汇率发生变化，这就是不同时间购买相同航程机票时，税金却不同的原因。在一些国家，有的城市有税，有的城市没有税。例如，日本的东京、大阪有离境税，而札幌则没有。

表 4－10　不同国家不同航班机票和税费信息

时间	航班	出发机场及时间	飞行时间	到达机场及时间	票价/元	税费/元
2016. 04. 06	3U8617 320（中）	成都双流机场 CTU T　115：10	约 2 小时	香港机场 HKG 17：20	682	110
2016. 04. 16	HU7348 330（宽） HU497 787（大） B61106 E190（小）	成都双流机场 CTU T1　08：10	约 25 小时 转北京 PEK 芝加哥 ORD	纽约肯尼迪机场 JFK 21：00	2 830	1 382
2016. 04. 20	HU7248 787（大） HU497 787（大） B61106 E190（小）	成都双流机场 CTU T1 20：55	约 25 小时 转北京 PEK 芝加哥 ORD	纽约肯尼迪机场 JFK 21：06	1 618	1 705
2016. 04. 29	9C8517	成都双流机场 CTU T　108：55	约 4 小时	素万那普国际机场 BKK 12：00	550	573

资料来源：2016 年 4 月 4 日从去哪儿网上查询的机票信息。

（二）国际航空的选择方法

1. 筛选国际段航线

可以在一起飞（http：//www. yiqifei. com）或天巡（http：//res. tianxun. com/）等国际机票搜索引擎中查找国际航线，可以查到客源地到境外目的地的国际段航线情况。例如，可以查询大连、上海等城市到日本东京、大阪、福冈等城市有多少条航线。以大连出港为例，搜索“大连至东京”的国际航班，直飞航班有南航、国航、日航、全日空，经停国际航班有大韩航空、韩亚航空、东航等，相比较下，南航散客票价最为便宜。

2. 选对国际航线

选择了国际段航线之后，就可以进入航空公司的官网进行核实。以到日本的航线为例：一般去日本旅游，要么是大阪进东京出，要么是东京进大阪出，很少有旅行社关注其他城市的进出和航线的价格对比。其实，巧妙地利用进出口岸和日本城市间的廉价航空，学问还是挺大的。比如你选择的是南航，此时你会发现，南航并非天天有航班直飞东京，除周一、三、五、日直飞外，其余均需在广州转机。由此，行程的出发日有限定，必须是周一、三、五、日。再者，日本的进出口岸城市与我国新开的日本航线有密切的关系。比如，南航开通了富山，这是一个陌生的城市，同时又是一个很著名的雪山与温泉相融的海岸城市。很多旅行社却不会巧妙利用，还是按照习惯和传统线路模式运行，其实可以换个思路，比如利用南航的航线特性，富山进东京出，可以做北海道，也可以做联线。这样一来，成本降低了，玩的效果丰富了，亮点也就多了，市场反而容易拓展了。选择航班日期时，除考虑该天有同类航线最多的日子，还要尽可能利用节假日和双休日，比如八天团可以周五、周日出发，五天团或六天团则可选择周二、周三出发。

3. 查找对比目的国国内段最合适的航空及航班

选择了国际航线之后，还需要考虑目的地国国内航空情况。仍然以日本为例，北海道有五六个机场，国际航线主要飞札幌新千岁机场，距札幌市中心有 1 小时的车程；如果你想游北海道不走回头路，可以从札幌新千岁进，游富良野，从旭川机场出或函馆返回。

4. 机场的甄别

很多城市都有两个机场，两个机场之间的距离还比较远，因此，计调在制定行程时一定要甄别机场。例如，日本本州区及九州区城市机场分布很广，本州更是旅游业高度集中地带。特别要注意的是，东京有两个机场：一个是成田国际机场（NRT），在距东京 68 公里之遥的千叶县成田市，那里有日本最著名的祭拜圣地新胜古寺，也是日本最大的国际航空港，国内飞东京的航空基本都降落于此；另一个就是羽田机场（HND），在东京市大田区东南端，主要承接日本国内段的航空。成田机场较羽田机场离市区更远，且两个机场相距 1 小时车程。同样，大阪也有两个机场，分别为关西机场（KIX）和伊丹机场（ITM）。关西机场位于大阪湾东南部的泉州海域离岸 5 公里的海面上，距市区约 1 小时车程，伊丹机场就很近。另外，冲绳飞大阪的航班，可以选择冲绳飞至神户机场（UKB），因为机场离大阪近，这样顺便加游大阪，效果更佳。冲绳市内机场为那霸机场（OKA），距市区约 20 分钟车程。北海道没有直飞冲绳的航班，需要在东京、神户、名古屋等机场转机，航班很多，且连接也较为紧凑。

5. 选择目的地境内航空公司

确定了目的地航空公司之后，就可以选择目的地境内的航空公司了。如日本境内可以选择的航空公司有：

（1）全日空（ANA）：它是全球第七家五星级的航空公司，也时常提供日本境内段的特惠机票。其官网左侧有“日本国内线网上特惠价”专栏，其境内航线网络几乎涵盖了整个日本，且带有“EJ”标志的均为特价票，选择广，票价优。

（2）天马航空（Skymark）：天马航空以东京为枢纽，其航线遍布日本，搭乘一段一般为 10 000 日元。

（3）日本蜜桃航空（Peach Aviation）：以关西至新千岁、福冈、长崎为主。

（4）捷星航空（Jetstar）：以东京至札幌、福冈、大阪、冲绳为主。

（5）亚洲航空：以东京至札幌、冲绳、福冈为主。

（6）Star Flyer：主要以东京到大阪、福冈为主。

（7）Solaseed Air：主要为东京至冲绳的航班，需要在九州区转机。

（8）Air Do：主要为北海道区至本州区航班。

（三）国际机票的采购流程

1. 确定采购对象

出境计调应该通过各种渠道和方法收集国际航空公司、机票销售单位信息资料及负责人的联系方式，然后根据旅行社的线路需求，了解航空公司的规定及航空公司的经济实力，主要包括：国际航空公司的机票折扣、机位数量、服务态度、航班密度、改/退票的手续及费用，机票销售单位信誉度、网络是否方便、付款方式、工作配合度、竞争优势、机票返利额度等信息。最后，确定多家航空公司为本旅行社的采购对象。

2. 签订合作协议

出境计调与国际航空公司或机票销售单位经过多次协商之后，确定相关事项，然后双方签订正式的《经济合同书》，明确双方的合作关系及相互约定并备案。

3. 整理相关资料

出境计调部要印制国际航空公司的航班、票价信息及相关规定、机票销售单位信息，然后分发给社内相关部门并备案，还要根据航空交通部门的相关要求，设计并印制订购票所需的表单，如《订票身份证信息确认单》《机票变更/取消单》等。

4. 实施订购票业务

出境计调根据接待计划和《经济合同书》的相关要求选择机票销售单位，向机票销售单位提出订票、购票需求，航空交通部门在约定的时间内出票，计调人员在约定的时间内接票，也可以在网上预订机票。

5. 报账结算

出境计调根据本社的规定及《经济合同书》的要求，将订、购票的明细账及返利情况上报财务部门，财务部门审核无误后，根据约定付款时间及方式为航空交通部门办理结算事宜，并支付相应的票款。

二、境外地接社采购

（一）确定采购对象

出境组团计调根据本社经营计划，调查、收集境外地接社的相关信息资料，经过初步筛选后，对基本符合本社要求的境外地接社进行考察，重点考察接待质量和信誉等。通过考察后，进行综合比较和评价，与符合本社要求的境外地接社联系，初步协商合作事宜。例如，对泰国地接社的选择：泰国旅游界在曼谷的第一集团代表主要有龙泰旅游、国泰旅游、金鑫旅行社、东泰旅行社、泰通亿旅游等，它们都是进泰国OA系统的店；而泰国的正好旅运集团是进泰国暹罗系统的店。在普吉岛的第一集团代表主要有安顺旅游、泰利旅游、正泰旅游、苹果假期等，它们是以Gems Gallery Phuket系统为主的，不受OA系统和暹罗系统所左右。清迈、清莱接待华人游客的旅行社并不多，主要有清迈的大兴旅行社、清中华旅行社。苏梅岛，因为它是一个度假海岛，一般都是自由行和度假包团较多，合作较多的有苏梅岛的国泰和阳光假期。

（二）签订合作协议

出境组团计调根据协商的结果，利用本社的标准采购合同文本，拟订《合作协议书》通过与境外地接社负责人谈判，协商具体的合作事宜，并签订双方认可的《合作协议书》。这些协议一般都是外语版本为主。

（三）整理相关资料

出境组团计调将签署的《合作协议书》进行编号、存档，并报送相关部门备案，将相关资料及规定列表分发给本社相关部门。

（四）落实游览工作

出境组团计调根据游客游览要求，制订境外异地接待服务采购计划，并落实具体的游览工作，将发团的人数、时间等具体要求，用传真发给境外地接社索要报价，根据境外地接社的回传传真确认情况，按照接待计划中的发团日期顺序排列存档，并将境外地接社联系人姓名、联系方式转告给接待部门。

（五）报账结算

根据本社的财务规定和《合作协议书》的相关规定，及时将该团费用明细报财务部门，财务部门根据《合作协议书》审核无误后与地接社办理结算。

★小知识

美国亚洲旅行社

美亚假期SUPER VACATION（美国亚洲旅行社）始创于1981年，成立于美国加州。当时除预订机票、酒店等业务之外，还代理新加坡航空公司及马来西亚航空公司所承办的美国旅行团。1986年开始购入旅游巴士并成立美国亚洲旅游巴士公司（AMERICA ASIA EXPRESS INC.），成为当时唯一拥有大型豪华巴士的华人旅游集团。

目前，美国亚洲旅行社员工已超过150人，拥有16家分公司遍布在美国洛杉矶、旧金山、拉斯维加斯、纽约、夏威夷和加拿大温哥华、多伦多以及中国上海、北京等。每年服务旅客达十多万人次，年营业额高达6000万美元，拥有20多部大、中、小型车辆，其中包括十多部全新56座豪华巴士，每部车辆均附有1 000万美元责任保险，提供服务范围包括代理美国及世界各大航空公司机票、酒店、豪华游轮、美国国内巴士飞机团、加拿大、中国、亚洲、南太平洲、欧洲及非洲等精心设计的各国豪华旅游线路，并且在全美国、加拿大及世界各地500多家华人旅行社批发我们的旅游产品和出租巴士服务。

我们致力于提供最佳的产品及最优质的服务给每位旅客。所聘用的导游、司机及车辆维修员均经过严格挑选；每位导游都精通普通话、粤语、英语、日语等多国语言，务必做到妥善照顾每位旅客，让您有个终生难忘的旅程。

美亚假期SUPER VACATION是旅游业之翘楚，亦是加州洛杉矶市场占有率最大、最具竞争力之旅行社及批发商，专业出色的服务及优质的产品广受外界认同，并赢得广大顾客的信赖及支持。我们将继续开拓崭新的旅游景点和创意行程，给顾客提供多元化的旅游线路，为“服务您的精神，三十四年如一日”的承诺继续努力。

资料来源：http://www.americaasia.com.cn/about.asp

三、领队服务的采购

（一）领队服务采购知识

1. 海外领队的定义

“领队”一词出现在我国开办公民自费出境旅游的20世纪90年代后期。海外领队，是指经国家旅游行政主管部门批准可以经营出境旅游业务的组团社的委派，全权代表该旅行社带领旅游团从事旅游活动的工作人员。

2. 海外领队应该具备的条件

根据2016年11月7日第十二届全国人民代表大会常务委员会第二十四次会议《关于修改〈中华人民共和国对外贸易法〉等十二部法律的决定》，其中《中华人民共和国旅游法》第三十九条修改为："从事领队业务，应当取得导游证，具有相应的学历、语言能力和旅游从业经历，并与委派其从事领队业务的取得出境旅游业务经营许可的旅行社订立劳动合同。"这就明确了从事领队，导游应当具备以下三个条件：

（1）取得导游证。

（2）具有相应的学历、语言能力和旅游从业经历。学历要求是导游从事领队业务应当具有大专以上学历；语言能力要求是通过外语语种导游资格考试，或者取得国家级发证机构颁发的或国际认证的、出境旅游目的地国家（地区）对应语种语言水平测试的相应等级证书；从业经历要求具有两年以上旅行社业务经营经历，或者两年以上旅行社管理经历或者两年以上导游从业经历。

（3）与旅行社订立劳动合同。导游从事领队业务应与取得出境旅游业务经营许可的旅行社订立劳动合同。

（二）领队服务的采购流程

1. 确定采购对象

出境组团计调应根据本社经营计划，调查、收集海外领队的相关信息资料，经过初步筛选后，对基本符合本社要求的海外领队进行考察，重点对声誉好、经验丰富的海外领队进行考察，通过考察后，进行综合比较和评价，与符合本社要求的海外领队联系。

2. 签订协议书

出境组团计调通过与海外领队谈判，协商具体的合作事宜，根据协商的结果，利用本社的标准采购合同文本，拟订《海外领队聘用协议书》，签订双方认可的《海外领队聘用协议书》。

3. 整理相关资料

出境组团计调将签署的《海外领队聘用协议书》进行整理、编号、存档，并报送相关部门备案，将《海外领队聘用协议书》分发给本社相关部门。

4. 落实带团工作

出境组团计调根据游客的要求，通过对已签协议海外领队的筛选，选择合适的海外领队，将发团的旅游行程、人数、时间、注意事项等具体要求，以出团计划单的形式发给海外领队并提醒海外领队携带各项证件资料，协助海外领队处理带团过程中的各项事宜。

5. 报账结算

根据本社的财务规定和《海外领队聘用协议书》的相关规定，及时将该团领队服务费用明细报财务部门，财务部门根据财务规定和《海外领队聘用协议书》审核无误后，与海外领队人员办理结算。

四、其他服务的采购

出境组团计调采购业务除了上述各种必须要采购的旅游服务外，还有其他服务的采购，如代办护照签证服务、代办旅游保险等服务的采购。

出境组团计调有时需要为客人办理护照或者签证服务，护照客人自己办理的情况比较多，签证一般都需要旅行社办理，办理签证时需要根据所到目的地国的签证要求，要求客人提供相关资料，然后进行办理。

根据《旅行社条例》及相关法律，旅行社应该为旅游者提供规定的保险服务。出境组团计调要认真理解旅游保险规定，收集、调查保险公司的资料，根据实际情况，与实力强、信誉好的保险公司协商洽谈，与符合本社要求的保险公司进行合作洽谈，代表旅行社与对方代表签订《合作协议书》，对签署的《合作协议书》进行编号、存档，并报送相关部门备案，整理与保险公司签订的《合作协议书》及相关资料及规定并列表，将列表分发给本社相关部门，通知收取保险费。将每一名投保游客的资料送发给保险公司，并请保险公司及时回复传真确认，注意接收《承保确认书》以此作为投保依据。在旅游途中发生意外事故时，及时通知保险公司并向导游了解真实情况，必要时可进行现场勘察，在保险协议规定的期限内向保险公司呈报书面材料，索赔时，真实地向保险公司提供相关方面的证明。

第五节　出境旅游的发团业务

一、出境组团社发团及发团管理的定义

出境旅行社在开发出旅游产品、确定好产品的价格、选择了适当的销售渠道、进行完旅游产品促销之后，有了业绩，就进入发团阶段。

发团，是指出境组团社将通过各种招徕手段形成的旅游团队或散客，委托给指定的境外旅游目的地的地接社并由其负责完成合同中所规定的旅游者在吃、住、行、游、购、娱等方面应得到的待遇，并完成旅游全过程。

出境组团社发团管理，是指出境组团社对发团全过程的管理，主要包括对境外地接社的选择、对旅游计划的协商和确认、对旅游团旅行游览全程的质量监督和旅游行程结束后的总结控制。出境组团社将旅游团委托给境外旅游目的地的地接社后，由境外地接社根据合同规定安排该旅游团在旅游目的地的一切旅游活动，而发团社通过对境外地接社的监督，督促对方完成旅游合同。发团管理是旅行社经营管理的重要组成部分，主要包括选择旅行社和发团流程等方面的管理。

二、出境组团社的发团业务流程

在经历了精心筛选境外旅游目的地地接社并最终确定境外地接社之后，发团社与地接社之间联系就密切了。在此阶段发团工作流程主要分为以下几步：

（一）建立团队档案

1. 建立团号

出境游客签订了前期出境旅游服务合同之后，就开始编制团号。

2. 编制团队动态表

出境组团计调编制公司各类团体明细出团表，将团号、人数、陪同数、抵/离航班（车）、时间、境外地接社、接团时间及地点、其他特殊要求等逐一登记在《团队动态表》中，形成公司年度发团的基本资料。

（二）预报计划

向旅游团旅游过程中所需各境外地接社以传真或电传的形式预报计划，通常要提前至少一个月，目的是让境外地接社将此团纳入该社的接待计划，让地接社及早订票、订房。如遇紧急情况，也要先以电话预报，后发传真。

预报内容包括：团名、国籍、人数（性别）、抵离日期、食宿要求等，特别应标明使用何种交通工具离开，并要求境外地接社迅速予以传真回复。

（三）地接社书面确认

团队预报发出后，境外地接社应在最短的时间内给予书面答复，并对预报内容进行逐一确认，最重要的是机票、车票、住房的落实情况。若团队情况发生变化，双方应不断以传真互通情况；发生紧急变化时，可先用电话通知，之后一定要补以传真确认。总之，一切预报、回复、变更都必须通过传真的方式来最终确认，以备查验。

（四）发出正式计划

出境组团社应该在团队到达第一站前10～15天内将正式计划发给地接社。此时团队情况已基本稳定，出境组团社可以发出正式计划。正式计划是将来双方结算的凭证，所以必须以正式文件的形式打印、盖章。每地发出两份以上，并附计划回执，以便对方发回，确认收到无误，同时也要抄送给本社有关各部：票务、财务、接待、交通等部门。正式计划内容包括发团确认书、团队行程和各项服务的标准及特殊要求、团队游客资料（姓名、性别、年龄、身份证号或护照及签证号码等）、国际游方式、各地接社名称、联系人及联系电话、旅行团委托协议书等。

（五）委派领队

旅游团境外旅游成功与否很大程度上要看领队的工作是否到位，因此领队责任重大。实际上领队从接受任务、熟悉计划开始，就参与了发团作业。在境外，一切计划内外所发生的事情都要靠领队来完成。所以一个好的领队应该具备良好的职业道德，熟悉领队业务，特别是相关的法律知识与客源国知识；同时还需要机智、沉着、公正，具有良好的心理素质。若出境旅游团队的领队委派合适，发团作业流程就会非常顺利。

派遣海外领队，需要提前10天安排，并第一时间通知领队，以便领队做好相应的准备工作。将发团的旅游行程、人数、时间、注意事项等具体要求，以出团计划单的形式发给海外领队并提醒领队携带各项证件资料，协助海外领队处理带团过程中的各项事宜。领队领取领队资料表（见表4－11）。

表 4－11　××旅行社出境领队资料表

<table>
<tr><td colspan="3">团号：CCT20080622TSM</td><td colspan="2">团名：泰新马</td><td>领队：刘明</td><td>人数：16</td></tr>
<tr><td rowspan="6">资料</td><td>1</td><td>机票</td><td>16</td><td colspan="3"></td></tr>
<tr><td>2</td><td>护照</td><td>16</td><td colspan="3">16 本</td></tr>
<tr><td>3</td><td rowspan="3">签证</td><td rowspan="3">16</td><td colspan="3">泰签　全部做落地签证</td></tr>
<tr><td>4</td><td colspan="3">新签原件泰国导游处取</td></tr>
<tr><td>5</td><td colspan="3">15 马签已做好；1 本马签办落地</td></tr>
<tr><td colspan="6">名单、行程、胸牌、旗子、意见表、出入境卡（示例）、申报表</td></tr>
<tr><td rowspan="10">现金</td><td>1</td><td>新加坡小费：</td><td>20</td><td colspan="3" rowspan="2">60 元/人×15 人＝900 元</td></tr>
<tr><td>2</td><td>马来西亚小费：</td><td>40</td></tr>
<tr><td>3</td><td>泰国小费：</td><td>70</td><td colspan="3">60 元/人×15 人＝900 元</td></tr>
<tr><td>4</td><td>马来西亚自费：</td><td>225</td><td colspan="3">225 元/人×15 人＝3 375 元</td></tr>
<tr><td>5</td><td>香港小费：</td><td></td><td colspan="3"></td></tr>
<tr><td>6</td><td>澳门小费：</td><td></td><td colspan="3"></td></tr>
<tr><td>7</td><td>泰国落地签证：</td><td>1 000B</td><td colspan="3">1 000 泰铢/人×16 人＝16 000 泰铢</td></tr>
<tr><td>8</td><td>马来西亚落地签证：</td><td>240</td><td colspan="3">240 元/人×1 人＝240 元</td></tr>
<tr><td></td><td></td><td></td><td colspan="3"></td></tr>
<tr><td colspan="5">小计：元＋美金</td><td>领队签名：</td></tr>
<tr><td rowspan="4">地接社</td><td colspan="3">泰国：嘉泰旅运</td><td colspan="3">张扬：00661（01）－6242×××</td></tr>
<tr><td colspan="3">新马：伟年旅行社</td><td colspan="3">黎明：0065－97480×××</td></tr>
<tr><td colspan="3"></td><td colspan="3"></td></tr>
<tr><td colspan="3">成都：</td><td colspan="3"></td></tr>
<tr><td colspan="7">备注：请将机票带回公司</td></tr>
</table>

注：该表由四川省中国青年旅行社出境部提供。

（六）召开行前说明会

在办理好出国护照、签证和机票后，旅行社为了通报出国旅游的有关情况并了解游客的特殊要求，会适时召开出国说明会。时间通常安排在出国前 1～2 天，需 2～4 小时。出国说明会一般在旅行社召开，有时也在游客较集中的单位召开。为了表示旅行社对这次会议的重视，通常都会有旅行社经理以上人员出席，领队是行前说明会的主角。领队应代表组团社向游客介绍行程、回答提问。行前说明会主要做好下列工作：

1. 经理介绍整体安排

经理介绍领队及团队总的行程安排及重大注意事项，感谢游客对本旅行社的信任，表明旅行社热忱服务的态度。

2. 领队致欢迎词

欢迎词的主要内容是对游客表示欢迎和感谢，自我介绍，表达自己真诚服务的愿望，预祝游客旅游顺利。

3. 行程说明

向旅游团发放行程表，按行程表内容逐一介绍目的地国家（地区）的基本情况，特殊的法律制度和礼节礼貌、风俗习惯，并可穿插播放介绍旅游目的国（地区）概况的风光片，同时说明自费项目，告知所经城市及集合时间和地点。

4. 强调出境文明旅游

各出境游组团社应该高度重视文明旅游工作，认识到旅行社作为出境团队组织者的作用和责任不可替代；加强旅行社内部管理，按照相关法规，规范出境组团工作的各项流程并按要求操作执行；做好旅行社操作人员和领队的培训工作，落实“一岗双职”；组织好行前说明会，加强出境旅游团队的文明旅游宣传引导。

5. 落实有关事项

在说明会上应落实的事项包括分房、国内段返程机票是否已定或是否交款、机场税包否、是否有单项服务等特殊要求，是否有各种特殊要求，并登记好游客的特殊要求。

6. 说明有关注意事项

要求游客注意统一活动，强化时间观念及相互之间的团结友爱。提醒游客带好相关物品。相关物品包括有效证件（身份证、护照、通行证等）、适合当地气候特点的衣物、太阳镜、雨具、洗漱用品、常用药品、照相机、摄像机、电池和充电器等。提醒游客每人可带的现金数量：港澳游者每人最多只准携带人民币 20 000 元和 2 000 美元（或相当于 2 000 美元的等值外币），出国游客每人最多只准携带人民币 40 000 元和 5 000 美元（或相当于 5 000 美元的等值外币）。

为了让游客切实做好出国准备工作，避免在境外出现旅游事故，建议旅行社领队将出国说明事项的主要内容印成书面文件分发给每一位游客，尤其要将海外自费项目价格、外汇兑换方式及兑换率、游客饮食及穿着提醒、游客安全注意事项等内容罗列其中，便于客人掌握。

（七）最终确认付款

出发前 24 小时与地接社核对计划，要求地接社最终确认，向地接社催要《结算单》。确认团队质量无异议，经财务部审核，总经理批准，（允许预付）将团款汇入地接社账户。

（八）派发出团通知书

根据最终落实的团队情况向海外领队派发出团通知书（见表 4 - 12）。给游客的出团通知书上包含团队的行程、出发时间、地点、紧急联系人姓名、电话、注意事项等信息。

表 4 - 12　普吉包机出团通知书

亲爱的游客：您好！ 欢迎您参加本公司 20130212 普吉 5 晚 7 天团出境旅游团，我们将悉心为您安排优质的旅游服务。请您准时到达我们的集合地点以免发生误机事件。如因个人原因误机，后果将自行负责。 集合时间：2013 年 02 月 12 日 2130（晚上 09 点 30 分）集合 集合地点：双流国际机场（T1 航站楼）2 楼国际出发大厅 3 号门 送 团 人：小李 189 × × × ×0252　66222520　　集合标志：泰好旅游 领　　队：赵彪 航　　班：去：成都/普吉　MU573　　02 月 12 日　航班时间　2340 - 0245 + 1 　　　　　回：普吉/成都　MU574　　02 月 18 日　航班时间　0245 - 0805

续表

在即将开始您的快乐旅程之前，我社提醒您注意以下事项： 1. 行李：托运行李以不超过 20 千克为准，托运行李请上锁，国际航班现在要求凡是液态状的物品不能随身带上飞机，请你务必放进行李箱办理托运，液态状物品超过 100 毫升必须托运。 2. 证件：旅游期间，您可不用带身份证、户口本等证件，只需要带上您的护照。护照及机票由领队统一保管，出入（中国及外国）国境时由领队发给您。 3. 海关：请注意看管好自己的行李，防止被别人调包，不要轻易为不相识的人带行李过关，也不要让陌生人为您照看行李。回国时请勿携带违禁物品。泰国海关最新规定，凡进入泰国的外国游客须有足够的资金证明——等值于 500 美金的外汇（即 4 000 人民币）。泰国海关可能随机抽查，如客人因资金证明不足被泰国移民局遣返回国，所产生的费用和后果客人自负，故请贵宾准备好相应的现金以防抽查。(详见《华西都市报》2007 年 2 月 14 日第 2 版要闻版）。 4. 天气：旅游国家地处热带，目前平均气温为 36℃，请备好夏季服装、防晒物品、雨伞，但旅游车上较为凉爽，所以可适当准备长袖薄外套。 5. 饮食：东南亚饮食以酸甜或清淡为主，口味可能不合您的口味，敬请贵宾入乡随俗或自备榨菜、香辣酱等调节口味。 6. 货币：人民币在旅游目的地的一般商店不能直接使用，您可以固定汇率在导游处换取该国货币，未用完的当地货币可在离开该国时在导游处以相同的汇率换回人民币。一些大型商场和行程内的参观中心接受人民币和银联信用卡，故如方便您可携带国际信用卡。 7. 住宿：旅游国酒店多为欧式酒店，为保护环境均不提供牙具、拖鞋、日常洗漱用品等“6 小件”，请自行携带。个人财物请妥善保管，贵重物品可存放于酒店前台的保险箱。如团队人数出现单男单女，旅行社有权折分夫妻分房或作加床处理。 8. 纪律：请配合导游及领队的安排，务必遵守团体活动时间，互谅互让。在境外应尊重当地风俗习惯，在外旅游应注意安全，贵重物品请随身携带。旅游期间如要脱团，客人要自付脱团费 60 美金/人/天。自由活动时应三五成群，并在酒店总台领取一张酒店名片，以便走失时找回酒店。 9. 电话：在国外拨打中国电话请拨 001－86－区号电话或者 001－86－手机号码。例如：001＋86＋28＋(85109926）或者 001＋86＋18980023010。 10. 特别提醒：进入泰国游客每人限带 1 条（200 支）香烟，超过 1 条以上或多条被泰国机场税务局抓到没收所有香烟并罚款 4 400 铢/条（相当人民币 1 000 元/条左右）。 温馨提示：泰国为小费制国家，有付小费的习俗，请准备一些零钱付小费用！在入境时，可能会向您收取 10 元/人的小费，为了您快速进入，建议您支付！ 祝您旅途愉快!!!

（九）发团及监督

1. 发团

发团，是指出境组团社把通过各种招徕手段形成的旅游团队，委托给选定的境外地接社，并由其负责完成合同中规定的游客应该享受的权利和旅行游览活动的过程。

2. 监督

出境组团社发团之后，团队在境外运行中，出境计调通过对地接社的监督，督促对方完成旅游合同。团队发出之后，出境组团计调要时时监控团队的异地运行，监控内容如下：

（1）监督境外地接社的接待情况。

出境组团计调人员在团队发出后应该履行监督职责。监督境外地接社的接待质量，具体监督方法可以通过组团社派出的领队或游客进行信息反馈，发现问题及时纠正，消除各种隐患。

（2）监督领队的工作情况。

出境组团计调人员在团队发出后应该要求领队定期向组团社汇报团队的情况，同时还要向地接社了解领队在工作中是否认真履行自己的职责。

（3）监督游客的游览情况。

出境组团计调在团队发出后应该向领队、地接社了解游客游览的情况，在第一时间发现问题，并及时与地接社协商加以解决，保证团队顺利游览。对游客违规要收集证据，为以后处理问题留下依据。

3. 送团管理

在团队顺利结束境外行程返回本地后，出境组团计调人员与领队一起搞好送团工作。主动征求游客的意见，让游客高高兴兴地结束整个旅游行程。

（十）后续工作

1. 报账登账

在团队回国后根据地接社账单、导游报账单、机票订单存底以及签证数量，开始核算实际成本。完成本单后交由销售人员本人签字，再由计调签字后报备财务核算成本。在核算成本的同时，将地接社和导游余款的账单做好支出单，让部门领导审核并签字，再由财务、总经理签字后，放财务准备付款。报账之后，计调应将涉及该团的协议单位的相关款项及时登记到《团队费用往来明细表》中，以便核对。

2. 归档总结

团队结束后，要将所有操作传真及单据复印留档，作为操作完毕团队资料归档。对参团游客进行回访，建立客户档案。在团队回国后叮嘱接团人收取护照和登机牌，将所有资料装入专门的信封或口袋并写上团队名称，存放入档案库，并在电脑里备份团队档案。团队操作流程结束，最后需要跟踪团队反馈，记录下团队历史记录中的重要信息，以便今后取长补短。

3. 调整产品

根据产品销售情况、出团量、团队质量对产品进行适当调整。销售好的产品继续销售，也可适当增加出团计划；销售欠佳的产品要总结是线路本身吸引力不够还是市场等情况造成，如团队质量出现问题，要追溯原因，对于接待单位也要磨合、斟酌和选择。

★实训项目

推销出境旅游产品

实训内容：为学校附近的一家出境旅行社推销出境旅游产品。

实训目的：让学生掌握出境旅游产品的促销方法。

实训步骤：

第一步，在学校附近选择一家出境组团社；

第二步，熟悉该旅行社的各种出境旅游产品；

第三步，选择你认为具有亮点的一条出境旅游线路进行推销。

实训成果：提交你为该线路设计的10个广告触点，提交你推销10天的记录。

★实训项目

采购国际旅游机票

实训内容：7月16日北京某旅行社组织了由26人组成的旅游团，赴纽约、洛杉矶等地旅游，请你帮他们采购北京到纽约的机票。

实训目的：让学生掌握国际机票的选择和采购方法，能够为旅游团队采购国际大交通服务。

实训步骤：

第一步，了解旅游团队的航班需求；

第二步，在一起飞（http://www.yiqifei.com）或天巡（http://res.tianxun.com/）等国际机票搜索引擎上查找国际航线，查询北京到纽约的国际段航线情况；

第三步，根据游客的航班需求采购航空交通服务。

实训成果：列表归纳北京到纽约的航班信息（包括航空公司、航班、机型、出发机场及时间、飞行时间及中转情况、到达机场及时间、票价、税费等）。

★知识归纳

本章是学习如何经营出境旅游业务。从出境旅游概述、出境旅游产品的开发与销售、出境旅游业务的采购、出境旅游的发团等方面进行了详细的阐述。出境旅游概述部分阐述了出境旅游市场的发展阶段、中国对出境旅游的管理规定、出境组团社的业务范围、机构设置和岗位设置。出境旅游产品开发部分阐述了出境旅游产品开发的要求、开发流程、开发类型及开发方式。出境旅游产品销售部分重点讲了出境旅游产品的计价报价、销售渠道及促销方式。出境旅游采购业务部分阐述了国际往返大交通、境外地接社、海外领队的采购方法。最后，阐述了出境旅游的发团流程。通过本章的学习，要求学生能掌握出境旅游的基本知识，能够进行出境旅游产品的设计、销售，能够采购出境旅游服务。

★典型案例

签证工作的重要性

2015年7月17日（周五）早上，出境部签证计调小张把16日做好的签证资料送到领事馆做签证。到达领事馆才看到领事馆墙上张贴的放假临时通告，通告内容是7月21日（星期一）要闭馆一天。这就意味着17日送签，21日不能出证。按照规定领事馆规定，要三个工作日才能出证，因此需要顺延到22日才能取到。而出境计调要求21日要拿到签证，21日晚上要出团。小张才从事签证工作不久，不知道这个事情的严重性，没有给出境计调汇报这个事情就擅作主张把资料送到领事馆了，然后在去交钱的路上给出境计调QQ留言说明21日闭馆的事情。出境计调忙完之后才看到了QQ留言，知道了事情的严重性，马上给小张打电话，让他先在那等候通知。但得知小张已经递交了资料，钱都交了的时候，出境计调非常着急，马上通知部门经理，部门经理得知此事后马上采取措施，和领事馆协商20日提前出证。这样事情才得到解决。小张回来之后，部门经理并没有责怪他。而是很细心地跟他讲，如果说事情没解决到，小张就要承担70%的责任，而另外30%就是出境计调承担；如果领队走不了，就不是一个人的损失，而是影响了整个团，那就吓人了，说小张遇到这种事情不应该擅作主张，应该请示领导意见，做事情要考虑后果；还有就是如果早点看到通告，通知各部门，就不会出现这种事了。

资料来源：学生顶岗实习期间收集的真实案例

请问：签证计调小张哪些地方做得不好？今后应该吸取哪些教训？

解析：本案例中签证计调小张有几个地方做得不好：第一，小张没有及时关注领事馆的通告，计调应该经常关心领事馆的各种通知，把最新通知告诉相关部门。第二，小张17日发现21日闭馆通知后应该及时打电话通知出境计调，不应该QQ留言，打电话可以让出境计调及时掌握情况。第三，小张没有认识到21日不能出签的重要性。21日团队就要出发了，没有签证是不能出境的，这个损失是很大的，今后应该引起高度重视。第四，遇到这种事情不能擅自做主，应该请示领导。

第四章　练习题

4.1　单项选择题

1. 出国旅游的目的地国家，由国务院旅游行政部门会同国务院有关部门提出，报国务院批准后，由（　　）公布。

A. 国务院旅游行政部门　　B. 国务院
C. 省级旅游行政部门　　D. 国务院相关部门

2. 我国旅行社组织公民出境旅游，最先去的地区是（　　）。

A. 中国的港澳台地区　　B. 澳洲地区
C. 新马泰地区　　D. 欧美地区

3. 乘坐国际航线的班机，成人的机场建设费为人民币（　　）元。

A. 10　　B. 50　　C. 90　　D. 120

4. （　　）是一种国外非常流行的旅游方式，是根据旅游者的需求，以旅游者为主导进行旅游行程的设计。

A. 跟团游　　B. 自由行
C. 定制游　　D. 邮轮游

5. 国际航班号用航空公司的两个英文字母和（　　）个阿拉伯数字来表示。

A. 2　　B. 3　　C. 4　　D. 5

4.2　多项选择题

1. 中国的出境旅游经历了（　　）几个阶段。

A. 政策真空　　B. 适度发展　　C. 规范发展
D. 有序发展　　E. 全面发展

2. 出境旅游业务是指（　　）。

A. 旅行社招徕、组织、接待中国内地居民出国旅游
B. 旅行社招徕、组织、接待中国内地居民赴香港、澳门、台湾旅游
C. 旅行社招徕、组织、接待中国内地居民赴我国边境地区旅游
D. 招徕、组织、接待在中国内地的外国人出境旅游
E. 招徕、组织、接待在中国内地的香港特别行政区、澳门特别行政区居民和在大陆的台湾地区居民出境旅游

3. 2009年年初，文化和旅游部以科学发展观为指导，对中国旅游业的发展进行了重新

的定位，提出了要（　　）。

A. 大力发展国内旅游　　B. 积极发展入境旅游

C. 有序开展出境旅游　　D. 适当发展出境旅游

E. 大力发展入境旅游

4. 出境组团社的主要业务就是为本地游客出境旅游（　　）。

A. 开发出境旅游线路　　B. 采购国际旅游交通工具

C. 选择境外地接社　　D. 办理出国旅游证件

E. 选派领队

5. 出境旅游需要办理的出入境手续有（　　）。

A. 边防检查　　B. 海关检查

C. 安全检查　　D. 卫生检疫

E. 身份检查

6. 根据出境组团社的业务情况可以把出境组团社的工作岗位分为（　　）。

A. 出境旅游产品开发岗位　　B. 出境旅游产品外联岗位

C. 出境组团计调岗位　　D. 海外领队岗位

E. 签证岗位

7. 出境旅游产品的价格由（　　）构成。

A. 境外地接社的报价　　B. 出发城市与目的地城市间的大交通费用

C. 签证费　　D. 领队分摊费

E. 保险费等

8. 出境旅游产品的间接销售渠道有（　　）。

A. 出境组团社—本地代理商—出境游客

B. 出境组团社—网络销售平台—网络出境游客

C. 通过服务网点或分社销售旅游产品

D. 出境组团社—境外游客

E. 通过新媒体销售旅游产品

4.3　判断题

1. 出境组团社必须经过审批之后才有资格组团出境旅游。（　　）

2. 国务院旅游行政部门根据上年度全国入境旅游的业绩、出国旅游目的地的增加情况和出国旅游的发展趋势来确定本年度组织出国旅游的人数。（　　）

3. 出境旅游的国际机票一般为回程票或是联程票，旅游团的机票有效期为一年。（　　）

4. 世界各大中城市和机场都有自己的三字代号，如果抵达的城市有两个以上的机场，在表示航班或航段起止点时就不用城市代号而用机场代号。（　　）

4.4　简答题

1. 开放中国公民出国旅游目的地国家和地区的条件有哪些？

2. 开发出境旅游线路的要求有哪些？

3. 简述开发出境旅游线路的流程。

4. 简述出境组团社旅游产品的销售渠道。

第五章

入境旅游经营实务

学习目标

1. 了解入境地接社的主要业务以及部门设置情况。
2. 理解入境地接社旅游产品的影响因素、开发类型及开发方式。
3. 熟悉入境地接社旅游产品价格构成及报价方法。
4. 明确入境地接社旅游产品销售渠道和促销方式。
5. 掌握入境地接计调员的业务范围及操作流程。
6. 熟悉入境地接社接待业务的特点、接待流程与规范化管理。

实训要求

1. 实训项目：为自己家乡设计一份入境旅游产品促销方案。
2. 实训目的：通过该项目的实训，让学生掌握入境旅游产品促销的主要方法，能够设计入境旅游产品促销方案。

第一节　我国入境旅游概述

一、我国入境地接社的游客构成

（一）境外直客（自联）

境外直客就是入境地接社直接从境外招徕的游客，又叫自联。这种自联游客又分为以下两种：

1. 境外团队

境外团队就是境外旅行社和专业机构组织的旅游团队，由入境地接社直接负责接待。例如，美国亚洲旅行社组织了30位美国游客到四川旅游，由四川省中国国际旅行社入境中心负责接待。这30位美国游客就属于境外团队。

2. 境外散客

境外散客就是境外游客通过其他途径或者自己直接联系入境地接社。例如，韩国的游客通过网上了解了我国的某旅行社，然后直接跟该旅行社联系，来参加该旅行社的旅游活动。

（二）横向游客（地接）

横向游客是由国内其他旅行社或国内相关机构组织的入境游客。横向游客又分为以下两种：

1. 由国内其他旅行社组织的入境游客

国内其他旅行社把这些入境游客发给异地地接社，由异地地接社负责接待在异地的游览事宜。这种横向游客又分为团队和散客两种形式。例如，美国的游客到北京旅游，由北京中国国际旅行社入境部门负责接待，在北京游览之后还需要到四川游览，这个时候北京中国国际旅行社入境部门就扮演了组团社的角色，将游客交由四川省中国国际旅行社负责接待，四川省中国国际旅行社就扮演了地接社的角色。

2. 国内相关机构组织的入境旅游团队

例如，韩国商务部门组织了20人到四川交流学习，由四川某商务部门负责接待。交流学习之后，他们要到九寨沟旅游，这个时候四川某商务部门就会把20位客人交给四川省中国国际旅行社入境中心负责接待，负责安排他们到九寨沟游览，这些游客就属于横向游客。又如，北京大学的留学生要到西藏去旅游，北京某入境地接社就可以组织他们到西藏去旅游。

二、入境地接社的业务范围

入境地接社的业务主要是为境外游客提供在中国的住宿、交通、用餐、游览、购物、娱乐等服务。具体包括以下几个方面：

（一）开发入境旅游产品

如果入境游客从本地入境，只在本地游览，入境地接社开发的就是本省旅游产品；如果入境游客还要到其他省去旅游，这个时候，入境地接社就要扮演组团社的角色，还需要开发外省旅游产品。

（二）销售入境旅游产品

入境地接社要根据目标市场的特点和自身的经营实力选择适当的销售渠道，并采取灵活的价格策略把入境旅游产品推向境外市场，促使境外游客购买。

（三）促销入境旅游产品

入境旅游产品的促销对于入境地接社来说是非常重要的活动。要使境外旅游消费者知晓、熟悉、认同、购买本企业的旅游产品，入境地接社需要到境外开展各种形式的宣传促销活动，从而影响境外旅游者的购买行为。同时，在日益激烈的旅游市场竞争中，入境地接社也需要通过促销活动来提高产品的知名度，在市场中获得商机。

（四）采购入境旅游服务

入境地接社把入境旅游产品销售出去以后，就需要向各相关部门购买各种旅游服务。如果境外游客从本地入境，只在本地旅游，那么入境地接社的采购业务与国内地接社的采购业务相同；如果境外游客从本地入境之后，除本地游之外，还需要到异地旅游，那么这个时候，入境地接社还需要采购本地到外地的大交通服务、异地地接社服务、外宾全陪服务和保险等服务。

（五）协助办理入境证件

入境旅游的证件一般都是由境外游客自己办理，但是由于有些时候有特殊情况，还是需要入境计调办理证件。入境旅游所需证件有以下几种：

1. 护照

护照是一国主管机关发给本国公民出国或在国外居留的证件，证明其国籍和身份。入境团体游客最好办理个人单独护照，这样会为其外出活动、住宿登记、发生意外更改旅游产品等带来很多方便。

2. 签证

外国人入境，应当向驻外签证机关申请办理签证。入境旅游办理L签。外国人申请办理签证，应当向驻外签证机关提交本人的护照或者其他国际旅行证件，以及申请事由的相关材料，按照驻外签证机关的要求办理相关手续、接受面谈。外国人申请办理签证需要提供中国境内的单位或者个人出具的邀请函件的，申请人应当按照驻外签证机关的要求提供。出具邀请函件的单位或者个人应当对邀请内容的真实性负责。签证又分单签和多签。单签为一次签证有效，多签指在有效期内多次签证有效。

3. 港澳居民来往内地通行证

为进一步便利港澳居民来往内地及在内地居留、生活，提高港澳居民来往内地通行证的防伪性能，公安部决定启用新版港澳居民来往内地通行证（2012版），自2013年1月2日起受理新版通行证申请。通行证有效期分为5年和10年。申请人年满18周岁的，签发10年有效通行证；未满18周岁的，签发5年有效通行证。

4. 台湾居民来往大陆通行证

台湾居民来往大陆通行证，简称“台胞证”，是中华人民共和国政府发给台湾人民来往大陆地区观光、商务、探视的身份证明书，其样式与作用均类似护照。每次入境所需的类似一般护照上之签证的入境许可，在台胞证上称为“签注”。2015年9月15日，公安部宣布决定启用2015版台湾居民来往大陆通行证（简称电子台胞证、台胞卡）。

5. 旅行证

外国人前往我国不对外国人开放的地区旅行，必须向当地公安机关申请旅行证。由旅游者向临时居留地或工作地的市、县公安局出入境管理处申请。申请人应在启程前48小时，交验护照或居留证件，提供旅行事由的有关证明，填写旅游申请表，获准后方可前往。旅行证有效期最长为一年，如需延长有效期、增加开放地点、增加人数，必须向公安局申请延期或变更。根据管理需要，我国将对外国人开放的地区分为四类：甲类地区，是指对外国人完全开放的地区；乙类地区，是指新增加的对外开放或控制开放的地区；丙类地区，是指只准许去考察、进行技术交流、现场施工等公务活动的一般性的对外开放的地区；丁类地区，是指不对外国人开放的地区。外国人前往乙、丙、丁类地区必须办理旅行证。

6. 外国人赴西藏旅游证件

外国人到西藏旅游，只到拉萨、纳木错、日喀则、珠峰，需办理《入藏函》。入藏函，又名进藏签证，英文名为Tibet Travel Permit，简称TTP，是外国人或台湾同胞进入西藏所必须办理的一份进藏旅游签证。只有持外国护照及来自台湾的游客需要办理进藏签证，大陆公民及香港、澳门居民不需要办理。外国人到西藏旅游，需要到山南、林芝（鲁郎除外），需增加办理《旅行证》。外国人到西藏旅游，需要到昌都、阿里等非开放的地区，需增加办理《军区通行证》。

★小贴士

外国人进入西藏旅游办理证件需要的资料和流程

办理证件需要的资料：一是旅游者护照首页和签证页的扫描件；二是旅游者所去景点的行程安排。

办理证件的流程：

(1)《入藏函》。将备齐的办理证件资料于星期一、二两天交到外事办，然后于星期五到外事办取旅游批准文件，之后到旅游局办理《入藏函》(需要办理《军区通行证》的除外)。

(2)《旅行证》。办理此证需要旅游者抵达拉萨后，由导游将行程任务单、办证资料及《入藏函》交到公安局办理，当时便可办理（如需要《军区通行证》的地区还要带上《军区通行证》)。

(3)《军区通行证》。在取得了外事办的批准文件后，通常当天将批准文件交到军区办证处，然后于第二个星期一、二两天取证，最后将批准文件和通行证一并带到旅游局办理《入藏函》。

正常办完所有流程所需时间：《入藏函》4天，《旅行证》当时，需要《军区通行证》的《入藏函》10天。所以建议旅游者提前15天办理（如果需《军区通行证》，应当提前20天办理）。台湾同胞只办理《入藏函》，当天可以办理完成，如果需《军区通行证》，则和外宾所走流程一样。

（六）协助办理入境手续

1. 边检手续

外国旅游者必须在指定口岸向边防检查站（由公安、海关、卫生检疫三方组成）交验有效护照和中国的签证、证件以及卫生检疫证明，填写入境卡，经边防检查站查验核准加盖验讫章后入境。在乘坐长江游轮及入住大陆酒店时，需提供入境口岸及入境日期，所以务必在入境口岸加盖签章。

2. 海关检查

外国人和台湾同胞可持有效证件在指定的对外开放口岸出入中国或祖国大陆，香港同胞持证经深圳、澳门同胞经拱北通行。海关通道分为“红色通道”（亦称“应税通道”）和“绿色通道”（亦称“免税通道”）两种。境外游客进入中国境内，一般须经“红色通道”，事先要填写《旅客行李申报单》，向海关申报，经海关登记后放行。申报单上所列物品，海关加上“△”记号的，必须复带出境。申报单不得涂改，不得遗失，出境时再交海关办理手续；申报单应据实填写，若申报不实或隐匿不报者，一经查出，海关将依法处理。境外游客来中国旅行，可携带旅程中需要的、数量合理的自用物品；年满16岁及以上的旅客，可免税携带香烟400支和酒2瓶（每瓶750克）。

持有中国主管部门给予外交、礼遇签证护照的外国籍人员和海关给予免验礼遇的人员可选择“绿色通道”通关，但须向海关出示本人证件和按规定填写的申报单据。

3. 卫生检疫

外国人进入中国，应根据国境卫生检疫机关的要求如实填报健康申明卡。传染病患者隐瞒不报，按逃避检疫论处，一经发现，禁止入境；已经入境者，让其提前出境。

来自传染病疫区的人员须出示有效的有关疾病的预防接种证书；无证者，国境卫生检疫机关将从他离开感染环境时算起，实施6日的留验。

来自疫区、被传染病污染或可能成为传染病传播媒介的物品，须接受卫生检疫检查和必要的卫生处理。

（七）负责本地接待业务和异地发团业务

如果境外游客从本地入境，只在本地旅游，那么入境地接社就负责境外团队在本地的接待业务。但是如果境外游客从本地入境之后，除本地游之外，还需要到异地旅游，那么这个时候，入境地接社就需扮演组团社的角色，把入境团队发送到异地地接社，由异地地接社来完成异地服务工作。

三、入境地接社的部门设置

（一）根据本地旅游资源及设施对境外游客的吸引力来设置

入境地接社的部门设置是根据当地旅游资源及旅游设施对境外游客的吸引力来设置的。如果本地的旅游资源丰富，对境外游客具有很强的吸引力，境外游客喜欢到这些地方来旅游，加之本地旅游设施完善，那么入境地接社设置的部门就比较多。相反，如果本地资源对境外游客吸引力不大，客流量不大，设置的部门就相对较少。

（二）根据旅行社的规模和实力来设置

如果入境地接社的规模大、实力强，就可以多设置一些境外专线接待部；如果入境地接社的规模很小、实力比较弱，就可以少设置一些境外专线接待部。

四、入境地接社的工作岗位

由于入境地接社接待量不是很大，设置的岗位相对要少一些，有时候一个人可以做几个岗位的事情。根据入境地接社的业务情况，可以把入境地接社的工作岗位分为以下几种：

（一）入境旅游产品开发岗位

入境旅游产品开发岗位就是根据境外游客的需求、本地资源和设施情况设计出游客满意的入境旅游产品。

（二）入境旅游外联岗位

入境旅游外联岗位就是要设计本旅行社的销售策略，通过一定的宣传和公关活动来拓展旅行社的境外客源市场。根据旅行社在不同时间、不同地域的重点和特色旅游产品开展营销活动，把本社的旅游产品成功地向境外游客或境外旅行社等推荐。

（三）入境接待计调岗位

入境接待计调岗位的主要职责是按照计划向有关服务单位购买服务并组合成旅游产品，将境外游客已购买的旅游产品具体落实下去，以保证旅游活动的正常运行。入境接待计调掌握了旅行社的各种资源，负责旅游产品各要素（吃、住、行、游、购、娱）的安排。从某种意义上来说，入境接待计调的工作决定了入境地接社的工作质量。

（四）地陪岗位及外宾全陪岗位

如果境外游客从本地入境，只在本地游览，就需要安排一个本地陪同服务，地陪按照旅游合同要求，具体落实境外游客已购买的旅游产品，为境外游客提供在当地的旅游活动安排、讲解、翻译等服务。如果境外游客从本地入境之后，还需要到外地游览，那么这个时候，入境地接社就需要安排一个外宾全陪承担境外游客的全程陪同服务。

（五）管理岗位

入境地接社的管理岗位主要有办公室、人力资源部、财务部、入境管理部等部门的管理岗位和一般行政岗位。管理岗位主要负责办公室、人力资源部、财务部、入境业务的管理及其他工作。

第二节　入境旅游产品的开发

一、影响入境旅游产品开发的因素

入境旅游产品接待的旅游者是远道而来的海外游客、港澳台同胞，入境旅游产品大都是时间相对比较长的，包含着观光、休闲和专题探访等多种项目的竞争力很强的长线深度旅游产品。

（一）境外游客的需求

1. 了解游客的职业背景

在设计入境旅游产品时，一定要通过多种渠道了解游客的职业背景，如游客是不是记者，是不是外交官员，遇到这种情况需要上报公安局或外事办。

2. 了解游客的偏好

在设计入境旅游产品时，一定要通过多种渠道了解游客的偏好，根据游客的偏好有针对性地设计产品。不同国家、不同地区游客的偏好是不同的，只有有针对性地开发出游客喜欢的旅游产品，才能满足游客的需求。

3. 了解游客的财务状况

在设计入境旅游产品时，一定要通过多种渠道了解游客的财务状况。入境游客的财务状况好，接待标准可以高一些；如果财务状况不好，接待标准可以低一些。

4. 了解游客的身体状况

设计入境旅游产品时，一定要考虑游客的身体状况。如果要到高海拔地区旅游，一定要事先提出警告，对食物、药物等过敏的游客也要提前给予提醒。

★小知识

我国入境海外游客行为与态度分析

2015 年 9 月 17 日，Google 与市场调研机构 Millward Brown 共同发布了《2015 中国入境游海外游客行为与态度研究报告》，帮助中国旅游目的地了解海外游客来华的人群特征、旅游需求、决策习惯、获取信息渠道变化趋势、满意度等，推动中国旅游目的地更好地向海外游客展现中国的美，让更多全球游客发现中国的魅力。

1. 入境海外游客旅游行为的变化

（1）带有商务和休闲需求的入境游客日渐增加。2014 年，近 1/3 的入境游客来华有商务和休闲的双重需求，与 2013 年相比提升了 9%，而其中美国、马来西亚、新加坡三个国家的游客比例较高，83% 的游客带有游玩的需求，43% 的游客带有商务的需求。

（2）自由行的游客比例是跟团游客的近两倍。2014 年，来华自由行的比例已高于跟团游近两倍，其中日本、新加坡、美国的游客占比最高。

（3）传统的旅游热门目的地围绕在长城、故宫等景点，但是目前来华的游客对中国多元的民族文化、民间故事以及民俗工艺更感兴趣，期待可以亲身体验中国悠久的人文历史，丝绸之路则更为新奇。2015 年，Google 搜索中与丝绸之路旅游相关的热门关键词为敦煌、兵马俑和马可·波罗，海外游客对冒险、神秘、东方文化等相关的旅游产品都有更高的期待。对于丝绸之路，受访者表示除了欣赏自然风光、亲身体验式的旅游方式外，带有“冒险”“神秘/异域”“东方文化”和“民俗生活”元素的旅游产品将会更令人期待。在丝绸之路省份中，沿海地区海外游客量高于内陆地区。64% 的游客表示曾经到过上海，相比内陆地区明显高出许多，内陆地区要提高知名度和游客量，可以考虑与沿海城市合作推广。

2. 入境海外游客来华旅游的顾虑

（1）中国网速慢，影响他们的旅游信息收集。在整个旅行过程中，智能手机和平板电脑的使用率提升显著，63% 的游客使用移动设备收集信息后，会直接使用移动设备预订或购买旅游行程，移动设备成为旅游消费和购买的重要平台，足见针对移动设备开发的软件和应用程序的重要性。网络媒体在旅游的各个阶段都是重要的信息来源，83%的游客通过网络媒体收集目的地相关信息，而有87%的游客在网络媒体上预订行程，74%的游客在旅行期间需要建议时会依赖网络媒体，在旅游结束之后，有56%的游客选择在网络上分享旅游心得；与2013年相比，各阶段的增长在10%上下。

（2）担心当地的旅游环境。入境海外游客顾虑更多的是当地最基础的旅游环境，比如饮食和厕所，各占61%、51%，其次是担心会遇到欺诈行为以及人多拥挤的情形。

（二）本地旅游资源

旅游资源是进行旅游产品设计的核心和物质基础，是游客选择和购买旅游产品的决定性因素。旅游资源的吸引力决定了旅游产品的主体和特色。旅游产品的设计必须最大限度地体现出旅游资源的价值。旅游资源是一个地区旅游业存在和发展的基础，在旅游产品设计中，它是起影响作用的基础因子，也是旅游内容最主要的构成，同时也是影响旅游产品竞争力的主导因素。入境旅游产品在旅游资源考量上主要凸显中国最具特色、东方文化神韵和民族精神等方面。例如，四川旅游资源得天独厚，应以其数量多、组合优、类型全、价值高的旅游资源为载体，打造名副其实的风景大省，为其入境旅游发展奠定坚实的资源基础；福建在继续重点开发武夷山、湄州岛、鼓浪屿、惠安女、客家土楼五大旅游品牌的基础上，应大力推出妈祖文化旅游、中国茶都（安溪）茶文化旅游，这对外国旅游者来说都具有很大的吸引力；湖南旅游资源品位高，特别是武陵源，世所罕见，其产品成熟度、知名度与配套程度迅速提高，已成为中国港澳台、日本及东南亚地区游客首选的旅游产品之一。

（三）本地旅游设施

旅游设施是完成旅游活动所必备的各种设施、设备和相关的物质条件的总称，是旅游经营者向游客提供旅游服务所凭借的各种物质载体，是游客实现旅游目的的保证。旅游设施不是游客选择和购买旅游产品的决定因素，但它能影响旅游活动开展得顺利与否以及旅游服务质量的高低。因此，旅游设施的完善直接影响境外游客的旅游效果。在旅游产品设计中必须充分考虑境外游客的客观条件与旅游过程中设施的方便性，使境外游客获得最佳旅游效果。

（四）旅游可进入性

旅游可进入性，是指游客进入旅游目的地的难易程度和时效性。旅游活动异地消费的特点，决定了旅游产品的提供只能存在于旅游目的地。游客是否能够按时顺利到达旅游目的地，是构成旅游产品设计的重要因素。因此，旅游可进入性是连接游客需求与各种具体旅游产品的纽带，是旅游产品实现其价值的前提条件。旅游可进入性的具体内容包括以下几个方面：

1. 交通状况

游客的异地空间转移，依靠的是交通工具。现代交通工具的不断发展，是现代旅游业发展的基本条件之一。可以说没有现代航空业的出现，就不会产生现代的国际旅游业。因此，良好的交通条件是游客进入旅游目的地的基本保证。交通条件不仅仅关系到游客能否到达旅游地，更重要的是关系到旅游者能否安全、舒适和快速地抵达旅游目的地。

2. 通信条件

通信条件也是旅游者能否顺利进入旅游地的重要条件。没有便捷的通信条件，难以使游客、旅游经营者和旅游目的地之间及时准确地沟通，会给游客旅游活动的顺利实现带来很大的盲目性和不确定性。因此，旅游产品中通信设备的规模、能力及配套状况等，也会对旅游目的地的可进入性产生影响。

3. 手续的繁简程度

国际旅游中入境手续的难易、繁简程度以及办理手续的效率，不仅决定进入到旅游目的地的难易程度，而且对旅游产品的成本、质量、吸引力等都有重要影响。

4. 旅游目的地的社会环境

旅游目的地的社会环境对游客进入的难易程度也有很大影响。例如，旅游目的地的民族文化中是否具有排外性因素，以及社会公众对旅游开发的态度、社会治安状况、管理水平等，都可能成为影响旅游可进入性的重要因素。

（五）旅游成本因子

1. 旅游时间

旅游时间包括旅游产品中旅游所需的时间以及整个旅游过程中的时间安排。因旅游客源地、旅游目的地、出游季节、游客闲暇时间等的不同，旅游产品中的时间安排也不一样。从旅游经营者角度考虑，旅游时间就是游客对各种旅游产品的消费时间，旅游时间的长短直接影响旅游消费，二者成正比。游客逗留的时间越长，旅游经营者获利也就越多。

2. 旅游价格

旅游价格（费用）是游客为满足其旅游活动需要所购买的旅游产品价值的货币表现。它受到许多外在因素的影响，如旅游供求关系、市场竞争状况、汇率变动及通货膨胀等，这些因素都会对旅游价格产生一定的影响。我国的旅游市场价格体系主要由旅游景区（景点）门票价格、旅行社价格、旅游饭店价格、旅游交通价格、旅游商品价格等相关价格要素构成。

（六）旅游服务

旅游服务是旅游经营者向游客提供劳务的过程。旅游服务的质量直接影响旅游产品的质量，没有上乘的旅游服务水平，就没有优质的旅游产品。因而，旅游服务是旅游产品设计的核心内容，它在旅游产品设计中是不容忽视的。

二、入境旅游产品开发的类型

（一）本省旅游产品

境外游客从本地入境，只在本地旅游时，入境地接社为其设计的旅游产品仅为本省旅游产品。以泰国游客从四川入境，只在四川旅游为例，为其设计的旅游产品就是四川境内的旅游产品（见表5－1）。

表5－1　泰国客人曼谷—成都—九寨沟6日游

日期	交通工具	当天行程	游览景点	用　餐			入住酒店
11.13	TG619	曼谷/成都	宽窄巷子			40	波尔菲特酒店或同级
11.14	CA4491 0630/0720	成都/九寨沟	黄龙风景区	酒店	40	50	星宇酒店或同级
11.15	景区内环保车	九寨沟	树正沟、则查洼沟、日则沟、九寨歌舞	酒店	120	50	星宇酒店或同级
11.16	旅游大巴	九寨沟/成都	变脸秀	酒店	40	40	波尔菲特酒店或同级
11.17	旅游大巴	成都市内	熊猫基地、武侯祠、锦里步行街	酒店	40	40	波尔菲特酒店或同级
11.18	TG618	成都/曼谷	自由购物、送机	酒店	70		
包含：所列酒店住宿、各景点首道门票、豪华旅游车、5早10正餐、旅游意外险、优秀导游服务、九寨歌舞、导游九寨沟机票费用 不含：全程机票及机场税、九寨包车、黄龙缆车 购物：地矿、浴足、丝绸、茶叶、珍珠							

资料来源：四川康辉国际旅行社有限公司泰国专线部。

（二）外省旅游产品

境外游客从本地入境，不在本地旅游，只在外省旅游，这时入境地接社为其设计的旅游产品仅为外省旅游产品。例如，泰国游客从四川入境，不在四川旅游，只在云南旅游，那么为其设计的旅游产品就是外省旅游产品，即四川到云南的大交通和云南地接社提供的旅游产品。以澳大利亚游客从成都入境，想去北京、上海、苏州、桂林等地旅游为例，6月29日晚上到达成都，由成都某公司负责接待，6月30日开始由四川康辉国际旅行社有限公司负责安排在中国的旅游（见表5－2）。

表5－2　澳大利亚客人西安—北京—上海—苏州—桂林6日游

Day 1	6月30日（周六）：西安—北京　（含午餐）　住：北京 早上8：45从成都乘机到西安，9：55到咸阳机场，再乘40分钟汽车到西安。午餐后游览世界八大奇观之一的兵马俑（1、2、3号铜车马展厅）。晚上19：40（东航）从西安乘机到北京，21：30到达首都机场，入住酒店
Day 2	7月1日（周日）：　明十三陵—长城　（含早中晚餐）　住：北京 早餐后乘车抵达北京市昌平区，途经石牌坊、古神道，游览我国明朝十三陵的定陵，远眺当年由毛主席指挥万人修建的十三陵水库外景；午餐后前往世界闻名的万里长城，车内览居庸关外景、游览八达岭长城（滑道自理）；约18：00抵达市内，入住酒店
Day 3	7月2日（周一）：故宫—颐和园—上海　（含早中晚餐）　住：上海 早餐后游览世界上最大的古建筑群，被称为紫禁城的故宫；参观游览古代皇家祭祀建筑——天坛（首道门票），游览世界上现存规模最大的皇家园林——颐和园，晚上19：40（国航）从北京乘机到上海，21：40到达浦东机场，入住上海酒店

续表

Day 4	7月3日（周二）：上海—苏州—上海　（含早晚餐，中餐自理）　住：上海 早餐后从上海乘车到苏州（2个多小时车程），游览吴中第一名胜虎丘（含门票）—苏州园林留园（含门票）—江南典型姑苏小桥流水游船（含游船）—名扬中外的寒山寺（含门票）—中餐（自理）—参观江南水乡服饰--小息珍珠表演—江南第一高塔北寺塔（含门票）。晚餐后返回上海，入住酒店
Day 5	7月4日（周三）：上海—桂林　（含早中晚餐）　住：桂林 早餐后游览浦东新区—江底隧道—东方明珠—南浦大桥—豪华游船—城隍庙—城市规划馆—南京路、外滩。晚上19：45（东航MU5381浦东国际机场）从上海乘机到桂林。22：05到两江机场，入住桂林酒店
Day 6	7月5日（周四）：桂林—成都　（含早中晚餐）　住：成都 早餐后，乘船欣赏市内十大名山（桂林城徽象鼻山、半枕漓江的伏波山、“江山汇景处”叠彩山、仰首挺胸的斗鸡山、一轮明月挂天空的穿山、天然屏障的南溪山、与之隔江相望的龟山、两山之间的塔山、北斗七星的七星山、老人山。）。乘车前往明代朱元璋藩王皇家府地——靖江王府，“桂林山水甲天下”诗句就刻于此，登上“千山耸立维我独秀”的独秀峰顶，俯瞰桂林全貌，叹古今变迁日新月异；龙穴是全国仅存的“生辰太岁”石刻，寻找到本命太岁，好运将伴随您一生……参观银龙珍宝店；下午游览桂林城徽象鼻山（水月洞、朝阳亭、象鼻岩、云崖轩），感受“水底有明月，水上明月浮。水流月不去，月去水还流”的自然奇景观。晚上22：05（川航3U8778）从桂林两江国际机场乘机到成都双流国际机场。23：35到双流机场，入住成都酒店

（三）本省游加外省游旅游产品

境外游客从本地入境，既要在本地旅游，又要到外省旅游，这个时候为其设计的旅游产品既有本省旅游产品，又有外省旅游产品。例如，为南京大学留学生设计的成都、四姑娘山、拉萨、林芝、日喀则等地13日游行程就是属于这种情况。他们首先在四川旅游，为其设计的就是四川本省旅游产品，然后又到西藏旅游，为其设计的就是外省旅游产品（见表5－3）。

表5－3　成都—四姑娘山—拉萨—林芝—日喀则等地13日游

Day 1	成都—日隆—双桥沟（含早中晚餐）　宿：日隆挂三星酒店 早晨8点左右乘车从成都出发，经过卧龙，翻越海拔4 000多米的巴郎山，沿途观赏小九寨沟风光、巴郎山风光、巴郎山云海、高山草甸、满山的牦牛；下午抵达四姑娘山日隆镇，先在猫鼻梁处观赏四姑娘山的风光，这里同时也是拍摄四姑娘山峰最佳摄影地之一，之后乘车前往双桥沟内游览（观光车票80元/人，自理），观阴阳谷、五色山、日月宝镜、人参果坪、沙棘林栈道、撵鱼坝、猎人峰、牛棚子、牛心山、阿妣山、野人峰等
Day 2	长坪沟（含早中晚餐）　宿：日隆挂三星酒店 早餐后乘景区观光车（车费40元/人，自理）前往长坪沟的喇嘛寺，此沟仅供骑马或徒步旅游，让您亲自体验骑马穿越原始森林、穿过小溪、遥望雪山，当然比较艰苦，在此沟内可以看到大姑娘、二姑娘、三姑娘及四姑娘山，另可观赏到枯树滩、唐蕃古道、擂鼓岩、头道坪、二道坪、藏族村寨，午餐只能路餐。 （骑马费用：根据您骑马的距离来收费，从喇嘛庙到二道坪50元，到下甘海子100元，到二河口150元，如果还要想往前骑，则可与马夫讨价还价，以上价格均是往返价）

续表

Day 3	日隆—成都（含早中晚餐） 宿：成都 早餐后在卧龙熊猫自然保护区内参观大熊猫馆（费用自理）及周围生态环境，还可以与大熊猫合影留念（费用自理），午餐后乘车返回成都
Day 4	成都—拉萨（火车，18：18 开车）（不含餐） 宿：火车上
Day 5	列车上 （不含餐）宿：火车上
Day 6	列车上，18：28 到拉萨 （含晚餐）宿：拉萨
Day 7	布达拉宫—大昭寺—八角街 （含早中晚餐）宿：拉萨 早餐后游览世界上海拔最高的古代宫堡式建筑群——布达拉宫。公元 7 世纪中叶，藏王松藏干布迁都拉萨并建宫殿于红山之上。随着历史的变迁，17 世纪中叶重建后成为历代达赖喇嘛的驻锡地和政教权力中心。布达拉宫以其极高的历史价值和旷世宝藏闻名于世。下午游览位于拉萨旧城中心、藏传佛教信徒心中的圣地——大昭寺。公元 7 世纪文成公主进藏时带来的一尊释迦牟尼 12 岁等身像被供奉于此。近距离体验信徒们五体投地的虔诚。寺庙金顶处是观赏布拉宫远景的最佳位置之一。随后到八角街市场自由参观，在这里，可以感受到浓郁的民族特色及风土人情。晚餐后返回酒店休息
Day 8	拉萨—羊八井—纳木错—拉萨 （含早中晚餐） 宿：拉萨 由拉萨出发前往西藏第一大圣湖——纳木错，别名天湖，该湖面海拔 4 718 米，面积 1 940平方公里，是我国仅次于青海湖的第二大咸水湖，自然风光极其迷人，途中可领略藏北大草原壮丽景色。拉萨地热资源丰富，最著名的羊八井地热蒸汽田位于当雄县境内，方圆 7 000 多平方米，温度保持在 47℃左右，是中国大陆上开发的第一个湿蒸汽田，也是世界上海拔最高的地热发电站，融融热流的羊八井蒸汽田在白雪皑皑的群山环抱之中，构成了世界屋脊上引人入胜的天然奇观。还可领略藏北草原迷人风光，在五彩经幡飘荡之地，遥望念青唐古拉山雪峰，并可自费沐浴温泉（40 ~ 60 元/人），以缓解旅途疲惫（请自备泳装）
Day 9	拉萨—羊卓雍湖—日喀则 （含早中晚餐） 宿：日喀则 早餐后由拉萨起程，翻越海拔 4 852 米的冈巴拉山，站在山口时，有“天上圣湖”之美誉的羊卓雍湖映入眼帘，宛如一条飘带挂在天地之间，清澈的湖水、巍峨的雪山、如洗的蓝天和朵朵白云融为一体，秀美如画的风景会让你陶醉于这世外桃源般的人间仙境中久久不忍离去。参观完羊卓雍湖后前往日喀则
Day 10	日喀则—扎什伦布寺—拉萨 （含早中晚餐） 宿：拉萨二星酒店 早餐后游览修建于1447 年的黄教六大寺之一、历代班禅额尔德尼驻锡地——扎什伦布寺，远眺整个寺院依山坡而筑，背附高山，殿宇毗连，群楼叠叠，金顶红墙的主建筑群雄伟、浑厚、壮观、金碧辉煌。寺内香炉紫烟升腾、供台灯火闪烁、众佛尊容各异。大殿里僧侣诵经井然；佛像前，信徒顶礼膜拜。五百多年来它强烈地吸引着国内外佛教信徒。游人在这里朝拜、观瞻。寺内供奉有高 26 米、世界上最大的室内铜像——强巴佛。瞻仰十世班禅大师灵塔后游览日喀则自由市场。下午沿雅鲁藏布江峡谷返回拉萨，途中欣赏峡谷风景。晚餐后入住酒店
Day 11	拉萨—巴松措—林芝 （含早中晚餐） 宿：林芝八一二星酒店 上午从拉萨出发，经达孜平原、墨竹工卡、穿过 5 018 米的米拉雪山，驶向海拔近 2 900 米、有西藏九寨沟之美誉的西藏江南——林芝，每到春季，群花烂漫、雪峰阵列；秋季，万山红遍，景色宜人之极。游览西藏最美丽的湖泊、雪山森林环绕中被称为小瑞士的巴松措。这是一个令人沉醉的地方，湖的形状如镶嵌在高山峡谷中的一轮新月，湖水清澈见底、晶莹秀美，有如静卧在雪峰冰山下松软如床的湖畔碧草之上，宛如世外桃源，又似人间仙境。乘木排上湖心小岛观赏后，驱车前往林芝八一镇

续表

Day 12	林芝—拉萨　（含早中晚餐）　宿：拉萨二星酒店 上午游览具有2500年历史的林芝柏树王。在巨柏林中呼吸沁人心脾的空气，令人心旷神怡，让一路风尘的你，将尘世间的一切烦忧抛入静谧的山谷，然后在留恋中踏上回归的行程。沿途观赏尼洋河谷旖旎的自然风光，雪峰下，原始森林、如茵草场，和点缀其间的点点牛羊。驻足唐蕃古道上，仿佛又见到当年文成公主进藏时的浩荡。身披夕阳余晖，回到拉萨
Day 13	拉萨—成都—南京　（含早中餐） 早餐后乘飞机（上午10：40起飞）到成都（中午12：30到成都），下午再乘飞机（下午3：35）返回南京，结束愉快旅程

三、入境旅游产品的开发方式

（一）直接采用境外组团社设计的旅游产品

如果境外组团社提供了旅游产品，入境计调就要仔细阅读并审核境外组团社提供的行程。如果认为可行，就可以直接采用境外组团社提供的旅游产品；如果认为境外组团社提供的线路不合理，或地接社方面的特殊情况不可能实施的，就要向境外组团社说明情况，要求更改，并提出相应合理可行的建议。例如，中国最美村落——丹巴之旅7日游就是由日本一家组团社设计的行程，四川某入境地接社就直接采用了日本组团社设计的行程。

（二）推荐入境地接社现有的旅游产品

如果境外组团社没有提供旅游产品，入境计调就可以根据境外组团社客户的要求，推荐旅行社现有的旅游产品。例如，新加坡游客到四川旅游，四川省中国青年旅行社百姓之旅就直接向游客推荐了旅行社现有的行程——九寨－红原－新都桥－日瓦－德荣－德钦－中甸－丽江－泸沽湖－西昌大环线13日游（见表5－4）。

表5－4　九寨－红原－新都桥－日瓦－德荣－德钦－中甸－丽江－泸沽湖－西昌大环线13日游

时间	行程安排
Day 1	成都—九寨沟　Chengdu—Jiuzhai gou Valley 沿途观赏川西风光、藏羌风情以及一路上的山色。 Along the way, enjoy the western Sichuan scenery, Tibetan and Qiang nationalities, and the mountain scenery.
Day 2	全天游览九寨沟三条沟　Jiuzhai gou Valley 九寨沟是世界自然遗产，（翠海、流瀑、彩林、雪峰、蓝冰、藏情是九寨沟六绝），也是享誉世界的“童话世界”。 Jiuzhai gou Valley is the world natural heritage, (alpine lakes, waterfalls, colorful forest, snow mountain, blue ice and Tibetan customs are said “Jiuzhai gou Valley's Six Most”), and is also world known as “the fairytale world”.

续表

时间	行程安排
Day 3	九寨沟—黄龙—若尔盖—红原 黄龙：世界自然遗产。黄龙五彩池，随着周围景色变化和阳光照射角度变化，可以变幻出五彩的颜色，被誉为“人间瑶池”。 Huanglong：the world natural heritage. Huanglong is known for its colorful poor，along with the change of the surrounding scenery and the angle of the sunlight bringing out the colorful color. 若尔盖大草原：中国最美的六大草原之一，也是中国最美的沼泽湿地之一。 Ruoergai Prairie：is one of the most beautiful wetlands in China，and is also one of the six most beautiful prairies in China. 黄河九曲第一弯：“落霞与孤鹜齐飞，秋水共长天一色”，看中国母亲河的绝美风光。 The first bend of Yellow River：enjoy the sight of Chinese mother river's sunrise and sunset.
Day 4	红原—丹巴 丹巴藏寨：中国最美六大古镇古村之一。 Tibetan town Danba：One of six most beautiful ancient village in China.
Day 5	丹巴—新都桥 新都桥：一片如诗如画的世外桃源，摄影家的天堂。 Xinduqiao：it is a picturesque land of idyllic beauty，the photographer's paradise.
Day 6	新都桥—日瓦 一路上流连观赏美景，寻藏传佛教的踪迹。 Along the way，enjoy the scenery around，look for the traces of Tibetan Buddhism.
Day 7	香格里拉乡—冲古寺—洛绒牛场—香格里拉乡 被誉为：“中国香格里拉之魂”“蓝色星球上的最后一片净土”。 It is called：“Chinese Shangri-la soul” and “the last piece of pure land on the water blue planet.”
Day 8	日瓦—乡城—得荣 灿烂的康巴文化，独特的民族风情，旖旎的自然风光。 Briliant Kangba culture，unique ethnic customs and a charming sight.
Day 9	得荣—德钦 梅里雪山：藏传佛教的朝觐圣地。 Meili Snow Mountain：the holy land to Tibetan Buddhist.
Day 10	德钦—中甸—丽江 丽江古城：历史悠久和文化灿烂，是罕见的保存相当完好的少数民族古镇。 The Old Town of Lijiang has a long history and splendid culture，is also a quite rare well-preserved minority town.
Day 11	丽江—泸沽湖 泸沽湖：“高原明珠”，母系社会文化。 Lugu Lake：“Plateau Pearl”，Matriarchal Culture.
Day 12	泸沽湖—西昌或冕宁 西昌：彝族风情。 Xichang：Yi style.
Day 13	西昌—成都 大渡河金口大峡谷：中国最美峡谷之一。 Jinkou Gorge：one of most beautiful canyons in China.

资料由四川省中国青年旅行社百姓之旅提供。

（三）重新为游客设计旅游产品

如果境外组团社没有提供旅游产品，入境地接社现有的旅游产品游客又不满意，就可以根据入境游客的要求重新设计入境旅游产品，经双方协商同意后，作为最终的入境旅游产品。例如，马来西亚游客要到四川、西藏、青海旅游，境外组团社没有提供现成的旅游产品，入境地接社也没有现成的线路，于是四川康辉国际旅行社有限公司就为马来西亚游客重新设计了马来西亚—成都—拉萨—林芝—日喀则—青海湖—塔尔寺六飞单卧16日游旅游产品（见表5－5）。

表5－5　马来西亚—成都—拉萨—林芝—日喀则—青海湖—塔尔寺六飞单卧16日游

一、行程特色

1. 最慷慨的阳光，最纯洁的天空，最虔诚的人们：西藏的印象定会让您难以释怀。

2. 华丽夺目的世界文化遗产——布达拉宫；藏民族虔诚叩拜的终点——大昭寺；湛蓝绝伦的天唱——纳木错；自然与人文景观的精妙结合

3. 藏东林芝的风光，“醉美”一词是对她的真实写照，森林、小溪、雪山、湖光与田园，诗画一般的景致，将会展现与您印象中绝对不一样的西藏的另一面

4. 抵达拉萨当日，根据客人要求安排经验丰富的专业高原保健医生免费提供医疗保健咨询服务

5. 青藏铁路简介：青藏高原素有“世界屋脊”“地球第三极”之称，是我国的“江河源”。在青藏高原这种原始、独特、脆弱、敏感的地理生态环境中修建的青藏铁路是世界上海拔最高、线路最长的高原铁路，翻越唐古拉山的铁路最高点海拔5 072米，经过海拔4 000米以上地段960公里，连续多年冻土区550公里以上。自青海省格尔木市起，铁路沿青藏公路南行，经纳赤台、沱沱河，翻越唐古拉山，再经西藏自治区安多、那曲、当雄、羊八井，至拉萨市，全长1 142公里。青藏铁路格尔木至拉萨段全线设34个车站，其中有7个观景站

二、简单行程

日期	航班/参观地 Flight	参观内容 Itinerary	用餐 Meal
Day 1（24/5）	亚庇—香港—成都	CX6800 亚庇—香港 11：55—14：50 KA824 香港—成都 19：10—21：40	不含餐
Day 2（25/5）	成都—拉萨	沿途风光、适应性休息	早、中、晚
Day 3（26/5）	拉萨市内	布达拉宫（100元）、 大昭寺（85元）、八角街	早、中、晚
Day 4（27/5）	拉萨市内	色拉寺、哲蚌寺、罗布林卡	早、中、晚
Day 5（28/5）	拉萨	甘丹寺	早、中、晚
Day 6（29/5）	拉萨—日喀则	扎什伦布寺	早、中、晚
Day 7（30/5）	日喀则—江孜	江孜、白居寺	早、中、晚
Day 8（31/5）	江孜—泽当	羊卓雍湖	早、中、晚
Day 9（01/6）	泽当	桑耶寺、敏珠林寺	早、中、晚
Day 10（02/6）	泽当—林芝	沿途风光	早、中、晚
Day 11（03/6）	林芝—拉萨	比日神山15元、巴松措、沿途风光	早、中、晚
Day 12（04/6）	拉萨—西宁	火车上	早
Day 13（05/6）	西宁	中午抵达，塔尔寺	早、晚

续表

日期	航班/参观地 Flight	参观内容 Itinerary	用餐 Meal
Day 14（06/6）	西宁—青海湖	日月山、青海湖	早、中、晚
Day 15（07/6）	西宁—成都	飞机上	早
Day 16（08/6）	成都—香港—亚庇	成都—香港 KA825（08：20/11：00） 香港—亚庇 CX6897（15：45/18：50）	早

三、报价

16 人（独立成团）16 日游报价：

成都段：4 480 元；　西藏段：173 840 元；　西宁段：35 500 元

总计：4 480 元 + 173 840 元 + 35 500 元 = 213 820 元

四、服务标准

1. 住宿标准：全程入住挂牌三星酒店。全程用房数：8 间；酒店设施与内地大城市有较大差距，请勿以其他城市衡量

2. 餐饮标准：15 早 23 正（接送当天不含正餐），早餐酒店用，正餐在旅游定点餐厅用，餐标 50 元/人次，若有忌口者，请提前告知旅行社。如因个人原因放弃用餐，餐费不予退还

3. 交通标准：成都—拉萨飞机经济舱；拉萨—西宁为火车硬卧（拉萨—西宁火车隔日发班，定团时不限车厢，不限铺位，尽最大努力安排软卧火车票；西宁—成都飞机经济舱）；拉萨、西宁当地旅游车；鉴于西藏特殊的气候条件，西藏地区旅游车辆有时有可能不开空调，敬请谅解

4. 景点标准：含行程中景点首道大门票；自费景点不强制，如游客不游览，请在旅游车上或者景点附近等候团队！客人自动离团或放弃游览景点，费用不予退还。我社在不减少景点的条件下，游览顺序可能随航班或车次的调整而调整，但不影响行程

5. 导游标准：当地优秀中文导游服务

6. 购物标准：合同约定当地特色民俗店，每个购物店为 45 ~ 100 分钟

7. 保险说明：旅行社责任险、旅游意外险、航空保险（上保险的客人，如在当地发生费用，请把县级以上医院盖章的诊断证明书、用药清单、病例、医药费收据一并带回，以便理赔；单证不全者，保险公司不予理赔）

8. 赠送：接机献哈达，抵达拉萨当日医生酒店免费巡诊（不包括治疗费用）

五、注意事项

参观布达拉宫是受人数和时间限制的，因此我们的景点参观顺序有可能根据情况做相应的调整，敬请谅解

1. 参观布达拉宫需要身份证件、护照

2. 患有高血压、心脏病、哮喘病等不适宜高原旅游的客人请勿入藏，请遵医嘱！外交官和外国记者请不要参团

3. 按国家有关规定，因客人原因旅游期间没有参加活动，或没有用餐，或客人提前离藏，所有费用概不退还。产生一切后果由客人负责，旅行社不承担责任

4. 团队机票已经出票，不得退票、签转、更改，且出票以游客提供名单为准，请客人认真核对姓名及身份证号，因名字出错造成的损失由客人承担

5. 鉴于西藏旅游的特殊性，请一定不要从事与旅游无关的宗教活动

资料来源：四川康辉国际旅行社有限公司。

第三节　入境旅游产品的销售

一、入境地接社旅游产品的报价

组织入境游的旅行社相对于外国组团社来说，它是国内地接社，相对于国内各地方接待

社来说，它又扮演着组团社的角色，所以经营入境接待业务的国际旅行社，线路的定价、报价是一门很深的学问，有很多技巧。

（一）入境旅游产品的价格构成

一般报价的内容包括国内大交通（火车、飞机等）费用、餐费、房费、旅游车费、门票、当地导游费以及综合服务费。另外，在报价中一定要列明包含的项目和不包含的项目。例如，国际惯例的小费一般包括在报价中。具体来讲，入境旅游产品的构成又分为以下几种情况：

1. 本地入境、本地游时价格构成

如果游客从本地入境、只在本地游时，入境接待费用与国内接待是一样的，主要由餐费、住宿费、门票、车费、导游费、保险费及综合服务费构成。即：

入境地接社价格 = 餐费 + 住宿费 + 交通费 + 门票 + 导游费 + 保险费 + 综合服务费

2. 本地入境、异地游时价格构成

如果游客从本地进入、只在异地游时，入境地接社就充当了国内组团社的角色，入境接待价格就是大交通费用、全陪费、办证费用、各地国内地接社报价。即：

入境地接社价格 = 城市间大交通费 + 各地国内地接社报价 + 全陪费 + 办证费

3. 本地入境，既有本地游、又有异地游时价格构成

如果游客从本地入境，既有本地游、又异地游时，入境地接社既充当了入境地接社的角色，又充当了国内组团社的角色，因此其价格构成就包含了上述两个部分。即：

入境地接社价格 = 本地接待费 + 城市间大交通费 + 各国内地接社报价 + 全陪费 + 办证费

（二）入境地接社报价说明

入境团队的报价除大交通费用外，极少采用分项明细报价的形式，一般核算出单人地接价即可。以下几项需要在报价中明确标准：

1. 单房差（Single Supplement）

单房差，是指单间差，就是游客单独包住一个房间需要另外缴纳的房费差额。由于游客的特别要求、团员人数或者男女搭配不成比例等原因，有少数客人可能会单独包住一间房间。此项费用作为境外旅行社的支出项目，需要在报价中单独列出。许多境外团队游客在我国国内的旅游住宿是单人单房的形式，此类情况下不存在单房差的问题。

2. 15∶1 FOC

FOC 是英文 Free of Charge 的缩写，15∶1FOC 就是 16 免 1 的意思。国际旅游业内的财务结算有每满 16 个客人就减免一个收费的惯例。例如，航空公司在对旅行社进行销售时，对满 16 个客人的团队有优惠 1 个客人机票的促销方式，旅行社的地接费用同样采用这种计算方式。入境地接计调员在报价单上一定要将这项惯例作明显的标注，以方便境外旅行社对旅游产品的销售。不同的旅行社对“16 免 1”中被免费游客的成本核算方式不同，有的旅行社要求将这项成本计算入报价中，有的则在自己利润中内部消化。

3. 列出报价中包含项目

由于入境团队报价单上没有对价格的分项描述，因此入境地接计调员需要单独在页尾将报价所包含的项目一一罗列清楚。这些项目包括：旅游酒店的星级标准、旅游正餐（包括风味餐）的次数和标准、旅游交通的标准、游览景点的门票说明、导游服务语言种类及标准等等。大交通的费用以及票面种类，如内陆段机票、火车票或船票，一般单独列出，不包含在单人价格内。

报价不包含的服务项目：一般来说，入境接待报价不包含火车上用餐、景区内用餐、航空意外保险、各种资费项目等。

4. 优惠项目

为增强竞争力、细化对客人提供的服务，地接社经常会提供众多优惠项目，入境地接计调员要将其作为一项促销手段单独在报价中列出。例如，游客夏季饮用水多，购买不方便，地接社会免费为客人提供矿泉水；热带地区游客前往寒冷地区旅游时，缺少生活经验，旅行社将免费为游客提供棉帽、手套、口罩等；旅行社免费提供当地风味餐等。

5. 陪同人员的费用

入境团队的陪同主要是海外领队或者全陪，国内地接社会就陪同人员的费用向国外组团社报价。一般包括大交通费和陪同床位费。

6. 结算方式

入境游中，一般是国内地接社向海外组团社先收一部分预付款，其余部分在团队离开前结清。

7. 免责声明

入境游接待报价在实施过程中若因不可抗力造成的损失，旅行社不承担责任，由此产生的费用游客自理。还有因天气原因需调整游览顺序，旅行社有权调整顺序，但是要确保不减少计划游览项目。

★操作示范

对境外旅行社的分项报价形式

如果境外旅行社需要分项报价，入境地接计调员要及时提供。以下是某旅行社就某行程北京段的分项报价原稿，仅供参考（“北京—西安—济南—泰山—曲阜—上海—苏州 13 日游”行程，略）：

尊敬的××女士/先生：

您好！根据您的询价要求，您所需要的北京段分项报价已经做好，请参阅！若有不明之处，敬请来电！

一、分项报价如下（各项报价皆为人均价格）

1. 门票：故宫________元＋八达岭长城________元＋定陵________元＋颐和园________元＋天坛________元 = ________元

2. 车费：总计________元；（按 15 人计算）平均每人________元

3. 综费：________元

续表

4. 酒店费用：三星级：________元（单间差：________元/人）；四星级：________元（单间差：________元/人）
5. 餐费：便餐：________元；烤鸭风味：________元
6. 火车票：北京—西安：软卧________元
二、以上报价合计
三星级酒店住宿总报价：________元
四星级酒店住宿总报价：________元
三、备注
（一）报价含
1. 北京三晚三星或者四星级酒店房费（含西式自助早餐）（酒店房费为2人分住一间标间费用）
2. 景点首道大门票
3. 英语导游
4. 旅游车费
5. 行程中所列餐费：5个便餐和1个烤鸭风味餐
（二）报价不含
导游和司机小费

××旅行社计调部
×年×月×日

二、入境地接社产品的销售渠道

（一）入境地接社销售渠道的选择

1. 直接销售渠道

在国际入境旅游业务中，由于关税壁垒、企业自身资金和技术的不足、促销力度不够、知名度不大等原因，广泛采取的是直接销售渠道。目前使用的直接销售渠道主要有以下两种：

（1）在境外开办直接销售机构。直接在境外开设销售机构，进行直接销售。例如，中国旅行社、中国青年旅行社、中国国际旅行社总社及少数规模较大的地方国际旅行社在美国、德国、法国、日本、我国香港等少数客源国家或地区开办直接销售机构，但因设点太少、国情不熟，直销旅游团在入境旅游团中所占比例很少。对于没有财力开设境外旅游销售机构的国际旅行社，境外直销只能是可望而不可及。

（2）通过新媒体直接向境外游客销售入境旅游产品。入境地接社主动利用新媒体展开旅游新营销，如利用网站、手机微博、飞信、手机QQ、公司客户QQ、公司微官网等平台开展营销。我国经营入境旅游产品的国际旅行社都建立了外语网站，网站上有各种入境旅游产品的介绍，游客可以通过网站直接订购入境旅游产品。

★小知识

四川旅游巴黎营销中心和四川旅游韩国营销中心成立

2014年10月20日，四川旅游巴黎营销中心正式挂牌成立，把四川美景直接带到法国民众手中，并且以此中心向整个欧洲市场辐射，成为欧洲游客了解四川旅游的前哨。四川旅游巴黎营销中心是四川省与法国界面旅游集团合作的项目，该集团在全世界拥有15家机构，24个办公室，分布于五大洲33个市场，曾为澳大利亚、毛里求斯、美国费城、斯里兰卡、墨西哥和菲律宾等多个国家和地区制定在欧洲的营销方案并成功运作。

四川省旅游局与韩国韩中第一企划株式会社签署《四川旅游韩国营销中心服务合同》，在首尔设立四川旅游韩国营销中心办公室，负责四川省旅游韩文网站的推广运维、微营销以及宣传印刷品的设计和发放；同时，该营销中心还将与韩国观光协会、首尔市观光协会紧密联动，与该协会下属的2 900多家出境社建立联盟，统一设计、营销四川旅游产品，并进行组团；利用韩国观光协会500多家观光中华料理餐厅，宣传四川省旅游产品，特别是美食之旅；针对特定团体与受众设计主题旅游，如登山、佛教禅修、四川美食体验、温泉之旅等。

2. 间接销售渠道

目前，我国的国际旅行社在国际入境旅游业务中主要采取以下两种形式的间接销售渠道。

（1）入境地接社—旅游零售商—境外游客。一般情况下，通过这种渠道销售的产品均为包价旅游，这类产品既适合零散消费者，也适合团体消费者。

（2）入境地接社—境外旅游批发商（经营商）—境外旅游零售商—境外游客。此种形式主要用于销售量大、差异性小的某些入境旅游产品。在国外旅游市场上，国内旅行社在产品组合与销售上的主动权较小，如入境旅游产品操作程序基本上是由海外游客根据市场需求来进行组织并销售，往往是游客提出具体产品，问国内旅行社能不能做。国内旅行社的产品难以进入海外客户的产品小册子，就无法直接上市，在产品销售上，我方处于被动状态。

（二）入境地接社间接销售渠道策略

在国际入境旅游业务中，由于关税壁垒、企业自身资金和技术的不足、促销力度不够以及知名度不大等原因，广泛采取的是间接销售渠道策略，主要有以下三种：

1. 专营性渠道策略

在一个客源市场（国家或地区）内只找一家旅游批发商作为自己在那里的独家代理或总代理。这种渠道策略销售成本低，且双方的合作关系稳定，但是会导致旅行社产品的市场覆盖面窄，市场风险大。

2. 广泛性销售渠道策略

通过经营商把产品广泛分派到各个零售商，以满足旅游消费者需求的一种渠道策略。其优点是销售范围广，联系面宽；缺点则是销售成本高，合作关系不稳定。

3. 选择性销售渠道策略

在一个市场上从众多的旅游中间商中，选择少数几家推销能力强、经营范围广、信誉度商且与旅行社较对口的中间商，设法同他们建立比较稳定的合作关系。其优点是销售成本低，市场覆盖面宽，合作关系稳定；缺点则是实施的难度大，具有一定的风险。

现在，我国旅行社普遍感到客源不足，都希望和更多的外国旅行商建立关系，因此多采用广泛性销售渠道策略。采取这种销售渠道策略产生了很多不好的后果，需要我们注意很多问题。

（三）入境地接社选择中间商的条件

1. 中间商的地理位置应该与主要客源地一致

对中间商的选择首先应看其所处的地理位置。即使在同一国家，外出旅游的客源市场也会因各省市的富裕程度、旅游思维习惯、开放程度、距旅游目的地远近等因素的差异而大相径庭。中间商的选择应在主要客源国的主要客源地进行。例如，美国出国旅游的50%集中在加利福尼亚、纽约、新泽西、佛罗里达、德克萨斯和伊利诺伊6个州，因此，我们所选的美国中间商也一定是以这6个州为目标市场，地理位置应在这些区域。

2. 中间商的合作意愿

旅行社同中间商之间的合作关系应是一种互利互惠的关系。因为在旅行社选择中间商的同时，中间商也在选择旅行社。这是一个双方相互选择的过程。所以，旅行社在选择中间商时，所选取的对象必须具备合作的诚意，特别是为多家同类旅游供应者代理零售业务的中间商更是如此。否则，其能否积极推销产品便会成为问题。

3. 中间商的组团能力

受规模、人手、宣传经费、经验、关系等因素的影响，不同的中间商在组团能力方面可能有天壤之别，有的旅行社在节假日可以一天向同一个旅游目的地发送好几个旅游团，可以发送系列团，甚至可以单独或与其他中间商联合发出旅游专列、进行包机；但也有的中间商全年业务量是零。所以，在选择中间商时，一定要对对方的组团能力进行调查了解、排队比较。

4. 中间商的信誉和偿付能力

由于从事代理零售预订业务的旅游代理商一般不存在偿债问题，因而这方面的评价主要是针对经营商而言的。中间商应当有良好的信誉和较强的偿付能力。讲究信誉是旅行社利益不受侵害的保证，而中间商的偿付能力则是双方合作的经济保障。有关中间商信誉和偿付能力方面的情况，一般可从有关的银行机构通过特别的调查获得。

5. 中间商的数量

选择的中间商过多会造成销售费用的浪费，同时，因交易次数增加也会增加产品成本，中间商之间也会因“粥少僧多”而影响推销的积极性；中间商过少有可能会形成垄断性销售。从规模上来说，中间商规模大、组团能力强，易形成垄断性销售，往往会使我们的旅游企业受制于中间商，但中间商规模过小、实力单薄，也不利于我们的产品推销，因此应该合理考虑其数量和规模。

6. 中间商对旅行社业务的依赖性

中间商的业务范围各不相同，对我国旅行社的依赖程度也存在着很大的差异。有的国外中间商专营我国旅游业务，对我国旅行社具有相当的依赖性，如英国的促进旅行社，日本的日中旅行社、日中和平观光公司等，全部经营中国旅游业务。而有的中间商则同时经营许多国家、许多旅行社的旅游产品，对某个具体旅行社的依赖程度较低。我方旅行社对这种依赖性也应加以考虑，因为它直接关系到中间商的努力程度。

总之，选择中间商是旅行社在开拓销售渠道工作中的一个重要课题。它不仅需要有战略的眼光，而且需要有务实的精神。只有做到知彼知己，才有可能获得理想的旅游中间商，建立起高效的销售渠道。

（四）中介个人的选择

旅行社的销售中间商虽然以中间商为绝对主力，但对有直接或间接组团能力的中介个人也应给予足够重视，应建立联系档案，加强重点对象的日常公关。旅游中介个人分为两类，一类是“野马”（即没有证件的）中介；另一类是异地旅行社组团经理的亲戚、好友，或者是大公司、大单位的决策人物或对他们有重大影响的人物。旅行社经营首先要以国家利益为重，所以，尽管某些“野马”中介能量还很大，旅行社也绝不能与其进行交易。对于第二类中介个人，旅行社应当加强公关，因为有时他们可以促成我们旅游产品对异地旅行社的销售，促成我们的旅游产品对大公司、大单位的直销，甚至偶尔还可以促成某个会议由我方接待，带来可观利润。但是应当严格将此类个人的作用限制于牵线搭桥的中介作用，销售对象、合同的签订一定必须是异地旅行社或购买我方产品的公司或单位，否则就属“野马”交易。

三、入境地接社旅游产品的促销方式

入境地接社旅游产品促销，是指旅行社为了鼓励境外游客购买自己的旅游产品，运用各种推销方法与手段，将入境旅游产品的有关信息及时传递给境外客源市场中间商和潜在的旅游消费者，从而促进旅游产品销售，实现旅游产品价值的过程。入境旅游产品促销的方法主要有：

（一）网络促销

旅游网站是21世纪新兴的一种现代化电子媒体广告，具有信息传播速度快、覆盖面特别广、形式灵活多变、易于在青年人和广大知识分子中造成影响等诸多优点。自从电子商务应用到我国旅游经营领域以后，网络促销已经成为许多旅行社，特别是拥有国际旅游经营业务的大型旅行社一种极为重要的促销方法。旅行社通过在著名网站付费建立自己的网页，宣传介绍旅游产品，发布各种优惠信息，以实现产品促销目标。早在1997年年底，我国一些具有创新精神的旅行社就已经开始设立英文网站。随后，一些旅行社开始推出直接面向境外游客的入境游电子信息平台。借助电子商务平台和境外游客直接接触，旅行社在一定程度上摆脱了对境外旅游中间商的依赖，形成了“境外游客—入境游电子商务平台—地接社”的模式，减少了多个中间环节，形成了新的入境游经营模式。这种经营模式从支付方式上改善了旅行社的财务状况，旅行社的资金流得到根本改善。

（二）文化和旅游部组织境外促销活动

1. 国家层面的对外促销活动

入境旅游是旅游国际竞争力的核心标志，也是旅游服务贸易出口的关键领域，抓好入境

旅游责无旁贷。文化和旅游部每年都要投入很多精力来抓入境旅游，组织一些大型的入境旅游产品促销活动。例如，文化和旅游部根据《“一带一路”旅游宣传推广三年活动方案》，启动了“丝绸之路旅游年”系列宣传推广专项活动，首次在土耳其、哈萨克斯坦、意大利等丝绸之路沿线国家开展宣传推广，挖掘“一带一路”沿线国家市场潜力，成功举办了首届中国—东盟博览会旅游展，组织参加了德国柏林国际旅游交易会、英国伦敦国际旅游交易会、中国香港国际旅游展、海峡两岸台北旅游展等近 30 个境外旅游展览；赴境外举办了“古老长城”“千年运河”“天下黄河”等十余场大型专题旅游推广活动；邀请了百余批次、2 000 多名旅行商和媒体赴 20 余个省份考察采访；组织江苏、福建、河南、宁夏等七省区旅游部门实施了“万名港澳台青少年赴内地（大陆）游学工程”。

2. 抓好大国间旅游合作

文化和旅游部抓好了大国间的旅游合作，有利于入境旅游的发展。例如，2015 年文化和旅游部深化中美旅游对话与合作，全面加强中俄旅游交流，拓展中俄红色旅游合作新领域，推进中英、中法旅游合作；巩固与周边国家旅游合作，举办中韩、中印旅游年，推进与泰国、印尼等国家旅游合作；积极扩大与传统友好国家和发展中国家的旅游交流合作，举办中墨旅游年、中国—中东欧旅游年活动。

（三）地方旅游局组织的境外促销活动

各个省级旅游局非常重视入境旅游的发展，每年都会组织一些旅游企业共同举办境外促销活动。2014 年四川旅游局联合各地市州旅游局和一些旅游企业组织了赴韩国、德国、法国、印度、新加坡、美国等境外促销活动，全方位推销四川旅游。陕西省旅游局也组织了一些旅游企业开展境外促销活动。

（四）旅游企业境外促销

一些大型的旅行社每年都要到国外去促销，他们直接到一些教育机构、大型企业、各种协会去做一些宣传推广活动，希望这些大型机构、组织、协会能够组织境外游客到我国旅游。例如，四川省中国国际旅行社有限公司每年都要组织入境部的相关人员到主要客源国去做一些宣传推销工作。又如，途牛旅游网与澳大利亚旅游局、柏林旅游局、韩国旅游局、香港旅游发展局、日本文化和旅游部等单位都有合作，也可以通过这些合作单位给他们做一些境外宣传。

第四节　入境旅游的采购业务

入境地接社主要是采购本地旅游服务，但是很多时候入境游客除了在本地游之外，还要到异地游览，这时入境地接社又充当了国内组团社的角色，还需要采购大交通、异地接待社、全陪、办证等服务。

一、旅游餐预订

入境游客正常日程中每天需要安排一个早餐和两个正餐（包括午餐和晚餐）。在旅游餐的预订方面，入境地接计调员应该注意以下几点：

（一）计调订餐

跟国内游客餐饮预订有所不同，对于境外游客，入境地接计调员要亲自选择用餐地点，进行团队餐的预订，不允许导游员私自订餐，更不能给导游员提供拿餐饮回扣的机会。导游员必须带领团队在旅行社安排的餐厅内用餐。遇到必须更换餐厅的特殊情况，导游员也必须得到计调员批准后，方可更换餐厅。

（二）关注境外游客饮食习惯

境外游客的饮食习惯普遍清淡，要求菜品不能油腻，口味也不能过重；部分境外游客对以动物内脏为主料制作的菜品非常反感；宠物保护观念强烈的游客对狗肉菜品同样不适合；很多入境游客因为宗教信仰等原因拒食牛、羊肉菜品。对于以上特殊情况，计调员一定要提前与餐厅协调好，保证满足游客各种合理的用餐要求。近年来也有要求提供素食的游客，他们的菜品需要餐厅单独提供，不要放包括葱、姜、蒜在内的任何佐料，只是用植物油炒青菜即可，即便是鸡蛋，在他们眼里也属荤菜类而不能接受。

当然，对于有特殊要求的境外游客，境外旅行社一般会提前以醒目的方式给国内地接社以提醒，入境地接计调员对此类要求一定要在尊重的基础上进行细致而特别的安排。

（三）一日三餐的安排原则

境外游客的早餐一般安排在酒店吃，以中西餐结合的自助餐为宜。正餐要吃出特色，吃出品味。所谓特色，就是多安排一些有中国特色的餐厅和菜品，比如山东的鲁菜、四川的川菜、湖南的湘菜、广州的粤菜等。很多的游客在来中国前，对中国的特色菜早就有了一定要尝尝的心理。所以，在安排用餐时一定要有当地的特色并与中国文化巧妙结合，才能让游客满意。比如在山东曲阜，一定要安排孔府家宴，孔府家宴不仅仅是菜，更是一种文化。孔府家宴为好多外国游客所喜欢，一顿饭吃完，不仅吃饱了肚子，增长了见识，提高了品位，还增加了对中国文化的了解。

（四）考虑用餐环境

入境地接计调员对境外游客的用餐环境要给予高度重视。除了保证菜品干净、可口、足量等最基本的条件外，还要保证餐厅用餐环境良好，尽量安排境外游客在包房、无烟、安静和方便进出的区域用餐。

二、住房预订

境外游客非常注重住宿环节。多数境外游客把住宿当作实现旅游目标的重要保障，晚上在饭店休息得好，才能保证第二天的旅程顺利。一般来说，境外游客的住宿饭店比较豪华高档，大都是四星或者五星级的饭店。入境地接计调员在预订住房时，应该特别注意以下几点：

（一）预订时间要早

星级饭店的住房预订大多由专业的电脑程序来处理，可以准确地接受几个月之后，甚至于十几个月后的房间预订。入境地接计调员应尽可能早地将团队的用房预订通知饭店，房间预订得越早，计调员对旅游团队房间安排的主动性越大，团队的接待工作就越有保证。

（二）预订要有据可查

入境地接计调员与饭店销售部的业务往来应尽量选用传真等书面方式进行，要养成及时归档用房确认的好习惯。当使用电子方式（如QQ或者MSN）时，一定要在电脑中保存好相关的消息历史记录，以备后查。

（三）超预订房间

入境地接计调员收到的团队操作预报，一般是境外旅行社根据经验对团队销售的判断结果，所预报的人数一般不会有很大的变动，但是会有小范围的调整。入境地接计调员在预订饭店时，除了要保障游客的必须用房数量外，可以根据个人经验，多预订3间左右的房间，一般的饭店都允许团队抵达时临时取消超出预订的房间。

（四）及时做最后确认

境外旅游团队临近成行日期时，境外旅行社会发来最后的确认名单，这份确认名单将关联到国际机票的出票情况，一般来讲名单会十分准确。入境地接计调员要将此名单及时传送给所预订的饭店：一方面可以将团队准确的用房数告诉饭店；另一方面，很多境外领队有要求饭店提前分房的工作习惯，饭店得到名单后才可以提前将房间分配好，团队抵达后，游客就能够直接入住房间，行李员也可以依照名单与房号将客人行李及时送达。

（五）要留意游客的特别要求

由于生活习惯不同，一部分境外游客对入住的房间会有一些特殊的要求。例如，入住无烟楼层、无烟房间、房间通风良好、卫生间特别干净等；也有亲朋好友多人参加一个团队时，要求安排连通房。当然，有特殊要求的游客在团队出发前会把自己的特别要求告诉境外旅行社。入境地接计调员在接到这些要求时，一定要通知饭店认真落实，最大限度满足游客的愿望。

三、交通工具预订

（一）境内大交通的预订

境外出具的国际段或者国际+国内联程票的价格要比国内出具的票价优惠很多，境外旅行社可以自行完成查询并定制大交通票据。但是，我国国内段的铁路、水运等大交通工具的安排几乎全部由我国的入境地接社计调员提供信息、预订并购买。购买火车票和船票时，最好是连号票，这样方便游客集中，游客和游客之间可以互相照顾。

入境地接计调员在预订国内大交通票据时，一定要注意交通票据的时间跟旅游行程协调一致。

（二）旅游汽车的预订

除了大交通之外，境外客人在国内某一地域的实际旅游交通工具以旅游汽车为主，计调员要提早进行旅游汽车的预订。近年来，我国境内使用的旅游汽车更新换代步伐很快，但是，这些旅游车的硬件状况、舒适程度等与境外普通交通工具相比尚有较大差距。

入境地接计调员一定要认识到国内与境外在交通工具质量方面存在的差距，预订车辆时要注意安排车况新、乘坐相对舒适、行李箱行李架齐全、影音娱乐器材齐备的豪华旅游大巴。境外团队所用的旅游车不能一人一车座，建议要预留1/3以上的空位，如20人的旅游团队要安排37座左右的旅游车。

四、景区（景点）门票预订

（一）准备景区（景点）所需资料

旅行社与景区（景点）会签订合作合同，按照合同规定，景区（景点）给旅行社提供优惠门票。不同的景区（景点）在不同的时间段，要求旅行社提供的材料不尽相同。入境地接计调员在团队入境前要及时与景区（景点）联系，按照其合同约定准备进入景区（景点）所需要的资料和文件。

（二）熟悉景区（景点）的容人量

随着人们资源保护和可持续开发等意识逐年提高，部分景区（景点）已经对外界公布“每天限量接待”的规定，计调员对于此类景区（景点）的最大日容量要熟悉。在公共节假日和旅游旺季，特别是操作大型的包机、专列、邮轮等团队时，入境地接计调员一定要提前和景区协调好，保证境外游客在景区（景点）的可进入性。

五、旅游购物的安排

自《中华人民共和国旅游法》实施以来，媒体的解读和公众的眼球对这个由行业规定升级为国家法典的法规关注最多的就是“禁止强迫游客购物”。入境游客虽然是外国人或者港澳台同胞，但是他们在中国境内的旅游活动也适用于《中华人民共和国旅游法》，而且海外媒体和公众对这部法规的关注程度丝毫不亚于境内。因此，入境地接计调员在安排境外游客旅游购物时，应特别注意：

（一）不强迫购物

游客的购物活动应该遵循自愿购物的原则，不能强迫，计调员不能将购物安排作为必需项目排在日程里。

（二）向境外旅行社和游客说明购物点情况

法规中“禁止强迫购物”的要求不等于“不能安排购物”。旅游购物是游客消费异地文化的一项内容，同时也是增加旅游目的地GDP收入的一项来源。国家出台这项法规的目的绝对不是限制游客的购买行为，而是更好地保护游客的消费行为。计调员可以向境外游客提供当地特产及购物点的相关情况，供游客自主选择。

（三）禁止导游员安排计划外购物

入境地接计调员在给导游员交代任务时，应特别强调对境外游客购物的相关要求，明确告知导游员不能随意安排购物。如果境外游客自行提出增加购物点的要求，导游员应在第一时间请示旅行社，之后听从指示为游客安排。

（四）珠宝类商品的购买要谨慎

据统计，境外游客对于购买珠宝类商品出现的纠纷是比较多的，入境地接计调员在日程中要向游客做出特别注明。

六、旅游娱乐项目的安排

与旅游业发达的国家和地区相比，我国的旅游娱乐受多种因素制约，开发水平相对滞后，尤其是我国北方的旅游城市，旅游娱乐是个硬伤。但近几年来，在各级领导的关怀下，旅游娱乐业有了较大的进步，发展比较迅速。例如，山东省济南市的"粉墨剧场"、曲阜市的"杏坛圣梦"、泰安市的"封禅大典"；云南省的"印象·丽江"；湖南的"魅力湘西"；四川峨眉山的"圣象峨眉"、九寨沟的"九寨千古情""藏谜"等文化演出，就是境外游客特别喜欢的娱乐活动。

入境地接计调员有义务、有责任及时向境外旅行社和游客介绍这些娱乐活动。在实际旅游行程安排时，娱乐活动通常是由导游员现场推介，游客本着自愿的原则进行选择，旅行社不能将其作为报价项目和预订的内容。

七、选派导游员

（一）接待境外团队的导游员选派

入境地接计调员要根据境外团队的实际需求和旅游行程所跨越的地域范围，合理选派导游员，主要分两种情况：

1. 选派地陪导游员

如果入境旅游团队的旅游行程是入境地接社可以直接操作的，此时地接计调员可以选派一名地陪导游员为境外团队提供服务。在此情况下，从接团开始到送团结束的整个旅游过程，皆由此地陪导游员负责完成。

2. 选派全陪导游员和地陪导游员

如果入境旅游团队的旅游时间相对较长，行程相对复杂，跨越几个城市或者省份，由一个国内旅行社难以完成全部的接待任务，此时，与境外直接联系的国内地接社就成为总接待社，计调员为总计调员，总计调员一方面要安排所在旅行社导游员（此导游员可以称为总导游员）完成其所在地区的地方旅游接待服务（总导游员在此区域是地陪导游员的角色）；另一方面，总导游员要自始至终参与旅游团队在境内各地的各项活动，配合各地地陪导游员的工作，同时代表总接待社监督旅游团队在各地的接待质量，负责旅游团队在不同区域间的顺利交接，处理发生在旅游过程中的各种事件（此时间段内，总导游员的角色是全陪导游员），责任重大、任务艰巨。

境外团队，尤其是跨越地域范围较广阔的境外团队，其导游员的选派是一项十分重要的工作。计调员一定要优选能够长期出差执行接待任务、有较强的独立工作能力、有长时间的从业资历、有丰富的工作经验、有较强的工作责任心、有良好的组织协调能力、有较高的导游技巧、有广博的知识面、善于调节气氛、能够控制大局的导游员来担当重任。

（二）发放资料物品

入境地接计调员要将旅游接待计划书、各个相关合同复印件、各种出团表格、各类出团所需物品一一发放给导游员，以尽早做好接团前的物质准备。地陪导游员出团前到入境地接计调员处领取的文字材料主要有电子行程单、景区介绍信（即协议单）和签单表等。

（三）布置填写团队日志

计调员要特别交代导游员做好团队日志，为入境团队留下宝贵的旅游活动资料。

目前，很多旅行社的计调员和导游员都忽视团队日志的作用。有些旅行社虽然对团队日志有要求，但实际不重视，只是将团队日志视为一个敷衍了事的程序和一本流水账，其实这是对团队日志作用的一种曲解。团队日志作为导游员陪同团队的第一手资料，对旅行社工作的监督和提高有很重要的作用，因此，计调员要高度重视团队日志的重要性，要求选派的导游员养成良好的实事求是书写团队日志的习惯。

八、国内异地接待社的采购

入境游客在本地入境，还需要到异地旅游时，入境地接社还需要选择异地接待社。入境地接社应根据旅游客源市场的需求和发展趋势，有针对性地在各旅游目的地旅行社中间进行挑选和比较。

异地接待社的主要职能是根据入境地接社的预订，向当地旅游服务供应商订购有关服务，如客房、餐饮、汽车、景点门票、文娱门票以及赴下一站的机（车、船）票等，将它们组合成包价旅游产品并在制定价格后预售给组团社。第一异地接待社在游客到达本地后，向他们提供上述已销售出去的各项服务，组织安排他们在本地旅游，并在事先或事后和入境地接社结算和收费。

异地接待社的选择，是入境地接社发团管理中的一个重要环节，对整个旅游活动的成功起着关键的作用。入境地接社对异地接待社要多方选择、重点培养，建立长期、稳定的合作关系。入境地接社在掌握了众多异地接待社的情况后，要根据本次旅游团队的特点和要求，综合考虑各种因素，选择合作过的旅行社作为异地接待社。有时，一个团队的旅游目的地不止一个，那么，就会涉及两家以上的异地接待社，所以，还要考虑各地接待社之间的衔接和协作等因素。

总之，通过各种选择渠道，将意向性的合作伙伴的资料存档，填制异地接待社基本情况一览表。在建立合作关系之后，应按时记录异地接待社的接团情况。

第五节　入境地接社的本地接团和异地发团业务

一、入境团体旅游的特点

入境团体旅游，是指由旅行社通过海外旅游中间商招徕和组织的海外旅游团队，到中国大陆旅行游览的活动。接待入境旅游团队是我国许多国际旅行社的主要经营业务。其特点为：

（一）停留时间长

入境旅游团队的第一个特点是在旅游目的地停留的时间比较长。除了少数港澳同胞来内地旅游的团队外，多数入境旅游团队在中国大陆旅游时，通常会在几个甚至几十个城市或旅游景点所在地停留。因此，入境旅游团队的停留时间少则一周，多则几十天，少数入境旅游团队曾经创下了在华旅游时间长达40多天的记录。由于在旅游目的地停留时间较长，所以入境旅游团队在旅游期间的消费一般比较高，能够给旅游目的地带来较多的经济效益。因此，旅行社在接待入境旅游团队时，应针对这个特点，为入境旅游团队安排和落实在各地的生活服务和接待服务，使游客慕名而来，满意而归。

（二）外籍人员多

入境旅游团队多以外国游客为主体，其使用语言、宗教信仰、生活习惯、文化传统、价值观念、审美情趣等均与我国有较大差异。在由海外华人所组成的入境旅游团队中，不少海外华人及其子女因长期居住在国外，在许多方面都与当地居民相似。因此，旅行社在接待入境旅游团队时，必须充分尊重他们，为其配备熟悉其风俗习惯、文化传统，并能熟练使用外语进行导游的人员担任入境旅游团队的全陪和地陪。

（三）预定周期长

入境旅游团队的预定周期一般比较长，从旅游中间商开始向旅游目的地的地接社提供接团要求起，到入境旅游团队实际抵达旅游目的地时止，旅行社同旅游中间商之间需要进行多次的通信联系，不断对入境旅游团队的活动日程、人员构成、游客的具体要求等事项进行磋商和调整。另外，旅游中间商还要为旅游团队办理前往旅游目的地的交通预订、申请并领取护照和签证等手续。因此，相对于国内团体旅游，入境团体旅游的预定时间一般比较长，有利于地接社在入境旅游团队抵达前做好各种接待准备，落实各项旅游服务安排。

（四）涉及环节多

在各种入境旅游团队接待工作中，入境旅游团队要求地接社负责落实的环节最多。入境旅游团队在旅游目的地停留的时间长、地点多，其旅游活动往往涉及旅游目的地的各种相关旅游服务供应部门和企业。为了妥善安排入境旅游团的吃、住、行、游、购、娱等，地接社必须认真研究旅游接待计划，制定出缜密的活动日程，并逐项落实整个旅行过程中的每一个环节，避免在接待中出现重大人为事故。

（五）活动变化多

入境旅游团队的活动变化比较多，如出发时间的变化、入境旅游团队人数的变化、乘坐交通工具的变化等。因此，地接社在接待过程中应密切注意旅游团活动可能出现的变化，及时采取调整措施，保证旅游活动的顺利进行。

二、入境接待业务的规范化管理

（一）提供标准化服务

中方接待社（简称中方）向外方所组的入境旅游团队提供标准化服务，派遣的是具有中国旅游管理机关颁发的导游员资格证的导游人员，并遵守以下要求：

（1）导游人员上岗时着装整齐，胸前佩戴导游员胸卡；

（2）在服务过程中使用礼貌语言；

（3）上团前熟悉旅游团情况，带齐行程表、团队行李卡、门票、各种签单、饮料等用品；

（4）熟悉导游知识，运用旅游团所用的语言导游；

（5）游客抵达时致欢迎词；每天向客人报告天气情况、当天的活动行程，介绍游览点概况；

（6）在旅游团的各项活动中，导游人员均提前 10 分钟到达出发地点；

（7）在参观、游览、观看文艺演出等活动中，始终不离开游客，需要离开时，应征得旅游团领队的同意；

（8）导游人员应严格执行中国旅游管理机构的规定，既不向游客索要小费、索汇、套汇，又要保证不降低服务质量；

（9）尊重游客的意愿，按照与境外组团社商定的日程安排好参观、购物和专项活动。购物须到定点商店。所购物品有质量问题，中方应协助交涉解决。

（二）导游严格按照接待流程接团

地陪和全陪严格按照接待流程接待境外团队，服务态度要好，对境外游客要热情友爱。如果中方所派导游服务态度恶劣，外方可以向中方旅行社提出撤换意见，外方的领队有违法或与中方导游无故不合作的，中方可以向外方提出停止该领队再次到中国陪团的意见。

（三）严格按照双方约定的标准接待

中方旅行社应按照外方订立的标准，为旅游团订妥饭店、餐食、饮料和交通工具，中方不得擅自降低服务标准。如果没有订到外方指定的饭店，应代为订妥相同星级的饭店。

（四）中方的导游人员应协助游客保管好行李

在替游客办理托运、领取行李以及住入和离开饭店时，应对行李加以清点，在确认无误的情况下签字交接。

（五）中方应在旅游团入境前订妥中国国内段的交通票

由于机场关闭、气候条件或其他人力不可抗拒的原因造成的日程变更，即使不属于中方的责任，也应该与旅游团协商解决，并向航空、交通部门办理有关手续。

（六）接待设施的安全管理

中方安排旅游团日程时，应使用安全的服务设施，避免游客处于危险的环境之中。对于体育旅游、冒险旅游、前往安全措施欠缺的地区和游览点观光，应向每一个游客提出安全警告，并要求游客在相关的文件上签字，声明免除中方的一切责任。

三、计调在接待阶段的工作

（一）首次拜访团队

对于境外旅游团队来说，主要是导游的事情。但是，如果计调能够去拜访游客也是一件很好的事情。一方面计调员可以作为旅行社的代表，与境外旅行社的领队见面认识，对领队表示尊重；另一方面计调员可以见到游客，直接征求游客对旅游安排的意见和建议，建立感性认识，如果有必要，可以根据领队和游客提出的合理要求对行程进行适当的调整，更好地为游客提供有针对性的服务，提升旅行社的服务层次。

对入境团队首次拜访的时间与地点没有固定要求，计调员可以选择在机场、首次用餐的餐厅、游客入住的酒店、景区的入口等场所，由导游员向领队和游客介绍计调员的身份，并讲明来访目的。入境游客与领队对旅行社提供的这种服务一定会十分欣赏。

（二）对大交通工具的再落实

1. 国际机票的再确认

入境团队的大交通一般牵涉国际航空机票，所以地接计调员对此一定要有充分的认识，在境外团队进行旅游活动期间，计调员应及时掌握交通工具的变化情况，并针对变化做出及时的调整。

入境旅游团队的往返国际机票由境外旅行社出具，虽然办理国际机票的再确认等手续是领队的职责，但是领队毕竟是境外人员，入境地接计调员应该设身处地为领队和游客多做协助工作，团队是否能够按照预期的返程航班准时返回，与国内旅行社的接待工作息息相关。

随着信息技术的发展，传统的纸质客票被电子客票取代，游客不用携带机票就可以顺利登机，但是电子客票在方便游客的同时，也缺少传统客票对于游客的信息提醒功能，时常有游客弄错返程的航班时间。因此，计调员应该协助领队及时核对国际段机票信息并提醒团队的返程航班详细情况，对于境外团队来说，这项工作非常重要。

2. 国内机票的再确认

计调员在操作有国内段机票的入境旅游团队时，其中一项很重要的工作就是协调上下站地接社，通知他们准确的航班信息，不能出现上站送出游客下站没人接待游客的情况。如果一个城市有两个以上的机场或者航站楼，计调员要跟领队、导游员做出特别的提醒。

计调员受境外旅行社的委托代订国内段机票时，要核实清楚旅行社和游客的要求，当游客的机票有时间、航班班次和舱位等级的不同要求时，一定要特别注意，在出票前仔细核对确认。

3. 对铁路、水运客票的再落实

包含有境内铁路、水运安排的入境团队，计调员协调上下站地接社的衔接也十分重要，一定要仔细落实，坚决杜绝在衔接过程中可能发生的任何问题。

如果境外游客乘坐的火车或者轮船检票时间短，建议游客提前将大件行李托运，必须随车、船的行李提前联系好车站行李包房或者小红帽代为有偿搬运；如果旅游团从某地出发，在另一段的旅游活动结束后，还要再次返回某地，计调员可以提醒游客将用不到的行李免费寄存在住宿饭店。

（三）主动与领队沟通

境外领队作为境外旅行社的代表，在为游客提供满意服务这一工作中起到无法替代的重要作用。在团队旅游活动进行过程中，计调员要主动与领队进行沟通，一方面可以直接了解

游客提出的要求并会同导游员与领队提出解决办法，方便领队的工作；另一方面通过领队的反馈，了解导游员的工作情况，对导游员的工作进行质量监督。

（四）处理团队旅行期间的突发事件

境外团队在旅游过程中，可能遇到纷繁复杂的各种情况。出现的任何问题和事件都可能给游客带来麻烦和困难，这些问题处理不好，不仅会影响游客的游兴，甚至会给旅行社的声誉带来不良影响。导游员在带团的过程中要时刻警惕，采取各种措施预防问题和事件的发生。对于已经发生的问题和事件，入境地接计调员要及时提醒导游员会同境外领队进行处理，必要时计调员和旅行社领导要亲自前往进行处理，尽量杜绝或者减少突发事件对旅游活动的影响，最大限度地保证游客旅游活动的顺利进行。

（五）最后回访

境外团队在我国国内的旅游活动结束后，作为入境地接计调员，一般在团队离境前应该对领队进行短暂的回访，一方面可以征求领队对接待工作的意见和建议，另一方面可以表达友谊和惜别之情，诚邀下次再来。回访的方式多种多样，如果有见面的机会，入境地接计调员可以选择在酒店、机场、餐厅等场所见面；如果没有机会见面，电话回访也是一种很好的方式。

（六）后续工作

1. 游客意见书的回收与处理

游客是入境地接计调员所安排的所有旅游活动的全程直接参与者和体验者，他们的意见和建议对计调工作的改进十分重要。

出团前入境地接计调员交给导游员的意见书一般主要包含游客对旅游过程中的吃、住、行、游等要素的意见与建议。对于每项指标的考核一般设计“优秀、良好、一般、较差”等级别让游客选择，但是每一项旅游要素的评价栏都留有余地，给希望表达更多意见的游客提供方便。

入境地接计调员可以通过游客提出的意见对导游员的工作进行了解，意见书对于入境地接计调员总体衡量导游员工作具有十分重要的意义。

入境地接计调员要求导游员回收并上缴至少70%的游客意见表。对游客普遍反馈的问题，入境地接计调员应该引起足够的重视，必要时要亲自调查，找到问题发生的原因，给予妥当处理，并选择恰当的方式给游客一个合理的答复。

★操作示范

境外游客意见书

尊敬的宾客：

您好！欢迎您来旅游观光，并感谢您选择了我们的服务。为了保障您的合法权益和提高我们的服务质量，请您据实填写此份征求意见书。谢谢您的支持与合作，并祝您身体健康，万事如意！

团号：　　　　导游：　　　　司机：

1. 您对导游服务的评价

□十分满意　　□满意　　□一般　　□不满意

说明：

2. 您对司机服务及车况的评价

□十分满意　　□满意　　□一般　　□不满意

说明：

3. 您对餐食的评价

□十分满意　　□满意　　□一般　　□不满意

说明：

4. 您对住宿酒店的评价

□十分满意　　□满意　　□一般　　□不满意

说明：

5. 您的其他意见

签字

日期

2. 回收并审阅团队日志

团队日志是境外团队档案的一个重要组成部分，计调员应该要求导游员及时认真填写并上交，在仔细研究后做归档处理。

3. 回访境外旅行社

境外团队在结束旅游活动返回客源地后，境外组团社将及时回访游客。入境地接计调员应该选择合适的时机，与境外旅行社联系，了解境外游客对地接社的意见和建议，并对反馈的问题及时处理。对于在中国境内发生过问题的旅游团队，入境地接计调员跟境外旅行社的主动沟通显得更加重要，入境地接计调员应及时询问游客对善后处理工作的意见并采取相关措施，保障将各种损失降低到最小范围。

4. 审核账目

团队的财务核算中（见表5－6），导游员所控制的团队费用支出是灵活性较大的一项。这项支出控制得好，团队赢利就高；这项支出控制得不好，团队的赢利核算就没有科学性，而团队总体支出的主要控制人员就是计调员。

因此，入境地接计调员不仅要催促导游员及时报账，对导游员上交的支出凭据应该进行仔细严格的审核，坚决杜绝不合理的支出，保证团队的赢利，使得导游员形成良好的报账习惯，进而保证旅行社的利益。

表5－6　团队财务核算单

团号	CS—2016—	人数		借款	
行程		陪同		余款	
现金					

续表

门票	景点	金额	景点	金额
	现金小计			
房费	宾馆名	金额	宾馆名	金额
	现金小计		转账小计	
餐费	饭店名	金额	饭店名	金额
	现金小计		转账小计	
车费				
	现金小计		转账小计	
备注				
	现金小计		转账小计	
	现金合计		转账合计	
	现金小计			

审核人：

5. 回收团队设备

境外团队的接待工作结束后，导游员应将出团前借出的各种导游活动相关设备及时上交给旅行社，这是保证旅行社导游工作顺利进行的物质储备。

6. 团队利润的核算及团款的回收

导游员报账结束后，入境地接计调员应该根据相关资料核算团队利润，及时监督回收相关团款。

7. 资料归档

团队结束后，入境地接计调员应该尽快将团队的相关资料归类存档。这些资料包括：境外组团社的询价函、行程安排、报价底稿、团队确认书、游客名单、团队日志、导游团队报告、游客意见书、导游员报账单和团队利润核算单等。这些文件的归档，一方面可以健全旅行社的档案资料，另一方面也对计调业务工作有一个圆满的交代。

★实训项目　为自己家乡设计一份入境旅游产品促销方案

实训内容：归纳我国入境旅游产品促销的方式，设计一份本地入境旅游产品促销方案。

实训目的：让学生掌握入境旅游产品促销的主要方法，能够设计入境旅游产品促销方案。

实训步骤：

第一步，在文化和旅游部网站收集我国最近一年的促销新闻；

第二步，通过这些促销新闻，归纳我国文化和旅游部入境旅游产品促销方式；

第三步，为你家乡设计一份入境旅游产品促销方案，促进你家乡入境旅游的发展。

实训成果：提交一份自己家乡入境旅游产品促销方案。

★知识归纳

本章是学习如何经营入境旅游业务。本章从入境旅游概述、入境旅游产品的开发、入境旅游产品销售、入境旅游业务采购、入境旅游业务接团等方面进行了详细的阐述。入境旅游概述部分阐述了入境地接社游客的构成，游客动态分析、机构设置和岗位设置。入境旅游产品开发部分分析了影响入境旅游产品开发的因素，开发的类型及开发方式。入境旅游的销售业务重点讲了入境旅游的价格制定、销售渠道及促销方式。入境旅游采购业务部分阐述了酒店、餐饮、交通、景区、购物、娱乐等服务项目的采购方法和注意事项。最后阐述了入境旅游团队的特点，接待的管理。通过本章的学习，要求学生能掌握入境旅游团队的接待业务。

★典型案例　团队无法顺利入住饭店，计调员如何处理

济南旅行社 A 接待了来山东和河南赏花的 31 人马来西亚旅游团队。A 旅行社的总计调员小王主要安排了团队在山东境内的活动，河南开封、洛阳、登封和郑州的活动交给了子计调员郑州 B 旅行社的刘小姐。在小王仔细周到的安排下，山东段地陪导游员小李带领团队客人欣赏了山东境内盛开的桃花、梨花、迎春花、樱花、海棠花和牡丹后，十分高兴地从菏泽进入开封，开始了在河南的旅程。

在河南段的第一站开封，此时作为总导游员的小李（地接总计调员派出的导游员小李，为入境团队在山东段行程的地陪导游员，客人在河南段旅游时，小李要跟团，成为整个旅游团中国境内旅游的全程陪同，我们称她为总导游员）打电话给总计调小王，反馈郑州 B 旅

行社在开封安排的旅游餐和酒店在同等标准下跟山东段有比较大的差距，客人在私下有所评论。小王在电话中要求小李努力做好客人的服务工作，买些水果送到客人房间作为弥补，并在以后的旅程中密切注意餐饮和酒店质量，随后又联系了子计调员刘小姐，通报了团队的情况。刘小姐解释说开封地方小，酒店的层次整体不高，客人当晚在开封又品尝了地方风味——包子宴，口味可能不太习惯；登封和郑州的接待条件将会有很大的改善，她会要求河南段地陪小张在第二天给客人作出合理的解释并严格把关。次日，小王主动打电话给小李，得知河南的情况确实像刘小姐讲的，当天的团队接待条件就改善了很多。

团队在河南第三天的日程比较紧张，当天从洛阳赶回郑州已经接近20：00，客人在欢送晚宴上吃得十分尽兴，22：30才抵达酒店。河南地陪小张在酒店前台领取团队房间时被告知没有该团队的预订，并且当晚入住的旅游团队特别多，剩余的标准间无法满足这么多人。小李15分钟后了解到事情真相，23：00打电话将B旅行社的重大接待过失报告给了总计调小王。小王在第一时间报告了A旅行社接待部经理，得到指令后立即致电刘小姐，要求已经抵达现场的刘小姐高度重视这个接待过失所造成后果的严重性，想尽一切办法尽早安排客人入住，并在次日中午团队出境前尽可能地化解客人的不满情绪。在刘小姐和B旅行社副总经理以及酒店销售部经理的现场协调下，团队客人全部免费升级到了豪华房间，最后一个客人在凌晨1点入住了房间。

次日一早，B旅行社副总经理亲自做该团队的地陪导游员，向客人道了歉并代表旅行社向团队的每一位客人赠送了鲜花，宣布将在上午免费增加游览黄河景区作为弥补，请求客人原谅接待过失。子计调员刘小姐出示了酒店销售员回传的团队用房确认传真，理清了此次接待过失是由于酒店销售员忘记给总台下发该团的用房书而引发。

总计调员小王给马来西亚组团社打去了国际长途电话，简单地介绍了事情的发生过程、原因、处理经过和弥补措施，并对引起的接待过失表示道歉。

事情发生后，B旅行社虽然做了大量的工作来化解客人的不满情绪，刘小姐也幸好保存好了酒店的确认传真，及时划分清楚了事故的责任方，但是客人并没有忘记这次接待过失给旅程带来的诸多不便，返回马来西亚后即向境外旅行社投诉。

境外旅行社随即跟A旅行社商谈客人投诉的处理方法，最后双方达成协议，A旅行社按照每个客人退回100元的损失费用跟境外旅行社结账，而客人的不满主要是由于国内段的郑州B旅行社工作失误造成的，因此，B旅行社主动承担了退给客人的总计3 100元的损失费用。

资料来源：王煜琴．旅行社计调业务［M］．北京：旅游教育出版社，2014

请问：

（1）在此案例中，临近客人出境的前一晚发生了重大接待失误，哪些人应该承担责任？

（2）今后应该如何避这种事情的发生？

解析：在本案例中，团队在山东段的游览很顺利，客人也十分尽兴，为团队营造了一个很好的开始。但在临近客人出境的前一晚却发生了如此重大的接待失误。这个失误虽然主要是由于酒店销售员工作的疏忽所引起的，但是子计调员刘小姐和导游员也有过失。假如刘小姐没有忘记将团队名单在客人入境后传真给酒店，和酒店进行最后的确认，这个事故完全可以避免；又假如两位导游员能够预料到旅游旺季酒店工作量大用房紧张，地陪小张在用餐时提前与酒店落实用房，酒店也会有足够的时间在客人抵达前将房间安排好。

虽然济南A旅行社没有造成经济上的损失，但是，其与境外旅行社的合作关系却受到了很大的影响。此案例说明，旅游工作人员，尤其是计调员和导游员，在任何时候都不能抱着侥幸的心理工作，应该有超前的服务意识，认真细致对待每一项工作，尽量避免过失的发生。

第五章　练习题

5.1　单项选择题

1. 入境地接社的（　　）是由国内其他旅行社或国内相关机构组织的入境游客。

A. 境外直客　B. 横向游客　C. 境外团队　D. 境外散客

2. （　　）是旅游国际竞争力的核心标志，也是旅游服务贸易出口的关键领域。

A. 国内旅游　B. 出境旅游　C. 入境旅游　D. 省内旅游

3. 在设计入境旅游线路时，（　　）是入境地接社不需要考虑的境外游客需求因素。

A. 游客的职业背景　B. 游客的身体状况

C. 游客的爱好及财务状况　D. 游客的婚姻状况

4. 外国人前往我国不对外国人开放的地区旅行，必须向当地公安机关申请（　　）。

A. 通行证　B. 签证　C. 旅行证　D. 护照

5. （　　）是外国人或台湾同胞进入西藏所必须办理的一份进藏旅游签证。

A. 旅行证　B. 入藏函　C. 军区通行证　D. 外国人旅行社

5.2　多项选择题

1. 入境地接社的游客由（　　）构成。

A. 境外团队　B. 境外散客

C. 国内其他旅行社组织的入境游客　D. 国内相关结构组织的入境旅游团队

E. 自联游客

2. 根据入境地接社的业务情况可以把入境地接社的工作岗位分为（　　）。

A. 入境旅游产品开发岗位　B. 入境旅游外联岗位

C. 入境接待计调岗位　D. 地陪及全陪工作岗位

E. 管理岗位

3. 入境地接社采取的销售策略有（　　）。

A. 专营性渠道策略　B. 直接销售策略

C. 广泛性销售渠道策略　D. 选择性销售渠道策略

E. 间接销售渠道策略

4. 入境旅游产品促销的方法主要有（　　）。

A. 网络促销

B. 文化和旅游部组织境外促销活动

C. 境外中间商促销

D. 旅游企业境外促销

E. 地方旅游局组织的境外促销活动

5. 入境团体旅游的特点是（　　）。

A. 停留时间长　　B. 外籍人员多

C. 预定周期长　　D. 涉及环节多

E. 活动变化多

6. 入境旅游产品的直接销售渠道有（　　）。

A. 入境地接社—旅游零售商—境外游客

B. 入境地接社—境外旅游批发商（经营商）—境外旅游零售商—境外游客

C. 通过服务网点或分社销售旅游产品

D. 在境外开办直接销售机构

E. 通过新媒体销售旅游产品

5.3　判断题

1. 横向游客就是入境地接社直接从境外招徕的游客。(　　)

2. 组织入境游的旅行社相对于境外组团社来说，它是国内接待社，相对于国内各地方接待社来说，它又扮演着组团社的角色。(　　)

3. 在国际入境旅游业务中，由于关税壁垒、企业自身资金和技术的不足、促销力度不够以及知名度不大等原因，广泛采取的是直接销售渠道。(　　)

4. 单房差，是指单间差，就是客人单独包住一个房间需要另外缴纳的房费差额。(　　)

5. 境外游客进入中国，应根据国境检疫机关的要求如实填报健康申明卡，传染病患者隐瞒不报，按逃避检疫论处。(　　)

6. 国际旅游业内的财务结算有每满15个客人就减免一个收费的惯例。(　　)

5.4　简答题

1. 简述入境地接社的主要业务。

2. 在设计入境旅游产品时，应考虑哪些因素？

3. 入境地接社应该如何选择中间商？

4. 简述入境旅游促销的主要方式。

5. 入境接待计调在预订住房时，应该特别注意哪些问题？

第六章

在线旅游经营实务

学习目标

1. 了解我国在线旅游的发展历程。
2. 掌握在线旅游企业的产业链及主营业务。
3. 掌握在线旅游企业的盈利模式。
4. 了解在线旅游移动互联网的发展趋势。

实训要求

1. 实训项目：归纳分析在线旅游主营业务的盈利模式。

2. 实训目的：通过该项目的实训，要求学生掌握在线旅游的主要业务，明确这些在线旅游企业的盈利模式。

第一节　我国在线旅游的发展历程

1994 年 4 月，我国正式接入国际互联网，开通了网络全功能服务，开启了我国互联网发展的新时代。同年，国家旅游局信息中心成立，专为国家旅游局及旅游行业的信息化管理提供服务和管理技术。从 1997 年至今，中国在线旅游市场不断发展。截至 2015 年，中国在线旅游交易市场规模已达 4 237.2 亿元，互联网渗透率突破 10%。纵观在线旅游市场的进化过程，大致可划分为三个时期：传统 OTA 主导时期（1997—2005 年）、细分化发展时期（2006—2010 年）与多元化发展时期（2011 年至今）。①

---

① 北京旅游发展研究基地．中国在线旅游研究报告 2014［M］．北京：旅游教育出版社，2014.

一、传统 OTA 主导时期（1997—2005 年）

传统 OTA（在线旅游代理商，Online Travel Agent 的缩写），是指以“机票 + 酒店”为主要代理产品，并逐渐开拓休闲度假、商旅管理等业务的第三方在线代理商，其主要盈利模式为佣金收入，同时附带有网络广告收入，代表企业主要有携程、艺龙、芒果等。

（一）萌芽阶段（1997—1998 年）

1. 在线企业发展情况

1997 年 10 月，由广东新泰集团和中国国际旅行社总社投资组建的全国首家专门服务于旅游业的华夏旅游网（ctn. com. en）成立，开创了我国旅游网站的先河。文化和旅游部于 1997 年 11 月开通了中国旅游网（cnta. gov. cn），内容涉及旅游吃、住、行、游、购、娱六要素的多方面旅游信息。1997 年年底，西安马可孛罗国际旅行社旗下英文网站 warrior-tours. com 上线。1998 年，桂林国旅的 chinahights. com、西安马可孛罗的 travelchinaguide. com 相继上线。

2. 在线企业的特点

以传统旅行社作为主体的旅游网站，管理团队局限于传统的旅行社业务，网站只是旅行社核心团队旅游产品及传统分销渠道的补充，产品和市场极具地域性，网站功能专一，以发布旅行社的团队旅行线路为主。以传统分销代理为主投资组建的旅游网站，经营模式仍然无法摆脱分销代理的模式，主要以单一旅游产品（酒店或者机票）作为业务模式；网站功能以产品发布为主，未实时销售。以风险基金投资为主组建的旅游网站，管理团队以金融投资和 IT 业为主，内容多以提供旅游目的地资讯为主。

（二）起步阶段（1999—2002 年）

1999 年，全球互联网投资高潮兴起，成立了多家在线旅游企业（见表 6 - 1）。1999 年 5 月携程旅行网（ctrip. com）、艺龙旅行网（elong. com）相继成立，成为第一批真正意义上的在线旅游企业，这标志着中国在线旅游业的开端。同时，在线旅游被认为是率先实现无物流电子商务的突破口，受到 IT 业和风投行业人士的大肆追捧，一些大型的旅游企业也纷纷跃跃欲试。例如，中青旅投资的中青旅在线、广之旅投资的中国旅游热线、澳洲风险基金投资的易网通旅行（ET-china）、联想集团投资的意高旅游网（egochina. com）、香港风险基金投资的再见城市旅行网（byecity. com）等均在 2000 年成立。2001 年，携程旅行网更名为携程旅游服务公司，从一个单纯的网站向旅游服务公司全面转型，开启了中国旅游互联网新业务模式。

表 6 - 1　1999—2002 年中国主要在线旅游网站成立列表

在线旅游网站	相关成立事件
携程网	携程网成立于 1999 年 5 月，总部设在中国上海，并于 2003 年 12 月在美国纳斯达克成功挂牌上市，当时占据中国在线旅游一半以上的市场份额，是绝对的在线旅游行业领导者
艺龙网	艺龙网成立于 1999 年 5 月，总部位于中国北京，是中国领先的在线旅行社、服务提供商之一。2004 年 10 月，艺龙在美国纳斯达克成功挂牌上市

续表

在线旅游网站	相关成立事件
中青旅在线	2000 年，中青旅投资的中青旅在线成立
中国旅游热线	2000 年，广之旅投资的中国旅游热线成立
易网通旅行	2000 年，澳洲风险基金投资的易网通旅行成立
意高旅游网	2000 年，联想集团投资的意高旅游网成立
再见城市旅行网	2000 年，香港风险基金投资的再见城市旅行网成立

（三）成长阶段（2003—2005 年）

1. 多家在线企业成立

进入 2003 年，由于受“非典”影响，中国旅游业一下子跌入深谷，“非典”的洗礼推动了旅游企业新的改革计划，如改制、重组、转让等加快，更多的企业实施多元化经营。2003 年 12 月，携程在美国纳斯达克成功上市，也标志着互联网进入全面复苏的时期。一些新兴的在线旅游服务企业，如同程网、遨游网、去哪儿网、芒果网、悠哉旅游网等进入在线代理商市场（见表 6－2）。2004 年，中国旅游业以快于人们预期的速度得到了全面复苏，在国内旅游方面，无论是旅游人数还是旅游收入，均创历史新高。2005 年，我国第三方支付平台——支付宝的出现，为解决网上支付这一瓶颈问题提供了非常好的解决方案，更重要的是，为旅游者树立了网上支付的信心，也开启了在线旅游交易的新纪元。

表 6－2　2003—2005 年中国主要在线旅游网站成立列表

在线旅游网站	相关成立事件
同程网	创立于 2004 年，总部设在苏州。起初定位为旅游行业的 B2B 平台，主要是为旅行社的组团社和地接社搭建桥梁。目前重点发展的业务已经转移至 B2C 业务
遨游网	2004 年 11 月，中国青旅股份控股有限公司与美国胜腾集团联手打造的遨游网筹备工作正式启动。2005 年 5 月 31 日，遨游网首版网站正式上线
穷游网	2004 年诞生于德国中国留学生宿舍里，2008 年正式成立公司运营，定位于中文海外自助的专业出境游网站，为用户提供跨国多目的地的中文旅游资讯和在线增值服务
去哪儿网	2005 年 2 月，去哪儿网创立，对线上和线下的机票、酒店、度假和签证等资源进行整合，为用户提供及时、可靠的旅游产品价格查询、比价和预订服务
芒果网	2005 年 4 月，港中旅集团的全资附属公司芒果网有限公司成立
悠哉旅游网	成立于 2005 年，总部设在上海，是最早从事在线销售旅游线路的网站之一

2. 在线市场的特点

在线旅游市场在市场份额上，携程、艺龙遥遥领先。其中，在 2005 年在线旅游市场份额中，携程的市场占有率为 52.2%、艺龙为 24.8%、遨游为 3.3%，其余市场份额被众多中小型在线旅游公司瓜分。商业模式上仍然主要以 OTA 型在线旅游交易模式为主，辅之以去哪儿网为代表的旅游垂直搜索引擎在线服务平台及以同程网为主要代表的“由 B2B 开拓 B2C”类在线旅游服务商模式（见图6－1）。OTA 型在线旅游交易模式又分为两种，一种是以携程、艺龙为主导代表的商务旅游 OTA 发展模式；一种是以遨游网、芒果网为主导代表的休闲旅游 OTA 发展模式。

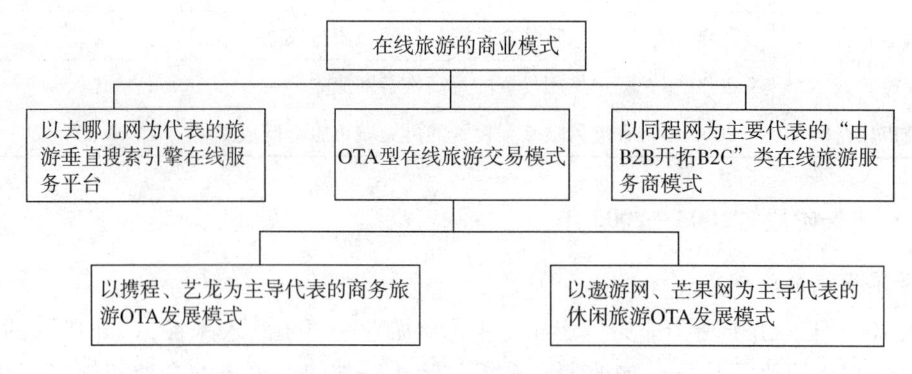

图6－1　2003—2005 年在线旅游的商业模式

二、细分化发展时期（2006—2010 年）

这一时期，中国在线旅游市场呈现细分化的发展态势。一方面，以商务旅游为主的传统 OTA 在渠道和竞争的双重压力下，纷纷探寻新的产品方向并创新业务模式，以期开拓新的盈利增长点；另一方面，诸多新兴的市场促进更为细化的在线旅游网站不断涌现，在经历了创始发展期后开始发力，在线旅游服务业务迎来全面发展期，产生了多家在线旅游企业（见表6－3）。

表6－3　2006—2010 年成立的在线旅游企业

成立时间	在线旅游企业	业务简介
2006 年 1 月	酷讯旅游网	最初是生活搜索引擎，而后专注旅游搜索服务，为广大出行用户提供准确、实时的机票、酒店、度假、火车票等全方位旅游产品信息
2006 年	蚂蜂窝旅游网	最初作为个人兴趣网站上线运营，后专注自助游市场，形成了以旅游攻略为核心产品，旅行翻译官、嗡嗡、旅行家游记等扩展服务和酒店机票预订等出行服务为辅助产品，以分享为倡导理念的一个相互协作、共同分享的旅游出行平台
2006 年 10 月	途牛旅游网	途牛旅游网只做旅游路线并对这一细分市场进行深耕细作，可以利用互联网优势整合旅游产业链，通过呼叫中心与业务运营系统服务客户
2008 年 11 月	驴妈妈旅游网	以景点票务为切入点，融合景点“精准营销”和“网络分销”，使景点以“零投入”的方式拥有了自己的门票网上预订平台；同时根据“自由行”游客的行为特征，通过电子商务便捷、优惠及个性化的定制服务，满足了“自由行”游客的需求
2009 年 2 月	欣欣旅游网	欣欣旅游网是面向旅游行业提供一体化电子商务服务、帮助传统旅游企业实现在线化的互联网技术开发公司。旗下运营两大平台：欣欣旅游网（B2C）营销平台、欣旅通（B2B）同业平台

续表

成立时间	在线旅游企业	业务简介
2009 年 4 月	到到网	致力于打造中国最大的、信息最全的、用户最多的旅游社区，为中国的旅行者提供最及时、可信的全球化旅游信息
2009 年 6 月	悠游旅行网	国内首家集旅游 SNS 与 B2C 电子商务为一体的综合性港澳旅游互动平台

根据其商业模式不同，可以将这一时期主要的在线旅游企业划分为四类（见图 6－2）：

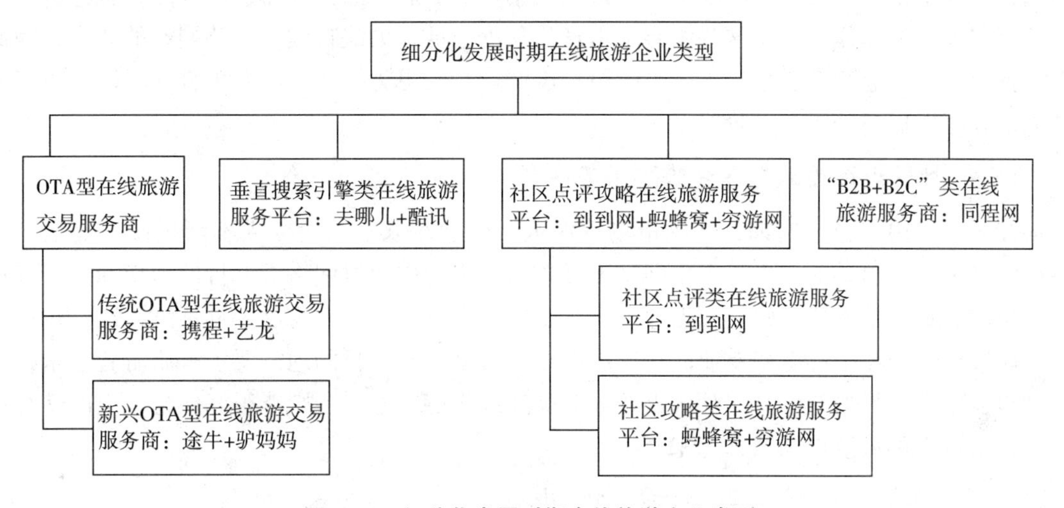

图 6－2 细分化发展时期在线旅游企业类型

（一）OTA 型在线旅游交易服务商

1. 传统 OTA 型在线旅游交易服务商：携程＋艺龙

在产品方面，传统 OTA 依然以机票和酒店单项产品为主，携程在订票和订房两大业务的基础上，从商务旅游主导模式逐渐转变为度假业务、商旅管理业务并举的模式，同时加大线下产业链的布局并扩容呼叫中心。艺龙则聚焦酒店预订业务，逐渐降低机票预订业务的占比，同时重点向线上转移，提高线上预订比例，减少在呼叫中心方面的投入。

2. 新兴 OTA 型在线旅游交易服务商：途牛＋驴妈妈

所谓新兴 OTA 是指，以度假旅游产品为特色的 OTA 型在线旅游交易服务商，目前典型代表有途牛、驴妈妈、悠哉旅游网等。从企业之间的竞争策略来看，新兴 OTA 立足细分市场，采取区别于传统 OTA 的差异化发展策略，即选择度假旅游产品为切入点进入市场，从而避开与传统 OTA 之间的直接竞争。此外，随着休闲旅游时代的到来，旅游度假产品将萌生出巨大的用户需求，也为新兴 OTA 的快速发展并抢夺份额提供了很好的市场机会。

（二）垂直搜索引擎类在线旅游服务平台：去哪儿＋酷讯

当互联网信息急剧膨胀时出现了通用搜索引擎，当海量的旅游产品信息和在线预订网站越来越多时，催生了旅游行业垂直搜索引擎。垂直搜索引擎为整个在线旅游产业链带来了生机。据艺恩咨询《全球在线旅游市场趋势研究报告》统计，2010 年旅游搜索市场规模增长

113%，市场规模达到1.7亿元；2010年旅游搜索用户规模增长61%，用户规模达到1 210多万人。以去哪儿、酷讯为代表的旅游垂直搜索引擎，依托“比价”模式为消费者提供性价比较高且选择较为多样的旅游产品，吸引了大量的用户。其中，去哪儿网迅速崛起，备受瞩目，其独立用户数从2007年6月的500万猛增到2010年5月的4 200万，增长了7.4倍，现已成为中国最大的机票和酒店等旅游垂直搜索网站。

在机票、酒店、度假三大在线旅游产品中，机票最为标准化，价格是用户购买决策的主要因素，因此垂直搜索引擎提供的比价服务自然受到用户的青睐；此外，垂直搜索网站的产品选择较为丰富，也在一定程度上助推其吸引用户。酒店产品标准化程度次之，且中国酒店行业存在大量的单体酒店，这些酒店的信息化程度很低，欠缺自建及运营网站的能力，因此垂直搜索在酒店业的发展还处于初级阶段；度假产品则更为复杂，旅游垂直搜索网站对度假产品的开拓发展尚处于探索阶段。

（三）社区点评攻略类在线旅游服务平台

2006—2010年这一时期，中国市场旅游人数快速增长，旅游需求不断提高并延展。对于旅游者来说，出游前在旅游攻略网站下载攻略；出游中通过网络查询目的地交通、天气信息；出游后在旅游点评网站发布点评，在社交网站上分享旅游经历已屡见不鲜。这一过程中每一阶段的细分需求都有待专业的在线旅游企业帮助实现。目的地需要了解旅游者需求，旅游者也需要更多目的地信息，社区点评攻略类在线旅游服务平台则能很好地把社交网站与广泛且价值巨大的旅游市场结合起来。

1. 社区点评类在线旅游服务平台：到到网

在旅游过程中，旅游感受是非常重要的一个因素。在酒店环节，酒店的服务质量、性价比等已经成为影响用户选择的重要因素。因此，用户的评价对酒店的预订量会有很大的影响。除了酒店，旅游景点及旅游感受也成为用户愿意分享的很重要的内容。点评类网站就是利用用户的口碑影响力，为旅游者提供开放性信息分享的平台，鼓励个人用户进行点评及内容的分享，增加用户互动和访问量，以收取网站媒体广告费用为主，属于航空公司、酒店的直销平台。

到到网定位于以酒店点评为基础的旅游社区网站，核心业务在于通过UGC（用户创造内容）来引导用户做出选择，以开放、分享模式，为网友提供最有价值的信息。其运营重点在于：第一，内容，让用户主动发布、点评更多的内容；第二，社区，努力营造一种泛社区的文化，且内容和社区二者是相辅相成的关系。艾瑞iUserTracker的监测数据显示，2010年，到到网用户访问次数整体呈稳定增长态势，尤其是在2010年第三季度增速达43.1%，这主要得益于到到网2010年推广力度的加大。同时，由此也可看出，点评类的旅游社区对用户已产生较强的吸引力，成长空间较大。

2. 社区攻略类在线旅游服务平台：蚂蜂窝+穷游网

旅游社区攻略类在线旅游服务平台首先对海量用户生成内容（UGC）信息进行整合及审核，然后对用户的旅行决策做出公正客观的信息指导。通过旅游攻略，用户根据自身的个性化需求，对旅游中吃、住、行、游、购、娱各个环节进行筛选重组，通过参考“你的旅行”来塑造“我的旅行”。

（四）"B2B + B2C"类在线旅游服务商：同程网

随着在线旅游市场的发展，部分旅游 B2B 平台开始开拓 B2C 业务，以同程网最为典型。同程网主要有 B2B 和 B2C 两大电子商务平台，早期建立的 B2B 平台为旅游企业提供旅游资源的整合、交易，而新建的 B2C 平台则向消费者提供类似携程的各项旅游服务，从酒店、机票到各类门票、租车、旅游产品，最终都通过向商家抽取佣金的模式盈利。

如果将同程网比作一个大型超市，B2B 的会员企业则是超市的供应商，超市可以借助供应商系统，实时调整超市货架上的各种旅游产品，一方面为同程网和旅游企业提供了高效率、低成本的联系渠道，另一方面也为终端消费者提供了最及时的信息，避免平台信息与实际情况的不对称，方便他们有效地选购旅游产品。而其 B2C 平台（同程旅游网）则更侧重以互联网方式与消费者对接。

近几年，同程网的 B2C 平台成长迅速，2009 年收入超过 2 000 万元，占总收入的 55%。如今，以 B2B 起家，再延伸至 B2C 市场，同程网已经构建出 B2B2C 的完整价值链体系。

三、多元化发展时期（2011 年至今）

（一）大型电商进军在线旅游市场

国内最先涉足在线旅游的电商是阿里旗下的淘宝旅游，随后腾讯旗下 QQ 网购上线旅游频道，京东、苏宁等相继涉足在线旅游市场。团购作为一种低成本的消费方式，深受广大消费者青睐，以窝窝团、美团网、大众点评网、糯米网、拉手网等为代表的团购网站也涉足在线旅游市场，纷纷推出团购旅游产品（见图 6 - 3）。

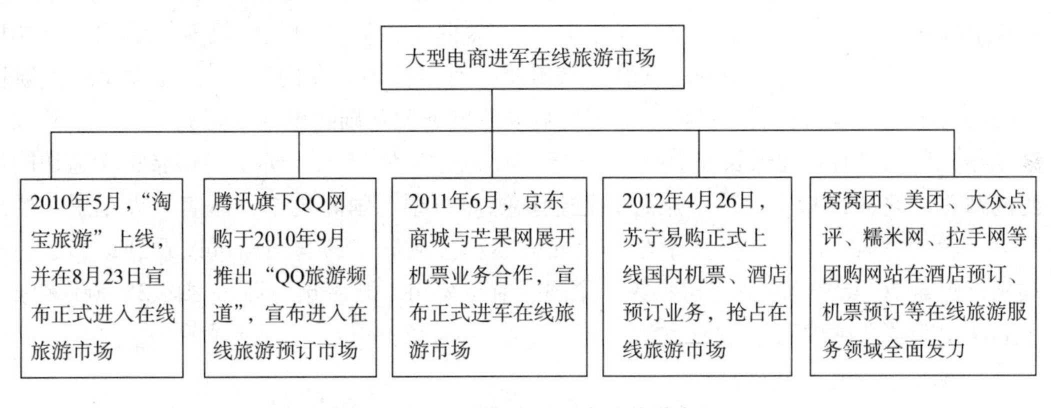

图 6 - 3　大型电商进军在线旅游市场

1. 阿里全线布局在线旅游

2010 年 5 月，"淘宝旅游"上线，并在 8 月 23 日宣布正式进入在线旅游市场。2013 年 1 月，阿里巴巴集团整合旗下旅游业务成立了航旅事业部；2013 年 5 月，阿里宣布战略投资旅行记录及分享应用"在路上"。2013 年 7 月，一淘网高调进军旅游垂直搜索领域。同月，阿里集团又发布公开消息，称将战略投资旅游资讯和在线增值服务提供商穷游网，为淘宝旅行提供旅游中的分享、决策和旅游产品预订等服务。至此，阿里完成了"搜索 + 电商 + 社区”的全线布局，开始加速进军在线旅游市场。在线旅游庞大的市场规模和发展潜力，是阿里布局在线旅游市场的重要原因。

2. 腾讯（旗下QQ网购）进军在线旅游

腾讯旗下QQ网购于2010年9月推出QQ旅游频道，宣布进入在线旅游预订市场。其业务初期包括机票与酒店预订两项服务。经过几年发展，QQ旅游频道可以提供的在线旅游业务已经发展成熟，包括国内游、出境游、酒店、机票、酒店团购几大模块。其中QQ旅游预订机票服务的合作伙伴为财富通和酷讯网，酒店预订服务的合作伙伴为艺龙和同程旅行网。腾讯QQ旅游频道与淘宝旅游平台模式类似，拥有用户资源优势的网络平台也将成为未来在线旅游预订市场的重要参与者。

3. 京东进军在线旅游

2011年6月，京东商城与芒果网展开机票业务合作，宣布正式进军在线旅游市场。2012年2月，京东商城上线酒店预订业务，加速在线旅游市场布局。这是京东继推出在线机票预订业务后，对旅游业的又一次强势推进。2012年8月，京东与悠哉旅游网合作，上线了旅游度假产品模块。2012年11月，京东商城决定与芒果网深化合作，开通“京东旅游频道”，进入细分旅游市场，将产品范围从单纯的机票、酒店业务，延伸到全部旅游产品预订业务上。此举表明，京东商城已决意全面进军在线旅游行业。目前，“京东旅游频道”合作的品牌商家包括携程网、途牛旅行网、悠哉旅行网、芒果网等，其业务范围包括机票、酒店、景点、度假、租车五大模块。

4. 苏宁易购进军在线旅游

2012年4月26日，苏宁易购正式上线国内机票、酒店预订业务，抢占在线旅游市场。该业务上线初期，主要提供北京、上海、广州、深圳4大城市的国际机票订购服务。2012年7月，苏宁易购成立苏宁易购南京航空旅游服务有限公司，在同年11月获取了国际航协认可的国内客运代理人资质，自此，苏宁易购商旅服务的基础建设基本完成。苏宁旅游频道上线半年，访问量月环比增长超200%。截至2012年10月15日，苏宁易购旅游频道访问量占比网站总访问量的12%。苏宁旅游频道包括国内机票、国际机票、酒店、火车票、景点门票、团购（酒店、旅游）以及企业差旅几大模块。从苏宁易购网站可以看到，苏宁易购机票预订覆盖26家国内航空公司和数十家国际航空公司，酒店预订覆盖国内25 000多家酒店，酒店团购覆盖国内约19 000家酒店。

5. 团购网站进军在线旅游

团购作为电子商务中一种新兴的业务模式，其提供的诱人价格让原本“高高在上”的商品变得相当“亲民”，团购甚至已经成为不少网友每日生活的必修课，“只有你想不到，没有你团不到”俨然已经成为团购的真实写照。近年来，窝窝团、美团、大众点评、糯米网、拉手网等团购网站在酒店预订、机票预订等在线旅游服务领域全面发力。

（二）OTA寻求模式变化

随着在线旅游市场的成熟，在线旅游网站的竞争已经开始往深层次、差异化的方向发展。携程和艺龙在业内起步早、规模大，为了开拓新市场、保持高速利润增长率，两大巨头正发生改变，试图在既有的积累上不断丰富与修正其商业模式。携程未来的重点集中在互联网和移动端渠道上，携程推出包含携程无线、携程特价酒店、携程旅游、驴评网、铁友在内的无线应用群，还与高德、途家等合作构建全产品链，将在电话、网络预订领域的基础上，导入 APP 群的应用领域，缔造一站式服务。和携程的思路不同，艺龙近几年则将重点向线上转移，提高线上预订的比例；同时，作为从酒店业务发家的企业，艺龙至今仍把大部分资源集中在酒店上，与多家合作伙伴联手提供精耕细作的市场模式。

（三）去哪儿网从比价搜索向实际交易靠拢

去哪儿网最初的经营模式主要是为 OTA 网站与消费者之间搭建信息服务搜索平台，消费者在去哪儿网上找到酒店或机票信息，单击“预订”后会自动跳转到相应的 OTA 官网上，与 OTA 网站直接进行预订交易，而去哪儿网自身并不参与到消费者与 OTA 之间的后续交易环节之中。但自去哪儿网推出了 TIS 在线交易系统后，这个模式被打破了，消费者在去哪儿网看到心仪的酒店或机票信息，单击“预订”后，无须再跳转到相应 OTA 网站，只在去哪儿网上即可完成后续填写个人全部预订信息、付款交易的全过程，并由去哪儿网向相应 OTA 网站提供交易记录和交易金额。两者区别在于 TIS 在线交易系统会把客户信息完全留在去哪儿网系统内。

（四）旅游点评社交类网站价值凸显

旅游点评社交类网站让用户查询点评攻略、制订旅行计划、分享旅程见闻，是社交、用户生成模式在旅游行业的突破。目的地需要了解旅游者需求，旅游者也需要更多目的地信息，旅游点评社交类网站商业模式的核心就是“网络撮合交易”，即把当前人气最旺的社交网站与广泛且价值巨大的旅游市场结合起来。

点评网站的核心是用户群，需要长时间积累。目前中国旅游点评社交类网站盈利模式还相对较为模糊，尚未形成规模营收，未来还需要做很多探索。但美国同类市场的融资和上市热潮无疑催热了中国旅游点评社交类市场，2011 年旅游社交新创公司如雨后春笋般相继成立。前几年成立的旅游攻略网站，如蚂蜂窝、旅人网已积累了一批高黏度用户，2011 年在线旅游网站携程和酷讯也纷纷上线自有点评社交服务（驴评网、酷讯一起玩），另外一些旅游社交新创公司（途客圈、蜻蜓网）相继成立，共同角逐旅游社交这片新蓝海。

第二节　在线旅游企业的产业链及主营业务

一、在线旅游企业的产业链

产业链在经济活动中是无处不在的。上下游关联的企业与企业之间的相互联系构成了产业链，即在一种最终产品的生产加工过程中，从最初的原材料一直到最终产品到达消费者手中，所包含的各环节构成了整个产业链。产业链上不同环节的企业基于分工的不同，进行着产品、信息、资金、技术等方面要素的传递，完成价值的增值和实现过程。

在分工不断深化的趋势下，旅游产业也形成了多种主体组成的产业链。旅游产品从设计生产到最终消费的一系列传递的过程，一般由上游旅游产品供应商、中游渠道商企业、下游媒介营销平台和最终旅游消费者四个部分组成。中国在线旅游产业链如图6－4所示。

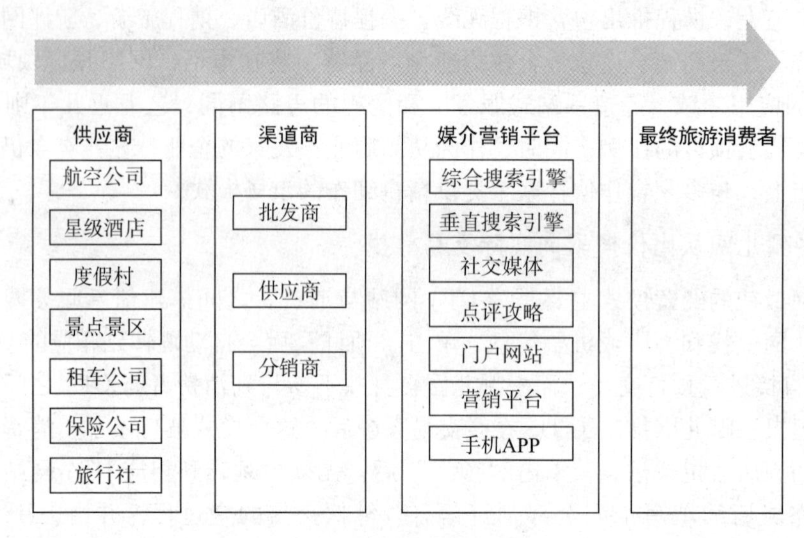

图6－4　中国在线旅游产业链

资料来源：李伟，魏翔．互联网＋旅游［M］．北京：中国经济出版社，2015.

（一）上游供应商

1. 旅游产品直销

上游供应商是旅游产品的生产者，主要包括吃、住、行、游、购、娱六大旅游要素的行业，如航空公司、星级酒店、景区、租车公司、保险公司、旅行社等旅游产品提供者。供应商企业大多以旅游资源以及相应的配套服务来为中下游企业和最终旅游消费者提供服务。因此，相比于在线旅游产业链中的其他部分，上游供应商企业的锁定效应和路径依赖较为明显。具体来说，一些景点、景区凭借其资源享赋、地理位置和地区文化已经逐渐形成一种习惯性的运营模式。即使这些企业并不经常对自身进行创新性改革，它们照样能够获取不少的利润，因为它们所拥有的旅游资源大多具有因果含糊性、地理独特性和路径依赖性，这是其他同业竞争者很难模仿的优势。

2. 传统旅行社建立的网络平台

在市场分工不断细化的趋势下，中国在线旅游市场上游供应商也纷纷开启了电子商务平台，开展在线旅游业务，通过网络直销旅游产品。主要航空公司和连锁酒店通过设立直销网站、发放会员卡，壮大会员规模，开展在线预订业务。旅游景区在景区网站上推出“在线预订”项目，并且接入支付宝等第三方支付平台，开展网上景区住宿、租车、门票等预订。规模较大的线下旅行社也在开展线上业务，推介旅游产品，如中青旅旗下的遨游网（www.aoyou.com）、港中旅旗下的芒果网（www.mangocity.com）等。此外，垂直搜索引擎以及平台运营商的电子链接也提高了用户的在线预订率，推进了直销业务的开展。

（二）中游渠道商

中游渠道商包括旅游产品的批发商、代理商、分销商和综合电商，如以上海不夜城为代表的旅游产品批发商，以携程网和艺龙网为代表的旅游产品代理商、旅游产品分销商和一些大型综合电商。渠道商作为连接旅游产品供应商和最终旅游消费者的中介，大多靠抽取交易佣金来获取盈利。中游渠道商是适应旅游市场需求而产生的，以携程、艺龙和途牛为代表，这些渠道商是伴随着电子商务的发展而逐渐发展成型的，它们大都是由原先的旅游网站发展而来的。

（三）下游媒介营销平台

下游媒介营销平台包括综合搜索引擎、垂直搜索引擎、点评攻略类网站、门户网站和手机客户端。其实，媒介营销平台并不涉及交易环节，但其凭借自身社交化的特点来吸引并刺激更多的最终旅游消费者，凭借自身的营销服务来获取盈利，之前的旅游产品营销服务都是依赖在线旅游产业链的中上游企业营销部门的旅游信息单向传播。为了加大营销力度，在线旅游产业链中还加入了旅游信息的垂直行业媒介：垂直搜索引擎和点评攻略类网站。

1. 平台运营商

平台运营商，是指由第三方在线旅游服务商先搭建一个旅游交易平台，让很多旅游供应商加盟，在这个流量巨大的平台上发布他们的产品，网站负责展示推广，让游客从网站上面订购相关产品，由供应商直接面对终端消费者，省去了代理商等中间环节。这类网站属于综合性旅游网站，要真正实现盈利必须具备一定的影响力，人气旺了才能吸引更多的旅游机构加盟，扩大旅游供应商资源，从而获得规模经济。

鉴于中国在线旅游市场增长潜力巨大，京东、淘宝、腾讯、百度、网易、新浪、谷歌等互联网巨头依托具有大量成熟网络用户的优势，纷纷拓展在线旅游业务。其中，尤其值得注意的是亚洲最大的电子商务平台运营商淘宝网。2010 年 5 月，淘宝网通过整合网上包括机票、酒店预订在内的海量旅游服务产品，推出了一站式、多品种、全服务的“淘宝旅行”综合性平台，在门票、租车、客栈等携程尚未涉及并难以提供服务的领域，已经完成了初步布局，一举成为当前产品类型最全面的在线出行服务平台，具有强大的满足用户需求的能力，吸引了幸福航空、东航、深航、联航等航空公司以及不夜城航空、网逸航空、深圳达志成、滕邦等 200 多家实力强劲的一线机票代理商入驻。

平台运营商加大产业链整合，将产业链上游的供应商以及中游的渠道商集聚在一个网络平台上，在较大程度上实现了规模经济和范围经济，形成了强大的消费者引力中心，极大地分流着在线代理商的网站流量，也在一定程度上挤压着在线旅游代理商的营业收入。

2. 信息渠道商

信息渠道商为在线旅游企业提供营销平台，主要包括旅游搜索引擎网站、点评网站、社区网站、团购网站等类型。以去哪儿、酷讯为代表的垂直搜索引擎网站的出现，颠覆了传统旅游预订网站的商业模式，使旅游搜索在旅游行业发展中发挥着重要价值。随着现代网络和通信技术的不断完善发展，在无穷无尽的各类信息中，旅游者将更渴望在最短的时间内掌握最即时、最有效的旅游产品信息。因此，旅游搜索引擎越来越显现出其不可替代的重要性。

旅游垂直搜索引擎网站可以抓取所有的互联网信息，对于机票来说，它可以整合几十家航空公司的报价，并将经整合的报价结果呈现给用户。对于酒店而言，搜索引擎可以实时抓取全国几万家网站的数据，将其酒店的地理位置、周边配套、产品的价格及服务等信息进行整合，把最便宜、最合适的酒店提供给用户。从某种程度上来说，这种垂直搜索引擎服务的出现加剧了在线旅游预订市场的竞争。不同于在线旅游代理商以收取佣金为主要盈利模式，信息渠道商平台不会售卖任何东西，也不会直接产生订单来获取佣金，而是主要依靠广告费来获取盈利的。盈利模式以用户流量为主，也促使了新模式不断产生，如换房旅游等。

此外，旅游是一种体验式的商品，更加需要借鉴他人的使用经验来帮助决策，点评攻略价值凸显，使在线旅游消费形成闭合链。这就使得用户创作的内容，包括使用点评、旅游经验分享等内容会对其他用户的选择产生重要的影响。在此背景下，用户点评网站、专业评比网站等更多与旅游直接相关的垂直媒体获得了更多消费者的青睐，也成为旅游产业链中不可或缺的重要环节。移动端的旅行社交应用迅速增长并抢占市场，如面包旅行网等。

目前，去哪儿网等垂直搜索网站已开始拥有自己的机票、酒店产品，因此信息渠道商与在线代理商的界限不再清晰。

（四）终端用户（最终旅游消费者）

用户位于产业链的终端，用户需求是产业链的存在前提，也是价值的最终实现，因为旅游产业链最根本、最重要的功能就是满足旅游者的需求。终端客户主要包括个人客户、商务客户和公务客户等。

伴随着体验经济逐渐成为旅游产业的主旋律，旅游需求呈现出个性化、自主性等特征。旅游者在信息获取渠道和购买决策方面更加依赖于网络，偏好于通过网络来搜集旅游信息。在网络环境中，由于不能与服务人员面对面接触，也看不到实实在在的产品，消费者与供应商之间存在着巨大的信息不对称，因此消费者的感知风险会增加，加之互联网企业参差不齐，出现过多起网络欺诈案件，安全性就成为绝大多数消费者在进行网络购买时最为看重的因素。如果一家网站提供给顾客的消费经历让人满意，消费者在下次消费决策中会偏向于这一网站。这也就是互联网所具有的用户黏性。同时，伴随着业态的多样化，终端用户的选择性更为多元，因此，也造成了流量的分化。在整个产业链中，终端用户的地位大幅上升，也成了产业链上各大企业主体都需要极力争取的对象。

旅游消费者需求链包括旅游信息、旅游预订、旅游经验分享，所以，能够满足旅游消费者各方面的消费需求，并且增强用户黏性，才是在线旅游服务商的发展目标。在线旅游服务商应力求为旅游消费者提供一站式服务，重点满足旅游者快乐、关爱、增长见闻等深层次的动机需求。

二、在线旅游企业主营业务

（一）在线机票预订业务

在线机票预订，是指旅游消费者通过在线旅游服务提供商的网站提交预订订单，提交成功后，由消费者通过网上支付得到电子机票或者等机票送票上门后付费。结合中国在线旅游的现状，从在线旅游服务提供商的网站查询，并通过 Call Center 预订成功的交易，也算作网上订票交易。

1. 机票交易市场持续增长，逐渐走向成熟

中国的在线旅游机票交易市场近几年发展迅速，在线预订得到了持续渗透，市场格局趋于稳定，机票交易市场逐渐走向成熟。机票是在线旅游市场中发展最成熟的板块，2014 年

中国在线机票交易额为 1 930.7 亿元，占在线旅游整体市场的比重为 62.7%，2015 年中国在线机票的市场交易额约为 3 431.5 亿元，占在线旅游整体市场的比重为 63.5%。

从 2003 年开始，随着在线机票的不断发展，机票市场规模越来越接近酒店市场，这展现出在线旅游的两个核心业务正在从营收规模及所占比重中趋于平衡，OTA 运营商开始从单一依赖酒店实现营收增长的情况，转变成为依托在线酒店及在线机票两大部分，从而促使形成了“酒店市场 + 机票市场”的“二元结构”式 OTA 在线市场产业结构。

2. 在线机票预订的三种方式

对于在线旅游企业来讲，机票预订有三种方式：第一种为航空公司网站直销，如东方航空公司官网线上销售机票；第二种为航空公司借助批发商、代理商进行分销，如携程、艺龙对机票的销售模式；第三种为机票上游销售商为各航空公司，中间商为批发商、代理商，通过中间商，用户利用搜索引擎、网购平台以及其他媒体在线进行机票预订，如去哪儿、酷讯的销售模式（见表 6 – 4）。

表 6 – 4　机票市场主要销售渠道及特征

典型销售渠道	主要类型	渠道特征
传统渠道	大型机票批发商（腾邦国际） 中小机票代理商 出入境旅行社及国内组团社 差旅管理公司	以企业用户及包机业务为主；PRU 值较高但品牌忠诚度低，市场份额不断下降
航空直销	航空公司营业部柜台及航空公司官网自助售票终端及航空公司呼叫中心等	以服务散客及航空公司大客户为主，市场份额缓慢上升
OTA 渠道	携程、腾邦国际、艺龙等在线旅游服务商，号码百事通 12580、114 等独立手机客户端，京东、苏宁易购等综合电商平台	以服务散客为主，强调服务质量及接入多渠道、领先的品牌影响力推动市场份额上升
销售渠道	平台网站（淘宝、酷讯等） 银行客户渠道（招商银行、中信银行等） 中国邮政等特殊渠道	基于已有用户资源，通过差异化产品及服务占领用户，市场份额呈现快速上升态势

资料来源：北京旅游发展研究基地．中国在线旅游研究报告 2014 [M]．北京：旅游教育出版社，2014.

3. 携程持续位居在线机票市场领先地位

携程凭借在品牌、服务及产品领域的领先优势，利用呼叫中心为主、互联网渠道为辅的渠道策略在全国机票市场中占据绝对领先地位。其营收规模、影响程度远远高于其他 OTA 在线旅游服务商。携程持续位居在线机票市场领先地位主要得益于其进驻时间较早、经验丰富、合作商较多、资金实力强大等优势。

4. 航空公司位居在线机票市场第二位

2007 年开始，上游供应商逐步加强对机票的直销力度，尤其是航空公司，在营销理念、服务技术等方面不断寻求创新。航空公司直接推出机票预订服务，其低价优势和良好的信誉吸引了越来越多的用户通过访问航空公司网站预订机票，同时，航空公司在机票预订和出票时间上的优越性也促使其逐渐成为用户预订的主要渠道。航空公司直销力度的加大以及其在机票市场中的份额不断上升，逐渐成为在线机票市场的重要一部分。2011 年，中国在线旅游机票市场交易份额中，东航直销所占比例为 9.4%，南航直销所占比例为 4.9%，国航直销所占比例为 4.4%，春航直销所占比例为 2.9%，海航直销所占比例为 1.6%。航空公司直销在整个机票市场交易中占到了市场的 23.2%，仅次于携程，位居第二，可见航空公司机票直销力度得到了较大的提升。

5. 淘宝旅行在用户及价格方面具有优势

2010 年 5 月，“淘宝旅游”上线，并随着发展依次推出国际机票预订。淘宝旅游迅速发展的主要原因来自用户及价格优势方面。首先，淘宝自身拥有数量极大的用户规模，对消费者有较大影响。其次，在价格优势方面，由于淘宝提供平台式的服务，对卖家仅收取少量的服务费，进驻成本较为低廉，因此对中小代理商的进驻具有较强的吸引力。同时，消费者还可以购买到较低折扣的机票。

6. 多家在线企业进军在线机票预订市场

2010 年 9 月，腾讯推出“QQ 旅游频道”；2011 年 4 月，百度推出旅游频道；同年 5 月，腾讯入股艺龙旅游网，盛大也推出自己的旅游内容。淘宝、新浪、腾讯、京东、百度等网络巨头进军标准化的在线机票市场，也造成了 OTA 旅游服务商用户的分流，不断蚕食市场份额。旅游垂直搜索引擎也在不断提升自身的用户黏性，吸引用户在自己网站搜索后直接购买，其提供的比价服务受到用户的青睐，这也加剧了在线机票市场的竞争力度。此外，旅游团购、无线预订业务也同样威胁着 OTA 旅游服务商的发展。中国移动、中国网通等电信运营商拥有中国最大的消费者基数，其 12580 信息服务业务以及 114 号码百事通服务均提供机票预订服务，且在 2007 年下半年加大了推广力度。电信运营商具有较高的品牌知名度和较高的综合实力，其预订业务的开展给 OTA 旅游服务商带来了较大的竞争压力。

（二）在线酒店预订业务

在线酒店预订，是指旅游消费者通过在线旅游服务提供商的网站提交预订订单，提交成功后，由消费者通过网上支付的形式或者凭预订单号直接到预订的酒店宾馆前台付费。结合中国在线旅游市场的现状，从在线旅游服务提供商的网站查询，并通过 Call Center 预订成功的交易，也算作网上订房交易。

1. 在线酒店产业链的形成

中国在线酒店产业链由上游产品供应商、渠道商、新预订新营销渠道和最终用户这四个部分构成（见图 6 -5）。上游产品供应商包括国内酒店，如锦江之星、汉庭等；国际酒店，如洲际、万豪、喜达屋等；特色酒店，如桔子酒店、布丁酒店等；它们构成了上游庞大的酒店供应群。存在的问题是信息化程度低、中央预订系统管理水平较为初级、酒店管理能力参差不齐等。渠道商主要有批发商、代理商，如携程、艺龙、同程等，此外，还包括全球分销系统。少数管理水平、信息化水平较高的酒店通过全球分销系统连接自身的中央预订系统来提高酒店分销效率。大型的批发商与代理商通过信息或半信息手段对全国主要城市和地区的核心酒店进行覆盖，订单量相对较大，区域型、小规模的批发商掌握部分有价格优势的酒店资源或渠道；中小规模的代理商通过接入前两者代理商或者全球分销系统进入酒店的分销部分。新预订、新营销渠道主要包括电商平台，如 QQ 网购、京东等。电商企业通过接入大型批发商或代理商等酒店库存，完成向综合型平台的扩展；搜索引擎类，如去哪儿网，帮助部分酒店及代理商完成酒店的线上销售；中小创业型公司通过接入大型批发商、代理商等的酒店库存，开发创新性的移动预订应用；此外，还有以酷讯为代表的旅游媒体和以糯米、窝窝团为代表的团购模式等。

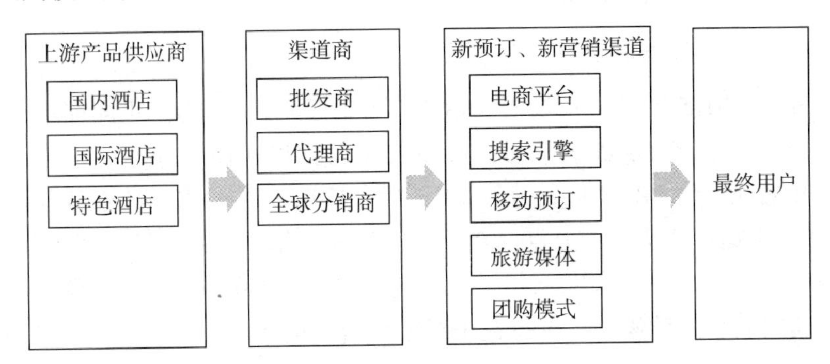

图 6－5　在线酒店产业链

随着行业竞争的加剧，在线酒店预订企业分工越来越细，存在多种经营模式。企业开始向产业链上下游延伸。携程向下游延伸，与垂直搜索引擎去哪儿网合作拓展渠道，入驻淘宝平台。去哪儿网向上游延伸，与酒店合作，开展直营业务。而淘宝网和京东则以电子商务企业的身份，发挥平台的优势介入在线酒店预订行业。

2. 在线酒店预订市场份额

随着信息化的不断发展，在线预订酒店的流程日趋标准化，显现出行业的规模效应。全国性旅游预订服务网站运用 IT 技术，利用集中式 Call Center（呼叫中心）搭建起来的虚拟服务网络支撑着遍及全国的预订服务体系，提供高效且有规模效应的服务，从而实现标准化程度很高的星级酒店预订服务。这为酒店预订市场在整个预订市场的健康发展提供了有效的保障。2014 年，中国在线酒店市场规模约 632.5 亿元，近两年，休闲用途的住宿需求集中爆发，在线旅游企业加快签约民宿、客栈等非标准化产品。2015 年，中国在线酒店市场规模约为 1 141 亿元，占 21.1%。

（1）携程一直遥遥领先，占据整个市场的半壁江山。

携程的行业地位和市场份额在近十年内无人能够撼动。携程模式即通过先发优势，利用半互联网、半呼叫中心的平台，将数量众多的酒店等产业链资源供应商绑在一起，并聚集庞大的用户群，通过全国范围内的酒店和机票产品预订来获取代理销售佣金，实现盈利。目前，以携程为代表的返佣模式依然是绝对的主流模式。目前 95% 的在线订房是通过携程模式完成的，而携程占其中的一半。

（2）艺龙则稳稳把握着第二的位置。

艺龙与携程的竞争一直未曾停止，截至 2012 年 12 月，艺龙可预订国内酒店数量约 4 万家，携程可预订国内酒店数量也近 4 万家；国际酒店方面，2012 年 8 月，携程与 Booking.com达成合作，实现系统直连，通过携程可预订 Booking.com 超过 20 万家的海外酒店，而艺龙也可以通过母公司艾派迪（Expedia）预订 16 万家海外酒店。2012 年 12 月，携程和国内最大的团购网站美团达成酒店团购产品的合作，用户可在美团上预订携程相关的团购产品。艺龙最早开发开放的分销体系，为相关银行、电商网站、创业型在线旅游代理商、创新第三方应用程序（APP）等提供酒店库存，形成了庞大的分销系统，同时在酒店团购方面也与多家团购网站建立了合作。

（三）在线旅游度假预订业务

1. 中国在线旅游度假市场规模

2014 年，中国休闲旅游度假市场规模达 4 256. 2 亿元，比 2013 年同期增长 13. 8%。中国休闲旅游市场在保持较快发展的同时，其在线化进程也在逐步加速。2014 年，中国在线旅游度假市场交易规模为 448. 8 亿元，较 2013 年增长 48. 1%，占整体在线旅游市场比重的 14. 6%，比 2013 年提升 0. 9 个百分点。艾瑞咨询认为，作为在线旅游市场中最火热的领域，度假市场发展前景广阔，预计未来三年增长率将保持在 30. 0% 以上。艾瑞咨询认为，在线度假市场的高速发展和持续渗透主要得益于线上零售商的驱动，同时，传统旅行社的线上业务发展也是市场不可忽略的力量。

2. 线上与线下渠道趋于融合发展

传统旅行社获取订单的核心方式是通过线下门店，随着互联网和移动互联网时代的到来，门店的投入成本居高和服务半径限制的缺陷逐渐显现，一些传统旅行社逐渐发展线上渠道并将其作为重要发展战略之一，以期打破单纯依靠门店发展的桎梏。在传统旅行社大力发展线上渠道的同时，途牛、携程等 OTA 企业也在尝试向线下发展，通过开设线下门店实现向二三线城市的区域扩张。艾瑞咨询认为，未来线上渠道和线下渠道会各取所长，趋向融合发展。

3. 中国在线旅游度假市场竞争格局

中国在线旅游度假市场中，携程、途牛、同程一直位列前三。根据艾瑞咨询的监测数据，2014 年携程占比 23. 2%，位列第一；途牛占比 13. 4%，位列第二；同程占比 5. 6%，位列第三。艾瑞咨询认为，今后，在线旅游度假市场将发展火热，市场竞争也更加激烈，一面是老牌 OTA 企业之间的价格战，一面是 OTA 与平台企业的厮杀。

4. 在线旅游度假市场的热门产品类型

近两年，中国在线旅游度假市场稳步发展，成为在线旅游热度最高的板块。在线旅游度假产品主要有主题旅游、海岛旅游、邮轮旅游三种。随着生活水平的提升，消费者对度假的要求也逐渐提升，不仅要满足大众的休闲娱乐需求，还要满足细分人群的差异化需求，因而主题旅游产品发展火热，主题游针对不同细分人群，分为亲子游、蜜月游、购物游、游学游等。另外，近两年海岛和邮轮产品也持续火热。海岛旅游多以自助游为主，满足消费者休闲度假需求，马尔代夫、普吉岛、巴厘岛等成为 2014 年在线度假热门海岛目的地。2014 年在线旅游企业加大邮轮产品的投入，携程通过投资邮轮公司抢占上游资源，同程、途牛等企业通过包船或切舱位储备邮轮产品。

5. 在线旅游度假产品的组织形式

自助游和跟团游是在线度假市场的重要组成部分。对于出境游中的海岛游，大部分用户会选择自助游；而对于出境多城市游，一些用户会倾向于跟团游。一线城市中有旅游经验的用户较多，因而选择自助游产品的用户也相对较多，而二三线城市用户更倾向于跟团游产品。

（1）跟团游。在线跟团游，是指游客通过在线方式向旅行社报名签约参加固定团期的旅行团（散客拼团或独立成团），并必须参与到旅行社安排的旅游行程中的全部过程，吃、住、行、游、购、娱全部由旅行社安排，并且全程有领队及导游陪同，跟团游期间，游客不得擅自脱团，旅行社应对跟团游整个行程中游客的安全问题负责。2014 年，中国在线跟团游市场规模为 200.5 亿元，占跟团游的 44.7%。从市场竞争格局方面来看，途牛市场份额为 19.2%，稳居市场第一；携程占比 16.6%，位居第二；中青旅遨游占 3.4%，同程占 3%。

（2）自助游。自助游形式包含“机 + 酒”“景 + 酒”等，用户自行规划线路并决策，成本较高，但可个性化定制。在互联网成为基本生活工具的社会背景下，目的地信息不对称问题已有较大改善，中国旅游消费者旅游经验日趋丰富，对于个性化旅游体验要求提高，未来自助游份额将逐步提高。2014 年，在线自助游市场规模 248.3 亿元，占比 55.3%。具体而言，携程份额为 28.5%，位列第一，携程自助游产品丰富，包含纯自助游和半自助游，主要围绕“交通 + 住宿 + 地接”展开；途牛以 8.7% 的份额位居第二，其自助游产品大部分为直采，主要形式为“机票 + 酒店”；同程在发展周边门票产品的同时，也加大了对出境游业务的投入，以 7.7% 的市场份额位居在线自助游市场第三。

6. 在线旅游度假目的地

周边游在出境游、国内长途游、周边游这三类产品中占比略低，2013 年占比达到 28.6%，但增长最快，近两年的增长都在 50% 以上，且周边游具有消费频次高、消费人群庞大的特点。出境游增长较快，2014 年中国在线度假市场中，出境游以其高热度、高客单价等特性稳居市场第一，交易规模 224.7 亿元，占比 50.1%。2013 年，国内长途游占比 33%，一方面是受出境游分流的影响，另一方面是受“大交通 + 周边游”出行方式的影响。

（四）在线其他新兴业务

1. 租车业务

为了出行便利，一些在线旅游企业推出了在线租车业务，特别是租车软件业务异常火爆。2012 年 7 月，京东商城宣布其租车业务正式上线。京东商城租车业务的合作伙伴为一嗨租车，目前已在京东旅行旗下专门设置了租车频道。京东商城租车业务覆盖北京、上海、深圳、广州、南京、杭州、武汉等众多城市，每个城市的不同区域都设有多个门店，提供几十款车型为用户服务。用户在京东商城只需 4 步，就可轻松租车。第一步，选择行程和车辆；第二步，填写订单；第三步，在线支付；第四步，预订完成。在租车频道首页，京东商城为用户提供了各个城市的租车入口，帮助用户省时省力。此外，京东商城为了使用户能够第一时间获取最新的车辆促销信息，专门推出了“特价租车订”。

在线租车业务目前存在以下几个特点：

（1）渗透率低。罗兰贝格报告显示，2013 年中国租车市场的渗透率仅为 0.4%，远低于日本、美国、韩国的 2.5%、1.6%、1.4%，甚至远远落后于巴西的 1.3%。

（2）增长速度快。罗兰贝格报告显示，2008—2013 年，国内租车市场年均复合增速达

29%，其中短租市场（单次租期在30天以内）年均复合增速达32%。罗兰贝格当时还预计，到2018年，国内租车市场将达到650亿元，其中短租市场规模有望达到180亿元，年均复合增速25%。

（3）集中度低。国内租车市场的集中度还很低，CR5（前五名）仅占14%。短租市场的占有率达44%，但与美国、德国等相比，差距仍然较大。国内租车行业以直销为主（线上和线下），分销主要有携程收购、一嗨租车、易到用车等。

2. 邮轮业务

邮轮产品主要分布在欧美市场，欧洲和北美邮轮客源占全球邮轮客源的87.5%。从国内来看，2014年以来，各大邮轮公司纷纷加大在我国邮轮业务的投放。

3. 签证业务

国内在线旅游企业通过降低签证办理费用，扩展企业签证办理业务，从而推广其出境游等其他旅游业务。2014年，携程旅行网联合近十家在线旅游公司和线下旅行社共同发布《签证透明化新政白皮书》，定价采用“透明化”方式。实施透明新政后，签证预订人数急剧增长，单月突破8万人。因此，签证市场也将会更加注重服务质量。美国、加拿大等国家签证材料多而复杂，签证办理过程中存在拒签的风险。而且，办理签证业务也存在以下两方面的弊端：一是签证办理业务的收费标准不统一；二是消费者资料信息可能被泄露。因此，人力资源、经验资源、旅游同行业资源等多项线下资源是在线旅行社成功办理这类国家签证时的关键因素。

4. 互联网金融业务

互联网金融业务延伸至各行各业。其中，携程推出金融理财概念产品，腾邦与众多中小机票代理商合作开展B2B的机票业务。2014年上半年，腾邦发放贷款和垫款余额为2.66亿元，其小额贷业务已实现经营收入2 650.60万元。对开展旅游互联网金融服务而言，在线交易平台、小额贷款牌照、互联网支付工具，在线旅游商品销售，资金流通、金融服务这三大环节需要实现闭环。在供应链金融领域，互联网形态的金融服务已经有所发展，互联网金融时代也给在线旅游企业带来新的机遇。

5. 团购业务

2014年8月，在线旅游网站团购频道用户覆盖数排名前4位的依次是去哪儿网、携程旅行网、艺龙旅行网以及同程网。4家主要在线旅游网站的团购频道用户覆盖数有升有降，其中，艺龙旅行网、携程旅行网和去哪儿网团购频道用户覆盖数环比分别上升13.5%、9.7%和1.3%。同程网的团购频道用户覆盖数环比则下降了24.7%。

各大在线旅游商发布的2014年第二季度财务报告数据显示，2014年第二季度携程酒店团购业务保持着快速增长态势；2014年第二季度艺龙的酒店客房间夜数量约为830万间夜，同比增长44%，团购酒店预订量占比约5%；去哪儿网销售的团购酒店产品数量接近15万，目前占酒店间夜总数的15%，同比有超过两倍的增长。（来源：劲旅网）

第三节　在线旅游企业的盈利模式

随着在线旅游预订的行业竞争趋于白热化，众多旅游业从业者对在线旅游的盈利模式产生了浓厚的兴趣。随着经济与互联网的快速发展，在线旅游企业已经逐渐成为一种新兴的产业。因此在线旅游也呈现出多种盈利模式，主要有直销模式、线下结合线上模式、全球分销模式、在线旅游预订模式、搜索比价模式和旅游点评模式（见表6－5）。

表6－5　在线旅游盈利模式

分类		涉及业务	中国代表企业	盈利模式
供应商	旅游产品直销	加大各自公司的旅游产品营销力度	中国国际航空公司、南方航空公司；7天、汉庭连锁酒店	直销模式
	传统旅行社建立的网络平台	旅游企业宣传，提供网上旅游业务查询和预订等	芒果网（港中旅旗下）、遨游网（中青旅旗下）	线下结合线上模式
渠道商	旅游产品分销商	为游客提供全方位的旅游产品与服务	中航信	全球分销模式
	旅游产品代理商	酒店预订、机票预订、旅行预订、特约商户、旅游咨询	携程网、艺龙网、同程网、驴妈妈、途牛网、欣欣旅游网	在线旅游预订模式
媒介营销平台	垂直搜索类	机票服务、酒店预订、旅行度假服务、火车票查询	酷讯网、去哪儿网	搜索比价模式
	旅游咨询	旅游信息服务、酒店预订、机票预订	蚂蜂窝、乐途旅游网、到到网、驴评网	旅游点评模式

资料来源：李伟，魏翔．互联网＋旅游［M］．北京：中国经济出版社，2015.

一、直销模式

（一）直销模式概述

直销模式，是指位于在线旅游产业链上游的供应商企业，如航空公司、酒店等，以直销的方式加入在线旅游的市场竞争之中，以直接面对最终消费者的方式来减少代理费用，最终在一定程度上获取更多的利润。

（二）直销模式旅游企业

在线旅游产业的供应商主要包括旅游产品直销商、景点与景区类网站和在线旅行社三类企业。旅游产品直销商主要包括航空公司和酒店所建立的网站，他们直接提供旅游服务与产品服务，其目的就是加大各自公司的旅游产品营销力度。该类企业包括中国国际航空公司、南方航空公司、锦江酒店与金陵酒店等；景点与景区类网站包括各类地方性旅游网站，如北京旅游网、云南旅游网与海南旅游网等，依靠定期更新发布当地的相关旅游信息、图片、旅游服务链接等来获取利益；在线旅行社凭借提供网上旅游业务查询和预订等旅游服务来赚取利润。

自20世纪90年代起，航空公司的直销渠道就已经开始争夺传统旅游代理商的市场份额了。近几年来，携程网和艺龙网等在线旅游代理商的发展再次激发了旅游产品与服务供应商对直销渠道的热衷。航空公司的线上竞争不仅仅是单纯的价格战，产品与服务的差异化更是各大公司获取盈利的重要手段。而酒店的分销渠道，特别是连锁酒店集团，能够更为有效地降低对传统旅游代理商的依赖性。

（三）直销模式的优缺点

1. 优点是降低成本，服务更有保障

互联网的繁荣发展使众多航空公司和酒店，可以通过直销预订模式来节约原本应当支付给传统旅游代理商的佣金费用，能够脱离支付中介商佣金的环节，采用以旅游产品直接面对最终消费者的方式，因而具有降低成本、改善经营和服务能力，为消费者提供更有保障的服务的优势。近年来，随着旅游业电子商务的逐步发展，在航空业务上，许多航空公司有意扩大直销范围，并且通过不同平台提升直销比例，以培养固定客户群。

2. 缺点是预订服务比较单一，对旅游服务供应商要求比较高

由于上游企业的直销渠道在价格上更有优势，供应商开始逐步摆脱旅游网站作为中间代理商的控制，因而给在线旅游网站的未来发展带来压力。该模式对旅游服务的供应商提出了更高的要求，需要他们提高企业的信息化程度及运营网站的能力。但由于其在线预订针对的服务比较单一，互联网只是作为一种营销媒介，大部分交易均是在互联网线下进行的。

二、线下结合线上模式

（一）线下结合线上模式概述

线下结合线上模式是传统旅行社为适应现代信息技术和互联网的发展而最新建成的一种模式。这种模式也就是所说的“鼠标 + 钢筋混凝土”型的盈利模式。具体来说就是，旅游行业的从业人员凭借其在传统旅游行业的人脉关系网和从业经验来构建自身的互联网平台，将传统旅行社的线下业务与互联网相结合。

（二）线下结合线上模式企业

采用此类模式的代表企业包括港中旅旗下的芒果网（见表6－6）和中青旅旗下的遨游网。此类在线旅游企业的突出特点就是具备与旅游产品与服务息息相关的稀缺资源。在线旅游市场中，稀缺资源指的是兼具路径依赖性、因果模糊性与经济限制性的旅游资源。把握拥有稀缺资源的机会并不常见，多数企业都在努力为自身创造出这种机遇。当然，拥有稀缺的旅游资源并不等同于盈利，对这些旅游资源进行合理的商业化运作才是获取利润的关键。在线下结合线上的盈利模式中，拥有优质旅游资源的企业不用再为景点的客流量担心，甚至不用担心公司的盈利情况，比如黄山旅游、桂林旅游，因为这类公司单凭独特的旅游资源就可以获得丰厚的利润。以黄山旅游为例，2013年黄山旅游的景点收入占据其营业收入的60%。

此外，景点的门票收入与索道收入的毛利率颇高。该类企业的主营业务单一，且与互联网关系不密切。

表 6-6　芒果网的主要业务、运营模式和盈利模式

主要业务	机票预订服务、旅游度假产品、邮轮服务、旅游门户服务、旅游租车服务、旅游社区服务、分享旅游照片和旅游心得、发布旅游攻略
运营模式	公司采用“网站 + 电话客服中心 + 3G 客户端”的服务模式，依托先进的电子商务旅行网站（www.mangocity.com）、全国 7×24 小时旅行服务热线（40066－40066）和 3G 客户端“芒果旅游”，基于统一的后台数据库为客户提供一站式旅行预订服务，并通过先进的客户关系管理系统跟踪客户的消费模式，为目标客户提供个性化产品定制和增值服务。芒果网还为签约的公司客户设立 40066－20088 商旅服务专线，为港澳客户设立了 36040066 服务热线
盈利模式	芒果网的盈利模式主要为佣金收入，同时附带有网络广告收入。佣金收入主要来源于酒店、机票、旅游度假产品三大核心业务。 酒店业务：消费者在酒店结账，酒店再返还芒果网佣金。 机票业务：随着电子客票的全面使用，消费者在网上订票，并通过网上支付、现场支付、信用卡支付的方式给芒果网票款，芒果网提取佣金以后再返还给航空公司票款。 旅游度假产品业务：芒果网利用港中旅巨大的旅游资源优势，打包开发成旅游产品在网站上推广，进而从旅游资源中提取佣金。 芒果网还通过在网页上出售广告获取收入

三、全球分销模式

（一）全球分销模式概述

全球分销系统（Global Distribution System，GDS）是专门应用于航空运输与旅游产品销售的大型计算机信息系统。通过全球分销系统，旅游消费者可以快速即时地搜索到内容全面的全球旅游信息，给旅客带来便捷的服务。在旅游业与互联网尚未完全结合的时候，与全球分销模式相对应的全球分销系统是指旅游服务与产品提供商每隔一段时间支付给全球分销系统订座费用，然后由全球分销系统再将费用支付给代理商。随着互联网企业的繁荣发展，如今的全球分销系统公司有向纯技术提供商发展的趋势，因为更多的酒店、租车公司、度假村、旅行社等开始加入全球分销系统来拓宽分销渠道，进一步加强营销力度。因此，全球分销系统已经逐渐演变成为覆盖全球的、以满足旅游消费者多样化需求的旅游信息系统。

（二）全球分销模式企业

1. 信天游

中国的全球分销系统正处于初步发展阶段，信天游（Travelsky）网站就是其中发展态势较好的全球分销系统。信天游是由中国民航信息网络股份有限公司建立的旅游电子商务网站，是中国唯一一家提供最完整的国内所有航空公司与境外航空公司的信息实时查询与预订服务的在线旅游网站。到目前为止，信天游的经营业务已经拓展为航班订座、酒店预订、网上租车以及其他旅游信息服务。信天游网站的计算机系统包括订座系统（ICS）、代理人分销系统（CRS）、离港系统（DCS）、货运系统（CGO）、酒店预订系统（HOTEL）。

航空公司订座系统存储中国21家航空公司的销售数据，并且代理人分销系统连接着全世界5 000多家代理人，国内每年97%的机票都是通过订座系统和代理人分销系统完成交易的。此外，这两个系统还与国际八大全球分销系统连接，旅客可以跨国实现购买机票的交易。随着在线旅游的兴起，代理人分销系统中加入了许多经营旅游产品的多种代理商，包括航空、酒店、出租车、旅游路线等，能够更为有效便捷地为旅游消费者提供更为全面的服务。酒店预订系统隶属于代理人分销系统，它可以通过机票销售代理人来分销国内外的酒店客房。如今的信天游网站已经可以为全球各地的旅客提供由出发地到目的地的一条龙服务，为众多旅游消费者提供方便简洁的服务。

2. Sabre

Sabre是一家成立于美国、全球著名的专为旅游业营销与分销渠道服务的旅游分销网站。Sabre网站的全球分销系统是包括航空公司、酒店、租车公司、旅游服务提供商和旅游服务代理商在内的完整全球分销系统。作为全球四大分销渠道的Sabre，掌握了最完整、最全面的全球旅游信息网站，毋庸置疑地成为一款功能强大的全球旅游信息管理工具。

在全球分销系统中，Sabre在线旅游预订份额已经占全球在线旅游的40%。到目前为止，Sabre已经为30多个国家和地区提供了旅游服务，并在多个国家中站稳脚跟。Sabre拥有着庞大的全球旅游信息量，为了继续保持这一优势，Sabre与多家信息技术公司合作。不仅如此，Sabre为了进一步扩张其市场规模，积极与部分在线旅游公司合作，如Priceline、OneTravel、Travelocity等。

四、在线旅游预订模式

（一）在线旅游预订模式概述

在线旅游预订模式是主流在线旅游企业采用的盈利模式之一。以在线旅游预订模式运营的企业，其市场定位就是为众多散客与商旅游客提供机票预订、酒店预订、旅行预订、特约商户、旅游咨询等服务。在线旅游预订模式的利润来源包括在线广告费、代理佣金以及为旅游企业或旅游者提供的其他增值服务费。

（二）在线旅游预订模式企业

在线旅游产品的代理商最初通过提供“机票 + 酒店”式的预订服务来从中获取广告费与佣金，随后为扩大企业的规模也将旅行预订、特约商户、旅游咨询等增值服务纳入了核心业务之中。采用这种模式的在线旅游企业，它们所面对的消费者群体较为广泛，服务内容多样灵活，能够多角度满足消费者的旅游需求，包括携程网、艺龙网、同程网、途牛网、欣欣网等（见表6－7）。

表 6-7 在线旅游预订模式

在线企业	盈利模式
携程网	携程的收入来源：酒店预订代理费、机票预订代理费、度假产品、自助游与商务游中的酒店和机票预订代理费，预订旅游门票、订餐佣金及旅游书籍销售收入和广告收入。 酒店预订代理费、机票预订代理费是携程最主要的盈利来源。可见，携程的酒店预订代理费基本上是从目的地酒店的盈利折扣返还中获取的，而这个返还比例高达25%。机票预订代理费是从顾客的订票费中获取的，等于顾客订票费与航空公司出票价格的差价，其基本流程与酒店预订相似
艺龙网	艺龙的收入和利润主要来自于与商家合作给商家带来客户的佣金，具体包括两个方面：一是与航空公司合作，通过网络平台和订购热线销售机票提取的佣金，艺龙网机票佣金平均在45~50元/张；二是与酒店进行合作，通过艺龙网预订的酒店，每间房收取佣金30%左右。 艺龙利润最主要的来源是商旅代理费，第二部分来自于特约商户的营销代理费，第三部分来源于网络广告，第四部分来源于会员加盟费和商旅管理费
同程网	同程的盈利模式主要有三块：一是基于B2C的盈利方式，同程通过为网民提供一系列的旅游产品（包括酒店、机票、门票、租车、演出门票等的预订）而收取订单服务费；二是基于B2B的盈利方式，同程B2B交易平台已经拥有注册企业会员16万家以及VIP会员1万余家，收取会员服务费也是其主要的盈利方式；三是软件服务费，同程是国内最早做在线管理软件SaaS平台的企业，软件也成为创业初期最主要的收入来源
途牛网	途牛就像是一个互联网超市，里面卖的全是旅游产品——周边游、国内游、出境游……途牛网把航空、酒店、餐厅、景点等打包组合成旅游产品，通过在线预订的形式为用户提供旅游服务。 途牛就是靠着采购与零售之间的差价赚钱，为旅行社提供预订服务获取分成。途牛把旅行社的旅游路线搬到网站上，采取按效果付费的形式打消传统旅行社的顾虑，为旅行社提供旅游路线预订服务。一般情况下，途牛抽取路线定价的3%~7%作为收入。途牛建立了“网站+呼叫中心+落地”模式，途牛每个出发城市仅有一个营业点
欣欣网	1. 平台营销。欣欣的主要盈利模式是年服务费。它采用的是淘宝旺铺模式，每年收取一定的信息服务费，费率为旺铺一年5 000元，普通铺子免费。其中，欣欣旺铺的具体收费服务如下： （1）免费开通在线支付功能，游客下单付款即时到账。具体操作时先要在支付宝账号内冻结部分资金（国内社5 000元，国际社10 000元），每笔交易成功的款项支付宝公司收取0.6%的手续费。 （2）旺铺价格是5 000元/年，两年优惠价为8 000元，一次性最多可购两年。同时，赠送同等面值的积分，这些积分可在欣欣网站推广活动中使用。 （3）旺铺的年费包括技术维护、网店增值、品牌展示、专业客服以及其他配套服务（培训、网店优化建议等）。 2. “欣内欣外”。“欣内欣外”集合产品管理、订单处理、业务统计、客户管理、广告营销等强大功能，支持支付宝、短信、邮件等常用第三方服务，为旅行社电子商务一站式的解决提供了很好的思路。目前，已有欣内网店50 000多家会员，欣外加强版400多家用户。“欣内欣外”收费方式： （1）标准版：开通费8 000元，服务费4 000元/年，首年免收服务费，促销价7 200元。 （2）加强版：开通费15 000元，服务费5 000元/年，首年免收服务费，促销价12 000元。 （3）定制版：开发报价5 000元及以上。 （4）后续服务包括1G空间、系统维护、数据备份、系统升级和客户服务等

资料来源：根据2014年在线旅游研究报告及相关网站资料整理。

在线旅游预订模式的运营过程是：网站与供应商（酒店、航空公司等）合作，通过网络为顾客提供信息，消费者通过网站平台预订酒店或机票。预订后，一种方式是顾客与网站直接交易，网站扣除佣金后将剩余金额支付给供应商；另一种方式是顾客与供应商交易，网站向供应商收取佣金。

五、搜索比价模式

（一）搜索比价模式概述

搜索比价模式同样是在线旅游企业的主流营业模式之一。许多在线旅游服务与产品的供应商通过开发垂直搜索引擎，对航空公司、酒店、旅行社以及旅游产品代理商在互联网上提供的旅游服务信息进行实时汇集与加工，并在网站上提供搜索引擎入口，方便旅游消费者进行实时价格和服务比较，从而为其提供更全面的信息、更多的选择和更低的旅游产品价格，并将消费者带往相关旅游服务提供商的网站。以搜索比价模式运营的在线旅游企业在通常情况下以 CPC 模式（Cost Per Click，按照每一点击收费）或 CPT 模式（Cost Per Transaction，按照每一笔成功交易来收费）来获取盈利。

（二）搜索比价模式企业

搜索比价模式的网站不涉及在线旅游预订的交易环节，而是凭借其先进的搜索功能，对互联网上的机票、酒店、度假和签证等旅游信息的整合与比较来收取代理分成。搜索比价模式的国内代表企业是去哪儿网。去哪儿网凭借快速先进的智能搜索技术，对互联网上发布的旅游信息进行整合，为消费者减少了与旅行相关的多个产品的搜寻成本，其所吸引的消费群体也较为广泛。通过网站及移动客户端的全平台覆盖，为旅行者提供国内外机票、酒店、度假等旅行信息的搜索，为用户提供实时、可靠、全面的旅游产品查询和信息比较服务，帮助客户找到性价比最高的产品和最优质的信息。

广告费是去哪儿网的利润来源之一，一类是针对上游厂商及代理商，按消费者实际点击收费；另一种则是针对广告投放商，按广告展示收费。此外，去哪儿网创新发展了新的盈利点——酒店预订电话费。通过“酒店直通车”活动，去哪儿网邀请众多特色酒店加盟，允许加盟酒店在去哪儿网上建立专属主页，此后去哪儿网首次以电话费来创新盈利模式，以提高网站整体收入和酒店产品线的贡献率，开始涉足在线旅游预订的行列。

六、旅游点评模式

（一）旅游点评模式概述

旅游点评模式是近几年来刚刚兴起的盈利模式。旅游点评类网站以积累和分享有价值的旅游信息为特点，依靠与在线产业链上游的酒店、在线旅游产业链中的在线旅游预订商来获取广告费。

（二）旅游点评模式企业

猫途鹰是全球最著名的旅游评论网站，评论的真实性是猫途鹰的最大特点。如今，猫途鹰已成为一个大型的在线“数据库”，它拥有大量关于旅游景点的用户原创内容（UGC），以及住宿和其他旅游相关信息，每月能有2亿活跃用户。猫途鹰在美国、英国、西班牙、印度、中国等地都设有分公司，总共包含了400 000家酒店和90 000个景点的信息介绍。猫途鹰媒体集团隶属于猫途鹰有限责任公司，该公司旗下有18个旅游网站品牌，现隶属于Expedia。随后，猫途鹰单独上市。

第四节　在线旅游移动互联网发展

移动是旅游活动的重要特征。随着手机终端成为用户日常出行的必备通信工具和终端智能化的广泛普及，在线旅游移动发展成为必然趋势。移动预订已成为机票、酒店、租车预订的全新渠道。目前，在线旅游移动化应用已经覆盖查询、预订、支付和分享这四个典型环节，基本满足了旅行者通过移动设备解决全流程的需求。

一、在线旅游移动互联网的发展脉络

（一）大型OTA组建无线部门，进军移动互联网

去哪儿网2009年开始组建无线部门，携程旅行网2010年组建无线部门，艺龙旅行网、淘宝旅行网纷纷于2011年3月、2011年8月组建各自的客户端，大型OTA成功实现从线上到无线的转变。其中，去哪儿网和携程分别上线5个APP，艺龙主打酒店，仅1个APP。截至2012年9月，去哪儿网下载激活量超过2 000万，携程下载量超千万，艺龙下载量500万。在线旅游企业纷纷抢滩移动旅游市场，开启酒店、机票、度假产品等查询、预订、支付和分享功能。去哪儿网、携程和艺龙还开通了火车票的查询功能。去哪儿网最早实现支付功能，现已支持59家银行的支付，并与支付宝达成深度合作。淘宝旅行内嵌支付宝，以其支付安全性和便捷性深受青睐，但无分享功能。在线旅游企业在与苹果、华为、联想、索爱、诺基亚等手机厂商达成良好战略合作共识后，客户端分别涵盖了Android、iOS、Symbian、WP7等系统。以去哪儿网、携程、艺龙和淘宝旅行为代表的在线旅游运营商纷纷在移动客户端加大相应投入，在传统旅游业务的基础上，竞相推出基于移动互联技术平台的新产品和新服务。例如，携程推出类似“全日特价”的旅游产品，满足用户对自由、个性化服务的需求，能随时随地为用户提供酒店和机票的查询及预订、航班动态查询、景区门票预订的各项服务；艺龙推出“今日特价”产品；去哪儿网也推出“夜销”产品。

（二）创新型旅行类APP轮番上线，各具特色

近年来，国内游、出境游、入境游市场蓬勃发展，带动了国内很多创新型在线旅游企业的出现，它们各自专注攻略、分享、旅行社平台、旅行工具等旅游各个环节的开发，涵盖了酒店、机票、景点、交通、天气、签证、当地文化等全方位内容。例如，TouchChina开发的“景点通”专注于景点的讲解和地图服务，“面包旅行”和“在路上”主要提供旅游分享和社交服务，“航班管家”“快速酒店管家”和“酒店达人”均聚焦于酒店预订服务等。又如，欣欣网专注于旅行社平台的搭建和旅行工具箱的推广，开发“欣内欣外”等手机移动应用；穷游网主要为白领人士、留学生群体提供出境旅游折扣信息、线路信息及其他旅行相关信息，以内容推广内容，以内容更新内容；“环球旅讯”专注为旅游业界人士提供及时有

效的旅行市场动态。随着移动互联网的发展，创新型旅游企业的 APP 开发得到了市场的追捧，尤其是以提供实时更新动态、同步转播个人旅游行程、在线旅游服务预订和便捷查询的手机应用最受欢迎。

（三）航空、酒店、旅游目的地纷纷推出手机预订服务

随着各大在线旅游运营商的上线，航空、酒店、旅游目的地等竞相推出与主营业务相关的独立 APP。提供在线旅游服务的航空公司包括国航、东航、南航、海航、深航、山航等。以国航 APP 为例，该 APP 能够提供机票预订、值机办理、航班动态更新、出行等服务。酒店界也不甘落后，以如家为例，手机移动端可以提供酒店查询、酒店预订、地图导航等服务。旅游目的地方面也有相关产品，以“玩伴—南京”为例，它定位为景区导游，提供当地景区解说和图片浏览等服务。

（四）BAT 大力发展在线旅游板块

在在线旅游移动化的过程中，除了传统 OTA 和创新型 APP 参与竞争以外，BAT（百度、阿里巴巴和腾讯）网络巨头也参与其中，将各自的传统优势与旅游相结合。

百度开发了百度旅游 APP，主要提供旅游攻略、离线景点信息、目的地指南、语音搜索、分享与互动等服务。

腾讯旗下的微信平台在接入支付功能以后，可以实现酒店、机票、旅游线路等旅游产品的在线预订。例如，春秋航空的微信平台目前包含购票区、寻宝区和服务区三大板块，购票区主要提供机票预订、航班动态更新、选座值机等服务，其中票款支付支持各类信用卡、借记卡以及支付宝等；寻宝区主要提供会员活动、特价机票等服务；服务区主要提供退改、服务评价、维权等服务。

阿里巴巴在将淘宝旅行及支付宝航旅合并为阿里巴巴航旅之后，又进入在线旅游搜索领域，启动酒店搜索比价服务。一淘网依托阿里巴巴强大的资源、客户量及支付宝等优势，进军在线旅游搜索，对去哪儿网这类在线旅游搜索商产生了重大竞争影响。支付宝推出“我的旅行”板块，可在锦江之星、酷讯机票、华住酒店、青芒果等上使用支付宝支付，而支付宝则提供设置提醒、在线值机、查看地图、分享行程等服务。

二、在线旅游移动互联网的市场特征

随着携程、去哪儿网、艺龙等在线旅游代理商（OTA）开始向移动旅游服务商（MTA）转型，7 天、汉庭等连锁酒店试图借助 APP 自助营销，穷游网、今夜酒店、酒店达人、在路上等新兴旅游类 APP 相继出现，在线旅游市场可谓热火朝天。在线旅游移动市场主要呈现出信息整合性强、用户需求多样化、产品服务全流程等特征。

（一）信息整合性强

POI（Point of Interest，兴趣点）是在线旅游 APP 市场兴起的重要因素，每个 APP 包括四个方面的信息：名称、类别、经度、纬度。每个独立的餐厅、酒店、景点、线路等都可以成为一个独立的 POI，围绕 POI 提供的相关信息去引导用户发表游记或者评论，是旅行类 APP 市场运营的重点。兼顾旅游活动的移动性和手机的可定位性，为用户提供量身定做的行

程计划，便于用户自行选购旅游产品，并搭建社区交流平台。例如，“面包旅行”将游记模块化、结构化，旅游六要素被完全融合在游记当中，用户记录的每一条信息，都可用 POI 数据和文字、图片、声音等绑定；TouchChina 的用户通过下载某个城市的 APP 或城市攻略包，就可直接获取相应城市的商家、景区的 POI 信息。

（二）用户需求多样化

随着用户对在线旅游客户端的使用日渐成熟，旅游宣传、旅游产品日渐丰富，用户需求变得更加细分，酒店、度假、攻略、航班、图片分享、经验交流等各旅行环节都孕育着大量的市场需求。同时，用户也希望 APP 能更加便捷、精巧，在短时间内找到符合自己需求的信息，获得服务。目前，各类旅行类 APP 已经开始着手打造客户端的多元化产品和服务供给，以多点式应用满足不同用户群体的需求。

（三）产品服务全流程

旅行活动主要渗透查询、预订、支付和分享这四个典型环节。在线旅游全流程的覆盖是无线产品的核心竞争力。在线查询、预订、支付都很成熟了，分享包括对酒店、景区（点）的评论以及旅游图片、影音等的分享。通过旅游体验的分享，用户不仅可以在旅行前短时间内获得可靠、有效的信息，还可以在旅行后及时与大家分享旅行的感受。这样，旅行类 APP 主打内容变得丰富，而活跃度高的分享平台可以提高用户黏性。

三、在线旅游移动互联网的盈利方式

移动互联网快速发展的同时，旅行类 APP 同质化现象也日益严重，绝大多数还处在培养用户习惯、积累用户的阶段，移动应用的开发成本远高于应用的下载营收。根据 DCCI 数据显示，中国移动互联网开发中，盈利的约 25.2%，亏损的约 34.4%，持平的约 40.4%，移动互联网的营收情况不容乐观。现有盈利模式主要有以下几种形式：

（一）内容 + 广告

旅行类 APP 和其他移动互联网 APP 一样，大部分采用的是内容免费、广告盈利的模式。针对旅行计划和体验分享阶段，广告已经成为旅游点评和社区网站实现流量变现的成熟模式。全球最大的旅游社区 Tripadvisor 第三季度的财报显示，点击和展示付费广告收入占其总收入的 90%，商户订阅付费及其他收入约占 10%，其广告主要包括目的地景区、酒店、航空公司、餐饮等旅游供应商和分销商。但客观地说，由于移动广告形式存在的一些缺陷，也直接影响了移动广告的转化率和广告商的投资回报率。例如，相对较小的屏幕，广告表现力不足；移动广告无法获得人们持久的注意；移动广告点击欺诈率过高；基于位置的广告使大众担心自己的隐私问题以及技术方面的一些局限性（如当前的移动浏览器并不支持利用 Cookies 进行广告行为追踪）等。

（二）在线预订

在线预订即通过与分销供应商、各大 OTA 的合作，在线提供旅游产品，以佣金、返利等方式实现营收。传统的机票和酒店预订竞争已经高度白热化，APP 创业公司在这一领域已经基本没有生存空间。移动旅行类 APP 的旅游预订机会将更多集中在餐饮、门票、酒店、目的地活动和地面交通等领域，推送及预订具有一定的空间。例如，布拉旅行通过为用户提供以周边游为主的旅游度假产品，开始尝试按照预订效果收费的商业模式。

（三）付费定制

承接政府旅游部门、展会等的付费定制项目，为其专门开发的导游应用，如玩伴为南京旅游局开发的独立 APP“玩伴—南京”，TouchChina 与南锣鼓巷管委会合作开发的 APP“文化南锣”等。对创业公司而言，承接付费项目在短期内或许是一个不错的选择，但如何将这些付费项目与长期战略相融合是值得思考的问题。

（四）付费下载应用

对于大多数旅行 APP 来说，用户付费的道路似乎在短期内很难走通，一是国内用户付费的消费习惯没有形成；二是在大多数旅行 APP 功能和内容非常同质化的情况下，如何打造差异化的用户体验，并实现规模化的收入绝非易事，如玩伴、途客圈等，根据数据显示途客圈付费应用下载与免费下载相比几乎可以忽略不计，增长并不明显。

（五）围绕 POI 进行模式创新

围绕 POI 提供相关的信息，并引导用户发表游记和点评，已经成为旅游 APP 功能改进的一个重点。对于这些移动应用类的 APP 来说，打造了丰富的 POI 信息就等于铺就了未来与商家进行线下合作、进行流量转化的根基。例如，“面包旅行”正逐步打造自己的 POI 信息库，这种具体的、“接地”的游记则是未来旅游预订转化的入口，将来可以在游记中接入其他酒店、航空公司、OTA、景区的旅游产品。基于 POI 的商业模式还可以做旅游产品的分销，接入上游景区的预订系统，做门票分销。

四、在线旅游移动 APP 主要类型

APP 与“旅行天生就在路上”的特性高度吻合。旅行 APP 主要是指用于目的地及景区信息查询、游记及图片分享、旅行计划、导游服务的移动应用。根据旅游消费的不同环节，各类细分市场的 APP 也在迅猛增加，如线路预订、资讯提供、旅游点评、行程规划、分享社区、定制服务等。旅行类 APP 详见表 6－8。

表 6－8　旅行类 APP 主要类型一览表

类型	业务描述	主要公司
旅游服务预订	预订的服务包括机票、酒店、门票、租车等	去哪儿旅行、携程旅行、艺龙旅行、快捷酒店管家、114 商旅、7 天连锁酒店、酷讯机票、同行酒店、松果网、七星酒店网、米途、慢慢走、客栈游、酒店控、酒店先生网、今夜酒店特价、住哪网、杰选酒店、租了网、点行移动生活社区、杯子、爱自租、酒店达人等
旅游行程计划	提供旅程安排的参考	自在客、智游啦、在途网、稀饭游、途客圈、随我游网、搜比旅游网、路途网、背包兔、积木游等

续表

类型	业务描述	主要公司
旅游分享社区	以UGC（User Generated Content，用户生产内容）为主，让用户能够记录、存储和分享旅途中的照片、心情和游记等	“面包旅行”、在路上、旅行家游记、去哪儿旅图、驴行天下、嘴嗡、游鱼旅游、自游网、游侠客、微途、热地带、游社网、一起游吧、七维网、朋游、也去旅行网、哪里啦、磨房、蚂蜂窝、马蹄网、熊来、画旅途、咕噜鱼、第一步等
旅游及周边搜索	基于位置的服务，提供周围的便民信息和服务	租租车、最本族、找步客、易搜旅行网、拽短租、去哪儿、酷讯、爱飞搜等
旅游线路预订	将旅行社传统线路与线上推广相结合	周边游、游多多、悠哉、银河快车、逸游旅行网、要出发、欣欣旅行网、途牛、米胖、目的地旅游、旅行者、出游客、好易订、到到网、驴妈妈、麻吉网、乐途、同程网、天族网、奇游网、佰程旅行网等
旅游攻略	推荐美食、住宿、景点等，给其他用户参考	大拇指旅行、旅游攻略、百度旅游、多趣旅游、玩伴、景点通、全国旅游景点、去哪儿攻略、旅人攻略、去哪儿兜行等
旅游工具	主要针对的是交通的管理、方向辨认、旅游翻译等	航班管家、8684火车、超级指南针、滴滴打车、快的打车、高铁达人、旅行翻译官、非常准、智行火车票等
旅游资讯	提供旅游实况信息、热点新闻、深度分析等	环球旅讯、智旅动力、旅游族网、旅人网、壹旅游等
中国游客出境服务	主要服务对象为出境旅游游客	辛巴达旅行网、穷游网、立马走等
面向外国游客入境服务	主要服务对象为国外来中国旅行的游客	Lazytrip、Pandawalk、Chinatours等
主打高端市场旅游服务	主要针对商务人群提供定制化的旅游服务	朴悦、鸿鹄逸游、稻草人、九十度旅行、跟我走吧、逸香高端定制、赞那度等

资料来源：北京旅游发展研究基地．中国在线旅游研究报告2014［M］．北京：旅游教育出版社，2014.

（一）旅游服务预订类

主要是服务酒店、机票、景区（点）门票、租车等产品的预订，是目前上线较多的旅行类APP类型。主要公司有：去哪儿旅行、携程旅行、艺龙旅行、快捷酒店管家、今夜酒店等。

以今夜酒店特价为例。今夜酒店特价属于天海路网络信息科技有限公司开发的一款基于移动互联网的手机预订平台。每晚6点后预订当天酒店剩房，只需要付白天网络预订价格3～5折的价格。消费者可以根据距离远近、星级、价格、酒店风格等个人喜好，方便地查找和预订这些特价房间，以接近经济型酒店的低廉价格享受更舒适的一夜。

该应用的模式是将酒店和普通的旅客通过平台更好地联系起来。酒店把当天晚上6点还卖不掉的剩房便宜卖给今夜酒店特价，平台再以正常预订价格3～5折的实惠价格卖给消费者。酒店盘活了本来会浪费掉的库存，消费者得到了高性价比的房间，今夜酒店则从中赚取了差价或佣金，最终实现三方共赢。

今夜酒店定位为“酒店业的奥特莱斯”，一方面，通过超低折扣价格吸引注重性价比的顾客，从而销售酒店的库存；另一方面，则用渠道（只能通过智能手机 APP 预订）、时间（只能在晚上 6 点以后预订）和商品（大部分酒店只能预订一晚）来增加限制，以与普通用户区别开来，从而保护酒店的正常销售不受影响。

（二）旅游分享社区类

以 UGC（User Generated Content）为主，通过用户自己生产的信息创造更多更好的信息，同时，让用户能够记录、存储和分享旅途中的照片、心情和游记等。主要公司有：“面包”旅行、在路上、蚂蜂窝、旅行家游记、游侠客等。

以“面包旅行”为例。“面包旅行”是北京道玺优讯科技有限公司于 2012 年 5 月推出的一款简单实用的旅行类移动应用软件。用户通过“面包旅行”APP 可查询目的地旅行攻略、记录旅途的点点滴滴、及时分享旅途感受，并以结构化的方式存储，自动生成有条理的游记。目前，“面包旅行”软件是免费下载使用。“面包旅行”上线一年不到，被 App Store 推荐为“2012 年度最佳应用”。

“面包旅行”应用功能有以下特点：(1) 热门行程，显示的是用户可能最感兴趣的目的地和行程。(2) 目的地推荐，呈现部分攻略信息，如目的地资讯、照片及其他 POI 的精确信息，方便用户查找攻略。(3) 形成记录，自动将旅途足迹整理成精美游记，像电影一样在地图上动画回放，可同步新浪微博，及时与朋友分享。(4) 支持离线，通过拍照、留言或轨迹追踪，完整记录用户的旅行足迹，可离线应用，不耗费手机流量。

（三）旅游攻略类

主要是基于目的地住宿、餐饮、美食、景区（点）等信息，结合个人亲身经历与他人分享，给其他用户做旅行参考。主要公司有：百度旅游、景点通、玩伴等。

以景点通为例。景点通是由智能导游服务提供商 TouchChina 在 2012 年 9 月 5 日推出的一款新的手机应用，主要为游客提供景区内交通地图和景点的讲解服务，它的定位是一站式景点导游服务。景点通的主要功能包括：一站式查找、下载、点评国内主要景点；以城市维度进行景点推荐和应用推荐；对景点维度进行点评、分享、查看相册、到此一游等互动操作；采用全新的框架，每个景点的数据包都很小（如布达拉宫才 1.5M）；可任意缩放的精美的景区地图；景区内定位，并新增指北针的功能；景点内各个 POI 翔实的介绍，可帮助用户深入领略景区特色；专业的语音介绍，包括历史小故事、有趣的传说等，为用户的旅途增添乐趣；实况功能，可以快速查找景区实时信息、查看及评价景区。

景点通覆盖国内 100 多个景区，包括布达拉宫、九寨沟、故宫、颐和园、天坛、慕田峪长城、西湖、乌镇、拙政园、周庄、西塘、豫园、丽江、大理、迪士尼乐园、香港海洋公园、澳门历史城区、泰山、黄山、峨眉山等。

（四）旅游工具类

主要针对交通管理、方向辨认、旅游翻译等提供服务，旅游工具不仅是旅行过程的重要帮手，也是生活中的得力助手。主要公司有：航班管家、超级指南针、嘀嘀打车、高铁达人等。

以航班管家为例。航班管家是活力世纪科技（北京）有限公司开发的专注于商旅、生活、工具、出行服务的手机应用软件，于2009年3月发布。航班、酒店预订虽然也是其主要业务，但航班管家同时也提供机场信息、天气等相关旅行信息的查询服务，为用户提供便捷全面的旅行服务，是旅行工具类APP的典型代表。

航班管家主要适用于经常出差、旅游、需要机场接送等商旅人群，提供包括航班延误查询，机票、酒店预订，手机值机，机场信息导航等在内的一站式出行服务。航班管家以场景服务为开发理念，在不同场所为用户提供不同的价值服务，帮助用户快速决策，节省旅途的一分一秒。该软件追求用户体验至上的原则，尽可能让产品变得简单易用。遵循“30秒”原则，让用户在手机上翻阅三个页面就能找到自己所需的出行信息。

航班管家提供的主要功能有：（1）提供单程、往返机票查询功能，并显示剩余机票数量。（2）提供电话预订功能，支持多个主流机票服务商电话呼叫。（3）提供航班起降查询功能，可按航班号和起降城市进行查询。（4）提供往返城市未来5天内的天气预报。（5）提供行程提醒功能，可以将用户的行程添加到日历。（6）提供国内酒店查询及预订服务。（7）支持银联、支付宝等多种在线支付方式。

（五）旅游行程计划类

主要是为用户提供旅程安排的相关信息，提供有针对性的推荐或引导用户设计私人旅游行程等。主要公司有：自在客、途客圈、智游啦等。

（六）旅游及周边搜索

主要提供基于位置的服务，以周围的便民信息和服务为主，如租租车、最本族等。

（七）旅游线路预订类

旅游线路的预订是旅行社传统线路与线上推广相结合的模式，以旅游线路推荐分享为主，如游多多、悠哉、驴妈妈、欣欣旅游网等。

（八）旅游资讯类

提供旅游实况信息、热点新闻、深度分析等资讯，如环球旅讯、旅人网、壹旅游等。

（九）出入境旅游服务类

针对不同的服务对象提供国内外旅游的相关信息。例如，针对中国出境游客开发的穷游网、辛巴达旅游网、立马走等，以及针对外国来中国旅游的游客开发的Lazytrip，Pandawalk，Chinatours等。

（十）高端市场旅游服务类

主要针对商务、特殊需求类用户提供个性化的旅行定制服务，如朴悦、鸿鹄逸游、稻草人等。

★实训项目

归纳分析在线旅游主营业务的盈利模式

实训内容：查询旅游网站，归纳分析在线旅游主营业务的盈利模式。

实训目的：通过该项目的实训，要求学生掌握在线旅游的主营业务，明确这些在线旅游企业的盈利模式。

实训步骤：

第一步，在互联网上查询旅游类在线企业，查询他们的主营业务和盈利模式；

第二步，分析这些在线企业的主营业务和盈利方式；

第三步，列表归纳在线旅游企业的主营业务和盈利模式。

实训成果：提交一份在线旅游企业主营业务和盈利模式归纳总结表。

★知识归纳

本章是学习如何经营在线旅游业务。本章从在线旅游发展历程、在线旅游企业的产业链及主营业务、在线旅游企业的盈利模式、在线旅游移动互联网发展等方面进行了详细的阐述；分析了在线旅游发展的三个阶段：传统 OTA 主导时期、细分化发展时期和多元化发展时期的发展情况；分析了在线旅游企业的产业链及主营业务；阐述了在线旅游企业的七种盈利模式；最后介绍了在线旅游移动互联网的发展情况。通过本章的学习，要求学生能够掌握在线旅游的现状、经营业务、盈利模式，掌握在线经营旅游业务。

★典型案例

专线供应商与在线旅游商的合作出问题

在 2015 年 10 月 22 日的下午 2 点钟左右，某旅行社专线部销售小刘在同程网后台网站现有订单里看到了有两位客人下的芽庄订单，小刘马上去看日期和团期，在芽庄寻位大盘里看到 10 月 25 日团期的位置刚好卖完了，马上和计调协调，看能否在客人所定线路里再增加两个位置，可惜计调说位置已经卖完，本线路价格是特价产品，卖完就没有位置了，如果客人要订，就必须每人再增加 300 元。小刘和同事小杨得知这个消息，就马上和同程负责线路审核的人小鲁联系，让他告知客人 10 月 25 日团期的此条产品已经没有位置了，让客人走临近团期 28 日，小鲁就马上将此消息告诉同程与客人联系的计调小李，小李马上与小刘 QQ 联系，证实了此消息无误，让专线后台供应商将位置清掉就好了，小刘与同事小杨就去清位置，但由于同程内部系统的设置，前台的订单一旦确认，就必须要等 24 小时后才能清掉位置，在这 24 小时之中，客人都有权限付款，但客人一旦付款，而作为供应商的专线却拿不出位置，这就造成了违约。由于专线清不掉位置，而同程那边的客服又由于别的原因而没有通知给客人，导致客人在当天晚上 11 点左右就把钱给付了，就因为这样，专线和同程协调，同程那边说客人不愿意换团期，指明了要赔偿，这就牵扯了谁来赔付违约的 800 元钱。同程那边说是因为专线没有及时关掉这个团期，才让客人订进来，而且又不去清掉位置，才导致客人付款成功；而专线这边的说法是，在看到客人订单后的第一时间就通知了同程那边这个团期已经没有位置了，他们也是说知道了，会通知客人；因为是 QQ 联系，有记录，就因为这样，最后才各退一步，同程和专线一家赔一半，这件事情才解决了。

资料来源：学生顶岗实习提供的真实案例

请问：请你分析产生这个事件的原因。

解析：产生这个事件的原因有四点：第一，专线没有及时关闭团期，导致客人在前台看到这个团期。第二，专线及时通知同程那边的相关人员，但是他们没有及时与客人取得联系，导致客人下单成功。第三，同程网的系统有欠缺，必须要24小时后才能清掉位置，而且不等专线确认有位置，就擅自点了确认。第四，同程网是合作的新网，对于里面的很多东西不是很熟。总的来说，双方都有错。

第六章 练习题

6.1 单项选择题

1. (　　)，我国正式接入国际互联网，开通了网络全功能服务，开启了我国互联网发展的新时代。
   A. 1994年4月　B. 1997年10月　C. 1997年11月　D. 1994年7月
2. 传统OTA以（　　）为主要代理产品。
   A. 机票　B. 酒店　C. 机票+酒店　D. 自由行
3. 1997年10月，由广东新泰集团和中国国际旅行社总社投资组建的全国首家专门服务于旅游业的（　　）成立，开创了我国旅游网站的先河。
   A. 艺龙旅行网　B. 携程旅行网　C. 中国旅游网　D. 华夏旅游网
4. 所谓新兴OTA是指以（　　）产品为特色的OTA型在线旅游交易服务商，目前典型代表有途牛、驴妈妈、悠哉旅游网等。
   A. 机票　B. 酒店　C. 自由行　D. 度假旅游
5. “B2B+B2C”类在线旅游服务商的典型代表是（　　）。
   A. 同程网　B. 到到网　C. 蚂蜂窝　D. 穷游网
6. 携程网以（　　）为核心业务。
   A. 机票酒店预订　B. 定制旅游
   C. 短线游　D. 游记攻略
7. 途牛网以（　　）为核心业务。
   A. 机票酒店预订　B. 定制旅游
   C. 短线游　D. 游记攻略
8. 同程网以（　　）及低价销售景区门票为主要业务。
   A. 机票酒店预订　B. 定制旅游
   C. 短线游　D. 游记攻略
9. 蚂蜂窝、穷游网、“面包旅行”主要依靠（　　）在聚集效应下通过广告展示、内容植入等方式赢取市场。
   A. 机票酒店预订　B. 定制旅游
   C. 短线游　D. 游记攻略

6.2 多项选择题

1. 我国在线旅游市场的进化过程，大致可划分为（ ）。
   A. 传统 OTA 主导时期　B. 细分化发展时期
   C. 成长时期　D. 萌芽时期
   E. 多元化发展时期
2. 我国第一批真正意义上的在线旅游企业是（ ），它们的成立标志着中国在线旅游业的开端。
   A. 携程旅行网　B. 艺龙旅行网
   C. 中青旅在线　D. 中国旅游热线
   E. 意高旅游网
3. 社区攻略类在线旅游服务平台的典型代表有（ ）。
   A. 蚂蜂窝　B. 穷游网
   C. 同程网　D. 到到网
   E. 去哪儿网
4. QQ 旅游频道可以提供的在线旅游业务包括（ ）几大模块。
   A. 国内游　B. 出境旅游
   C. 酒店　D. 机票
   E. 酒店团购
5. 京东旅游频道合作的品牌商家包括携程、途牛旅行网、悠哉旅行网、芒果网等，其业务范围包括（ ）几大模块。
   A. 机票　B. 酒店
   C. 景点　D. 度假
   E. 租车
6. 苏宁旅行频道包括（ ）以及企业差旅几大模块。
   A. 机票　B. 酒店
   C. 景点门票　D. 火车票
   E. 团购
7. OTA 型在线旅游交易模式中，以（ ）为主导代表的是商务旅游 OTA 发展模式。
   A. 携程　B. 同程网
   C. 艺龙　D. 遨游网
   E. 芒果网
8. OTA 型在线旅游交易模式中，以（ ）为主导代表的是休闲旅游 OTA 发展模式。
   A. 携程　B. 同程网
   C. 艺龙　D. 遨游网
   E. 芒果网
9. 团购作为一种低成本的消费方式，深受广大消费者的青睐，以（ ）等为代表的团购网站涉足在线旅游市场，纷纷推出团购旅游产品。
   A. 窝窝团　B. 美团网

C. 大众点评网　　　　D. 糯米网
E. 拉手网

10. 在线旅游产业链包括（　　）几种类型。
A. 上游供应商　　　　B. 中游渠道商
C. 下游平台运营商　　　　D. 下游信息渠道商
E. 终端用户

6.3　判断题

1. 从企业之间的竞争策略来看，新兴 OTA 立足细分市场，采取区别于传统 OTA 的差异化发展策略。(　　)

2. 当互联网信息急剧膨胀时，出现了通用搜索引擎，当海量的旅游产品信息和在线预订网站越来越多时，催生了旅游行业垂直搜索引擎。(　　)

3. 社区点评攻略类在线旅游服务平台能很好地把社交网站与广泛且价值巨大的旅游市场结合起来。(　　)

4. 去哪儿网推出了 TIS 在线交易系统后，消费者在去哪儿网上即可完成后续填写个人全部预订信息、付款交易的全过程。(　　)

5. 用户位于产业链的终端，用户需求是产业链的存在前提，也是价值的最终实现者，终端客户主要指个人客户。(　　)

6. 旅游消费者需求链包括旅游信息、旅游预订、旅游经验分享。(　　)

7. 线下结合线上模式是传统旅行社为适应现代信息技术和互联网的发展而最新建成的一种盈利模式。(　　)

8. 信天游是中国能够提供最完整的国内所有航空公司与境外航空公司的信息实时查询与预订服务的在线旅游网站之一。(　　)

9. 搜索比价模式运营在线旅游企业在通常情况下以 CPC 模式或 CPT 模式来获取盈利。(　　)

10. 旅行 APP 主要是指用于目的地及景区信息查询、游记及图片分享、旅行计划、导游类的移动应用。(　　)

6.4　简答题

1. 简述我国在线旅游企业的产业链。
2. 我国在线旅游企业的主营业务有哪些?
3. 简述我国在线旅游企业的盈利模式。
4. 简述我国在线旅游移动市场的特征。
5. 在线旅游移动互联网的盈利方式有哪些?
6. 我国旅行 APP 有哪些类型?

第七章

旅行社人力资源的开发与管理

学习目标

1. 了解旅行社的人力资源开发与管理的定义、特点、内容及原则。
2. 明确旅行社人力资源招聘的影响因素和招聘流程。
3. 明确旅行社人力资源开发的内容。
4. 掌握旅行社绩效考评的特点、内容、原则及基本方法。
5. 掌握旅行社员工工资管理方法及奖励方案。

实训要求

1. 实训项目：制定旅行社人才招聘方案。
2. 实训目的：通过对当地旅行社人才需求进行调研，制定一份旅行社人才招聘方案，让学生掌握旅行社人才招聘方案。

第一节　旅行社人力资源管理概述

一、旅行社人力资源管理的概念

旅行社人力资源的开发与管理，简称旅行社人力资源管理，是指旅行社为了实现既定目标，对人力资源进行有效开发、合理利用和科学管理的过程。从开发角度看，它不仅包括人力资源的智力开发，而且包括对人力资源的思想觉悟和道德素质的综合提高。从利用角度看，它不仅包括人力资源现有能力的充分发挥，而且包括人力资源潜在能力的有效挖掘。从管理角度看，它不仅包括人力资源的预测与规划，而且包括人力资源的绩效评估与薪酬奖惩。它是由传统人事管理演变而来的，由此，需要经历一个由静态到动态、由被动到主动、由短期到长期、由战术到战略的转变过程。

★小贴士 **几个容易混淆的概念**

人口资源，是指一个国家或地区的人口总体。一个人从出生到死亡的整个生命存续时期，都可以视为人口资源的有机组成部分。人口资源是一个最基本的基数，它是人力资源、劳动力资源的基础。

劳动力资源，是指一个国家或地区有劳动能力并在法定劳动年龄范围之内的人口总和。劳动力资源这个概念一般指16岁至60岁处于离休、退休之前具有劳动能力的人口数量。因此，从数量的角度来说，劳动力资源的数量小于人口资源的数量。

人力资本，是指通过各种形式的投资而提高人的素质和技能。广义地看，人力资本包括多种形式的投资结果，如对卫生和营养的投资可以改善人的健康状况；对个人进行培训可以提高一个人的技能。

人才资源，是指一个国家或地区的人力资源中具有较强管理能力、研究能力、创造能力和专门技能的那部分人的总称。人才资源强调的是人的质量，反映了一个民族的素质和这一民族可能拥有的发展前途，因而是各国最为重视的社会财富。

二、旅行社人力资源管理的意义

资源管理服务于企业经营管理的总目标，是为实现企业的目标而选人、育人、用人和留人的过程，因此，人力资源管理的意义首先在于满足企业经营和发展的需要。同时，人力资源管理也是为了给每个人安排合适的工作，调动每个人的潜力，满足员工个人价值实现的需要。人力资源管理是企业需要与个人需要的合理结合。根据旅行社的经营特点，旅行社人力资源管理的意义突出表现在以下三个方面：

（一）加强人力资源管理是旅行社开展经营活动、提高经营效率的需要

这是旅行社人力资源管理的基本任务。旅行社业务是以提供旅游服务为主的劳动密集型业务。从旅游线路的设计与开发、市场促销与销售，到翻译、导游等工作，均须由合适的人员去完成。旅行社通过人力资源的合理配置，满足旅行社各项业务对人的需求，保障企业正常经营活动的开展，并在此基础上，通过科学、先进的人力资源管理，实现人力资源的协调、精干和高效，实现其最大使用价值，提高经营效率，实现经营目标。

（二）加强人力资源管理是旅行社提高竞争力、谋求发展的需要

随着人民生活水平的提高，旅游市场不断扩大，这给旅行社的业务发展提供了良好机遇，但旅游服务企业在数量上和规模上不断发展，旅游市场上的竞争也日趋激烈。要在市场竞争中立于不败之地，并求得不断发展壮大，人才是关键。旅行社市场的竞争力，归根结底取决于员工队伍的素质及其工作成绩。员工的独立工作能力、业务精通程度、工作态度和责任心，直接关系到旅行社的经营管理水平与服务水平，也决定着旅行社的竞争力。只有通过人力资源管理，建立一支相对稳定、高素质、高效运作的业务队伍，培养一批能干的经理人员，配备充分的优秀旅游人才，旅行社的竞争力才能不断提高。因此，加强人力资源管理，

是旅行社长远发展的一项战略性工作。

（三）加强人力资源管理是员工自我价值实现的需要

现代人力资源管理理论认为，企业目标的实现与员工自我价值的实现两者之间应当统一，这样才能充分调动员工的积极性和创造性。旅行社行业人才流动性强，这种人才的频繁流动对旅行社行业而言，能促进全行业的优胜劣汰，有其积极意义，但旅行社人员不稳，特别是优秀人才的外流，往往会影响旅行社的稳定和经营发展。要保障员工队伍的稳定，应着眼于员工自身价值的实现。只有通过人力资源管理，使每个人的知识和能力得到公正的评价、承认和运用，使每一个人都能得到自身的发展，才能维持员工对企业的忠诚，也才能在员工人生价值的实现过程中，实现旅行社的经营和发展目标。

三、旅行社人力资源管理的特点

（一）中小企业居多，分工不明，一人多岗现象突出

2015 年年底，全国旅行社总数为 27 621 家。其中，中小旅行社占的比例很大，尤其是中西部地区的国内社和独立门市，3 ~ 5 个人就是一家企业的全部人力资源了。但旅行社的业务流程复杂、工作战线长、环节多的经营模式却是无法改变的，因此，大多数旅行社不得不合并岗位，一人多岗。比如，既组团又带团，既计调又导游，既是会计又是出纳。如此一来，虽降低了劳动力成本，却严重地制约了旅行社岗位专业化、规范化的发展，同时也给员工业绩考核、薪酬及质量管理带来了难度。

（二）员工工作内容灵活，绩效考核难度大

在旅行社经营中，营销员、导游员、司机的工作范围和对象大多在社外，管理者很难知晓他们工作的全过程，而且营销员、导游员、计调员、司机对客户提供的服务大多是无形劳动，不易用明确标准进行考核和评价。

（三）员工流动性大，招聘、培训任务重

旅游业的快速发展促使旅行社总量大增，对熟练工的需求量增加，加之营销、导游、计调人员的社会交往面宽、朋友较多，所以旅行社员工的流动性很大。另外，其他行业如保险业等纷纷从旅行社挖抢业务员，致使旅行社出现人员跳槽频繁、队伍极不稳定的局面。因此，旅行社需经常性招募和培训新员工以充实队伍。

四、旅行社人力资源管理的原则

（一）因岗定编、因事择人的原则

旅行社人员编制数量的核定，应以本企业经营岗位的实际需要为基础，反对因人设岗、浪费人力。坚持以岗位的实缺和工作需要为出发点，选拔各类人员。否则，必然降低工作效率，造成人员泛滥和机构臃肿。

（二）任人唯贤、用人不疑的原则

“贤”者德才兼备，不可偏废其一。“德”体现为热爱企业、爱岗敬业的主人翁精神和

尽职尽责、勤奋工作的品格；“才”指有从事相应岗位工作的资质并具备良好的业务能力。将德才兼备的贤者放在相应的岗位上，是“得人”“用贤”的基本方法。同时，本着“疑人不用、用人不疑”的原则，要充分信任，合理放权，让贤者有职有权，能放手工作，满足其自信心和成就感，这样才能充分发挥员工工作的积极性、创造性。因此，需要打破“任人唯亲”、偏听偏信的旧习。

（三）用人所长、结构优化的原则

用人之要义在于知人善任。因天赋和后天成长各有不同，致使人与人之间有素质和能力的差异，相应的工作水平和质量也是泾渭分明。人力资源管理必须知人而后任。知其长短，才能“用人如器”，不求其全，而求其长，用其可用之处。取众人之长，避个人之短，合理搭配，优化结构，才能形成合力。

（四）培养与使用互相兼顾的原则

旅游业与社会同步发展，新形势、新难题、新技术不断出现，三天不学就会落后于时代。传统的“蜡烛式”用人模式已不能适应社会的要求，人力资源管理不仅要关注“职前”培养，尤其应加强“职中”培训，使员工和管理者信息丰富、知识全面、技能熟练，如此才能与时俱进，从容面对竞争。

（五）公平竞争、按劳分配的原则

旅行社是一个依靠多岗位组合的群体力量创造效益的经济组织，必须营造公平的用人环境，才能保证“人尽其才”。公平主要体现在考核标准、奖惩制度、职位升降等方面要一视同仁，充分贯彻按劳分配的薪酬原则，积极培养人人奋发、个个争先的企业价值观。

（六）情感与纪律并重的原则

“无规矩不成方圆”，企业经营管理无规则和纪律，就不能步调一致形成战斗力。但是纪律只是对员工行为的强制约束，如果不是发自内心的主动遵守，那么其战斗力也会大打折扣。人非机器，孰能无情？不能只靠机械的规则、纪律约束员工。投资者与管理者、管理层与作业层之间的沟通和情感交流是以人为本理念的具体体现，这有助于将纪律的被动约束变成员工的主动遵守，维护队伍的稳定，激发员工工作的主动性、积极性和创造性，增强企业的核心竞争力。

五、旅行社人力资源管理的难题

（一）面临的挑战

概括来说，旅行社人力资源管理面临的挑战主要有全球化、新技术、反应性、高成本、扁平化和高流动。

1. 全球化

全球化必将引起人力资本在区域、国家、地区间的流动，导致国内人才国际化、国际人才本土化。因此，旅行社将面临有效引进国际化人才，加强对驻外人员的招募、甄选、薪酬和职业的管理，以及促进多样化员工的跨文化沟通和管理等问题的挑战。

2. 新技术

利用信息网络技术，建立人力资源信息系统，开展人力资源的招募、甄选和培训工作。因为未来最成功的组织是“学习型组织”，其唯一持久的竞争优势就是具备比竞争对手更快速的学习能力。

3. 反应性

要求企业能够对旅游者的个性化要求做出快速反应，因为体验经济的产生已经影响了旅游者的消费模式和心理期望。为此，旅行社要采取各种有效措施，激励员工关注旅游者需求，通过高效团队对这种需求做出快速反应，努力满足甚至是超越需求。

4. 高成本

随着我国劳动力低成本优势的逐渐衰减，旅行社人力资源成本也在逐年提高。具体表现为员工期望的薪酬水平与企业实际能够提供的薪酬水平之间有着显著的差距。旅行社如何采取临时雇佣、业务外包、裁员，甚至是租借方式来降低运营成本，又是一个巨大的挑战。

5. 扁平化

减少管理层次，使组织结构趋于扁平。这样做，虽然可以提高快速反应能力和信息沟通效果，但需要通过业务调整、外包、重组和裁员等方式来实现。

6. 高流动

旅行社人力资源流动率不断提高，员工忠诚度日趋下降。为此，旅行社要进行职业生涯规划，建立长期培训计划，提供长期激励方案和一揽子福利方案。

（二）重点和难点

1. 旅行社人力资源管理的重点

（1）人事匹配，即合适的人去做合适的事，或合适的事由合适的人去做。

（2）用养结合，即使用与培训相结合，发挥现有能力与挖掘潜在能力相结合。

（3）班子配备，即合理配备领导班子成员，以形成高效团队。

（4）制衡机制，即建立有效的激励机制和约束机制。

2. 旅行社人力资源管理的难点

在降低成本的条件下，保持薪酬水平的竞争力；在提高忠诚度、稳定员工队伍的前提下，提高组织的创新能力；在人性化管理与制度化管理之间保持平衡。

第二节　旅行社人力资源的招聘

一、旅行社人员招聘应当考虑的因素

在旅行社人员招聘过程中，企业不仅应考虑应聘者的专业知识和专业技能，更应重视应聘者的择业价值取向，选聘那些有积极进取和奋发向上事业心的，有互助合作能力的，能够不断学习的，有敬业乐业精神的人员。具体地讲，在选聘旅行社人员时，要特别考虑以下因素：

（一）应聘者的敬业精神

旅行社在招聘过程中，应重视人员的专业知识水平和专业服务能力。但是，高素质的人才不仅仅意味着知识渊博、专业技能高超、经验丰富，更重要的是具备积极进取、奋发向上的事业心和奉献精神。因此，旅行社不仅应考虑应聘者的专业水平，更应重视其择业的价值取向，选聘那些能够不断学习、愿意在本企业长期工作、德才兼备、有敬业精神的专业人员。

（二）应聘者的合作能力

旅行社内部有不同的分工，如外联、采购、接待等，但旅游服务工作并不像某些物质生产那样工序分明，无论是销售人员、旅游接待人员，还是计划调度人员，都必须与其他部门合作，才能为旅游者提供优质的服务。旅行社还必须把处理好与相关行业和部门（如交通运输部门、饭店、餐馆、旅游景点等）的关系放在首位。这就要求旅行社专业服务人员应该有较强的协调、沟通能力。旅行社在招聘时，应重视应聘者的互助精神和合作能力，要求专业服务人员能求同存异，有集体主义精神，能与各种类型的人建立良好的合作关系。

（三）应聘者对旅行社的忠诚度

随着旅游业的迅速发展，人才市场的竞争也日益激烈，旅游从业人员的流动率很高。吸收有经验的人才，对于旅行社开拓市场、解决燃眉之急有不可忽视的作用，尤其是对刚成立的旅行社，更期望招聘到有经验的人才，以期在短期内对旅行社做出较大的贡献，旅行社对这类人也无须进行培训投资。但是，旅行社管理者必须考虑，对这类人付出的代价（如高工资、高待遇）是否与他对企业的贡献真正相符？这类人对于新加入的旅行社忠诚度如何？有些旅行社在招聘中以高薪、出国、晋升机会、舒适的工作环境等条件来“挖”人才，招揽一些所谓有“实力”的人加入企业，但因没有充分重视应聘者对企业的忠诚度，其结果是吸引了那些只讲待遇、不求奉献、金钱至上的求职人员，一旦其他旅行社有更优厚的待遇，这些人便再次跳槽，给旅行社造成了很大的损失。因此，招聘、培养对企业忠诚的优秀人才，才是旅行社长期发展的基础。

二、旅行社招聘员工的程序

（一）确定用人具体要求

这是旅行社招聘的第一步，也是非常重要的一个阶段，可以从以下几个方面系统地完成：

1. 做出职务分析

首先对旅行社的各个岗位的任务、责任、工作性质以及工作人员的基本素质要求详细分析，并做出明确的规定。一般包括职务的工作内容，职务的工作职责，职务与其他职务的关系，担任该职务员工的年龄、学历、工作经验、外表形象、性格倾向等，工作技能的培养，试用期限，工作环境与条件等。

旅行社应当将职务分析作为人力资源管理的基础，并形成一定的成果指导旅行社人力资源的开发和管理。一是具体分析某项职务的履行程序以及可能出现的问题和解决措施；二是对工作内容和工作职责进行详细分析，形成工作说明；三是具体分析每一项职务所必须具备的知识、技能，形成工作规范；四是提出职务的培训要求，形成培训方案。

2. 编写工作说明书

在职务分析的基础上，记载某一职务的内容、职责、要求及其特性。内容主要包括工作识别事项，如工作名称、编号、所属部门，以区别于其他工作；工作概要，如工作范围、工作目的、内容等基本事项；具体工作，如工作目的、对象、方法等；工作所需的基本条件，如技能、培训程度等；特殊事项，如对加班、恶劣的工作环境工作、业务晋升等事项的说明等。

3. 制定工作规范

规定工作的操作规程、标准以及具体要求，以此指导和约束员工的工作程序。

★操作示范

四川遐客国际旅行社员工招聘信息

1. 公司介绍

四川遐客国际旅行社有限公司从事国内旅游业务、入境旅游业务，我司竭诚为国内各界宾客承办团体和个人旅游游览、专项旅游及会议旅游。公司现在主营方向为团体会务接待，华东、江西、黄山旅游等。现为环球国旅、华夏国旅、中旅、青旅等大型旅行社的华东、江西专线供应商。有广阔的平台供你发展。公司在职人员和老总均为“80后”年轻人，激情活力，愿凭自己的能力开创属于自己的天地。

公司名称	四川遐客国际旅行社	公司规模	20~99人
公司行业	旅游	公司类型	民营
联系人	王总	联系电话	66339597
公司地址	四川成都金牛区西安中路8-40号豪瑞新界B701、804		

2. 岗位福利

生活福利	电话补助
社保福利	养老保险、医疗保险、工伤保险
其他福利	带薪年假、做五休二、年底双薪

3. 招聘职位

职业名称	薪资待遇	学历	人数	工作区域	更新时间
实习九黄线导游	8 000~12 000元	中专/技校	50	金牛	2014-11-25
旅行社计调	3 000~5 000元	不限	5	金牛	2014-07-13
九黄线导游	12 000~20 000元	大专	20	金牛	2014-08-07

资料来源：赶集网-成都赶集-成都招聘-成都导游招聘 http://www.ganji.com/gongsi/15444750/

（二）招聘录用员工

1. 应聘者的来源

根据应聘者的来源可以将旅行社的招聘分为两类，即内部招聘和外部招聘。两种方式各有利弊：

内部招聘的优点主要体现为：时间较为充裕，了解全面，能做到用其所长，避其所短；有利于鼓舞士气，鼓励员工努力工作，为自己创造更多的发展机会；有利于考察应聘者，最大限度地避免选错人才；有利于受聘者迅速开展工作。

内部招聘的局限性主要体现为：容易在旅行社内部形成错综复杂的关系网，任人唯亲，拉帮结派，给公平、合理、科学的管理带来困难；容易引起同事的不满，在受聘者被选拔的时候尤其如此，可能会引起小团体利益的泛滥，不利于创新，甚至造成不良作风的蔓延。

外部招聘的优点主要体现为：来源广泛，选择空间大；有利于减轻偏见，放手使用；有利于为旅行社引进多种人才，为旅行社的经营注入新的活力；有利于提高旅行社的学历层次，提高旅行社的员工整体素质；对于缓和已有的矛盾发挥着重要的作用。

外部招聘的局限性主要体现为：外部人员需要与旅行社磨合，了解熟悉旅行社的环境，需要一定的时间；旅行社需要培训应聘人员，具有一定的风险性；容易造成对内部员工的打击，甚至严重挫伤内部人员的积极性。

2. 挑选录用员工的方式

挑选录用员工的方式主要有两大类：一是履历表挑选，该方式通常是根据需要，要求应聘者提交自己的履历表以及工作意向、个人特长、学历、学位、工作经验和个人照片，还可以要求应聘者提交所在单位的介绍信和推荐信，旅行社以此为依据决定是否录用；二是直接挑选，该方式一般是通过笔试、面试及医学和心理学等综合检查方式，直接对应聘者进行较为深入的考察了解，然后决定是否录用。

3. 挑选录用员工的步骤

挑选录用员工的具体步骤有7步（见表7－1）。

表7－1　旅行社挑选录用员工的步骤

步骤	内容
第一步	按一定规范对所搜集到的应聘者的各种资料进行整理分析，以备挑选
第二步	将应聘者的情况和条件逐一与工作说明书、工作规范以及旅行社的要求进行对比分析，经初步筛选后，把全部应聘者分为3类：可能入选者、勉强合格者和不合格者
第三步	对可能入选者和勉强合格者再次进行审核，进一步缩小挑选范围
第四步	对通过审查的应聘者进行笔试、面试及医学和心理学的测试。测试是采用统一的标准，对应聘者的各种素质进行公正而客观的评价。测试是选聘过程中重要的辅助手段，特别是对那些有关个人素质、兴趣、品格等方面的情况，通常需要通过测试来了解。测试主要分为两类：一类是素质测试，包括对应聘者的智力测试、性格测试和职业适应性测试等；另一类是特长测试，包括对应聘者的技能测试、职业兴趣测试等
第五步	依据考试监测的情况，综合考虑应聘者的其他条件，做出试用或录用的决定
第六步	把此次选聘结果书面通知所有应聘者，不管对方是否被录用
第七步	决定录用和签订合同。在经过各种程序并得到可以录用的结论之后，旅行社要做出正式的录用决定，并将录用决定正式书面通知应聘者。在经受聘者认可接受后，双方要依法签订录用合同

第三节　旅行社人力资源的开发

一、员工培训

员工培训，是指企业为了获得进一步发展和增强竞争优势，根据人力资源规划和员工素质的实际状况，有计划、系统设计的，旨在促使员工在较短时间内了解和掌握某种或某些专门知识和技能，并熟练运用于工作实践之中的一项人力开发项目。其主要有入职培训、在职培训和脱产培训三种形式。

（一）入职培训

这种培训在国外被称为导向与社会化，是新员工进入工作前的培训，其作用是引导员工上岗前顺利入门，融入工作环境，适应工作氛围。

1. 员工的导向

员工的导向，是指在新员工正式开始工作之前，企业主动向新员工提供相关信息，以增进相互了解、减轻他们可能面临的紧张和压力的一个开发项目。企业首先要向新员工介绍企业本身、各个部门及员工所在岗位的基本情况。同时，也会利用内部刊物和其他传媒，把新员工介绍给企业全体员工，必要时还会把一些较高职位管理人员的基本情况刊登在行业刊物上，主要包括这些新员工的照片、姓名和所任职位。因此，员工导向主要是达到以下目的：快速有效地向新员工提供其急切想得到的、与其工作和组织有关的各种信息；减轻或消除进入新环境引发的紧张和压力，使其尽快融入环境，进入“角色”；增进新员工对组织的了解，形成良好印象和归属感，减少离职率。据研究发现，工作的第一天对新员工来说是最为重要的，他们对这一天的记忆可达数年之久。新员工对于最初60～90天在工作中形成的印象，也较为深刻。

员工导向工作，包括企业总体导向和部门具体导向两个层面。企业总体导向工作，即协调各层面的导向培训，主要由人力资源部门负责。部门具体导向工作，即负责实施部门和岗位的工作导向，主要由新员工所在部门负责。总体导向工作主要是向新员工概括介绍企业规定程序、薪酬制度、安全制度、部门设置和人事表格等基本情况，以便让新员工对企业有一个全面的了解。部门具体导向工作，主要由新员工所在部门主管向新员工介绍本部门的情况，与部门中的原有成员相识，并阐明所从事工作的具体要求和注意事项。常见的做法是部门主管带领新员工拜会组织高层和所有部门，将他们介绍给将要一起工作和打交道的同事，讨论部门有关工作时间、考勤工资、工间休息和吸烟、用餐等方面的一些规定和程序。

虽然员工导向工作一般持续2～3天，但部门主管要做好其跟踪和评估工作，严格督导并给予必要的帮助，待其工作绩效出现明显改善时，才可逐步放松管理。实际上一些部门主管并没有认真对待这项工作，经常出现强调文字工作、给予过多信息、大而化之地处置等错误倾向。这样便失去了直接影响员工行为的最佳机会。

2. 员工社会化

员工社会化，实际上就是“组织的社会化”或“懂规矩”，即员工适应企业文化的过程，一般会经历预期、反差和同化（或分化）三个阶段。在第三阶段，一些员工可能逐渐适应了企业文化，会留下来努力而愉快地工作；反之，则会消极而痛苦地工作，直至最后离职而去。因此，员工社会化的目的是使员工更快地掌握组织的重要核心价值观，并运用到工作中去；更快地提高员工的生产率并持久地保持这种高生产率；培养新员工的责任感，提高其忠诚度，降低流动率。

虽然企业文化就是企业历史传承的、为大多数员工所认可的共有价值观念和行为方式，但对于一个企业来说，要真正了解和概括自身的企业文化是极为困难的。因此，必要时还要借助外部专家的力量。至于向新员工传输企业文化，可根据企业及员工的实际情况，在正式的或非正式的方式，个人的或集体的方式，连续的或间断的方式，定期的或不定期的方式，系列的或独立的方式，授权的或强制的方式等几种方式中进行选择。最后，需要强调的是，虽然对于企业和新员工来说，社会化进程越快，员工的效率就越高，但如果提出过快的要求，则反倒会适得其反，欲速而不达。

（二）在职培训

在职培训，是指在不脱离工作岗位的情况下，利用业余时间或节假日对员工进行培训的方法的总称，也称为“在岗培训”或“不脱产培训”。其特点是，培训内容与工作实际相结合，针对性较强；训导师由内部资深人员担任，受训者不需要脱离岗位，具有较强的经济性。其优点是，受训者的工作不受影响，甚至在培训中也能随时处理工作中的问题。其缺点是，学习过程经常会被打断，受训者无法集中精力，容易导致所学知识缺乏连贯性。

1. 学徒培训

学徒培训是为那些在技能要求较高岗位上工作的新员工所设计的、把作业原理与实践经验相结合的一种综合性培训。通常是由一位经验丰富的师傅负责帮带一名或几名新员工，经过一段时间的培训，待徒弟出师即宣告培训过程结束，但他们之间的师徒关系依然存在。其传授技能的过程，为传授（告诉培训对象做什么）——示范（做给他看）——练习（培训对象跟着做）——检查（检查培训对象的工作）。

2. 工作指导

工作指导是由富有经验的员工作为新员工的指导老师，帮助新员工按照一定的步骤和顺序进行反复练习，从而胜任未来工作的一种培训方式。主要适用于操作性或事务性的工作，具体步骤见表 7－2。

表 7－2　工作指导的步骤

<table>
<tr><td>①确定培训目标和领域</td><td>•决定要教会受训者什么内容，才能使工作有效、安全、经济、明智；
•提供适当的工具、设备、日用品和材料；
•像受训者所期望的那样妥善安排工作场所</td></tr>
<tr><td rowspan="2">②提供指导</td><td>步骤 1：受训者的准备工作
•让受训者放松；
•了解受训者已经知道哪些内容；
•使受训者感兴趣并想要学习这项工作</td></tr>
<tr><td>步骤 2：分解工作和确认关键点
•确定构成整体工作的几个组成部分；
•确定关键点或“操作小窍门”</td></tr>
</table>

续表

②提供指导	步骤3：操作和知识演示 •通过告知、示范、说明和提问，传授新知识和操作方法； •缓慢、清晰、完整和耐心地指导，一次一点； •检查、提问和重复
	步骤4：效果展示 •从工作中考察受训者； •询问“为什么”“怎么样”“什么时候”和“在哪里”作为开头的问题； •观察工作表现、纠正错误，如有必要，则进行重复指导； •反复进行上述步骤，直到受训者胜任工作
	步骤5：后续追踪 •让受训者完全发挥自己的作用； •频繁检查以确保受训者遵循指导； •逐渐减少额外监督和密切追踪，直到受训者能在正常的监督下胜任工作

（三）脱产培训

脱产培训，是指受训者离开工作和工作现场，利用一段时间由内外部专家或教师集中指导学习一门知识或掌握一项技能的培训方法的总称，也称为“课堂培训”。这类培训由于学习时间能够得到充分保证，所以学习效率较高，但同时由于远离工作岗位，不可能进行工作，故培训成本也比较高，因此，脱产培训适用于那些需要更新知识、存在晋升空间的管理人员。脱产培训的方式主要有：

1. 讲座法

该法适用于就受训者共同关心的基础性知识或专门性问题，对较多受训者开展的培训。讲座主要围绕企业政策和制度、生产或服务原理、行业特点和发展趋势等内容进行介绍和讲解。其优点是受训面广、信息量大，可以降低组织的培训成本；受训者学习压力小，可在短时间内直接获得二手信息；训导师的学识和热情可以激发受训者的学习兴趣；训导师的自由度较大，能为受训者树立有效典范。

其缺点是授课内容的针对性和适应性较差，受训者自由度小，多是被动接受，单向沟通，缺乏反馈，参与性差。因此，训导师授课的内容、方式、经验、热情、风格，以及表达能力和技巧起着决定性的作用。

2. 模拟培训

这是企业出于安全和成本考虑，安排那些需要提高操作技能的员工，在特殊的远离岗位的设施设备环境里进行培训的一种方式。模拟培训可使员工在不接触真实设施设备的情况下，获得工作的真实体验和相应技能，因而适用于对新员工或实习生的培训。

其优点主要是：（1）安全性。员工可以在安全、可控的环境中进行危险性练习和操作。（2）效率性。由于减少了一些不必要的干扰，员工可以集中精力练习。（3）节约性。可以减少包括运行成本、养护成本、能源成本在内的成本。

其缺点是：尽管平均分摊成本较低，但一次性投入较高；虽然模拟性较好，但毕竟与实际环境有些差距。

3. 特殊培训

特殊培训是具有特殊目的的培训。其内容主要包括服务质量培训、职业道德教育、安全教育、团队和授权培训等。

二、管理人员开发

管理人员开发，简称管理开发，是指企业开展的通过向管理人员传授知识、转变态度和提高技能的方法，改善管理绩效的一项开发项目。其目的是确认管理人员的发展潜力，丰富其阅历，拓展其视野，使候选人进入“快车道”，尽早填补空缺的管理职位。这是因为，内部晋升已经成为企业使用和培养管理人才的主要方式；管理职位的顺利接替能够促进企业的持续发展，加快管理人员的社会化进程，提高企业的快速反应能力。管理开发的过程和方法与员工培训基本相同，只是由于对象不同，所用的方法有所区别罢了。

（一）在职开发

1. 工作轮换

工作轮换也称交叉培训，即企业有计划、有意识地安排那些被赋予较高期望的员工或管理人员，在不同部门的岗位之间从事几种不同的工作，以丰富他们的工作经验、确认自己优缺点的一种管理开发方式。通常是安排大学毕业生在稍高层次的工作岗位上工作一段时间，要求他们真正投入到某项工作中去，通过亲身体验，了解不同部门的工作，以丰富其工作经验，挖掘其工作潜能。

这种方法的优点是可使受训者了解不同部门的情况，熟悉其内部的程序，接触在未来管理岗位上将要接触到的员工；从不同部门及其员工那里吸收到各种新观点，避免在一个部门所产生的思维僵化；扩大认知面，深入了解每个部门所存在的问题，以促进部门间的合作。

其缺点是缺乏个性化，更倾向于安排直线部门管理人员轮换；在一个部门待的时间过长的人往往被忽略。改进方法是依据受训者的需求和能力，制定符合其特点的轮换项目；培训中轮换训导师，以使其有兴趣，也有能力监控和反馈绩效。

2. 扮演教练/替角

扮演教练/替角就是企业有计划、有意识地安排那些被赋予较高期望的员工或管理人员，在即将接替某一职位的管理人员身边工作一段时间，以加深其对该职位的了解，增长其工作经验，培养其相关能力的一种管理开发方式。通常是安排“助理”职位，且在时机成熟时接替前任的职位，所以在我国又称为“助理”方式。

这种方法的优点是继任者清楚地了解培训的目的，可在真实的环境下学习到必要的知识和技能；前任职位空缺时，确保继任者顺利接替其职位，有助于对内部晋升人员的开发。

其缺点是对前任的知识、经验、能力、方法和人品过度依赖；在学到有益经验的同时，可能会学到一些不良做法；培训时间长，不仅费用大，而且还会产生政治问题。

3. 出席高层管理会议

出席高层管理会议，又称为多重管理开发，是企业为丰富中层和基层管理人员分析问题的经验，邀请这些管理人员出席企业的高层管理会议，为企业的全局决策提出建议的一种管理开发方式。与工作轮换旨在让被赋予较高期望的员工或管理人员熟悉各个部门存在问题方式的不同之处是，这种方法可以丰富中层管理人员分析和制定企业全局政策的经验。一般邀请来自不同部门的管理人员参加这样的会议，大多涉及诸如企业结构、管理人员薪酬和部门间冲突等高层关心的问题。

4. 行动学习法

行动学习法就是企业专门安排受训的管理人员全职分析和解决其他部门问题的一种管理开发方式。通常的做法是，参加这个开发项目的 4 ~ 5 名小组成员，定期聚在一起集中探讨他们各自的新发现和新进展。这种方法与管理开发的其他方法都很相似，与高层管理会议不同的是，它要求受训者要全职参与这项工作，而且是以项目小组的形式开展工作；与委派特别任务方式不同的是，它是针对来自不同部门的项目小组。

这种方法的优点是使受训管理人员获得接触实际问题的真实体验，一定程度上可以提高其分析和解决问题的能力；由于他们是在一个项目小组工作，而且是来自不同部门，他们能够而且也应该提出解决问题的方案。

其缺点是任由一些受训管理人员到外面的项目工作，企业在一定程度上可能会部分丧失有能力的管理人员。

（二）脱产开发

1. 案例研究法

案例研究法就是通过向受训的管理人员书面展示某一企业（部门）现存的管理问题，供他们私下或集体讨论，并提交其新发现和解决问题思路的一种管理开发方式。其目的是给受训的管理人员提供一个训导师，在稍加指导情况下，以私下或集体的方式确认和分析复杂问题的真切感受；让受训的管理人员针对企业现存的复杂问题提出解决问题的思路和方法。通常，他们所提出的解决问题的方案，会受到个人实际需要和价值观的影响。

这种方法的特点是，要以现实生活中企业实际存在的问题作为研究的案例；极力鼓励每位受训者陈述自己的观点，质询其他人的观点，与其他人的不同观点进行争论，最后得出自己的决策意见。为此，要告知受训者，在现实生活中几乎没有完全正确或错误的答案，并且作决策时所依据的信息几乎都是不完整的。

2. 行为模仿

这是一个由观赏正确行为方式、在虚拟环境下模仿这种行为、对其表现给予反馈等环节构成的一种管理开发方式。其主要适用于培训一线主管人员，使之更好地处理主管与员工之间的互动关系，包括给予奖赏和处罚、介绍新的变化和改善不良绩效等；培训中层管理人员，使之更好地处理人际关系，如改善绩效问题和纠正不良工作习惯等；通过听取和给予批评、询问和给予帮助的方式，共同培训员工和他们的主管，使之建立起相互信任和相互尊重的关系。行为模仿的主要步骤：

（1）行为观赏。组织受训者观赏媒体展示的正确、有效的行为。

（2）角色扮演。安排受训者在虚拟的环境中，扮演观赏到的角色并练习和模仿相应的行为。

（3）社会强化。训导师根据受训者的行为表现，以表扬和建设性反馈的方式，强化受训者的行为。

（4）培训转移。鼓励受训者把培训中学到的新技能运用到工作中去。

3. 举办或参加外部研讨会

通过在外部举办或安排那些被赋予较高期望的管理人员参加管理开发研讨会，以培养其相关能力的一种管理开发方式。一些大型企业通常会自己举办这样的研讨会，还有一些研究机构、行业协会、咨询机构和培训机构，也经常会举办管理开发研讨会。研讨会的时间安排，可根据课程多少而定，灵活性较强。为中基层管理人员设计的课程可以是1～4天，为高层管理人员设计的课程可以是1～4个月。这些研讨会针对性强、安排紧凑、信息量大、展示的成果新，主题大多包括管理和组织的概念回顾、有效人际交往技能开发、沟通技能开发、激励技能开发和领导能力开发等。

4. 与大学有关的开发项目

目前，我国许多大学的管理学院都设有MBA、EMBA和其他高级管理培训项目。一些大学还为工商企业管理人员提供个性化的培训课程，以此来填补他们在某些领域知识和经验的不足。

三、职业管理

（一）职业管理概述

职业管理，即职业规划与发展，是指为了发挥员工的职业潜力，企业精心设计的、旨在促进员工逐渐意识到与职业有关的个人特征，及其一生职业发展中需要经历的一系列阶段的过程。应当指出的是，职业管理是一个长期的、系统性的工程，需要员工、管理人员和企业三方面的共同参与，也需要三方承担相应的责任。

职业管理的重要性体现在，企业可以建立一支更加忠诚的员工队伍，不断提高组织工作的绩效水平，从而进一步增强组织的竞争实力；员工可以不断获得丰富多彩、富有挑战性的职业，有利于促进员工的成长和发展，增强他们对工作的满意度。

（二）职业发展的路径选择

传统计划体制下的职业发展路径，主要有行政管理型和专业技术型两种类型。前者的发展规律是，先在基层职能部门任职，表现出一定管理才能和取得业务政绩后，获得相应的提升。晋升较高职位与最初的专业技术几乎没有任何关系，重要的是，要具备能够胜任管理工作所必需的个人素质、思维能力与人际关系技巧。后者主要是为工程、财务和人事等职能性专业技术人员而设计的。其发展阶梯是技术职称的晋升、技术成就的认可、奖励等级的提高和物质待遇的改善。这条职业发展路径，要求有一定的专业技术知识和相应的能力，经过长期的培训和锻炼才能具备。这一职业发展路径的另外一种情况是，在专业技术部门奠定了一定的技术基础之后，向专业技术部门的管理职位发展，从技术部门基层管理者到部门主管，直至决策层分管专业技术的副职。

在市场经济体制下，员工的职业发展路径可以有多种选择，主要有纵向型职业发展路径、横向型职业发展路径、网状型职业发展路径和核心型职业发展路径。

1. 纵向型职业发展路径

这是典型的传统职业发展路径，即员工在企业中沿着职位等级，不断地由一个工作岗位向上转到另外一个工作岗位的发展路径。其最大好处之一是，向员工清晰地展示了未来的职业发展路径，能够在一定程度上产生激励效果。但是，在目前的经济转型时期，诸多变动因素也使得其缺陷日益暴露出来，尤其是组织结构的日趋扁平化，使得管理层次不断减少，员工升迁的机会也相应减少，能够达到较高职位的机会更是凤毛麟角。

2. 横向型职业发展路径

这是指员工在组织各平行部门之间进行频繁的个人职务调动，较多应用于中层管理人员。这种路径有助于扩大员工的专业技术知识，丰富其工作经历，从而为员工升至较高管理职位奠定基础，具有一定的激励效果。对大型的、集团化的旅行社来说，这种措施很容易落实；但对单体旅行社而言，则很难做到。

3. 网状型职业发展路径

这是由纵向工作序列向上发展的路径和一系列横向发展机会交织而成的职业发展路径。这种路径在一定意义上减少了职业发展路径上出现“堵车”的可能性，也更现实地代表了员工在企业中的发展机会。

4. 核心型职业发展路径

这是指员工由一个企业的外围，逐步向核心方向发展的职业发展路径。员工在向核心方向发展时，会对企业的总体情况有更多的了解，也有机会参加重大问题的讨论和决策，因而需要担负更大的责任。一般来说，那些具有特殊专长、业绩比较突出、信息比较灵通的员工，更易于向企业的核心发展。

（三）职业发展的障碍排除

1. 职业发展停滞及其解决方案

（1）职业发展停滞的含义。

职业发展停滞，又称职业高原，是指在员工职业发展的过程中，由于员工自身的或企业方面的原因，使得员工的职业发展达到一个极限点或临界点，在职业阶梯上向上移动的可能性变得很小，而处于相对停滞的状态。

（2）职业发展停滞的分类。

根据职业发展停滞的成因，可以将其分为结构型、内容型和生活型三种类型。结构型停滞，是指由于企业的市场结构、产品结构或组织结构调整而导致的职业发展停滞。这种停滞以员工在企业中的晋升结束为标志，届时，期待晋升的员工不得不离开所在的企业（部门），寻求新的发展机会。内容型停滞，是指由于员工对所从事的工作内容感到厌烦而产生的职业发展停滞。此时，员工已经熟练掌握某项工作所要求的技能，日常工作对于员工来说没有任何挑战性，需要在企业内部或外部寻求富有挑战性的工作。生活型停滞，是指由于生活中的重大变故而引发的职业发展停滞。这可能比上述两种类型的停滞更深刻，有些生活中的重大危机，可能会对员工的身心产生深远而持久的影响。

（3）职业发展停滞阶段的员工类型。

处于职业发展停滞阶段的员工，大体可分为两类。第一类，是绩效稳定的“可靠型”员工。尽管这类员工的晋升机会已经极为有限，但他们依然保持着较高的绩效水平。所以，他们实际上处于“隐性职业发展停滞阶段”，如内容型停滞。第二类，是绩效下降的“朽木型”员工。这类员工的绩效水平已经下降到企业无法接受的程度，几乎完全丧失了晋升的机会。此类员工所处的职业发展停滞阶段，称为“显性职业发展停滞阶段”，如结构型停滞。

(4）解决员工职业发展停滞问题的方案。

解决员工职业发展停滞问题的总体思路是未雨绸缪、预防为主、注重开发、积蓄潜力。首先，要对这些员工进行系统的绩效考察，力争在他们的绩效水平和自信心都明显下降之前采取措施，加以阻止；其次，要制定出比较全面的人力资源开发政策，把系统性的绩效评估与接替递补方案、职业发展咨询，以及职业发展培训有机结合起来；最后，还可采用横向流动发展的方法，鼓励员工积蓄潜力，为其进一步发展做好准备。

2. 员工知识老化及其解决方案

员工知识老化是一个相对的概念，是指企业中一些员工的知识、技术和能力，相对低于企业或行业的平均水平，难以适应工作要求的状态或现象。

处于职业生命中期和年长的员工容易形成技术陈旧老化，尤其是年长的员工，由于观念陈旧、学习能力差、接受新事物慢，更容易遭受技术陈旧老化的威胁。对于基层操作员工来说，这种状况更加明显。解决问题的方法有技术维持、再培训和创造新的职业角色。技术维持，即在职业生命的早期就对员工的职业生命周期进行干预；对员工再培训的前提，是管理人员和员工双方都认为这样做可以获得更高的回报；为年长的员工创造新的职业角色，并采取措施鼓励年老员工提前退休。

第四节　旅行社员工的绩效评估

一、绩效评估的含义

绩效具有丰富的含义，是指一个组织为了达到目标而采取的各种行为的结果。这些行为对个人或者组织效率具有积极或消极的作用。绩效分为员工绩效和组织绩效。对组织而言，绩效是任务在数量、质量和效率等方面完成的情况；而对员工个人而言，绩效则是上级和同事对自己工作状况的评价。旅行社员工绩效，是指一个经过评估并被旅行社认可的工作行为、表现及结果。

绩效评估是一个有序的、复杂的管理活动，是指管理者用来确保员工的工作活动和工作产出与组织绩效保持一致的手段及过程。换句话说，绩效评估就是组织与员工在明确各自的工作目标，并达成共识的基础上，采取有效的管理方法，按质、按量地实现目标。

二、绩效评估的特点

旅行社员工的工作绩效直接影响组织的整体效率和效益。因此，了解员工绩效的特点和影响因素对于掌握和提高员工的绩效具有重要的意义。人力资源管理中的绩效，是指员工或部门的绩效。这里，主要分析员工绩效。

（一）多因性

绩效的多因性，是指绩效的高低不是由单一的因素决定的，而要受许多主客观因素的影响。这些影响因素包括：员工的知识水平、工作技能、工作态度和工作环境等。

（二）多维性

多维性，是指一个员工的工作绩效要从多方面考察，不是只看一个方面。员工的工作绩效是工作态度、工作能力和工作结果的综合反映。因此，对员工绩效的考察要从多个侧面、多种维度进行，才能做出全面、恰如其分的评价。

（三）动态性

动态性是从时间上来说的，员工的绩效会因员工的能力、激励状态及环境因素的变化而处于动态的变化之中。原来绩效差的员工随着时间的推移可以取得较好的绩效；相反，原来绩效好的也可能会变差。因此，员工的绩效要用发展和一分为二的眼光来考察，切不可凭已有的印象和僵化的观点来看待员工的绩效。

三、旅行社员工绩效评估的内容

旅行社员工绩效评估是按照一定的标准，采用科学的方法，检查和评定企业员工对职位所规定的职责的履行程度，以确定其工作成绩的管理方法。其目的主要在于通过对员工全面综合的评估，判断他们是否称职，并以此作为企业人力资源管理的基本依据，切实保证员工的报酬、晋升、调动、职业技能开发、激励、辞退等工作的科学性。同时，也可以检查企业管理的各项政策，如人员配置、员工培训等方面是否有失误。由于绩效评估的对象、目的和范围复杂多样，所以绩效评估的内容也比较复杂。但从基本方面而言，主要包括德、能、勤、绩四个方面的内容。

（一）德

德是人的精神境界、道德品质和思想追求的综合体现。德决定一个人的行为方向——为什么而做，行为的强弱——做的努力程度，行为的方式——采取何种手段达到目的。德的标准不是抽象、一成不变的。不同时代、行业、层次对德有不同的标准。对于旅行社的工作来说，因为工作环境复杂、工作过程中所面临的诱惑很多，这就更加需要注重德的表现，主要可以通过顾客对员工的意见反馈，以及个人职业道德表现来衡量。

（二）能

能是人的能力素质，即认识世界和改造世界的能力。当然，能力不是静态、孤立存在的。因此，对能力的评估应在素质考察的基础上，结合其在实际工作中的具体表现来判断。一般包括动手操作能力、认识能力、思维能力、表达能力、研究能力、组织指挥能力、协调能力、决策能力等。对不同的职位，在评估过程中应各有侧重，区别对待。例如，对导游人员的能力衡量，我们侧重于其表达能力、组织指挥能力以及协调能力等。

（三）勤

勤是一种工作态度，它主要体现在员工日常工作表现上，如工作的积极性、主动性、创造性、努力程度以及出勤率。对勤的评估不仅要有对量的衡量，如出勤率，也要有对质的评估，即是否以满腔的热情，积极、主动地投入工作。

（四）绩

绩是员工的工作业绩，包括完成工作的数量、质量、经济效益。在企业中岗位、责任不同的人，其工作业绩的评估重点也有侧重。比如，导游的业绩要从其出团业务量、质量、游客意见反馈等方面衡量，而计调人员的业绩要从其联系业务是否熟练，能否准确快速协调相关的旅行社来衡量。对业绩的评估是员工绩效评估的核心。

四、旅行社员工绩效评估的原则

绩效评估的原则是旅行社在绩效评估时保证绩效公平性的主要基准，一般需要坚持以下原则：

（一）公开性原则

公开性，是指旅行社应当明确规定绩效评估的标准、程序和责任，并将这些标准、程序和责任向全体员工进行公开说明，让他们产生信任感，并且保证评估的权威性。

（二）客观性原则

客观性，是指旅行社应当坚持实事求是，按照客观事实和评估标准对员工进行评估，不能带有任何的主观偏见和个人偏见。旅行社在评估员工的绩效时，应以客观标准为依据，只要员工的表现达到了制定的标准就应当评为合格。特别注意不能以“末位淘汰”作为员工的评价指标，这样会严重挫伤员工的积极性。

（三）直接性原则

直接性，是指由员工的直接上级负责评估其工作的绩效，因为直接上级最了解员工的实际工作能力以及表现，也最有可能反映真实的情况，通过直接上级的评估不仅能够评价出员工的实际表现，并且可以通过评估实现有效的管理。

（四）反馈性原则

绩效评估的目的是促进有效的管理，所以评估的结果一定要及时反馈给员工，并就评估结果进行必要的解释，肯定成绩和进步，指出缺点和不足，为今后的努力方向提出参考性的建议。

（五）差别性原则

旅行社应当针对不同等级和层次的员工，制定相应的绩效评估考核标准，这些标准之间应当有明显的差别和界限，以便于根据被评估者所应当承担的职责确定其拥有的权力。

五、旅行社员工绩效评估的基本方法

（一）排序法

1. 序列比较法

序列比较法是对相同职务员工进行考核的一种方法。在考核之前，首先要确定考核的模块，但是不确定要达到的工作标准。将相同职务的所有员工在同一考核模块中进行比较，根据他们的工作状况排列顺序，工作较好的排名在前，工作较差的排名在后。最后，将每位员工几个模块的排序数字相加，就是该员工的考核结果。总数越小，绩效考核成绩越好。

2. 相对比较法

相对比较法是对员工进行两两比较，任何两位员工都要进行一次比较。两名员工比较之后，工作较好的员工记“1”，工作较差的员工记“0”。所有的员工相互比较完毕后，将每个人的成绩进行相加，总数越大，绩效考核成绩越好。相对比较法每次比较的员工不宜过多，范围在5～10名即可。

3. 强制比例法

强制比例法可以有效地避免由于考核人的个人因素而产生的考核误差。根据正态分布原理，优秀员工和不合格员工的比例应该基本相同，大部分员工应该属于工作表现一般的员工。所以，在考核分布中，可以强制规定优秀人员的人数和不合格人员的人数。例如，优秀员工和不合格员工的比例均占20%，其他60%属于普通员工。强制比例法适合相同职务员工较多的情况。

4. 对排序法的评价

当绩效评估系统的目标主要是区分员工绩效高低的时候，那么，绩效衡量的排序法无疑是一种有效的工具。

（二）行为法

1. 重要事件法

重要事件法是客观评价体系中最简单的一种形式。在应用这种评价方法时，负责评价的主管人员把员工在完成工作任务时所表现出来的特别有效的行为和特别无效的行为记录下来，形成一份书面报告。根据这些书面记录进行整理和分析，最终形成考核结果。评价者在对员工的优点、缺点和潜在能力进行评论的基础上，提出改进工作绩效意见。该考核方法一般不单独使用。

2. 等级评估法

等级评估法是绩效考核中常用的一种方法。根据工作分析，将被考核岗位的工作内容划分为相互独立的几个模块，在每个模块中用明确的语言描述完成该模块工作需要达到的工作标准。同时，将标准分为几个等级选项，如“优、良、合格、不合格”等，考核人根据被考核人的实际工作表现，对每个模块的完成情况进行评估。总成绩便为该员工的考核成绩。

3. 小组评价法

小组评价法是由两名以上熟悉该员工工作的经理，组成评价小组进行绩效考核的方法。小组评价法的优点是操作简单、省时省力，缺点是容易使评价标准模糊，主观性强。为了提高小组评价的可靠性，在进行小组评价之前，应该向员工公布考核的内容、依据和标准。在评价结束后，要向员工讲明评价的结果。在使用小组评价法时，最好和员工个人评价结合进行。当小组评价和个人评价结果差距较大时，为了防止考核偏差，评价小组成员应该首先了解员工的具体工作表现和工作业绩，然后再做出评价决定。

4. 对行为法的评价

行为法可以是一种非常有效的绩效评价方法。第一，它可以将公司的战略与执行这种战略所必需的某些特定的行为类型联系在一起；第二，它能够向员工提供关于公司对于他们的绩效期望的特定指导以及信息反馈；第三，大多数行为法的技术都依赖深度的工作分析，因此，被界定出来以及被衡量的行为都是很有效的；第四，由于使用这一系统的人也参与了该系统的开发和设计，因此其可接受性通常也很高；最后，由于要对评价者进行大量的培训投资，因此这些技术也是相当可靠的。

（三）结果法

1. 目标考核法

目标考核法是根据被考核人完成工作目标的情况来进行考核的一种绩效考核方式。在开始工作之前，考核人和被考核人应该对需要完成的工作内容、时间期限、考核的标准达成一致。在时间期限结束时，考核人根据被考核人的工作状况及原先制定的考核标准来进行考核。目标考核法适用于企业中试行目标管理的项目。

2. 生产率衡量与评价系统法

生产率衡量与评价系统法的主要目标是激励员工向着更高的生产率水平前进。它是一种对生产率进行衡量以及向全体员工提供反馈信息的手段。生产率衡量与评价系统法主要包括四个步骤：第一，企业中的人共同确定企业希望达到什么样的产出以及执行或达成何种系列活动或目标；第二，大家一起来界定代表产出的指标有哪些；第三，大家共同来确定所有绩效指标的总量联系的各种总体绩效水平；第四，建立一套反馈系统，来向员工和工作群体提供关于他们在每一个指标上所得到的特定绩效水平的信息；最后，总体的生产率分数可以在每一指标上的有效得分进行加总计算的基础上获得。

3. 对结果法的评价

结果法的优点之一是由于它所依赖的是客观的、可以量化的绩效指标，因而能够将主观性减少到最低限度。这样，它对于管理者和员工双方来说都是极容易被接受的。结果法的优点之二是，它将一位员工的绩效结果与企业的战略和目标联系在一起。结果法的缺点是即使是客观绩效衡量，有时也会存在缺失。

六、旅行社员工绩效评估的实行

（一）选择评估者

绩效评估者的选择直接影响着评估结果的信度和效度。在员工业绩评估过程中，对评价者的基本要求有以下几个方面：评价者应该有足够长的时间和足够多的机会来观察员工的工作情况；评价者有能力将观察结果转化为有用的评价信息，并且能够最小化绩效评价系统可能出现的偏差；评价者有动力提供真实的员工业绩评价结果。因此，对员工工作绩效进行评估的候选人有以下几种类型：

1. 直接上司评价

通常情况下，直接上司更易了解员工的工作情况、工作内容及绩效要求，也熟悉被评估者的工作表现，能更好地评价员工在整体中所发挥的作用。因此，授权他们评估是大多数评估体系中最常用的方法。但是这种评价的缺点是：如果单纯地依赖直接上司的评价结果，那么，直接上司的个人偏见、个人之间的冲突和友情关系可能损害评价结果的客观公正性。

2. 同事评价

一般而言，员工的同事能够观察到员工的直接上司无法观察到的某些方面。特别是在员工的工作指派或者工作场所经常变动、主管人员很难直接观察到员工的工作情况时，可以采用同事评价。这种方法潜在的问题是：同事之间可能碍于情面或出于各自利益的原因而出现相互吹嘘的情况。尤其是当同事之间工作性质存在竞争时，同事评价的公正性和有效性就会大大降低。

3. 下属评价

下属员工可以直接了解上级的实际工作情况、信息交流能力、领导风格和计划组织能力等。下属是最有权力评价直接上级是如何管理或者领导员工的。所以，越来越多的企业让下属人员工以不署名的方式参与到企业对他们的主管人员所进行的工作业绩评价过程之中，这种过程通常被称为自下而上的反馈。

4. 员工自我评价

员工自我评价，即通常所说的“述职报告”，能使员工全面地陈述自己对绩效的看法，能够减少员工在评价过程中的抵触情绪，当工作评价和员工个人工作目标结合在一起时，很有价值。因此，企业在进行工作业绩评价时，经常采用员工自我评价与主管人员评价相结合的方法。

5. 客户评价

在某些情况下，客户可以为企业评估反馈重要的工作信息。客户作为企业外部人员，有其自身的优势，即不受组织内部利益机制的约束，因此，评估信息可能更加真实、客观。客户评价常用问卷调查、客户访谈形式进行，同时客户的投诉、表扬等也是评估信息的一部分。客户评价也有其不足，主要是难以操作、比较费力和成本较高。

（二）评估过程

绩效评估是一项长期、复杂的工作，对于作为评估基础的信息收集工作要求很高。绩效评价的过程实际上是一个收集信息、整合信息、做出判断与及时反馈的过程（表7-3）。

表7-3 绩效评估过程

顺序	项目	内容
1	观察	评价者在日常工作中观察被评价者的行为
2	记录	将被评价者的日常行为作为其整体绩效的一部分记录在案，形成对被评价者的原始印象
3	保存	评价者将收集的信息保存在记忆里，这种信息在以后的工作中会或多或少地减退
4	回顾	对被评者进行评价时，评价者需要回顾头脑中保存的记忆信息，对应其绩效维度进行对比
5	评价	评价者将信息与其他各种可能的信息结合在一起，进行再次的审查，最终确定被评价者的评价等级
6	反馈	评价者与被评价者进行沟通，使被评价者能够充分了解自己在工作中取得的成绩和不足

（三）确定评估标准和时间

1. 确定评估标准

绩效评估必须有标准，作为分析和考察员工的尺度，客观和能被观察是员工业绩考核标准的两个基本要求。在选择和确定员工工作业绩标准过程中，需要注意以下几个方面：

首先，业绩考核的评价标准应该是与工作要求密切相关的，而且是员工能够影响和控制的。

其次，不能单纯根据某个单一的标准来对员工进行评价。

最后，一旦确定了员工业绩的考核标准，就需要找能够精确衡量这些标准的方法。

2. 确定评估时间

评估时间的选择没有统一的标准，评估周期可以是一季度、半年或者一年，也可以是在一项特定的任务完成之后。评估不宜太频繁，周期过密一方面浪费精力和时间，另一方面还会给员工带来过多不必要的干扰和心理负担。但是周期过长，反馈太迟，又不利于改进绩效，评估的功能不能充分发挥。因此，半年一次评估较为合适。当然最好是保持连续考察，关注关键事件，再与定期评估同时进行，效果更佳。

（四）分析评估

这一阶段的任务是根据评估的目的、标准和方法，对所收集的数据进行分析、处理、综合。其具体过程如下：

1. 划分等级

每一个评估项目，如出勤、责任心、工作业绩等，按一定的标准划分为不同等级。一般可分为 3～5 个等级，如优、良、合格、稍差、不合格。

2. 对单一评估项目的量化

为了能把不同性质的项目综合在一起，就必须对每个评估项目进行量化，即不同等级赋予不同数值，用以反映实际特征，如优为 10 分，良为 8 分，合格为 6 分，稍差为 4 分，不合格为 2 分。

3. 对同一项目不同评估结果的综合

在有多人参与的情况下，同一项目的评估结果会不相同。为综合这些意见，可采用算术平均法或加权平均法进行综合。以五等级为例，3 个人对某员工工作能力的评估分别为 10 分、6 分、2 分。若采用算术平均法，该员工的工作能力应为 6 分；若采用加权平均法，3 人分别为其上司、同事、下属，其评估结果的重要程度不同，可赋予他们不同的权重，如上司定为 50%、同事 30%、下属 20%，则该员工的工作能力为 10 分 ×50% +6 分 ×30% +2 分 ×10% =7 分。

4. 对不同项目的评估结果的综合

有时为达到某一评估目标，要考察多个评估项目，只有把这些不同的评估项目综合在一起，才能得到较全面的客观结论。一般采用加权平均法。当然，具体权重要根据评估目的、被评估人的层次和具体职务来定。

（五）运用结果

得出评估结果并不意味着绩效评估工作的结束。在绩效评估过程中获得的大量有用信息可以运用到企业各项管理活动中，主要应用包括：

（1）利用向员工反馈评估结果，帮助员工找到问题、明确方向，这对员工改进工作、提高绩效会有促进作用；

（2）为人事决策，如任用、晋级、加薪、奖励等提供依据；

（3）检查企业管理各项政策，如人员配置、员工培训等方面是否有失误，还存在哪些问题。

总而言之，员工绩效评估的原理其实很简单：设定清晰的工作目标和合理的考核方法，给予员工公正的报酬和激励，让员工知道他要做什么、怎么做以及会得到怎样的回报。因此，管理人员既要具有绩效评估的能力，又要具有绩效评估的动力，绩效评估工作才能真正产生预期效果。

第五节　旅行社员工的薪酬管理

一、旅行社员工的工资管理

（一）员工工资水平的确定

1. 建立薪酬委员会

旅行社设立专门的薪酬委员会，主要任务是对劳动力的市场供求状况、同行业中基准组织和基准工作的薪酬状况进行调查，获取有关薪酬结构的信息；就薪酬结构达成共识，在对员工进行评价的基础上确定其工资等级和工资幅度；建立基本的员工薪酬框架，选取个别部门或班组进行局部试点；收集和分析局部试点的反馈意见，调整并最终确定薪酬方案。这样做的目的是使薪酬设计能够充分反映各方的利益要求，尤其是普通员工及其中弱势群体的利益要求。

薪酬委员会的人员构成：主管人力资源的副总，人力资源部门总监或经理，现场作业、事务、技术等部门的经理或主管，以及工会或职代会的代表。

对组成人员的要求：对企业的整体运作和有关人力资源的法律法规有一定的了解，具有高度的工作责任心，熟悉各岗位、工种及其工作现场的实际情况。

薪酬委员会的规模要视企业的规模大小和人员、岗位、工种的多少而定，一般保持在5～20人。作为常设机构，薪酬委员会应设在人力资源部。

2. 开展薪酬调查

薪酬调查就是对劳动力市场上既定岗位员工现行工资率的调查。它可以提供劳动力市场上既定岗位的最低、最高和平均薪酬水平。调查之前，要选择基准地区、企业和基准工作。基准工作，是指在一个行业或企业中，最有代表性的、工资幅度可以影响其他相关工作工资幅度的工作。

薪酬调查的方法主要有正式的书面问卷调查和非正式的电话调查，报纸广告也是薪酬信息的一个来源。前两种方法是直接调查法，企业由此可以获得第一手信息，但可能会出现高估的情况，因此，要根据经验进行修正和调整。正式的书面问卷调查是一种最全面，也最复杂的方法，使用时要制作一份简洁而细致的员工薪酬问卷调查表。非正式的电话调查，适用于那些数量较小、易于识别和很快辨认的工作。在专业会议上与人力资源管理专家的探讨，也属于这一类方法。第二手薪酬信息可以通过商业性的咨询公司、行业性协会和政府有关机构的出版物获得。

3. 进行职位编制

职位编制，是指企业对其内部的机构设置及其职责权限、人员配备及其职责权限和人员定额、结构比例等方面做出规定的过程。职位编制的方法主要有三种，分别为类似职位概括法、工作项目再分配法和工作项目评价法。类似职位概括法，即将业务、工作内容、工作条件、所需资格等相类似的职位予以概括归纳并形成职务的方法；工作项目再分配法，即对类似职位概括法的局部修改，先适当调整各职位间的工作项目，对各职位的工作项目重新进行分配，然后通过横向的工作项目分配达到概括类似职位、形成相应职务的目的；工作项目评价法，即在对各部门或各职种中每个人所担任的工作项目进行清查的基础上，对各工作项目的难易程度做出评价并分成等级，形成同一职种内不同等级的工作项目排列，某一职务，就是由同一职种内处于同一等级中的所有工作项目汇集而成的。

4. 进行职位评价

职位评价，是指企业为了得到员工职位之间的可比价值，而将某个职位与其他职位进行正式的、系统的比较过程，最终确定其合理工资等级。职位评价主要是对职位中包含的要素进行比较，即对职位本身的难易程度和担当人员要求的高低做出可比性评价并划定等级。

5. 形成工资等级

通过职位评价得出每个职位的相对价值之后，理论上说，应该把确定的工资率分配到每个职位上，但从实际上说，既无必要也不可能，即使是小型企业，操作起来也极为困难。因此，需要把这项繁杂的工作简化为比较容易操作的工资等级，即把由职位评价所决定的工作难度或重要程度相似的职位归并为一组或一个等级的过程。这样，只需对每个工资等级进行定价就可以了。对于大中型企业来说，某一类职位或职掌，设定 10 ~ 16 个等级比较适宜，但随着组织结构的扁平化，职位等级有压缩的趋势，相应地出现了宽带薪酬。这样，可以减轻有关部门和人员薪酬设计和管理的负担，在处理职务转换所引发的薪酬问题时具有更大的灵活性，但如果处理不当，可能会出现薪酬不足和薪酬过度的问题。

6. 绘制工资曲线

工资曲线或工资结构线，是指企业绘制的用来描述职位价值和平均工资率之间关系的一条曲线。它清晰地显示出各个职位的相对价值与实际平均工资率之间的拟合程度，是工资结构的直接表现形式，代表了工资水平的大致走向。绘制工资曲线有助于组织开发出具有一定内在公平性的工资系统，可以用来检验组织已有的工资政策和制度是否公平合理。

实际上，绘制工资曲线是为每个工资等级定价的过程，先把每一工资等级的平均工资率和表示每一职位等级相对价值的点数分别标注在纵、横坐标上，然后运用经验法或统计法，绘制出反映二者拟合关系的曲线，最后得出每一工资等级的平均工资率。

7. 调整工资率

工资率的调整，主要包括设计工资等级范围和校正偏离的工资率两项内容。

设计工资等级范围，是指企业根据员工的工作年限资历或经验，在某一工资等级中分出若干小的等级而形成的一个工资等级阶梯，实际上是工资浮动范围或工资水平跨度的细化。需要确定工资等级范围的上限（最高工资水平或顶薪点）、下限（最低工资水平或起薪点）和平均值（平均工资水平或中薪点）。各工资等级的浮动范围可以是相同的，但常见的情形是，工资的浮动范围和等级范围是随着职务等级的上升而呈现累加式递进或扩大的，反映在工资曲线上，其表现为“喇叭形”。由于绩效差异对处于较高工资等级上职位的影响比处于较低工资等级上职位影响要大，所以较高工资等级上职位的工资浮动范围和等级范围要大一些。反之，就相对小一些。在普遍采用结构工资的情况下，适当扩大职位等级及其浮动范围和等级范围，可以使那些由于各种原因未能升级，但确有能力的员工得到较多的加薪机会。

当工资曲线与实际情况之间发生偏差时，就会出现工资率低估或工资率高估的情况，即出现红圈工资率。企业要结合自己的管理哲学、薪酬竞争策略、支付能力和盈亏状况等因素，综合考虑市场状况，酌情调整现有的工资曲线，即校正偏离的工资率。

（二）员工工资水平的调整

1. 奖励性调整

奖励性调整，是指企业为了奖励具有良好绩效或突出贡献的优秀员工，依据其绩效水平给予一定幅度的浮动工资而进行的结构性工资调整，一般有 3 ~ 5 年的浮动期。其间，旅行社要对受奖员工进行经常性的考核。如果该员工一直保持着较高的绩效水平，就要把浮动工资延续到浮动期末，并综合历次考核成绩，在期末将浮动工资转成固定工资；如果员工在浮动期之后对旅行社还有新的贡献，就应该在新的工资水平的基础上继续浮动；如果这种新贡献是发生在某一浮动期内，原则上只给予一次性奖励而不给新的工资浮动；如果在浮动期内的一段时间里，绩效水平一直很差，企业可以综合历次考核成绩，在某一时段终止该员工的浮动工资，而不必等到浮动期末。该员工的工资水平还要从头算起。

2. 资历性调整

资历性调整，是指企业根据员工的资历或工龄，为知识型员工或专业性人员增加一定额度工资而进行的结构性工资调整。资历或工龄的增加，就意味着知识的积累和经验的丰富，代表着工作能力或绩效潜能的提高。目前，结合我国的实际国情，企业在进行资历性调整时，还是要适当拉开一定档次的。

3. 生活费调整

生活费调整是企业为了补偿员工因通货膨胀而造成的实际收入减少的损失，使其生活水平不致下降，通过普遍提高员工工资水平而进行的全面性工资调整。生活费调整有些是属于政策性的调整，有时甚至是国家，主要是当地政府通过企业直接发放给员工的；有些是企业的自愿性调整。

生活费调整通常以如下两种形式进行：一种是等比式调整，即所有员工都在原有工资基础上按同一比例调升。这样做很容易出现“马太效应”，即工资偏高的调升绝对值幅度偏大，工资偏低的多数员工调升的幅度偏小，结果造成多的越多、少的越少，越是急需得到大幅度调升的，实际得到的却越少，实际并不特别需要大幅度调升的，得到的却很多。这种做法似乎是进一步扩大了级差，很容易让员工产生“穷的越穷，富的越富”、越来越“不公平”的感觉。但这种做法虽然保持了原有工资结构内在的相对级差，使代表企业工资曲线的斜率有所变化，但却是按同一规律变化的。另一种则是等额式调整，即全体员工不论原有工资高低，一律给予相同幅度的调升，每个员工的调升幅度都代表了企业的平均水平。这样做表面看来一视同仁、无可厚非，可实际上却导致了员工之间级差的缩小，致使工资曲线上每一点的斜率按不同规律变化，动摇了原有工资结构设计的依据，可能造成整个工资体系的混乱。

4. 效益性调整

效益性调整，是指企业根据效益的变动情况和劳动力市场状况，对部分或全部员工包括管理人员的现行工资水平进行的结构性或全面性工资调整。虽然这种调整可能包含着向上调整和向下调整两种情况，但由于工资刚性的存在，主要还是指向上调整。虽然可能先是对部分员工进行的结构性调整，但由于员工之间攀比心理的存在，最终还是要进行针对全体员工的全面性调整。要采取“大目标，小步子”渐进式的调整方法。一者，可以在员工心目中保持一直在不断提高工资的良好印象，虽然目前工资水平不高，但总是有希望、有盼头的。这就能够减少非自愿流动，维系优秀员工；二者，可以给同行或竞争对手留下企业不断发展、效益持续走高的感觉，从而增强在劳动力市场上的竞争力；三者，也给自己留有机动、变通的余地，有利于工资调整方案的平稳过渡和顺利推进。当然，前提是企业的效益能够保持持续、稳定增长。

5. 市场性调整

市场性调整，是指企业根据劳动力市场的变动情况，兼顾企业的目标、需要和经济实力，对劳动力市场上一部分供求失衡职位上的员工现行工资水平进行的结构性工资调整。这种调整主要是针对部分员工进行的。有些员工所在的职位在市场上严重供不应求，就要向上调整。反之，就要向下调整。调整的最低目标，是能够维系那些重要职位上的员工或者是企业不可或缺的优秀员工，避免这些员工因工资过低而流失；调整的最高目标，是保持这些员工的工资水平在市场上的竞争力，使之比较满意且能够安心地工作。调整的策略，如果说效益性调整还可以采取渐进式的话，那么，市场性调整则要采取突变式为主、渐进式为辅或二者结合的策略。向上调整在时间紧迫的情况下，必须采取突变式策略，向下调整则可以采取渐进式策略。

上述这些调整，有些是向上调整，可能会引起劳动成本的提高；有些是向下调整，则可能会降低劳动成本。正如工资刚性一样，无论是种类还是数额，一般还是向上调整的多。尽管有些成本可能会由市场消化，但总体来看，最终还会导致劳动成本上升。这是在管理过程中需要加以解决的。

二、旅行社员工的奖励方案

（一）销售人员奖励方案

销售人员报酬方案的设计，大多侧重销售奖励或销售佣金。目前，企业普遍流行的做法是把二者有机地结合起来。至于二者之间的比例，则依据各个企业的具体情况而定。

1. 工资方案

企业主要向销售人员支付固定工资，偶尔也发放一些奖金。这个方案适用于那些销售目标主要是开拓市场，需要对分销商培训，或是参加全国性或地区性展销会的企业。这样做的好处是，销售人员事先知道自己的收入，管理人员也了解销售费用，销售人员的工作比较容易控制；企业在开拓不同地区的市场时，可以很容易地调动销售人员的工作；能够培养销售人员对企业的忠诚，企业可以激励他们开拓长期市场、培养长期客户。其缺陷是，销售人员的报酬不与销售业绩挂钩，很难激励那些潜力大、绩效高的员工。

2. 佣金方案

企业完全依据销售人员的销售业绩，按约定的比例向销售人员支付佣金。这样做的好处是，由于销售人员的收入直接与其业绩挂钩，因而会受到最大限度的激励，也能吸引高绩效的员工；由于销售费用是按销售额分摊的，因而能激励销售人员努力降低成本；销售人员的佣金很容易测算和评定，也很容易为他们所理解。其缺陷是，由于销售人员只注重销售业绩的增长，喜欢“挑肥拣瘦”，这就给管理人员分配销售任务带来了一定的难度，稍有疏忽就会给销售人员造成不公平的感觉，容易使销售人员产生短期行为，忽略那些潜力很大的市场，不愿培养长期的忠诚客户；还容易使销售人员忽略销售过程中的一些基础性工作，不利于企业由交易营销向关系营销的转变；受市场状况和销售季节波动的影响很大，销售人员收入的波动性也很大，旺季很高，淡季很低。

3. 混合方案

在比较了上述两个方案的基础上，现在大多数企业基本上都接受了把二者结合起来的混合方案，即“底薪+佣金”。问题的关键是，如何确定二者的比例。国际上工资和佣金比例的经验数据，主要有80%:20%、70%:30%、60%:40%。混合方案试图吸纳上述两个方案的长处，既发挥销售人员的工作积极性和创造性，又不至于失去控制；既能够激励他们提高目前的销售业绩，又能够激励他们不断开拓长期市场、培养长期客户；既能够激励他们提高销售额，又能够激励他们努力降低成本；既能够吸引高绩效的员工，又能够培养现职销售人员对企业的忠诚度，同时，力图回避各自的缺陷。然而，如果处理不当，不仅不能获取二者的长处，而且还可能暴露出它们的缺陷。

（二）管理人员奖励方案

企业的各级管理人员无疑对企业的发展起着极为重要的作用。因此，企业要为他们提供短期和长期两个奖励方案。企业的高级主管，如（副）总经理、首席执行官更多地关注决策的长期影响，要提供以长期激励为主、短期激励为辅及二者结合的激励方案；部门经理的决策影响一般是6~12个月，可以更多地给予短期激励方案。

1. 短期奖励方案

目前，大多数企业都是采用年度奖金的奖励方式。这是一种与企业营利率相关联、旨在激励管理人员短期绩效的奖励方案。企业短期激励方案要考虑奖励资格、奖励幅度和个人奖金三个因素。确定奖励资格主要依据关键职位、工资水平和工资等级。奖励幅度（奖金总额）的确定要依据企业的经营利润，即按经营利润的一定比例来确定企业的奖金总额。这里，又有顺乘和倒扣两种计算方法。实际上，最简单的方法是使用经验公式。一是，把企业净收入扣除5%的资本投入之后，余额的10%作为奖金总额；二是，把企业净收入超出股东权益6%的部分的12.5%作为奖金总额；三是，把企业净利润扣除6%的净资本之后，余额的12%作为奖金总额。在奖金总额确定下来之后，再依据一定比例，分配给受奖者。一般是根据受奖者的底薪而定，即奖金额是受奖者底薪与某一比例相乘的结果。这个比例基本上是随着工资等级而递增。在确定个人奖金时，可能会面临一个如何确定管理人员奖励依据的问题，即依据个人绩效，还是依据企业绩效的问题。比较理想的方式是把二者结合起来。换言之，就是要把管理人员的奖金分为两部分，即采用分离奖励方法。根据这种方法，管理人员的奖金一部分是基于个人绩效，一部分是基于企业绩效。当然，采取这种做法也有其缺陷，那就是企业支付给管理人员的奖金太多。这对那些个人绩效平平的管理人员来说，尤为突出。其改进的方法，是把原有评价方法中的加法改为乘法。原来的方法是根据两部分的各自评分得出各自的奖金，然后相加在一起。这样，即使一部分得分很低，丝毫不影响另一部分的得分和奖金。改进之后，就要把两部分的评分相乘，如果其中一部分得分较低，就必然影响到另外一部分。假如企业绩效部分很高，可个人绩效部分得分很低，那么，最后的得分和奖金也不会很高。

2. 长期奖励方案

企业实施长期奖励方案时，一定要把企业的长远发展考虑进去。否则，虽然企业在一定时期内获得了较高的盈利，但是企业设施设备却没有得到很好的养护、企业员工也没有得到很好的培养和发展。这些无疑都不利于企业的长远发展。为此，企业便需要设计一个旨在激励那些对企业长期发展做出贡献的管理人员，并足以能够维系这些资深高级管理人员的奖励方案，即长期奖励方案或资本累加方案。该方案主要包括股票期权方案、股票升值权方案、影子股权方案和股票市面价值方案。

（1）股票期权方案，即企业管理人员获得的可以在其任期内，以目前的某一价格购买企业未来一定股票的权利。这就意味着这些管理人员可以以低于实际价格而按所签合同规定的价格购买企业的股票。如果他们愿意在市场上出售这些股票，正常情况下，都能够得到比较丰厚的回报。当然，前提是企业的所有股票在其任期内能够不断升值。而这又主要取决于除宏观经济环境等不可控因素之外的企业营利能力和发展状况。这样，通过这种奖励方案，就把管理人员的绩效和所获收益有机地结合起来了。于是，这种奖励方案曾一度成为既能提高企业营利，又能增加管理人员收入的主要方案。

（2）股票升值权方案，即企业为管理人员提供的，以期权期间，由管理人员选定的任一时间内股票价格的上涨为依据，而决定的现金或股票收益奖励方案。这种方案在实施过程中，实际上是与股票期权方案联合起来使用的。

（3）影子股权方案，就是企业给予管理人员价值与每股股票市面价值相等的股票单位，在该单位股票到期时，管理人员通过股票单位价值的升值而获得收益。这个方案与股票期权方案获得收益的方式基本相同，所不同的是获得收益的工具不同。在股票期权方案中，企业管理人员获得收益的工具是实际股票；而在影子股权方案中，所运用的工具不再是实际股票，而是虚拟股票，即与每一股股票市面价值等值的股票单位。

（4）股票市面价值方案，是股票期权方案的一种变化形式。在这个方案里，企业管理人员可以以股票现行市面价值购买企业股票，随着股票的升值，管理人员就可以分得所持股票的股息和红利。在他们离开企业时，可以以升值后较高市面价值把所持有的股票出售给企业而获得收益。由于管理人员所持股票的市面价值是与企业的资产和营利状况紧密相连的，所以，他们会努力提高个人绩效和企业绩效。企业采用这个方案，可以避免股市变动所带来的股票持有者收益的波动性或不确定性。这里企业所强调的，是适度增长而不是快速增长。

除上述四个方案之外，还有股权购买方案、限制性股权方案和限制性现金方案。不管企业采取哪种方案，都要考虑管理人员的个人激励和经济奖励与股东委托责任之间的平衡问题。

★实训项目　为旅行社设计一份人才招聘方案

实训内容：对当地旅行社人力资源现状进行调研，制定一份旅行社人才招聘方案。

实训目的：通过对旅行社人力资源现状的调研，让学生掌握旅行社人才需求状况，学会制定旅行社人才招聘方案。

实训步骤：

第一步，到学校附近的旅行社去调研，了解旅行社人力资源现状；

第二步，通过调研，分析旅行社人力资源需求状况；

第三步，为旅行社制定一份人才招聘方案。

实训成果：提交一份旅行社人才招聘方案。

★知识归纳

本章是学习旅行社人力资源管理的相关知识。本章从旅行社人力资源概述、人力资源招聘、人力资源开发、员工绩效评估及员工薪酬管理五个方面进行了详细的阐述。旅行社人力资源概述阐述了旅行社人力资源管理的意义、特点及原则。人力资源招聘部分分析了旅行社人力资源招聘的影响因素和招聘流程；人力资源开发部分讲述了旅行社员工培训、管理人员开发、职业管理三个问题；员工绩效评估部分主要讲述了旅行社员工绩效考评的特点、内容、原则及基本方法；员工薪酬管理分析了旅行社员工的工资管理方法及奖励方案。通过本章的学习，要求学生能够掌握旅行社人力资源管理的相关知识。

★典型案例　在线旅游史上最大招聘

2015 年 12 月 29—31 日，同程旅游在网上发布了几大招聘信息，被称为在线旅游史上最大招聘，计划面向全球招募 100 位专线批发 CEO、100 位海外分公司 CEO、100 位专线经理和 100 位全国所有地级市储备总经理。具体招聘信息如下：

一、招聘职位要求

（一）专线批发 CEO

1. 工作地点：韩国、日本、泰国、中国台湾、美国、欧洲、澳大利亚

2. 职位类型：全球旅游精英类

3. 招聘人数：100 人

4. 工作职责：（1）负责所有专线旅游产品的计划制定，供应商关系维护，各种市场合作、市场分析、产品维护、资源调用等；（2）负责市场信息的收集、分析及对策；（3）负责产品资源采购、考察评估、合作洽谈、供应商管理、合同管理、后期维护等工作；（4）参与制定市场营销策略，监控销售进程及价格调整，开展控制、协调、操作、成本控制。

5. 工作要求：（1）大专以上，5 年以上旅行社或国内游、出境游线路计调或操作经验，2 年管理经验；（2）具备丰富产品的采购和运营经验，熟悉了解国内产品资源；（3）对市场有强烈的敏锐感，能够把控淡旺季产品的采购。

（二）海外分公司 CEO

1. 工作地点：韩国、日本、泰国、中国台湾、美国、欧洲、澳大利亚

2. 职位类型：全球旅游精英类

3. 招聘人数：100 人

4. 工作职责：（1）贯彻执行区域总经理战略政策，完成区域业绩指标；（2）协助总经理制定区域公司发展战略规则、销售计划、产品开发等计划；（3）负责管理所辖区域各部门日常操作规程及各项规章制度的落实；（4）熟悉处理各种紧急情况的方法及步骤、妥善处理各种突发事件。

5. 工作要求：（1）大专以上，互联网或者旅游行业 5 年以上工作经验，其中至少 2 年以上团队管理经验，有海外工作经历者优先；（2）熟悉互联网旅游行业的发展情况及趋势，对海外当地的旅游行业有深入的了解；（3）对总公司战略目标理解并执行到所辖公司各部门层面，并协助各部门完成目标分解及目标达成；（4）对所负责区域的年度销售业绩目标、好评率目标等多项指标负责。

（三）专线经理

1. 工作地点：韩国、日本、泰国、中国台湾、美国、欧洲、澳大利亚

2. 职位类型：全球旅游精英类

3. 招聘人数：100 人

4. 工作职责：（1）负责所管辖市场旅游类产品维护、产品包装；（2）负责各渠道推广，运用互联网及移动互联网运营旅游产品并进行平台梳理建设；（3）负责与各部门产品推送对接，保证每天的工作指标保质保量完成；（4）负责与其他部门之间的沟通合作。

5. 工作要求：（1）大专以上，2 年以上旅游行业产品或互联网旅游行业经验；（2）具备较强的沟通能力、团队合作精神和协调组织能力；（3）熟悉 Excel、PPT 等常见办公软件。

（四）全国所有地级市储备总经理

1. 工作地点：韩国、日本、泰国、中国台湾、美国、欧洲、澳大利亚

2. 职位类型：全球旅游精英类

3. 招聘人数：100 人

4. 工作职责：(1) 贯彻执行区域总经理的决议，完成区域业绩指标；(2) 协助区域总经理制定发展战略规则、销售计划、产品开发计划等；(3) 团队的搭建、完善和管理；(4) 负责所辖公司的各项日常操作规程以及各项规章制度的落实，保证所辖公司的顺利发展。

5. 工作要求：(1) 大专以上，互联网或者旅游行业4年以上工作经验，其中至少2年以上团队管理经验；(2) 熟悉互联网旅游行业的行业发展情况及趋势，对海外当地的旅游行业以及客户消费习惯有深入的了解；(3) 对总公司战略目标理解并执行到本公司各部门层面，协助各部门完成目标分解及目标达成。

二、招聘流程

同程旅游HR对此次招聘提出了做到“3个1”任务：对于应试者，至少一次电话沟通，至少一次正式邮件，特别优秀者有至少一次和同程CEO亲自对话的机会！

(一) 快速反馈　高度热情

自从同程旅游启动全球招聘以来，公司就对HR提出了严格要求：对待投递简历的人员要“高度热情完美服务”！在寄出简历24小时以内，就会有同程旅游HR迅速与投简历者取得联系。他们传达的信息只有一个：“亲，你的简历已经收到，我们会高度重视哦！”简单的电话筛选以后，你就可能进入第二环节，加入神秘的微信小组。

(二) 神秘小组　对话创始人

同程旅游高度重视和珍惜每一份简历。每天晚上，当日接收的简历都会准时放在同程旅游创始人、CEO吴志祥的案头，他会亲自过目。作为投递简历的你，则有机会被拉入一个神秘的微信小组，它的组成成员是：同程旅游创始人吴志祥+同程旅游HR+应试者。

(三) 面对面畅谈　72小时通关

如果你通过了以上两轮测试，那么恭喜你，你将进入最终面试环节，和同程创始人面对面畅谈，72小时快速通关，获取面试结果。

资料来源：同程旅游网招聘信息

请问：看了同程旅游网的招聘信息你有哪些感受？

解析：第一，同程旅游网非常重视旅游人才，招聘全球旅游精英人才400名，被称为在线旅游史上最大招聘。这些旅游精英分别到韩国、日本、泰国、中国台湾、美国、欧洲、澳大利亚等地去工作；第二，说明旅游业快速发展离不开旅游人才，同程网要拓展海外旅游市场，必须招聘一批旅游人才+互联网人才；第三，同程网招聘旅游精英的条件是比较高的，非常重视应聘者的旅游行业经历和互联网工作经历，注重市场开发能力、团队合作精神；第四，从招聘流程来看，非常人性化。

第七章　练习题

7.1　单项选择题

1. (　　) 是企业有计划、有意识地安排被赋予较高期望的人员，在不同部门的岗位之间从事几种不同的工作，以丰富他们的工作经验、确认自己优缺点的一种培训方式。

A. 交叉培训　　B. 扮演教练　　C. 出席高层管理会议　　D. 行动学习法

2. (　　) 是根据被考核人完成工作目标的情况来进行考核的一种绩效考核方式。

A. 排序法 B. 目标考核法 C. 结果法 D. 行为法

3. 旅行社完全依据销售人员的销售业绩，按约定的比例向销售人员支付报酬的员工奖励方案属于（ ）。

A. 工资方案 B. 混合方案 C. 佣金方案 D. 短期方案

7.2 多项选择题

1. 人力资源从开发的角度来看，包括人力资源的（ ）。

A. 智力开发 B. 思想觉悟的提高
C. 现有能力的充分发挥 D. 道德素质的提高
E. 潜在能力的有效挖掘

2. 人力资源从管理的角度看，包括人力资源的（ ）。

A. 预测与规划 B. 绩效评估
C. 薪酬奖惩 D. 道德素质的提高
E. 现有能力的充分发挥

3. 旅行社人力资源管理面临的挑战有（ ）。

A. 全球化 B. 新技术
C. 反应性 D. 高成本
E. 高流动

4. 旅行社人力资源管理的重点是（ ）。

A. 人事匹配 B. 用养结合
C. 班子配备 D. 制衡机制
E. 人性化管理

5. 旅行社选聘工作人员时需要特别考虑的因素是（ ）。

A. 应聘者的敬业精神 B. 应聘者的合作能力
C. 应聘者的知识结构 D. 应聘者对旅行社的忠诚度
E. 应聘者的兴趣偏好

6. 旅行社选聘员工第一步是确定用人详细要求，这个阶段可以通过（ ）几个方面系统地完成。

A. 做出职务分析 B. 编写工作说明书
C. 签订用人合同 D. 招聘录用员工
E. 制定工作规范

7. 旅行社员工培训的方式主要有（ ）等形式。

A. 入职培训 B. 在职培训
C. 过程培训 D. 脱产培训
E. 单独培训

8. 在市场经济体制下，旅行社员工的职业发展路径主要有（ ）。

A. 纵向型职业发展路径 B. 横向型职业发展路径
C. 网状型职业发展路径 D. 核心型职业发展路径
E. 头脑风暴法

9. 旅行社员工绩效管理的特点是（　　）。

A. 多样性　　B. 多因性

C. 多维性　　D. 动态性

E. 多面性

10. 旅行社员工绩效考评的原则有（　　）。

A. 公开性原则　　B. 客观性原则

C. 直接性原则　　D. 反馈性原则

E. 差别性原则

7.3　判断题

1. 行动学习法就是企业专门安排受训的管理人员全职分析和解决其他部门问题的一种管理开发方式。（　　）

2. 横向型职业发展路径是典型的传统职业发展路径，即员工在企业中沿着职位等级，不断地由一个工作岗位向上转到另外一个工作岗位的发展路径。（　　）

3. 纵向型职业发展战略较多应用于中层管理人员。（　　）

4. 绩是指旅行社员工的工作业绩，包括完成工作的数量、质量、经济效益。（　　）

5. 旅行社员工绩效，是指一个经过考评并被旅行社认可的工作行为、表现及结果。（　　）

6. 旅行社在评估员工的绩效时，可以采取“末位淘汰”作为员工的评价指标。（　　）

7.4　简答题

1. 旅行社人力资源管理具有哪些重要意义？

2. 简述旅行社人力资源管理的特点。

3. 旅行社人力资源管理应遵循哪些原则？

4. 旅行社员工工资水平是怎么确定的？

第八章

旅行社服务质量管理

学习目标

1. 了解旅行社服务质量的定义、内容、特点及意义。
2. 熟悉旅行社旅游线路设计、销售、采购和接待过程的质量管理。
3. 掌握旅行社质量控制的种类、控制的主客体及控制步骤。
4. 掌握旅行社重点部门和重点人员的质量控制。
5. 熟悉旅游投诉的类型、内容及原因。
6. 掌握旅游投诉处理的原则和方法。

实训要求

1. 实训项目：旅行社旅游线路设计阶段的质量管理调查。

2. 实训目的：通过对旅行社旅游线路设计阶段质量管理的调研，让学生掌握旅行社线路设计阶段质量管理的方法。

第一节　旅行社服务质量概述

一、旅行社服务质量的含义

旅行社服务质量有狭义与广义之分。狭义的旅行社服务质量主要是指旅行社旅游线路的设计质量和旅游接待服务质量，而旅游接待服务质量，是指门市部接待人员和导游人员的服务质量。广义的旅行社服务质量则不仅包括旅行社各个业务部门的服务质量，还包括协作单位的服务质量，比如旅游交通、饭店、景区等部门的服务质量。

通常提到的旅行社服务质量，指的都是广义的旅行社服务质量。只有旅行社各个业务部门及其工作人员和协作单位的服务质量达到了旅游者的要求，才能使旅游者满意。

二、旅行社服务质量的内容

旅行社的服务质量表现为在一定时间内和一定环境下服务工作使旅游者满意的程度。它主要由服务态度、服务语言、服务项目、服务技巧、服务仪表、服务时间、服务时机七种要素构成。

（一）服务态度

服务态度，是指旅行社工作人员在提供服务过程中所表现出来的认知、情感和行为倾向。由于它是一种内在心理反应，难以测定和衡量，因此只能靠旅游者的主观感知。服务态度是提高旅行社服务质量的基础，良好的服务态度表现为热情、主动和周到的服务。

（二）服务语言

服务语言，是指旅行社工作人员在服务过程之中用一些约定俗成的语言及其特定的表达形式来向旅游者提供信息。旅游服务语言，不仅要包含礼貌用语，还要按照服务规范，在语速、语气和音量上严格讲究，要求做到准确、清楚、灵活和生动。

（三）服务项目

服务项目，是指旅行社为旅游者提供的各项服务，包括基本服务项目，如导游讲解、用餐、住宿服务等，还包括附加服务项目，如为旅游者代购旅游纪念品等。

（四）服务技巧

服务技巧，是指旅行社工作人员在服务过程中所表现出来的操作技能和方法。例如，旅行社门市接待人员要做到“三勤”（嘴勤、眼勤、手勤），同时能接待几位旅游者，做到“接一顾二招呼三”。

（五）服务仪表

服务仪表，是指旅行社工作人员的外在表现和行为举止，包括服饰着装、举止风度等方面。对旅行社工作人员而言，服务仪表通常要求容貌端庄、举止大方得体、精神饱满等。

（六）服务时间

服务时间，是指旅行社工作人员提供接待服务的时间。服务时间要根据旅游者的需要，方便他们咨询和购买旅游产品。

（七）服务时机

服务时机，是指旅行社工作人员为旅游者提供服务的机会和火候。延迟服务和超前服务都可能会导致旅游者的不快，所以旅行社工作人员尤其是导游人员要通过察言观色，针对不同的旅游者适时提供服务。

三、旅行社服务质量的特点

（一）功能性

功能性，是指旅行社所提供的产品和服务的效能和作用，是旅游产品的基本质量特性。

（二）安全性

安全性，是指旅行社在为旅游者提供服务过程中，旅游者的人身和财产不受损失。这是旅游服务的基本要求，如果旅游者的安全得不到保障，旅行社的服务质量也就无从谈起。

（三）时间性

旅行社必须在与旅游者约定的时间内提供服务。由于旅游产品具有时效性，延迟或者提前都不能满足旅游者的要求，因此需要提供及时、适时的服务。

（四）舒适性

旅游者外出旅游是追求旅游过程的享受，因此旅行社在提供旅游服务时要在服务设施、接待环境和交通工具等方面充分考虑舒适性问题，满足旅游者追求美好经历的意愿。

（五）知识性

旅游者在旅游过程中有获取知识、增长见闻、陶怡情操的需要，因此旅行社在提供旅游产品和服务时，要将旅游文化贯穿于旅游活动中，从而让旅游者在游览中学习，在学习中游览。

（六）娱乐性

旅游者有放松身心和休闲娱乐的需求，所以旅行社在安排旅游活动时，要注意项目的编排，安排一些具有地方特色的旅游活动，增强旅游者的兴趣。

（七）经济性

旅游者购买旅游服务，是一种商品交换行为，因此希望其所支付的费用与其享受的服务应该是相符的，所以旅行社在提供服务时，要提高服务质量，充实服务内容，让旅游者有物有所值的感受。

（八）文明性

旅游者外出旅游，不仅仅需要进行游览和观光，还需要获得旅行社工作人员的尊重，获得所有提供旅游服务的企业工作人员的尊重，因此需要旅行社实施全面质量管理，满足旅游者的需要。

第二节 旅行社各阶段的服务质量管理

一、旅行社服务质量管理的意义

（一）保证旅游者的合法权益

旅游产品作为一种服务产品，其使用价值就在于能够满足旅游者精神上的需求。因此，旅行社进行全面质量管理，首先是为了保证旅游者的合法权益，做到物有所值、质价相符。旅行社全面质量管理具有全面性、全程性、全员性和多样性的特点，对服务态度、服务环境等软指标不易衡量和把握，在现实管理中往往成为薄弱的环节。例如，有些旅行社不注重加强对导游的管理，导致导游时常宰客，严重损害了旅行社的整体形象；有些旅行社不注重对门市接待人员的培训，其服务态度生硬，语言不符合规范，导致到访客人流失。

（二）提高旅行社的市场竞争力

据统计，截至2015年年底，全国各类旅行社总数为27 621家，其中大部分为国内旅行社，呈现“小、散、弱、差”的特点，其生存和发展空间有限。加入世界贸易组织后，我国的旅行社要接受国外旅行社的挑战。此外，随着信息技术和互联网的不断发展，旅行社还要面临一些新兴旅游代理商的威胁。旅行社行业的竞争十分激烈。因此，要想在现有的市场环境中生存，使自己立于不败之地，就必须要提高自身的市场竞争力。提高市场竞争力的一个很重要的指标就是争取招徕更多的旅游者。想招徕更多的旅游者，最重要的就是通过质量管理，得到旅游者对本企业服务质量的认可。随着经济水平的提高和旅游者自身旅游经验的增加，越来越多的旅游者都会将产品质量放在选择旅行社的首位，一旦发现旅行社产品的质量有问题，他们就会转向。所以，加强全面质量管理是提高旅行社市场竞争力的必然要求。

（三）树立旅行社行业的良好形象

人们一提到旅游，就想到旅行社；一提到旅行社，就想到导游。作为旅游业的龙头，作为导游的“婆家”，旅行社应重视服务质量，实施全面质量管理。从宏观来看，实施全面质量管理，首先可以促进我国旅游业的发展。旅游业是一个涉外性很强的行业，服务质量关系到国家形象。只有通过全面质量管理提高旅游产品质量，国外旅游者才能在游览我国大好河山和领略中华灿烂文化的同时，感受到社会主义新中国的民主、文明和进步，才能吸引更多的外国人来中国旅游；其次，也是两个文明建设对旅行社的客观要求。因此，实行全面质量管理有助于树立旅行社行业的良好形象。

二、旅游线路设计阶段的质量管理

旅游线路设计是为旅游者预先制定旅游方案，其设计的质量会直接影响旅游者的游兴，关系到旅游者的切身利益，因此，旅行社必须加强对旅游线路设计的质量管理。旅游线路设计过程是一个创新的过程，在这一过程中对质量的管理有两方面：一是保证产品质量能满足旅游者的使用需求；二是满足设计要求，保证旅行社有生产能力和良好的经济效益。结合旅行社的实际，旅游线路设计阶段的质量管理要从以下几个方面入手：

（一）制定旅游线路质量标准

国家先后颁布《旅行社出境旅游服务质量》《旅行社国内旅游服务质量要求行业标准》《导游服务质量国家标准》《旅行社老年旅游服务规范》，这些都是旅行社制定旅游线路质量标准的重要依据。旅行社制定旅游线路的质量标准，应该考虑吃、住、行、游、购、娱六要素。

1.“吃”应标明餐饮服务设施和用餐标准

要求对不同等级酒店的餐饮服务设施的配置等级档次制定标准，并要求各酒店公布相关标准和设施配置情况；对使用食品添加剂等情况进行公布；对所有餐饮从业人员的健康状况和职业资质制定标准，并要求企业对外公布；对某些时令性、季节性产品的价格应提出指导价格（价格范围）。

2. “住”应标明住宿接待服务设施和住宿标准

要求对不同等级档次的住宿接待服务机构的有关设施制定标准，并提出相应的价格规定，可以做出相应的季节性价格指导；要求企业将标准和自己配置的设施及执行的价格对外公布。对“农家乐”、客栈等，也应要求如此。

3. “行”应对各种旅行交通方式做出相应规定

要求对各种旅行交通方式做出相应的规定。例如，航空旅行，规定要标明航线里程、经停空港情况、航班机型、座舱等级以及相应价格；铁路旅行，规定要标明铁路里程、经停站点情况、列车类别、座位或铺位等级以及相应价格；公路旅行，规定要标明公路里程、公路状况和等级、车辆设施状况以及相应价格；水路旅行，规定要标明航线里程、船舶设施等级、舱位设施等级以及相应价格。对相应的各种交通运输设施和交通工具的安全检测应建立严格的制度。另外，要规定各种旅行方式中的相应服务内容和服务等级。

4. “游”应标明景区的各项要求

在“游”的方面，要求标明景区的各项要求。例如，门票价格、游览内容、特色、行程及游览时间，并说明该景点景区对旅游者健康状况和年龄的要求，景点景区内有关设施情况（休息、购物、用餐以及缆车索道、观光电梯、游船等）和相应的服务收费标准，以及旅游者着装建议和有关注意事项。对山地等自然景观，还要标明登高的次数和相应的高差、大致行程时间等。

5. “购”应标明购物点的基本情况

规定旅行社必须标明旅游行程中各购物环节及活动的时间、购物场所商品的特点和特色以及价格水平情况等。

6. “娱”应标明娱乐项目的基本情况

标明旅游行程中各类娱乐活动的时间、场所以及场所设施情况和相应的各项服务收费标准。对旅行社所提供的服务，应要求其标明各项服务的内容和相应的服务标准以及人员资质等级，特别是导游员的资质等级和导游服务收费标准等。

（二）做好旅游线路设计的质量决策

产品质量决策是保证线路设计质量的首要环节和重要前提。成功的旅游线路设计的质量决策需要做好以下工作：

1. 市场调查、研究和预测

通过询问调查、实地调查、统计分析等多种方法进行广泛细致的市场调研，系统地收集市场动态信息，以确定客户市场对产品的需求；还应注意旅行社内部其他部门对旅游产品质量的信息反馈，这是提高产品质量决策不可或缺的环节。必要时，应对旅游合同进行评审，以最后明确客户的质量要求，包括客户未明确说明的期望和所持有的偏爱的预测。

2. 可行性分析

在市场研究的基础上，根据旅游线路发展目标、生命周期和发展趋势等情况的预测，对旅游线路开发的必要性进行论证。从企业的人、财、物等方面对旅游产品开发的可行性进行论证，再从旅游产品性能、安全性、经济效益方面做出效果分析。然后，将各方面综合分析考虑后，形成决策。

3. 采用先进的旅游线路开发模式

旅游线路的质量竞争实质上就是技术的竞争，旅行社必须注重加强科研和生产的密切结合，有条件的旅行社应从旅游线路开发上充分利用先进的计算机网络工具，通过建立信息数据库，及时为开发提供最前沿的国内外信息，提高开发起点和技术创新的水平。

（三）加强旅游线路设计人员的质量管理

旅游线路设计人员在很大程度上决定着旅游线路的质量，所以应该确认线路设计人员是否具备资格。参与线路设计的人有三类：一是精通旅游市场、熟悉线路内容和具有相当线路设计能力的营销人员；二是熟悉旅游者需求、了解旅游者心理的导游人员；三是有一定经验、熟悉美工及电脑设计程序的设计人员。这些人联合组成线路设计团队，可以发挥各自的优势和特长，取长补短。

（四）搞好旅游线路设计的经济分析

旅游线路的设计不仅仅是技术问题，更是一个经济问题。线路设计的经济分析，主要是研究线路设计的变化与费用成本变化方面的关系，其核心内容是计算产品的成本和投资费用。做好旅游线路设计的经济分析，有助于旅游产品价格的制定。由于旅游产品价格的特殊性，旅行社新产品成本的计算方法是按成本项目（主要是单项服务供应商的价格），预先计算各项费用，以得出产品成本。投资费用是企业为保证和提高线路设计质量而支付的费用，包括机器设备、工具购置安装费用等。旅游线路设计的经济分析应当全面，要考虑整体降低旅游产品生命周期的总成本，即以同时降低企业的设计制造成本和旅游者的使用成本为目标。较为常用的是价值分析法，就是把旅游产品的性能（使用价值）与产品生命周期成本两者相比，以提高产品质量、降低成本为目标，通过对各种设计方案进行比较，选取每单位成本获得最佳质量效果的方案。此外，还可以运用质量与成本、价格的函数曲线法，选择价格与成本差价线路设计质量的“最佳点”。

（五）做好旅游线路设计的评审

在旅游线路设计各阶段工作结束时，应对设计结果进行正式的、系统的、严格的评审，目的是提供预防性评价，及时改进设计缺陷。

首先，评审由旅行社总经理负责，由有关的职能部门代表及专家参与。如果产品涉及某些其他行业的知识，就要请相关行业的专家参加评审。如果是专业赛车体育代表团，涉及赛车入关、行驶路线，要请海关、体育和公安部门的人员参加评审。

其次，评审的重点是与旅游者需求和满意度相关的项目。例如，将产品和服务的技术规范与市场研究报告中明确的用户需要进行对照；通过样品试验对设计进行确认；检验产品的安全性和环境的适应性；确认产品是否符合法规要求、国家和国际标准以及组织惯例；与有竞争性的设计进行比较；与国内外先进的同类产品对比。需要说明的是，在线路设计过程中，可以根据内外部环境的发展与变化，随时修正方案。

最后，设计评审的结果应形成一份详细的设计评审结论报告，同时，对评审意见的实施情况应及时反馈，为转入下一阶段的设计提供信息。

三、旅游产品营销阶段的质量管理

现在旅行社面临的市场竞争十分激烈，只有千方百计去发现需求、创造需求、寻找促销策略、采取切实可行的促销手段去赢得客户，才能在市场中生存和发展。因此，旅行社必须高度重视旅游产品营销阶段的质量管理。

（一）确定产品营销质量管理目标

质量管理是围绕质量目标进行的，质量目标包括企业目标和部门目标。企业质量管理目标集中表现为旅游服务质量等级标准的建立和实施。服务质量等级标准一经制定，就成为旅行社各个部门必须遵循的准则。质量目标就是营销活动所要达到的目标，包括避免旅游者不满意、降低营销成本、提高企业经济效益、在企业内形成对营销质量共同承担义务的风气、预防营销活动对企业和社会产生不利影响。

（二）建立面向全面质量管理的营销体系

1. 树立重视市场营销的意识

旅行社必须转变观念，使企业全体员工树立重视市场营销的意识。同时，将旅游者的质量需要反映到企业产品营销服务的工作标准中，从而实现全面质量的提高。

2. 保持营销网络的适度竞争

这主要是针对一些大型的旅游经营商而言的。旅行社必须维持市场价格的相对稳定，保证代理商有一定的利润，同时制定细致的管理条例，并采取措施，对欺骗旅游者和进行恶性杀价竞争的网点进行清理。

3. 建立短渠道的直销体制

在理想的直销方式中，经销商既具备销售功能，又具备服务功能，集销售和信息反馈功能于一体。这样一来，既满足了旅游者的个性化需求，又能充分把握旅游者需求的变化。同时，这种直销方式便于了解旅游者分布情况和实行旅游者跟踪，了解旅游者对产品质量的意见，为提高产品质量提供依据。其次，建立和健全旅游者档案，强化市场调研工作。营销体系中必须建立完善的信息系统，不断更新旅游者档案。另外，应对反馈的质量信息进行分析，并提出建议。同时，开展一系列专题调查，为质量改进、新产品开发以及质量目标确定提供依据。

（三）加强对营销人员的管理

首先，需聘选优秀的营销人员。其次，对营销人员进行培训和考评。对营销人员的培训和开发要形成制度，对员工的业绩要进行360°绩效评价。再次，调动员工的工作积极性。通过制度和非制度的措施，促使员工发挥最大潜力。最后，针对旅行社业务骨干跳槽的现象，旅行社可以通过自动化作业手段，降低人为因素的影响。例如，通过互联网加传真的手段，在电子邮箱中以 home page 形式阐述与客户的通话内容，形成无纸作业，报价也采取微机无纸作业。如有条件，在外地设立办事处，通过互联网与当地联系，以较低廉的通信费争取到更多的客户。这样就可以突出公司的作用，强化营销人员个人对客户的影响力。

（四）形成营销质量文件，进行内部审核

营销质量体系的全部要素、要求和规定均应明确并形成文件。质量体系的文件应包括质量手册、质量计划、质量程序、质量记录。根据质量文件管理程序，对所有文件都应保证做到：由授权人员批准；在需要资料的范围内发放，保证其有效；使用者能够理解和接受；对任何必要的修订进行评审；文件作废时予以撤销。

旅行社定期进行内部质量审核是为了检查、验证质量体系的实施情况及有效性，这是质量体系有效运行所必须遵循的重要原则之一。内部质量审核应按照已成文的质量审核程序，由与被审核活动或领域无关的、能胜任的人员有计划地完成，并记录存档。最终的审核结论应形成书面文件，提交上级管理者。

（五）广泛接触旅游者

广泛接触旅游者是旅行社实现其目标的重要环节。它既是营销全过程的出发点，又是营销全过程的最后归宿。这就是说，对大多数旅行社来说，旅游者所感受到的营销质量，对每个旅行社来说都是至关重要的。接触旅游者时应注意以下几方面：耐心、细致、正确地描述所提供的服务；说明服务费用的多少；解释服务、服务提供和费用三者之间的相互关系；向旅游者解释一旦出现问题的后果和解决的方法；说明旅游者对服务质量的贡献；确定所提供的服务与旅游者的真正需求之间的关系。提供优质服务是现代旅游市场竞争的一项重要内容。旅行社要进行成功的营销活动，必须将服务质量作为一个体系来管理，作为一个战略来对待。只有这样，旅行社才能在激烈的市场竞争中立于不败之地。

四、旅游服务采购阶段的质量管理

旅游服务采购属于旅行社计调的主要工作内容，是旅行社提供旅游服务的核心业务，所以必须加强对服务采购的质量管理。

（一）构建旅游服务采购质量管理模式

选择合格的供应商是采购的首要工作，是进行质量管理的重要环节。为此，必须考察供应商的信誉、供应商提供的样品、供应商的能力、供应商是否取得质量体系认证等。与供应商一起制订联合质量计划，对供应商进行监督检查，加强对供应商的动态管理。旅行社应按照采购质量要求，对不同的采购商品进行定期的质量缺陷分级评定，据此对供应商进行等级评定。此外，建立供应商竞争淘汰机制，定期对供应商的质量稳定性、售后服务水平和供货量的保证能力进行综合评价，对优秀的供应商继续保留或提高等级，对不好的供应商进行降级处理或从供应商名单中剔除。

（二）加强旅游服务采购全过程的质量管理

旅行社旅游服务采购质量管理是一个系统工程，必须对每一个环节进行控制，实行全过程严格的质量把关。

首先，明确各部门的职责。采购质量并不仅仅是采购部或计调部的事，还与营销部、质检部以及旅行社上层管理等部门有关。因此，应结合旅行社的实际情况进行分工，明确各部

门的职责，加强配合和协作，及时反馈采购的质量情况。同时，应对采购的各个环节进行分析，建立严格的质量控制程序。

其次，建立健全采购质量管理制度，规范和约束与采购有关的人员的行为，预防计调人员做“黑团”“私团”。采购质量管理制度主要包括完善的供应商质量管理及结算制度、采购服务质量档案制度和全过程、全方位质量监管制度。

最后，严把服务采购检查关。旅行社应根据采购批量、采购服务种类及价值和供应商质量管理体系的有效性，科学合理地制定检验方案，并严格实施。

（三）做好旅游服务采购质量管理的基础工作

为了保证旅游服务采购的质量，旅行社应做好采购质量管理的基础工作。

首先，做好旅游服务采购质量信息的收集、加工、存储和传递工作。采购质量信息是质量工作最直接的原始数据。为保证旅游服务采购质量信息的及时、准确、全面、系统，旅行社应建立一个高效、灵敏的质量信息管理系统，对质量信息进行加工、分析、处理，并及时向有关领导和部门提供准确的信息。

其次，编写好采购质量文件。采购质量文件至少应包括旅游服务采购的标准和质量要求、对供应商质量管理体系和保证能力提出的要求。为确保采购质量文件的有效性，应尽量与ISO等国际标准及国外先进标准接轨。采购文件必须经过严格的审批才能生效。编写采购质量文件时，要注意语言简明、通俗、准确。

最后，提高采购人员的素质。旅游服务采购的质量与采购人员的素质有因果关系。采购人员不但要有事业心和责任感，遵纪守法，坚持原则，而且还要熟悉采购业务，具有一定的识货能力。对采购人员的聘用和培训都要按照严格的程序执行。

五、旅游服务接待阶段的质量管理

旅游服务接待是旅行社的基本业务，也是旅行社全面质量管理的难点，因为旅游服务的接待过程大多发生在旅行社区域以外，旅行社只能通过间接的手段进行控制，这样极容易出现质量问题。

（一）确定旅游服务接待标准

旅游服务接待标准包括客观标准和主观评价标准。客观标准是按照国际上旅行社行业的通用标准和国家相关标准所制定的行业服务质量标准，如《旅行社国内旅游服务质量要求》《旅行社出境服务质量》《导游服务质量国家标准》《旅行社老年旅游服务规范》等。主观评价标准包括旅游者的满意程度、预期质量与感知质量的比较、过程质量与结果质量的比较。主观评价标准的制定有一定的难度，旅行社要重视这方面的工作。

（二）旅游服务接待过程的质量管理

旅行社服务接待主要包括团体和散客旅游的服务接待。其中团队旅游服务接待是大多数旅行社的重要经营业务之一，其接待过程的质量将直接关系到旅行社的经济效益和企业形象。

1. 准备阶段

首先，选派合适的接待人员。接待部在接到营销部或计调部发来的旅游计划后，应根据计划中旅游团的实际情况和所提出的要求，挑选最合适的导游人员来承担该旅游团的接待工作。因此，接待部负责人应在平时对导游人员的素质、知识、能力等进行全面了解，做到心中有数。如果是重点团的接待，那么在选派导游人员时，应慎之又慎，全面考虑。

其次，检查接待工作的准备情况。除了要求接待人员做好自检之外，相关的负责人应注意检查接待人员，特别是导游人员准备工作的进展情况和活动日程的具体内容，以便及时发现问题和漏洞。

2. 实施阶段

实施阶段主要是导游人员单独带团活动。这一阶段的质量管理是整个接待过程质量管理中最困难、最薄弱的环节。在这个阶段，要注重四点：一是建立请示汇报制度。为了加强对旅游团队接待过程的管理，旅行社应根据本旅行社和外部环境的具体情况，制定严格的请示汇报制度。这个制度既要求导游人员对旅游活动过程中出现的一些重大变化或突发事故能够及时主动请示相关部门的领导，使计调部了解团队运行情况并对导游活动提供必要的帮助；又允许导游人员在一定范围内和一定程度上拥有应变处理的权力，以保证接待工作的高效率。二是不定期对接待工作进行暗中检查。从事地接的旅行社接待部经理或质量管理负责人应在未打招呼的情况下，亲自到旅游团队计划中的景点、酒店、餐馆等场所，直接考察导游人员的接待工作情况，并向旅游者了解对接待工作及各项相关安排的意见，也可特聘旅游者做临时兼职质检员随团暗访。三是通过电话向游客和吃、住、行、游等相关协作单位了解导游工作质量；向导游了解相关接待单位的质量情况。如出现质量故障，应及时化解。四是认真审阅团队游客意见反馈表，防止弄虚作假。这样就能获得有关接待工作的第一手资料，可以直接、迅速了解旅游服务接待质量和旅游者的评价，为旅行社提高接待服务质量提供有力的保证。

3. 总结阶段

对总结阶段的质量管理，一是建立接待总结制度：要求每一名接待人员在接待工作完成后，对接待过程中出现的各种问题、处理办法和结果，以及旅游者的反映等情况进行总结，并写出书面总结报告。接待部经理还可以通过其他的方式进行总结。例如，听取接待人员的当面汇报，检查接待人员填写的“陪同日志”“全陪日志”“领队日志”等接待记录；二是处理旅游者的表扬和投诉：一方面，旅行社应对优秀的接待人员进行表扬、奖励；另一方面，对旅游者对导游人员接待工作的投诉，也要高度重视，既要教育导游人员本人，又要鞭策其他接待人员，避免以后再犯类似的错误。如果是针对旅行社其他问题的投诉，如线路设计问题、供应单位信誉问题等，就应该交由相关部门按照旅行社投诉的相关要求和程序及时处理。

（三）加强对接待人员的管理

旅游接待人员主要包括导游人员和门市接待人员。他们是旅行社形象的代表，他们素质、能力的高低决定着旅游服务接待质量水平的高低。

1. 导游人员

对导游人员的质量管理主要体现在三个方面：首先，对导游的服务质量进行考核。考核的内容主要是导游的工作态度、服务技能和效果。考核采取考试和考查相结合的方法，最主要的是对实地带团的考查。旅行社不能仅仅依靠旅游行政管理部门对导游人员进行考核，更多的是旅行社应自己组织考核。其次，建立导游服务质量管理制度。在这方面，国家主管部门制定了标准和制度，如年审管理、计分管理等。除此之外，旅行社还应参照国家的制度标准，结合自身的实际情况来对导游进行考核。最后，引导旅游者对导游人员进行监督。因为旅游者是导游服务质量的接受者和考评者，旅行社可以引导旅游者评定导游人员的服务质量。旅行社对导游服务质量问题的反映应高度重视，最终达到提高导游服务质量的目的。

2. 门市接待人员

对门市接待人员的质量管理主要体现在三个方面：首先，确定门市接待人员的岗位职责，主要包括为散客介绍旅游产品、提供旅游咨询、办理各种散客旅游产品销售业务和处理各种文件。其次，要求门市接待人员具备相应的业务素质。例如，精通散客旅游产品的知识、了解散客的需求、善于推销散客旅游产品、具有较高的文字水平和计算机软件应用能力等。最后，加强对门市接待人员的考核。参照相关行业的标准和规范，结合旅行社门市的实际，充分考虑旅游服务的特性，加强对门市接待人员接待礼仪、劳动纪律的考核，使他们的接待服务质量稳步提升。

第三节　旅行社服务质量控制

一、旅行社服务质量控制的含义与种类

（一）旅行社服务质量控制的含义

旅行社服务质量控制，是指旅行社依据既定的目标和服务标准监督检查旅游产品和服务的生产和提供过程，做出相应的调整和整改，从而确保其服务质量达到既定目标和标准。

（二）旅行社服务质量控制的种类

1. 反馈控制

反馈控制，是指旅行社根据旅游服务的情况来控制以后的旅游产品质量，通过旅游者的反馈，及时了解旅游产品和服务的缺陷和不足，从而纠正工作人员的不当行为，提高服务质量。

2. 前馈控制

前馈控制，是指旅行社在提供旅游产品和服务前，对可能发生的问题和情况进行预判，制定各种预案和方法来控制和防范这些问题的发生，从而有效地保证服务质量。

3. 同期控制

同期控制，是指旅行社在旅游服务过程中，实时监控旅游服务的全过程，及时了解服务过程中出现的偏差，及时纠正服务人员的行为，从而确保服务质量。

这三种控制是交织在一起的，不能截然分开，前馈控制需要以反馈控制的经验教训为基础，而同期控制也需要反馈控制和前馈控制提供支持，最终实现前馈控制，减少旅行社质量问题。

二、旅行社服务质量控制的主体与客体

旅行社服务质量控制不仅仅是旅行社质量监督人员的事情，也应该是所有旅行社工作人

员的事情。

（一）旅行社服务质量控制的主体

1. 旅行社总经理

旅行社总经理负责制定旅游服务质量目标、方针和基本原则，建立质量管理机构，安排管理人员，全面负责质量控制。

2. 旅行社质监部

旅行社质监部一方面对内进行宏观管理，比如制定质量管理规范、拟定标准旅游合同范本、制定旅游意外应急措施和预案、监督其他部门的质量管理；另一方面对旅游产品的质量进行全面系统的管理，重点监督计调部和接待部在旅游产品设计和生产中的质量，预防和处理质量事故。

3. 旅行社业务部门

旅行社业务部门是质量管理的中心环节。计调部、营销部和接待部作为旅行社重要的业务部门，尤其需要加强质量管理，其中计调部负责旅游线路的设计和旅游产品要素的采购，质量管理尤为重要；而接待部负责安排导游人员，负责旅游计划的实施，其工作对旅游服务质量的影响重大。

（二）旅行社服务质量控制的客体

旅行社服务质量控制的客体既包括旅行社各个部门，还包括旅游者和旅行社各个协作企业，如酒店、景区和旅游交通部门等。

三、旅行社服务质量控制的步骤

（一）建立专门的质量管理机构，负责旅行社质量管理工作

为保证旅游产品质量，必须建立旅行社质检部，确保质量管理目标的实现。为使质检工作客观公正，质检人员不能从各个部门中抽调出来临时担任，而应配置专人组成专门的质量管理机构，负责旅行社质量管理工作。为进一步提升旅游服务质量，维护旅游者合法权益，各旅行社都应该结合本单位实际，建立旅游质监部或任命专职质监员，处理本单位的旅游服务质量监督工作。旅行社质检部的具体工作是，建立健全本单位服务质量监督工作制度，检查督促各业务部门执行国家法律法规、规章、各项规定和行业标准的工作情况，实施有效质量监督，减少旅游质量纠纷。

（二）制定旅行社质量标准、操作规范和规章制度

1. 制定质量标准

旅行社对于直接控制的环节（如导游人员服务、线路设计等），应制定质量标准。这主要包括：旅游线路安排合理，旅游项目丰富多彩、劳逸程度适当，能够满足旅游者在旅游过程中游览和生活的需要；保证制定的旅游线路和日程安排能顺利实施，不耽误或不随意更改行程；保质保量地提供接待计划预定的各项服务，如保证饭店档次、餐饮质量、车辆规格、导游水平和文娱节目、风味餐等；保证旅游者在旅游过程中的人身及财产安全，保证其合法

活动不受干预和个人生活不被骚扰等。

2. 制定操作规范

旅行社要明确规范服务人员的服务态度、服务语言、服务项目、服务技能、服务仪表、服务时间、服务时机等，同时要求服务人员在服务过程中，力求做到规范化服务与个性化服务相结合。例如，旅行社要充分使用现代信息技术为顾客提供更优质的服务，实行网上咨询、订票、订房、报名组团等，不但能为顾客提供快捷、准确的服务，还可以大大降低企业的成本，因此，要不断开创新的服务方式，以适应顾客不断增加的新的服务需求。

3. 建立规章制度

旅行社应建立相关的规章制度，以必要的制度来保证服务质量的实现，特别是服务态度等，其质量很难用数量指标来衡量，更应该以规章制度来明确其职守。对于任何劳动，既要提高每个从业人员的自觉性，同时也必须有必要的规章制度，将适当的强制性与自觉性相结合，才能保证各个环节的服务活动和谐一致，真正做到全员参加质量管理。

（三）完善旅游合同，保证服务质量

1. 与供应商签订服务合同

旅行社对于需要对外采购的吃、住、行、游、购、娱六大要素，要依靠完善合同的办法保证服务质量。在旅游全过程中，组团社并不能对吃、住、行、游、购、娱的每一个环节进行直接的控制，航空公司、车船运输公司、酒店、餐馆、景点、商店和地接社的服务，都会直接影响旅游者的感觉。因此，组团社必须以合同形式来确定与地接社双方的合作关系，明确双方的权利义务，在合作单位之间实施“服务质量保证制”及设立“服务公约”，明确各自的服务质量。因此，旅行社应严格选择并定期筛选、更换旅游服务供应商，并通过合同要求供应商保证服务质量，明确有关服务的质量标准，如饭店的星级服务标准，以及达不到标准的惩罚办法。

2. 与旅游者签订旅游合同

旅行社必须与旅游者签订旅游合同，旅行社应提供真实可信且有很强吸引力的书面形式，以取得旅游者的信任。例如，行程表就是旅游合同中非常关键的一部分，必须包含往返的具体时间及交通工具、每日的具体行程、乘坐的交通工具、游览景点、住宿标准、用餐次数、餐饮标准、娱乐安排、购物次数等项目，旅行社在游客报名时就应与游客使用书面形式约定行程内容，以提高双方的诚信度。

（四）衡量绩效，比较质量标准和绩效及采取纠正措施

（1）衡量绩效。旅行社需要用各种监督手段和工具来了解和衡量旅行社各个部门和人员的工作情况。

（2）比较质量标准和绩效。旅行社质量监督人员应根据质量标准，对比旅游产品和服务的提供情况，减少偏差。

（3）采取纠正措施。当质量标准和旅游服务绩效比较后，根据两者的对比，如果旅游产品绩效与产品质量标准一致，可以维持原有标准；如果偏差较大，要么提升产品质量，要么修订旅游产品质量标准。

（五）强化质量信息反馈，让旅游者参与质量监督

1. 强化质量信息反馈

旅行社应加强服务质量的信息反馈，及时发现问题并予以解决，还要广泛征求顾客的意见，不断改善、改进服务水平。例如，旅行社可采用发放“评议意见表”、召开游客座谈会、设置“评议意见箱”、公布旅游服务质量投诉电话等办法，依靠旅游者进行质量监督和评议，让旅游者参与旅行社服务质量的监督过程中。

顾客的意见一般分为三部分：一是旅游者对旅游路线、日程安排和节目内容的意见，这要通过改进线路设计来解决；二是对住宿、餐饮、交通等方面的意见，旅行社要通过向相关单位反映与交涉，或另择供应商，或改进采购来解决；三是对旅行社接待工作和接待人员的意见，这需要旅行社通过加强自身的质量管理予以解决。

2. 让旅游者参与质量监督

重点管理好导游人员的服务质量，因为他们是直接向旅游者提供面对面服务的人，他们的服务水平直接影响整个服务的质量。管理好导游人员的服务质量，应从以下方面着手：一方面，要对导游人员的服务态度、方式、项目、语言、仪表、时间和职业道德等实施标准化、程序化和规范化管理；另一方面，要让其根据旅游者的具体情况提供个性化的服务，使旅游者通过导游人员的服务而对旅行社产生好感。一般来说，在游览过程中，导游人员是旅游团队的灵魂和核心。导游人员的服务质量是至关重要的，甚至可以直接影响旅行社的信誉。因此，导游部门务必根据不同旅游者的各种需求，因人而异，扬长避短地选择最合适的导游人员跟团。此外，旅行社还要使用有效的质量管理网络及时收集旅游团队对导游人员服务质量的信息反馈，随时对服务质量加以监督、调整和提高。

（六）明示投诉渠道，及时处理旅游投诉

1. 明示投诉渠道

旅行社要按照相关要求，在本单位经营场所的显要位置明示投诉渠道（含市旅游投诉电话和本单位的投诉电话），按照“有诉必接，每接必查，每查必果”的工作要求，及时处理涉及本单位的旅游纠纷，并由专人负责建立档案。

2. 及时处理旅游投诉

旅行社应重视发挥旅游者的监督作用，对旅游者的投诉必须迅速做出反应，耐心向旅游者解释，让其明白问题的根源，把旅游者对旅游过程中的不满情绪降到最低，并及时提供相应的补救措施，消除旅游者的怨愤情绪，避免旅游者给旅行社带来负面影响。各旅行社（含分社）应建立 24 小时值班制度，使服务质量纠纷问题及时得到有效处理。对于突发、紧急、重大的旅游投诉，须在第一时间报告旅游局。

（七）建立质量档案，编制质量周报和定期撰写质量报告

1. 建立质量档案

旅行社应建立质量档案，记录旅行社各个部门及员工，特别是导游人员和门市接待人员的工作质量，并对协作单位的工作质量也建档。尽管建立质量档案工作量很大，但具有重要

的意义，因为质量档案是旅行社采取质量措施的重要依据，特别是对旅行社选择协作单位有重要的参考价值。

2. 编制质量周报

由旅行社质检部门每周根据旅行社各个部门的业务运作情况编制质量周报。重点报告一周来旅行社接待的各种类型旅游团队的接待服务情况，注重反映旅游者的意见和建议。对其中正确而可行的意见和建议，旅行社应积极采纳，并以此作为提高旅行社服务质量的重要途径；同时考虑对提出好的意见和建议的旅游者给予适当的奖励，以示旅行社千方百计提高服务质量和以旅游者为上帝的诚意和决心。

3. 定期撰写质量报告

旅行社质检部门应根据通过各种途径收集的质量情况定期撰写质量报告，用接团总数、质优团数所占比例质差团数所占比例等数量指标，对旅行社质量情况进行量化分析，使旅行社上至总经理、下到普通员工，都对旅行社整体服务质量有一个准确的了解和把握。对管理层而言，可以将质量报告作为采取质量措施及奖惩部门和员工的重要依据；而对各部门和普通员工来说，质量报告为他们以后的工作指明了努力的方向，工作做得好的，以后应该继续发扬；工作做得不好的，应该及时纠正。

四、旅行社重点部门的质量控制

旅行社营销部、接待部、计调部是旅行社十分重要的业务部门。这几个部门的旅游质量控制是最重要的，在整个旅行社企业旅游质量控制中处于中心地位。

（一）规避质量风险，提高服务质量

1. 要规范使用合同，加强合同管理

旅行社应尽量使用旅游行政管理部门推荐使用的出境旅游合同、国内旅游合同、单项委托服务合同等示范文本。在签订合同时，要注意审核旅游者信息，不得与未成年人单独签订旅游合同，避免产生法律纠纷。

2. 要切实做好旅游保险工作

旅行社应当依照有关法律法规，投保旅行社责任保险，转移组织的旅游活动中因为旅行社的责任应当承担的相应赔偿责任。另外，旅行社还应该提示旅游者购买旅游意外保险，保障旅游者的人身和财产权益。

（二）旅行社业务部门对零负旅游组团的控制

旅行社要高度重视旅游组团业务，防止出现零团费和负团费的旅游，可以采用以下方法进行控制。

1. 组团社要谨慎选择地接社

组团社要仔细核算地接社所报价格，判断其成本是否低于其报价。在选择地接社时，通常要选择有较强实力、经营时间长、信誉好、操作规范的旅行社。

2. 组团社要约束地接社，确保质量

组团社在对地接社款项的支付方面要做适当约束，从而防止其在旅游服务过程中偷工减

料。另外，还应该适当调整地接社，加强管理，对一些达不到质量控制要求的旅行社进行淘汰。

（三）旅行社业务部门对旅游服务标准的质量控制

1. 加强质量意识

旅行社业务部门要严格按照旅游法的规定，采取质量控制措施，确保服务质量，避免因服务质量产生的投诉和法律纠纷。

2. 住宿、餐饮、交通及游览等服务要达到规定的标准

《旅行社国内旅游服务规范》（LB/T 004—2013）规定：旅行社应加强横向联合，应与各相关服务单位签订合同，保障交通、住宿、餐饮和游览等相关服务内容和标准符合接待计划。旅行社在提供旅游产品和服务时，要通过采购合同约束旅游服务提供单位，确保旅游产品构成要素的质量，确保住宿、餐饮、交通、游览、娱乐等服务符合旅行社所制订的旅游计划。

3. 加强导游队伍的建设和监督

旅行社要建设和监督导游队伍，加强职业道德、服务规范方面的培养，坚决杜绝导游擅自增加购物时间、减少景点游览、增加自费旅游项目的行为。通过建立合理的薪酬制度、完善与导游之间的劳动合同协议来监控导游队伍，确保导游服务质量。

五、旅行社重点人员的质量控制

导游、计调和门市接待人员作为旅行社重点业务部门的员工，其服务质量水平直接影响旅行社服务质量的水平，是旅行社质量控制的重点人员。加强对旅行社重点人员的质量控制，应该做到以下几点：

（一）树立优质服务的企业文化

旅行社要建立优质服务的企业文化，设立旅行社服务质量管理的目标，宣传优质服务的观念，形成奖励优秀、惩罚落后的服务质量管理制度，让旅行社的导游、计调和门市接待人员充分认识到服务质量的重要性。

（二）做好人力资源的开发和管理工作

旅行社的管理人员应根据导游、计调、门市接待人员工作的性质和这些人员必需的知识、技能、能力，做好导游、计调、门市接待人员的招聘、培训、评价、激励等人力资源的开发和管理工作。同时，授予他们必要的权力，使得他们有较大范围的自由度去提供灵活、主动的服务。另外，要尊重他们，关心他们的生活质量和工作环境，消除他们的后顾之忧，使他们全心全意投入工作，从而保证优质的服务水平。

（三）制定服务规范和标准操作程序

对签订合同、选择地接社、选派导游、投诉处理等关键环节都应有明确的程序要求，同时对门市接待人员、计调人员、导游人员制定具体操作规范。

（四）建立质量管理部门，加强对重点人员的管理

配备专人建立质量管理部门，建立以总经理为首的质量管理队伍，收集旅游者质量反馈书，召开座谈会，并派人到景点暗访，做到每团必访，编制质量周报，按人建立档案，尤其是要建立导游接团质量档案，记录导游每次带团的情况。服务质量考核绩效直接跟导游、计调和门市接待人员的工资和奖金挂钩，通过工资、奖金来激励这些人员工作的积极性。

第四节　旅游投诉的产生与处理

一、旅游投诉的类型①

旅游投诉的类型有显性旅游投诉、隐性旅游投诉、理性旅游投诉和非理性旅游投诉四种（见图8－1）。

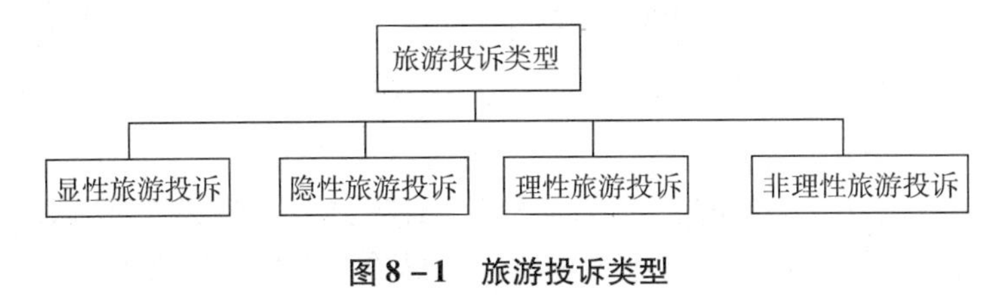

图8－1　旅游投诉类型

（一）显性旅游投诉

显性旅游投诉，是指旅行社的旅游者为维护自身和他人的旅游合法权益，以书面或口头等公开的形式，向有关旅游行政管理部门或者旅行社提出投诉，请求处理的行为。

（二）隐性旅游投诉

隐性旅游投诉，是指当旅游者对旅游接待服务或有关接待人员不满时，旅游者不向旅游主管部门、旅行社或旅行社接待人员提出投诉，而是以“用脚投票”的方式来表现不满。具体而言，就是旅游者自己或者影响他人不再购买该旅行社的产品。显然，隐性旅游投诉的破坏力更大，因为一般旅行社对于这种投诉并不重视，也无从了解旅游者不满意的原因。隐性旅游投诉的旅游者人数多，其意见更具有代表性，因而旅行社应当加强对隐性旅游投诉的重视。

（三）理性旅游投诉

理性旅游投诉，是指旅游者因其合法权益受到损害，或认为其合法权益受到损害，依据国家或地方的相关法律、法规，向旅行社管理者提出合理的赔偿要求或补偿请求的投诉行为。

（四）非理性旅游投诉

非理性旅游投诉，是指旅游者以过度的维权方式，向旅行社提出超出合理范围的赔偿要求或补偿请求的投诉行为。近年来，由于我国旅游法制建设相对滞后，部分旅行社和其他旅游企业对旅游者的正当维权行为采取搪塞、敷衍甚至置之不理的恶劣态度，引起旅游者的强

① 梁智．旅行社经营管理［M］．北京：清华大学出版社，2010.

烈不满，少数不理智的旅游者在其合法权益受到损害时，不是依据法律规定的程序进行投诉，而是采取罢吃、罢住、罢游、拒不登机或动辄以媒体曝光相威胁，造成旅游者与旅行社之间的矛盾激化。

二、旅游投诉的内容

（一）针对旅行社的投诉内容

1. 活动日程安排不当

旅行社对于旅游者的活动日程安排不当，通常表现为以下三种形式：一是活动内容重复，二是活动日程过紧或过松，三是购物时间过多。

2. 接待人员工作失误

旅游者针对旅行社接待人员工作失误提出的投诉，主要集中在以下五个方面：一是擅自改变活动日程，二是不提供导游服务，三是造成各种责任事故，四是服务态度恶劣，五是强迫旅游者参加自费项目。

3. 旅行社转嫁矛盾的行为

有些组团社和地接社在团款的支付方面产生矛盾时，不是通过协商解决，而是采取甩团的行为，将矛盾转嫁给旅游者，损害旅游者的合法权益，引起旅游者的投诉。

4. 旅行社的违约行为

旅行社违反其与旅游者签订的旅游合同或协议的约定，使游客产生被欺骗、被愚弄、不公平的愤怒心情，从而提出投诉。旅行社的违约行为主要包括：擅自更改旅游行程或旅游路线；未安排旅游者游览合同上约定的著名景区（点）；擅自安排自费游览项目；降低住宿饭店、交通工具的等级；降低餐饮标准。

（二）针对旅游服务部门的投诉内容

1. 针对旅游交通服务的投诉

在旅游活动中，某些旅游交通服务部门或企业提供质量低劣的服务，可能会造成旅游者的不满和投诉。投诉的内容主要集中在以下三个方面：一是抵离时间不准时，二是途中服务质量低劣，三是忽视安全因素。

2. 针对旅游住宿服务的投诉

一般来说，旅游者针对旅游住宿服务的不满和投诉主要包括：一是设施设备条件差，二是服务技能差，三是服务态度差，四是卫生条件差。

3. 针对餐饮服务的投诉

旅游者对餐饮服务的不满和投诉通常集中在以下四个方面：一是菜肴质量低劣，二是就餐环境恶劣，三是服务态度差，四是服务技能差。

4. 针对其他旅游服务部门的投诉

除了上述部门或企业因其服务欠佳造成旅游者投诉外，其他一些旅游服务部门，如游览景点、娱乐场所、购物商店等也会因服务质量低下造成旅游者向旅行社提出投诉。

三、旅游投诉的产生原因①

（一）理性投诉产生的原因

1. 旅行社方面的原因

（1）组团社的原因。组团社工作出现的失误是造成旅游者投诉的重要原因。这些失误主要集中在以下六个方面：一是组团社的营销人员在介绍旅游产品时夸大其词，不负责任地许诺，使旅游者对旅游服务的期望与实际感受到的服务之间存在一定差距；二是组团社恶意拖欠款，引起地接社作出扣团、甩团等严重侵害旅游者利益的行为；三是组团社派出的全陪或领队没有全力维护旅游者利益，或与地接社导游的沟通出现问题，导致服务质量下降；四是组团社的计调人员出现工作失误，导致旅游团（者）机票差错，造成误机，导致其无法正常出游；五是组团社计调人员将机、船、车的到达时间弄错，造成地接社发生漏接、错接事故；六是组团社没有听从地接社无法接待或出现不可抗力的劝阻、警告，强行出团。

（2）地接社的原因。地接社在旅游接待中的失误也是造成旅游者投诉的重要原因。这些失误主要表现在以下五个方面：一是因接待人员的疏忽，导致漏接、漏送及错接旅游团队；二是在旅游旺季时，接待的旅游者人数大大超过其实际接待能力，导致接待质量下降；三是委派的地陪人员不顾职业道德的约束，同不法商店（商贩）串通勾结，向旅游者兜售劣质商品或旅游纪念品；四是委派的地陪人员未经充分培训，缺乏基本的接待能力；五是与组团社发生财务纠纷，将矛盾转嫁到旅游者身上，出现扣团、甩团、降低接待标准等现象。

2. 旅游者方面的原因

（1）期望值过高。根据帕拉苏拉曼关于“服务质量是顾客感受到的服务与他们期望的服务之间的差距”的论断，当旅游者感受到的服务低于其所期望的服务时，往往认为服务的质量低下。一些旅游者由于缺乏旅游经验，对旅游活动抱有过高的期望。因此，当他们在旅游过程中遇到一些麻烦，发现旅游活动的现实情况与他们事前的期望相差较大时，则会产生失望感，甚至产生被欺骗的想法，因而向旅行社提出投诉。

（2）理解偏差。一些旅游者不熟悉旅游服务质量标准、旅游法规和旅行社管理体制等知识，在购买旅游产品时没有细致地研究旅游合同各项条款和内容。他们对于在旅游活动中应得到的旅游服务内容理解不当，难以准确地对旅游质量加以界定，与旅行社之间就旅游产品内容问题产生了分歧，并由此导致了不满和投诉。

3. 旅游服务部门的原因

（1）服务质量低劣。在旅游过程中，旅行社所安排的一些饭店、餐馆、旅游汽车公司、景区等旅游服务部门，不重视服务质量建设和职工的服务技能培训，向旅游者提供的服务质量低劣，成为旅游者投诉的重要原因之一。

---

① 梁智．旅行社经营管理［M］．北京：清华大学出版社，2010.

（2）服务态度恶劣。一些旅游服务部门的员工缺乏起码的职业道德观念，在旅游接待中的服务态度十分恶劣，导致旅游者强烈的不满并提出投诉。

（3）设施设备陈旧。一些旅游服务部门的设施设备年久失修，运转不灵，给旅游者的游览参观、外出旅行、生活起居等造成不便，甚至严重影响了旅游者旅游活动的正常进行，成为旅游者投诉的一个重要原因。

（4）违反合同约定。少数旅游服务部门缺乏诚信，擅自违反与旅行社签订的合同，拒绝按照合同约定的数量和等级提供相应的服务产品，或临时取消旅行社事先向其预订的交通票据，给旅游者的旅游活动造成损失，并可能引起旅游者的不满和投诉。

（5）兜售伪劣商品。一些不法旅游商店或旅游景区（点）附近的商贩利用旅游商品市场上信息不对称的特点，采取以次充好的手段，欺诈旅游者，向他们兜售假冒伪劣商品和旅游纪念品，给旅游者造成严重经济损失。这是导致旅游者投诉的重要原因之一。

4. 不可抗力的原因

在旅游过程中，不可抗力因素会造成旅游活动日程被迫改变或取消，而一些缺少旅游经验的旅游者对此不能理解，也可能因此向旅行社提出投诉。

（二）非理性投诉产生的原因

1. 旅行社方面的原因

（1）处理旅游投诉的措施不妥当。旅游者向旅行社提出投诉，是维护其自身合法权益的正当行为，应该受到旅行社的高度重视和充分理解。妥善处理旅游投诉对旅行社改进自身工作、增强旅游者的忠诚度、减少对旅行社的负面影响等具有不可忽视的重要作用。然而，有些旅行社管理者不重视旅游投诉的接待和处理，认为旅游者提出投诉是“无事找事”“贪图小便宜”“勒索旅行社”“给旅行社添麻烦”等。因此，他们对旅游投诉的接待和处理往往不到位，甚至与旅游者产生对立，从而刺激旅游者的投诉向非理性方向演变，更进一步地影响旅行社的经济效益和社会效益。

（2）应对旅游危机的机制不健全。有些旅行社的管理人员缺乏危机意识和应对能力，没有为旅行社建立起旅游危机的预见、预防、控制和应对机制。当旅游危机发生时，旅行社管理人员难以临危不乱地妥善解决所出现的问题，从而导致旅游者及旅行社自身合法权益受到严重侵害，并可能引发旅游者的非理性投诉。

（3）举证不可抗力的责任不完善。翔实、充分的相关证据资料是从容面对非理性投诉、维护旅行社企业合法利益所必需的。但是，一些旅行社管理人员和员工不重视举证不可抗力的责任，在经营活动中忽视证据的搜集和保存工作。当旅行社的服务质量受不可抗力因素的影响而降低，从而遭到旅游者的非理性投诉时，旅行社往往因为举证不力，导致其不应承担责任的主张未得到法律支持，并使非理性投诉的旅游者因此获得利益。这种情况往往在一定程度上助长了非理性旅游投诉现象的产生和蔓延。

2. 旅游者方面的原因

（1）推卸责任。旅游者提出非理性投诉的原因之一是企图推卸责任。有些旅游者在旅游过程中因无视导游人员的提醒与劝告，我行我素，不遵守旅游团的活动日程，严重影响了旅游活动的正常进行，给旅游团内的其他旅游者造成了损失，受到了其他旅游者的批评或指责。为了推卸责任，他们有时采取无端指责旅行社和导游人员的策略，以便转移矛盾。这是非理性旅游投诉产生的一个原因。

（2）过分挑剔。一些旅游者提出非理性投诉的原因是他们过于挑剔。这些旅游者不顾我国旅游环境和社会环境的现实状况，一味追求旅游服务的十全十美。他们对旅行社的工作人员及其他旅游服务部门的员工动辄呵斥，一副盛气凌人的派头。尽管相关人员本着“游客至上”的原则委曲求全，向他们进行解释和道歉，但是他们仍旧不依不饶，纠缠不休。

（3）法律意识淡薄。有些旅游者的法律意识淡薄，在依法开展旅游活动和维护自身权益方面存在一定程度的认识偏差。一方面，少数旅游者随意签约、毁约，强行逃避违约应尽责任，并在自身违约时不愿支付违约金，与旅行社争执不下，发生非理性投诉。另一方面，一些旅游者滥用“精神损失”概念，要求赔偿损失时漫天要价，提出不切实际的巨额赔偿要求，认为只有这样才有可能获得更多利益。

四、旅游投诉的处理原则

（一）游客至上原则

处理投诉的时候应该秉承“游客至上”的原则，对旅游者的投诉持欢迎态度，迅速接受旅游者的投诉。旅行社受理投诉的工作人员，应该认真听取旅游者的意见，表现出为其排忧解难的诚意，善言安抚他们的失望和痛心。遇到一些旅游者的失控言行，旅行社受理投诉的工作人员应豁达礼让、充分理解，争取完满解决问题。

（二）双赢原则

双赢原则，是指旅行社工作人员在处理投诉时，应兼顾旅行社和旅游者的利益，在妥善处理旅游者投诉的同时，也设法维护旅行社的形象和利益。旅行社的工作人员在受理旅游者的投诉后，应积极调查旅游者投诉事件的真相，给旅游者以合理的解释，为旅游者追讨损失赔偿。同时，旅行社工作人员也应尽量设法取得旅游者的理解，降低旅行社的经济损失，增强旅游者对旅行社的信任。通过对旅游投诉的妥善处理，取得旅游者和旅行社双赢的结果。

（三）投诉有效原则

旅行社工作人员受理旅游者投诉后，要认真听取旅游者的投诉情况，并立刻调查核实，坚持以事实为基础，以国家的相应法规为依据，把投诉处理的结果尽快通知旅游者。经过调查，如果发现投诉的问题系因旅游者与旅行社之间的误会造成的，旅行社工作人员应耐心地向旅游者做出解释；如果投诉的问题属于旅行社的工作失误，旅行社应给予旅游者一定的经济补偿，并与其达成赔付协议，让旅游者不满而来，满意而归。

五、旅游投诉的处理方法

（一）理性旅游投诉的处理方法

1. 迅速受理

旅行社的投诉接待人员在接到旅游者的投诉后，应迅速受理，绝不拖延，尽量缩短投诉人等待的时间。

2. 倾听投诉

旅行社的投诉接待人员应认真倾听旅游者的投诉，对其遭遇表示同情，绝不争辩。当旅游者在投诉过程中表现出强烈的感情色彩，具有发泄性质时，旅行社的投诉接待人员应设法平息旅游者的怨气。如果旅游者处在盛怒之下，旅行社的投诉接待人员应进行好言安抚，采取低姿态以稳定其情绪，尽量劝其理智地分析问题。

3. 澄清问题

旅行社的投诉接待人员应使用开放式的思维模式引导旅游者讲述事实，提供材料。在旅游者讲述过程中，旅行社的投诉接待人员应善于理顺问题的脉络，准确把握问题的关键。当旅游者讲述完毕时，旅行社的投诉接待人员也可以要求他写出书面材料，以证实其所提出的问题。此后，旅行社的投诉接待人员应向旅游者表示感谢，承诺将尽快就旅游者提出的投诉事实进行认真调查，并尽快向其通报调查结果和处理意见。

4. 调查核实

旅行社的投诉接待人员应在受理旅游者的投诉后，立即着手对旅游者投诉所涉及的人员和事情经过进行调查核实。

5. 处理投诉

旅游投诉的处理方式是旅游投诉处理过程中的关键环节，因此，旅行社的投诉接待人员应在弄清事实的基础上，依据国家相关法规和旅行社的相关制度判定责任，对旅游者的投诉进行妥善处理。旅行社的投诉接待人员应根据调查的结果和旅行社的相关制度，处理旅游者的投诉。具体做法如下：

（1）设法消除旅游者的误会。旅行社的投诉接待人员如果经过调查，发现旅游者的投诉系因双方之间的误会造成，应该主动向旅游者解释。尽管发生误会的责任不在旅行社方面，但是旅行社的投诉接待人员不应指责或奚落对方，而应诚恳地说明造成误会的原因，取得旅游者的理解。

（2）向旅游者道歉。如果经过调查发现旅游者的投诉事件属实，而旅游者在投诉时只要求旅行社道歉，没有要求旅行社进行赔偿，旅行社的投诉接待人员应主动与旅游者取得联系，向其通报调查结果，并代表旅行社总经理向其表示歉意，以便取得旅游者的谅解。在旅游者表示接受旅行社的道歉后，旅行社的投诉接待人员应再次向对方表示感谢，欢迎他（她）今后再光临本旅行社，并保证提供周到的服务。

（3）补偿旅游者的损失。如果经过调查发现旅游者的投诉事件属实，且旅游者蒙受了一定的经济损失，旅游者在投诉中亦要求旅行社给予经济补偿，则旅行社应承担相应的补偿责任。为此，旅行社的投诉接待人员应在取得旅行社领导授权的前提下，主动征求旅游者的意见，提出补偿措施，设法与其达成补偿协议。

（4）对于涉及旅行社员工的投诉处理。如果经过调查，发现旅游者的投诉确系旅行社员工的工作失误造成，旅行社的投诉接待人员应根据企业的相关制度，建议旅行社的领导按照旅行社的有关制度和规定对当事人进行批评教育；情节严重并造成严重影响或经济损失的，还应根据错误的严重性和造成的后果建议给予该员工扣发奖金、暂停接待工作、赔偿经济损失、通报批评、行政记过、留社察看、解聘或开除等处分。

（5）对于涉及其他旅游服务供应部门的投诉处理。如果经过调查证明，确属该部门或企业责任的，旅行社投诉接待人员应向旅行社领导提出建议，通过适当渠道向该部门或企业的有关领导反映。如果发现该部门或企业屡次出现旅游者因同类情况进行投诉的，则应建议旅行社减少直至停止与其合作，不再采购其服务或其他旅游产品。

6. 善后工作

旅游投诉处理完毕，旅行社投诉接待人员应将旅游投诉的内容和处理经过进行详细真实的记录，并存入档案，以备将来必要时核对。另外，投诉处理结束后，旅行社投诉接待人员应在一个月内上门回访，消除对旅游者的不良心理影响。

（二）非理性旅游投诉的处理方法

1. 提前预防

要提醒游客签订合同时一定要看清住宿、用餐、交通等各方面的标准，要注意“准三星”“车游某地”“远眺景点”等；要提前告知观光游览过程中需要注意的细节，避免旅游者在不知情的情况下造成经济利益的损失。

2. 及时发现

一旦发现游客有挑剔和责难的苗头时，从业人员要主动拜访旅游者，认真倾听他们的指责言语，必要时要做些笔记，克制守礼地疏导说服游客，在力所能及的情况下有针对性地开展平息旅游者不良情绪的相关工作。

3. 妥善处理

在面对旅游者的非理性投诉时，要合情合理又合法地开展工作，做到既要坚持原则，又要注意具体问题的灵活性；既竭力争取旅行社企业的正当利益，又能够让旅游者满意。要耐心解释投诉旅游者提出的挑剔性问题，同时虚心接受“挑剔中的合理部分”，并且着手改正存在的问题和服务缺陷。

（三）显性旅游投诉的处理方法

显性旅游投诉的处理按照我国2010年5月5日国家旅游局颁布的并于2010年7月1日生效的《旅游投诉处理办法》以及2013年10月实施的《旅游法》等文件的相关规定执行。

（四）隐性旅游投诉的处理方法

隐性旅游投诉是所有旅游投诉中最难处理的，因为旅行社无从知道哪位旅游者对其服务不满、不满的程度和不满的原因。然而，旅行社并非在处理隐性旅游投诉方面完全无能为力。旅行社可以采取发放“游客意见调查表”、定期走访等方法主动和旅游者接触，了解他们的需求和意见，变隐性投诉为显性意见。另外，旅行社也可以采用设立旅游者免费电话或投诉热线等方式，了解旅游者潜在的投诉意见，并加以妥善解决。

★实训项目

旅行社旅游线路设计阶段质量管理调查

实训内容：了解旅行社旅游线路设计阶段质量管理的基本方法。

实训目的：通过对旅行社旅游线路设计阶段质量管理的调研，让学生掌握旅行社线路设计质量管理的方法。

实训步骤：

第一步，在学校所在地附近，找一家大型的国际旅行社，把全班同学分为四组，分别选择四条旅游线路进行调研；

第二步，每组同学与旅行社的员工进行充分的交流，了解该旅行社在旅游线路设计阶段对质量管理有哪些要求？是如何进行质量管理的？

第三步，调研结束之后，每个小组形成一份调研报告，并且做成 PPT 进行讲解，通过每个小组的汇报，让同学们掌握不同旅游线路质量管理的基本内容和措施。

实训成果：提交一份旅行社旅游线路设计质量管理总结。

★知识归纳

本章是学习旅行社质量管理的相关知识。本章从旅行社质量概述、旅行社各阶段服务质量的管理、旅行社服务质量的控制、旅游投诉的产生与处理四个方面进行了详细的阐述。旅行社质量概述阐述了旅行社服务质量的定义、内容及特点；旅行社各阶段服务质量的管理分析了旅行社服务质量管理的意义，阐述了旅游线路设计阶段、旅游线路销售阶段、旅游线路采购阶段以及旅游接待阶段的服务质量管理；旅行社服务质量控制部分分析了旅行社服务质量控制的含义、类型及控制步骤，重点阐述了旅行社重点部门和重点人员的质量控制；旅游投诉及处理部分讲述了旅游投诉的类型、内容及原因，强调了旅游投诉处理的原则和方法。通过本章的学习，要求学生能够掌握旅行社质量管理的相关知识。

★典型案例

住宿承诺没有兑现

小王是成都某高校的研究生。2015 年 10 月国庆节期间，他和女朋友准备利用国庆期间去九寨沟旅游，他的女朋友在江苏。在门店报名时销售员刘明讲到："九寨沟、黄龙三日游行程中导游会推荐消费但不会强制消费，晚上可以给他们安排住一个单间。"然而，九寨沟的第一天晚上，小王的女朋友就给门店销售刘明打来电话，说因为他们俩没有参加晚会，导游在晚上安排房间时就故意把他俩分开，小王晕车非常严重，他们今晚坚决不分开，要求住同一个房间。门店销售刘明尽量先安抚他们的情绪，然后打电话询问计调，由于计调非常忙，没有接电话。在游客的要求下，门店销售刘明就把计调的电话给了他们，结果小王不停地打电话给计调。最后，计调电话打通了，计调重新给小王他们安排了单间，终于圆满地解决了问题。

资料来源：学生顶岗实习期间发生的真实案例

请问：从这个案例中，你应该吸取哪些教训？

解析：首先，承诺了保证小王和女朋友同住一个单间，就应该兑现承诺。第二，门店销售刘明要注意国庆期间，九寨沟住房很紧张，不能随便承诺游客，一定要跟计调协调之后才能承诺。第三，游客询问计调的电话时，不能立即就把电话给游客，可以先给门市经理反映，尽量让门市和计调协商解决。第四，在遇到自己不会处理的事情时，千万不要慌乱，要学会及时将问题反馈给上级，不要自己单独做决定，这样有可能导致增加其他同事开展工作的难度。

第八章　练习题

8.1　单项选择题

1. 旅行社旅游线路设计的经济分析，主要是研究线路设计的变化与费用成本变化方面的关系，其核心内容是计算产品的（　　）费用。

A. 成本　　B. 投资　　C. 成本和投资　　D. 成本和利润

2. （　　）是指旅行社工作人员在客服中所表现出来的操作技能和方法。

A. 服务态度　　B. 服务时间　　C. 服务技巧　　D. 服务礼仪

3. 旅游者以过度的维权方式，向旅行社提出超出合理范围的赔偿要求或补偿请求的投诉行为属于（　　）。

A. 显性旅游投诉　　B. 隐性旅游投诉
C. 理性旅游投诉　　D. 非理性旅游投诉

4. 旅游者为维护自身和他人的旅游合法权益，以书面或口头等公开的形式向有关旅游行政管理部门或者旅行社提出投诉请求处理的行为属于（　　）。

A. 显性旅游投诉　　B. 隐性旅游投诉
C. 理性旅游投诉　　D. 非理性旅游投诉

5. 下列不属于旅游投诉处理原则的是（　　）。

A. 游客至上原则　　B. 双赢原则
C. 投诉有效原则　　D. 服务至上原则

6. （　　）不属于旅游者理性投诉的原因。

A. 旅行社方面的原因　　B. 旅游者方面的原因
C. 旅游服务部门的原因　　D. 法律意识淡薄方面的原因

8.2　多项选择题

1. 旅行社的服务质量主要由（　　）等要素构成。

A. 服务态度　　B. 服务语言
C. 服务项目　　D. 服务仪表
E. 服务时间

2. 质量体系的文件应包括（　　）。

A. 质量手册　　B. 质量计划
C. 质量程序　　D. 质量记录
E. 质量报告

3. 为了保证旅游产品的质量，必须对供应商进行严格考察，其考察内容包括（　　）。

A. 供应商的信誉　　B. 供应商提供的样品

C. 供应商的能力
D. 供应商是否取得质量体系认证
E. 供应商和旅行社的关系是否友好

4. 旅行社服务质量控制的种类有（　　）。
A. 反馈控制
B. 事中控制
C. 前馈控制
D. 同期控制
E. 事后控制

5. 旅行社质量控制的主体有（　　）。
A. 旅行社总经理
B. 旅游者
C. 旅行社业务部门
D. 旅行社各个协作企业
E. 旅行社质监部

6. 旅游投诉的基本类型有（　　）。
A. 显性旅游投诉
B. 隐性旅游投诉
C. 理性旅游投诉
D. 书面旅游投诉
E. 非理性旅游投诉

7. 旅游者理性投诉的原因来自于（　　）。
A. 旅行社
B. 旅游者
C. 旅游服务部门
D. 法律意识淡薄
E. 不可抗力

8. 非理性投诉产生的原因主要有（　　）。
A. 处理旅游投诉的措施不妥当
B. 应对旅游危机的机制不健全
C. 举证不可抗力的责任不完善
D. 推卸责任或过分挑剔
E. 法律意识淡薄

8.3 判断题

1. 旅行社服务态度难以测定和衡量，只能靠旅游者的主观感知。(　　)
2. 选择合格的供应商是采购的首要工作，是进行质量管理的重要环节。(　　)
3. 旅游线路设计评审由旅行社部门经理负责，有关职能部门代表及专家参与。(　　)
4. 旅游线路设计的技术分析，主要是研究线路设计的变化与费用成本变化方面的关系，其核心内容是计算产品的成本和投资费用。(　　)
5. 旅游者的投诉是反映旅行社服务质量控制体系运转状况的晴雨表，有利于加强旅行社服务质量控制体系的建设。(　　)

8.4 简答题

1. 简述旅行社服务质量管理的意义。
2. 请问旅行社在旅游线路设计阶段应该如何做好质量管理工作?
3. 请问旅行社在旅游产品营销阶段应该如何抓质量管理工作?
4. 旅行社在旅游服务采购阶段应该如何搞好质量管理工作?
5. 旅行社在旅游服务接待阶段应该如何抓好质量管理工作?
6. 阐述旅行社服务质量控制的步骤。
7. 旅行社应该采取哪些措施来加强对重点人员的质量控制?

第九章

旅行社安全管理

学习目标

1. 了解旅行社安全管理的必要性、旅游突发事件的表现形态。
2. 掌握旅游突发事件的等级及处理办法。
3. 熟悉旅行社的安全义务。
4. 掌握旅行社常规安全管理工作。
5. 掌握旅游突发事件的防控对策。

实训要求

1. 实训项目：本省旅游突发事件调研。

2. 实训目的：通过对本省旅游突发事件的调研，让学生了解本省旅游突发事件的类型、产生的原因以及事后处理方法。

第一节　旅行社安全管理概述

一、旅行社安全管理

2016 年 12 月 1 日起施行的《旅游安全管理办法》第四条规定：旅游经营者应当承担旅游安全的主体责任，加强安全管理，建立健全安全管理制度，关注安全风险预警和提示，妥善应对旅游突发事件。旅游从业人员应当严格遵守本单位的安全管理制度，接受安全生产教育和培训，增强旅游突发事件防范和应急处理能力。

这里的旅游经营者指旅行社及地方性法规规定旅游主管部门负有行业监管职责的景区和饭店等单位。旅行社安全管理，是指旅行社为确保旅游者和司陪人员在旅游过程中平安顺利、无危险、不出事故而进行的预防控制及应急处理等安全管理行为。

二、旅行社安全管理的必要性

（一）旅游产品的脆弱性决定了旅游产品安全管理的紧迫性

旅行社经营的产品是旅游线路及服务，而这一产品需要以社会为“大工厂”来进行制造，产品的主要“零部件”（吃、住、行、游、购、娱、保险等）由社会各相关供应商分别提供，再由旅行社“组装”完成。旅游产品设计、生产链较长，受内外环境制约大，不可预见因素多，因此安全管理战线长，现场监管难度大，产销链中任何一个环节或零部件出现旅游突发事件，都会使旅游产品价值无法实现，都属于产品质量事故，而旅行社作为旅游产品的设计者、直接销售者，难逃直接或间接违约责任。由于旅游者和旅行社之间存在旅游消费关系（组团合同），因此旅行社必然负有对旅游者的安全保障义务，任何旅游突发事件对旅行社都是致命的打击。

（二）旅行社安全管理是贯彻游客至上原则的迫切需要

旅游者和司陪人员及其家属的需求层次中最高层次、最大的需求就是平安。能否在游览中如愿地获得轻松的享受，人身不受伤害，随身物品保持完好无损，不受到骚扰和威胁，未发生有惊无险的事故苗头，都完全依赖于旅游安全的保障。尊重旅游者，首要是尊重和保护旅游者的安全需求，尤其是背井离乡、异地远游的旅游者最希望得到的就是安全感。“因为旅游安全是一种基本人权”，旅游保障的本质是保障人的安全，同时也只有在安全的条件下，司陪人员才能顺利地完成带团工作。

（三）旅游突发事件一旦发生，危害极大，将破坏旅游业的可持续发展

旅游突发事件的成因有社会人为因素，也有自然灾害；有些可以预防，有些无法防患。近几年来发生的泰国红衫军动乱、埃及骚乱、利比亚战争、香港地区游客在马尼拉被劫持、欧洲火山灰、“砧鱼”台风、“5·12”汶川大地震、日本地震海啸及核泄漏、台湾地区阿里山小火车颠覆、“东方之星”号客轮翻沉事件、“3·8”马来西亚航班失踪事件、“12·31”上海外滩踩踏事件等，无论哪一个事件都给旅游业带来了灾难性的后果，使旅游者和司陪人员的人身、财产蒙受了巨大损失，使旅游目的地的形象受损，团队预订纷纷取消，旅行社被迫卷入漫长的理赔纠纷和诉讼之中。旅行社虽然无力从宏观层面去彻底根除、防控和解决这些旅游突发事件，但必须在微观上积极作为，努力去预警、防范、规避大的安全隐患。通过旅行社自身对产品设计、接待管理等环节的安全管理，果断地处理突发事件，才能保证取得预期的社会效益和经济效益。

（四）旅游者数量剧增，使旅行社安全管理范围扩大、难度增加

随着旅游业的快速发展，旅游逐渐实现大众化，客流量大增，尤其是黄金周、节假日出游人数剧烈膨胀，旅游项目也呈多元化发展，如攀岩、蹦极、潜水、速滑等各类刺激性游乐项目越来越受到旅游者的喜爱。但目前各经营场所安全和救援设施达标率低，安全管理水平参差不齐，同时旅游者的自防自救意识也普遍较差。这些安全风险的存在，无疑都是对旅行社安全管理的严峻考验和挑战。

三、旅游突发事件的表现形态

旅游涉及吃、住、行、游、购、娱诸多环节，受社会和自然因素、时间和空间因素的影响各不相同，这也使旅游突发事件的表现形态各异。根据旅游突发事件的成因，将旅游突发事件的形态分为自然灾害和人为事故两类6种。

（一）自然灾害

1. 灾难型自然灾害

自然灾害是受气候、地质、地貌突变引起的灾难，如台风、洪水、泥石流、地震、火山、海啸、沙尘暴等。自然灾害对旅行社经营活动的破坏性极大，对旅游者和司陪人员的生命财产及旅游资源的危害性特别大。

2. 危害型自然灾害

旅途中高原缺氧和高山反应、极端气温（极低温、极高温）、异地生物钟节律失调等也属于可能危及旅游者健康和生命的自然灾害因素。

（二）人为事故

1. 交通事故

交通事故，是指因交通工具机械故障或人为操作违规和失误而引起的人员伤亡和财产损失事故。旅游交通事故涉及水陆空三个层面、若干类型的交通工具，主要有空难（飞机失事）、海难（翻船触礁）、景区缆车故障、陆上汽车交通事故等具体表现形态。有些事故虽然发生率低（如空难），可一旦发生就会造成毁灭性的后果。旅游从本质上讲是旅游者的空间移动，它必须依赖交通工具进行承载和输送。因此，在旅游突发事件中交通事故所占的比例最大，尤其是陆上道路交通事故。根据世界卫生组织2015年10月19日发布的《2015年全球道路安全现状报告》显示，2010年至2013年，每年有约125万人死于道路交通事故。在这3年里，79个国家和地区的道路交通事故致死人数有所减少，68个国家和地区的道路交通事故致死人数有所增加。

2. 火灾与爆炸

旅游中的火灾主要发生在饭店、购物商场、歌舞厅等公共场所，爆炸主要发生在加油站等相关场所。近年来，饭店火灾呈高发趋势，对旅游者及司陪人员的生命财产都是巨大的威胁。

3. 旅游犯罪

旅游犯罪主要表现为针对旅游者、司陪人员的财产及人身的盗窃、诈骗、抢劫、性侵犯、奸杀等暴力犯罪。例如，2013年3月20日，由20多名南京旅游者组成的欧洲六国旅游团，在抵达法国后两小时即遭暴力团伙抢劫，包括领队在内的3名旅游者的挎包被抢，一人受轻伤，领队包中20多本护照丢失。另外，旅游者和司陪人员在旅途中参与吸毒、贩毒、赌博、淫秽色情活动，也是违法或犯罪的诱因。外国旅游者非法进入未开放区域，非法收集各类情报也属于犯罪。任何人在旅游活动中犯罪，都会威胁到旅游安全，当然也会被依法惩办。

4. 疾病与中毒

旅途劳顿、水土不服、冷暖突变、食品卫生等原因，也随时可能导致旅游者生病或猝死；因食品原料和加工问题，还可能诱发群体性食物中毒，进而造成旅游者和司陪人员健康受损，使旅游团队无法正常运行。例如，2015 年 8 月，一个中国旅游团在俄罗斯圣彼得堡入住一家酒店时，团内多人出现疑似食物中毒，部分旅游者行程因此受到影响，随后将涉事旅行社投诉到旅游管理部门。

四、旅游突发事件

（一）旅游突发事件的定义

旅游突发事件，是指突然发生，造成或者可能造成旅游者人身伤亡、财产损失，需要采取应急处置措施予以应对的自然灾害、事故灾难、公共卫生事件和社会安全事件。

（二）旅游突发事件的分类

根据旅游突发事件的性质、危害程度、可控性以及造成或者可能造成的影响，旅游突发事件一般分为特别重大、重大、较大和一般四级。

1. 特别重大旅游突发事件

（1）造成或者可能造成人员死亡（含失踪）30 人以上或者重伤 100 人以上。

（2）旅游者 500 人以上滞留超过 24 小时，并对当地生产生活秩序造成严重影响。

（3）其他在境内外产生特别重大影响，并对旅游者人身、财产安全造成特别重大威胁的事件。

2. 重大旅游突发事件

（1）造成或者可能造成人员死亡（含失踪）10 人以上 30 人以下或者重伤 50 人以上 100 人以下。

（2）旅游者 200 人以上滞留超过 24 小时，并对当地生产生活秩序造成较严重影响。

（3）其他在境内外产生重大影响，并对旅游者人身、财产安全造成重大威胁的事件。

3. 较大旅游突发事件

（1）造成或者可能造成人员死亡（含失踪）3 人以上 10 人以下或者重伤 10 人以上 50 人以下。

（2）旅游者 50 人以上 200 人以下滞留超过 24 小时，并对当地生产生活秩序造成较大影响；

（3）其他在境内外产生较大影响，并对旅游者人身、财产安全造成较大威胁的事件。

4. 一般旅游突发事件

（1）造成或者可能造成人员死亡（含失踪）3 人以下或者重伤 10 人以下。

（2）旅游者 50 人以下滞留超过 24 小时，并对当地生产生活秩序造成一定影响。

（3）其他在境内外产生一定影响，并对旅游者人身、财产安全造成一定威胁的事件。

★小贴士

旅游突发事件中所称“以上”包括本数；所称的“以下”不包括本数。比如，旅游者50人以上包括50人，10人以下不包括10人。

第二节　旅行社的经营安全

一、旅行社的安全生产条件

《旅游安全管理办法》第六条规定：旅游经营者应当遵守下列要求：（1）服务场所、服务项目和设施设备符合有关安全法律、法规和强制性标准的要求。（2）配备必要的安全和救援人员、设施设备。（3）建立安全管理制度和责任体系。（4）保证安全工作的资金投入。

二、旅行社的安全职责

（一）旅游安全检查

《旅游安全管理办法》第七条规定：旅游经营者应当定期检查本单位安全措施的落实情况，及时排除安全隐患；对可能发生的旅游突发事件及采取安全防范措施的情况，应当按照规定及时向所在地人民政府或者人民政府有关部门报告。

（二）旅游风险监测评估

《旅游安全管理办法》第八条第一款规定：旅游经营者应当对其提供的产品和服务进行风险监测和安全评估，依法履行安全风险提示义务，必要时应当采取暂停服务、调整活动内容等措施。

（三）特殊群体的安全保障

《旅游安全管理办法》第八条第二款规定：经营高风险旅游项目或者向老年人、未成年人、残疾人提供旅游服务的，应当根据需要采取相应的安全保护措施。

（四）旅游安全生产教育和培训

《旅游安全管理办法》第九条规定：旅游经营者应当对从业人员进行安全生产教育和培训，保证从业人员掌握必要的安全生产知识、规章制度、操作规程、岗位技能和应急处理措施，知悉自身在安全生产方面的权利和义务。旅游经营者建立安全生产教育和培训档案，如实记录安全生产教育和培训的时间、内容、参加人员以及考核结果等情况。未经安全生产教育和培训合格的旅游从业人员，不得上岗作业；特种作业人员必须按照国家有关规定经专门的安全作业培训，取得相应资格。

（五）旅游者安全管理

《旅游安全管理办法》第十条规定：旅游经营者应当主动询问与旅游活动相关的个人健康信息，要求旅游者按照明示的安全规程，使用旅游设施和接受服务，并要求旅游者对旅游经营者采取的安全防范措施予以配合。

旅行社组织和接待旅游者，应当合理安排旅游行程，向合格的供应商订购产品和服务。

旅行社及其从业人员发现履行辅助人提供的服务不符合法律、法规规定或者存在安全隐患的，应当予以制止或者更换。

（六）出境安全管理

《旅游安全管理办法》第十二条规定：旅行社组织出境旅游，应当制作安全信息卡。安全信息卡应当包括旅游者姓名、出境证件号码和国籍，以及紧急情况下的联系人、联系方式等信息，使用中文和目的地官方语言（或者英文）填写。旅行社应当将安全信息卡交由旅游者随身携带，并告知其自行填写血型、过敏药物和重大疾病等信息。

（七）突发事件应急处置和报告

1. 制定预案

《旅游安全管理办法》第十三条规定：旅游经营者应当依法制定旅游突发事件应急预案，与所在地县级以上地方人民政府及其相关部门的应急预案相衔接，并定期组织演练。

2. 应急处理

《旅游安全管理办法》第十四条规定：旅游突发事件发生后，旅游经营者及其现场人员应当采取合理、必要的措施救助受害旅游者，控制事态发展，防止损害扩大。旅游经营者应当按照履行统一领导职责或者组织处置突发事件的人民政府的要求，配合其采取的应急处置措施，并参加所在地人民政府组织的应急救援和善后处置工作。

旅游突发事件发生在境外的，旅行社及其领队应当在中国驻当地使领馆或者政府派出机构的指导下，全力做好突发事件应对处置工作。

3. 履行报告义务

（1）报告的时间和单位。《旅游安全管理办法》第十五条规定：旅游突发事件发生后，旅游经营者的现场人员应当立即向本单位负责人报告，单位负责人接到报告后，应当于 1 小时内向发生地县级旅游主管部门、安全生产监督管理部门和负有安全生产监督管理职责的其他相关部门报告；旅行社负责人应当同时向单位所在地县级以上地方旅游主管部门报告。

（2）情况紧急和重大、特别重大事故的报告。情况紧急或者发生重大、特别重大旅游突发事件时，现场有关人员可直接向发生地、旅行社所在地县级以上旅游主管部门、安全生产监督管理部门和负有安全生产监督管理职责的其他相关部门报告。

（3）境外突发事件的报告。旅游突发事件发生在境外的，旅游团队的领队应当立即向当地警方、中国驻当地使领馆或者政府派出机构，以及旅行社负责人报告。旅行社负责人应当在接到领队报告后 1 小时内，向单位所在地县级以上地方旅游主管部门报告。

三、针对老年旅游的安全义务

2016 年 3 月，国家旅游局公布首个全国性的《旅行社老年旅游服务规范》，自 2016 年 9 月 1 日起实施。该规范针对老年游产品做出了详细规定。

（一）安全提醒义务规定

（1）出行前应就老年旅游产品的潜在风险、老年旅游者的身体健康要求等内容做好口头安全提醒，并出示《安全告知书》，以保证老年旅游者选择适宜的老年旅游产品。

（2）导游/领队应在行前告知老年旅游者旅游沿途的地理、气候、风俗等情况，提醒老年旅游者带好带齐通信设备、相关证件证明、衣物、应急和日常药品等。

（3）导游/领队应核对每位老年旅游者的通讯方式，同时应为每位老年旅游者发放便携式集合信息卡片并详细讲解卡片内容，卡片上宜载明导游与司机的联系方式、乘坐汽车车牌号等关键信息，应提醒老年旅游者认真阅读、随身携带、妥善保管该卡片。

（4）导游/领队应在游览过程中及时告知老年旅游者停留时间、集合时间及地点，及时清点人数，防止老年旅游者走失，保证老年旅游者的人身安全。

（5）导游/领队应提醒老年旅游者按时服用常用药，时刻关注老年旅游者在旅途中的活动及身体状况，及时告知老年旅游者不适合其参加旅游活动的情形，对自由活动应尽安全提示义务。

（6）导游/领队应提醒老年旅游者在饭店退房时清点并拿好自己的行李物品。

（7）导游/领队应提醒老年旅游者在用餐时注意卫生，饮食不宜过冷过热，规律进餐，饮酒适度。

（8）导游/领队应就可能发生危及老年旅游者人身、财产安全的情况，不厌其烦地向老年旅游者予以说明。

（二）旅游措施规定

1. 强制性规定

（1）配备随团医生。旅行社应为包机、包船、旅游专列以及百人以上的老年团配备随团医生，75 岁以上的老年旅游者应请成年直系家属签字。

（2）交通方面。乘坐火车应安排座位，过夜或连续乘车超过 8 小时应安排卧铺，并尽量安排下铺。

（3）景点选择方面。要求旅行社不安排高风险或高强度的旅游项目。

（4）饮食方面。应考虑老年旅游者的特殊需要，提前为有饮食禁忌的旅游者安排特殊饮食。

（5）购物方面。如果老年旅游者有需求，应选择明码标价的购物场所。

（6）保险方面。组团社应与保险公司就旅游意外险的投保年龄上限进行沟通协商，为更多老年旅游者提供保险保障。

2. 非强制性规定

建议旅行社对老年旅游者提供非强制性的其他便利。例如，连续游览时间不宜超过 3 小时，可安排一定时间的午休；整个行程应节奏舒缓，连续乘坐汽车时间不应超过 2 小时；酒店选择上，宜选择有电梯的，没有电梯的应安排老年旅游者入住 3 层以下楼层等。

第三节　旅行社安全工作常规管理

一、实行安全生产责任制

（一）明确安全工作责任人

旅行社一般都要设立一个安全监督管理领导小组，由总经理任本公司安全生产第一责任人，对本旅行社的安全生产负全面责任；各部门的负责人是安全生产直接责任人，对各部门的安全生产负直接领导责任。

（二）安全工作责任人的职责

（1）负责贯彻执行旅行社制定的有关安全生产规章制度和安全标准，并兼任安全管理人员。

（2）督促旅行社员工参加公司组织的安全培训课，提高员工遵纪守法和安全生产的意识、知识和技能，从根本上杜绝不安全行为。

（3）每周定期在旅行社办公区域进行安全检查，对事故隐患及时整改解决，将隐患消灭在萌芽状态。

（4）每天定时对所出团队进行跟踪检查，对团队中所发现的问题进行处理解决。一旦发生旅游突发事件，应积极采取相关补救措施，并根据旅游突发事件处理规定及时向公司领导及有关部门报告。

二、建立岗位安全操作流程

（一）安全管理岗位三级责任制

旅行社安全管理岗位责任制分三级：业务员、部门经理、总经理，下一级向上一级负责。旅行社每一岗位面对旅游突发事件时，要及时、准确、完整地汇报，不得迟报、漏报、谎报或瞒报。

（二）各岗位的职责

1. 业务员的职责

负责本人岗位所有业务及团队的安全，发现安全问题及时向上级请示报告，及时解决。

2. 部门经理的职责

负责本部门及所有业务及团队的安全，发现安全问题能及时解决的马上处理好，能解决的或无法处理的都要及时向上级请示报告，以及时解决；检查和协助本部门的员工贯彻落实有关旅行社各岗位的安全操作规程；每月部门开会一次，贯彻落实有关省市旅游局的文件。

3. 总经理的职责

（1）建立健全本单位安全生产责任制。

（2）组织制定本单位安全生产规章制度和操作规程。

（3）保证本单位安全生产投入的有效实施。

（4）督查、检查本单位的安全生产工作，及时消除安全生产旅游突发事件隐患。

（5）组织制定并实施本单位的安全生产旅游突发事件应急救援预案。

（6）及时、如实报告安全生产旅游突发事件。

三、对旅游线路进行安全评估

（一）遵循原则

旅游线路设计人员在设计、采购线路过程中应确保旅游线路产品的安全性，保障旅游者的人身、财产安全。在设计线路时要求做到：

（1）严格按照文化和旅游部和省、市旅游部门的规定，不将有缺陷的旅游资源编入旅游线路进行销售。

（2）不组织旅游团到有血吸虫、鼠疫等疫情的目的地游览。

（3）不组团前往治安状况恶劣或交通管理混乱的旅游目的地和尚未获得旅游行政管理部门许可的出境旅游目的地。

（4）对于没有安全保障或安全保障体系尚未完善的旅游项目不予推介。

（5）在行程中对注意事项做出详细的说明和警示，并根据不同的产品、项目、人群去考虑，以防止旅游安全问题的发生。

（6）对旅游接待方的资质能力进行筛选，以防旅游突发事件的发生。

（7）在为游客预订住宿时，要选择安全设施设备齐全、有安全保障的宾馆、酒店；预订餐饮时，要注意餐厅的卫生环境、卫生条件，严防食物中毒，确保旅游者身体健康安全。

（二）新线路的安全评估

旅行社每季度推出的旅游线路，都要经旅行社安全监督管理领导小组进行安全评估，评估标准按照各省旅游局有关旅游项目安全管理的要求。旅游线路安全评估合格才能组团出游。特殊旅游线路，如漂流等项目，安全小组要进行严格把关，必须符合国家及省市有关规定与标准，评估合格才能组织游客前往游览参观。旅游线路安全评估表见表9－1。

表9－1 旅游线路安全评估表

部门		提交日期	
旅游线路			
安全评估等级（简述理由）	不合格		
	合格		
	良好		
	优		
安全评估意见			
安全评估责任人签名			

四、旅游过程中的安全管理

计调部在出团前应向领队（导游）人员提供《领队（导游）带团安全注意事项》，对在旅游途中如何做好旅游安全防范以及旅游突发事件发生时的控制和发生后的处理提出明确的指引和规范，并做到：

（1）领队（导游）人员上岗前应通过旅游安全知识的培训和考核，并取得相应的资格证。

（2）领队（导游）在带团的过程中，要密切注意车辆状况、司机状况，严禁无牌、无证非法营运车队乘载旅游团队，防止车辆带病上路及司机疲劳驾驶。清楚车辆发生事故时的处理程序，及时报警，并要求全陪、领队在车上不能睡觉。

（3）领队（导游）在带团过程中要记住就餐餐馆的名称和地点，游客不能吃生冷和变质的食物，并提醒旅游者若自行到外面饮食时要注意饮食卫生安全。

（4）在宾馆、酒店住宿时要注意个人的人身和财产安全，注意防火，清楚住处的防火逃生通道。防止酗酒现象。雨天要尽量避免户外活动，防止雷电、山体滑坡和溺水等造成的伤害。

（5）除公司购买的《旅游责任保险》外，从保护旅游者的切身利益出发，要求劝说旅游者购买团体或个人《旅游意外保险》，若旅游者不愿通过旅行社代为购买的，则要求旅游者在《自行购买旅游意外保险说明》上签名认可，并在出团前一天上交到旅行社备案。代旅游者购买《旅游意外保险》，需提供旅游者的姓名及身份证号码等资料，在出团前一天购买并得到保险公司的确认方可生效。

（6）要求各部门经理督促本部门员工落实好安全工作，并随时接受检查。领队（导游）在出团时要携带《领队（导游）带团安全注意事项》并依照执行。

（7）旅游途中发生旅游突发事件，应依据文化和旅游部发布的《旅游安全管理办法》及其《实施细则》《重大旅游突发事件报告制度试行办法》《重大旅游突发事件处理程序试行办法》和省政府发布的旅游事故处理暂行规定，以及公司制定的《旅游突发事件预防工作措施及出国旅游突发事件的应急预案》来果断处理。

五、搞好安全教育培训

（一）建立健全公司全员安全教育制度

建立健全企业职工全员安全教育制度，明确本单位各级人员在安全教育培训中应当承担的职责，严格按照安全教育培训管理制度进行各级员工安全教育培训的登记、培训、考核、发证、资料存档等工作，规范企业职工的安全教育培训管理工作。

（二）加强对新入职员工的全面安全培训教育

计调部要配合安全监督管理领导小组，对新入职员工进行全面的安全生产及防火方面的安全培训教育，考核合格后方可上岗。

（三）全体员工进行定期的岗位安全教育

计调部全体员工进行定期的安全教育。接受在岗安全教育和培训的时间：一般员工每人每年不得少于4小时；单位领导及安全管理人员每人每年不得少于8小时。

（四）业务人员培训

（1）对销售人员进行安全教育培训，对产品中有危险因素的地方必须对旅游者做出充分的说明和警示。此外，在旅游者参团时，引导旅游者购买旅游意外保险也能为旅游突发事件发生时提供方便快捷的处理办法。

（2）组团时要选用信誉好、有实力的合法旅行社作为地接社，双方要签订协议，明确景点游玩、住宿餐饮、旅游用车等方面的安全主体责任。

（3）租用车辆（船舶）时，必须选择信誉好、有资质的车队（船队），技术性能合格的车船和责任心强且技术过硬的驾驶员，并与之签订服务协议。

（五）加强领队及导游培训

1. 所有领队及导游均需持有导游证

旅行社针对旅游安全问题按照员工安全培训办法，同时按照行政管理部门要求，依托旅游培训机构对领队及导游进行定期培训，使导游人员对其承担的团队运作安全责任清楚明白，把旅游安全放在第一位。

2. 对各线路进行细致的培训

在有条件的情况下，组织导游实地培训，使导游对当地情况心中有数，提高问题发生的预见性。

3. 防患于未然

导游人员要随时有针对性地提示旅游者注意人身安全及财产安全。根据当地旅游线路的特点及情况，向旅游者提出安全注意事项。对于可能危及旅游者人身、财产安全的项目，要向旅游者做出说明、强调和警示。

4. 领队及导游在旅游接待中，起安全把关作用

（1）旅游接待用车船绝对不可超载。领队及导游要监督司机是否疲劳驾驶，及时制止相关不安全行为，并采取相应措施。

（2）使用合格的地接社。领队或导游要承担监督地接社接待服务安全的责任，有问题要马上向地接社提出并予以纠正（如检查车况、检查餐厅是否符合卫生标准等）。

（3）时刻提醒旅游者注意安全，对不同的旅游项目做出不同的安全警示。例如，到海滩必须在有安全保障设施的规定范围内游泳，做好热身运动；泡温泉必须针对自己的身体健康状况，不可强求；爬山要注意走路不看景，看景不走路；拍照要注意脚下及周边环境的安全等。

第四节　旅游突发事件的防控对策

一、制定旅游突发事件应急预案

《旅游安全管理办法》第十三条规定：旅游经营者应当依法制定旅游突发事件应急预案，与所在地县级以上地方人民政府及其相关部门的应急预案相衔接，并定期组织演练。

二、落实旅游突发事件报告制度和节假日领导值班制度

落实旅游突发事件报告制度和节假日领导值班制度，确保对旅游安全工作的动态管理。一旦发生旅游突发事件，相关人员要按文化和旅游部《旅游安全管理办法》的规定，尽快逐级上报，并及时会同相关部门进行处理。

三、及时投保《旅行社责任保险》和《旅游意外险》

按照《旅行社投保旅行社责任险规定》，及时投保和到期续保。要向旅游者介绍旅游意外险，组织旅游者参加攀岩、蹦极、探险、漂流、射击等容易发生旅游突发事件的游乐项目要投保专项险。

四、旅游突发事件中的权益保障与赔偿原则

尽管旅游突发事件的主客观原因各异，损失大小各有不同，但最终都会导致旅游者和旅行社司陪人员的人身、财产、精神受到损失。因此，如何保障各方权益，如何在现法法律、法规的框架内进行赔偿，一直是旅游突发事件处理中的焦点问题。

（一）权益保障的依据

目前我国涉旅法规有《中华人民共和国安全生产法》《中华人民共和国突发事件应对办法》《中华人民共和国旅游法》等法律和国务院颁布的《旅行社条例》等行政法规。其中，《中华人民共和国旅游法》有一章共七条内容涉及旅游安全管理工作。此外，各个省还制定了一批涉旅规章，如四川省有《四川省旅游局应对旅游行业突发事件工作预案》《四川省旅行社安全管理暂行规定》《四川省旅游星级饭店突发公共事件应急处置工作程序》《四川省国家A级景区突发事件应急处置工作程序》等，这些均为依法治旅提供了强大的法规保障。

（二）旅行社是旅游突发事件中的责任主体

1. 承担直接履约和委托履约的责任

由于旅游行业的特殊性，旅游活动中一旦发生旅游突发事件，无论旅行社有无过失，都应承担合同的违约责任。旅游服务供应商为旅游者提供服务过程中出现的旅游突发事件，根据合同相对性原则，供应商实际上已成为旅行社与旅游者所签旅游合同的履行义务人（委托执行者）。旅行社应该保证供应商提供的服务没有瑕疵，达到合同标准。因此，旅游者可以向供应商主张权益，也可以向旅行社主张权益。

2. 承担第三方损害赔偿责任

第三方指与旅行社、供应商并无关系的第三者。例如，在旅游合同执行期间，旅游者财物被盗、被抢，人身受到歹徒殴打、奸杀等类似情况，旅行社并无故意和过失行为，按常理可以不用承担损害赔偿责任，但是在司法案例中，可以就导游、司机等相关服务人员没有尽力协助旅游者报警、阻止事态变化等情况，判定旅行社承担相应的赔偿责任。

3. 不可抗力因素的责任免除

《中华人民共和国合同法》规定：因不可抗力不能履行合同，根据不可抗力的影响，部分或者全部免除责任。不可抗力因素包括突然降临的严重自然灾害和社会异常因素。这些因

素是合同当事人双方既不能预见又不能避免与克服的。但即使是因不可抗力因素影响导致合同不能履行，旅行社也应采取措施防止损失扩大，不得听任状况恶化；游客也应依据诚实信用原则积极主动配合。在旅游过程中，因天气恶劣、社会动荡等原因造成团队无法如期出发或出发后滞留等带来的吃、住、行的损失，均属此类。

（三）赔偿原则与方法

根据《中华人民共和国合同法》，对违约责任采用完全赔偿原则，也就是对直接损失和所损失的可得利益都应予以赔偿。赔偿方法一般为恢复原状或以金钱赔偿损失。

对旅游合同而言，旅游者的损失包括财产损失（即支付了旅游费用而没有达到预期目的的损失和旅游者自身行李物品的直接损失）、非财产损害（指精神损害）。应当指出的是，购买旅游产品在更多层面上是为了追求精神享受，因此法院可以支持旅游者精神损害赔偿的主张，不得以没有法律规定为由拒绝精神损失赔偿请求。

（四）违约赔偿与侵权赔偿的诉权选择

在旅游突发事件中，往往涉及多方当事人，但旅行社肯定首先有违约责任。不过，直接造成事故的往往是供应商，如车方、饭店等。对旅游者而言，供应商对其直接造成了侵权损害，根据《中华人民共和国合同法》，旅游者可以选择追究其侵权责任，也可以选择追究旅行社的违约责任。一般来讲，如果是交通事故或食物中毒事故，最好选择追究供应商的侵权责任，因为其赔偿能力更强。

同时，法院可以根据受害人的诉求，判决供应商承担侵权责任赔偿，也可以判决旅行社承担违约责任赔偿。

★实训项目

本省旅游突发事件调研

实训内容：了解本省旅游突发事件的类型、产生的原因以及事后处理方法。

实训目的：通过对本省旅游突发事件的调研，使学生掌握旅游突发事件的类型、产生的原因以及处理方法。

实训步骤：

第一步，学生首先在网上查阅本省近几年旅游突发事件的情况。

第二步，到学校所在地附近的旅游行政管理部门去实地调研一下，查询近几年发生的旅游突发事件，及发生这些旅游突发事件之后旅游行政部门、旅行社是如何解决的。

第三步，讨论、分析、归纳本省旅游交通事故产生的原因及处理的方法。

实训成果：调研结束之后，撰写一份旅游突发事件调查报告。

★知识归纳

本章是学习旅行社安全管理的相关知识。本章从旅行社安全管理概述、旅行社的安全义务、旅行社日常安全工作管理、旅行社旅游突发事件的防控对策四个方面进行了详细的阐述。旅行社安全管理概述阐述了旅行社旅游安全管理的必要性，旅游突发事件的形态、等级及处理办法。旅行社的安全义务部分重点突出了旅行社的安全保障义务。旅行社日常安全工作管理部分强调了日常安全管理的五个重点内容：实行安全生产责任制、建立岗位安全操作流程、对旅游线路进行安全评估、旅游过程中的安全管理、搞好安全教育培训。旅行社旅游突发事件的防控对策部分阐述了四个防控对策，即制定旅游突发事件应急预案、落实旅游突发事件报告制度、节假日领导值班制度、及时投保旅游保险及权益保障与赔偿。通过本章的学习，要求学生能够掌握旅行社安全管理的相关知识。

★典型案例

游客行李丢失的处理

2015 年 9 月 3 日正是开学旺季，恰逢外省某新生家长送子女上学，打算利用这个机会在四川游玩几天，于是在成都一家旅行社报名参加九寨沟黄龙 3 日游。经过门市工作人员介绍线路之后，学生家长很快就签了合同，办好了参团手续，而在出团过程中发生了行李丢失事件。学生家长第二天早上 5 点按照约定的时间和地点上车，客人上对了车，但是发现其他客人上错了车。后来，下车提行李时客人发现自己的行李箱不见了，这时两夫妇没有心思玩了，就一直找行李箱。再者，学生的父亲有高原反应，就没有去黄龙玩，并一直要求中途返回。导游要照顾整个团队，因此没有答应这位父亲的要求。回到成都后，客人要求旅行社赔偿行李丢失造成的损失。公司计调给客人赔 500 元，客人不同意。后来客人就一直在门店吵着要增加赔偿，报了案也没有用。后来又协商赔偿 1 000 元，结果客人还是不答应。后来公司老总和律师亲自到门店来解决，最终赔偿 1 300 元，解决了这个事情。

资料来源：学生顶岗实习期间发生的真实案例

请问：通过这件事，提醒我们应该采取哪些措施来加强安全管理？

解析：通过这件事说明，旅游安全是很重要的问题。第一，我们在旅游过程中一定要把安全放在第一位，提醒旅游者注意保管好自己的行李物品。计调要交代游览过程中的注意事项，导游带团过程中也要反复强调安全的重要性，保管好旅游者的行李。第二，如果出现了安全问题，一定要采取积极的态度，有问题先协商，实在不行先向公司反映，最后再走法律程序。

第九章　练习题

9.1　单项选择题

1. 在旅游活动中旅游者和司陪人员及其家属最高层次、最大的需求就是（　　）。

   A. 享受　　B. 快乐　　C. 刺激　　D. 平安

2. 旅游突发事件中的轻微事故，是指一次事故造成旅游者轻伤，或经济损失在（　　）元以下者。

   A. 5 000　　B. 8 000　　C. 1 万　　D. 2 万

3. 旅游突发事件中的特大事故，是指一次事故造成旅游者死亡多名，或者经济损失在（　　）万元以上，或者性质特别严重、产生重大影响者。

   A. 10　　B. 50　　C. 100　　D. 200

4. 旅行社应为包机、包船、旅游专列以及（　　）人以上的老年团配备随团医生，75 岁以上的老年旅游者应请成年直系家属签字。

   A. 50　　B. 100　　C. 150　　D. 200

5. 老年旅游者乘坐火车应安排座位，过夜或连续乘车超过（　　）小时应安排卧铺，并尽量安排下铺。

A. 3　　B. 4　　C. 8　　D. 12

6. 计调部全体员工应进行定期的安全教育。一般员工每人每年接受在岗安全教育和培训的时间不得少于（　　）小时。

A. 2　　B. 4　　C. 8　　D. 10

7. 计调部全体员工应进行定期的安全教育。单位领导及安全管理人员每人每年接受在岗安全教育和培训的时间不得少于（　　）小时。

A. 2　　B. 4　　C. 8　　D. 10

8. 旅游事故中的责任主体是（　　）。

A. 旅游交通部门　　B. 旅游酒店

C. 旅游景区　　D. 旅行社

9.2　多项选择题

1. 旅游突发事件中的自然灾害可以分为（　　）。

A. 灾难型自然灾害　　B. 旅游犯罪

C. 危害型自然灾害　　D. 疾病与中毒

E. 火灾与爆炸

2. 旅游突发事件中的人为事故可以分为（　　）。

A. 交通事故　　B. 旅游犯罪

C. 危害型自然灾害　　D. 疾病与中毒

E. 火灾与爆炸

3. 下列旅游突发事件中属于自然灾害的是（　　）。

A. 泰国红衫军动乱　　B. 欧洲火山灰

C. “5·12”汶川大地震　　D. 香港地区游客在马尼拉被劫持

E. “东方之星”号客轮翻沉

4. 下列旅游突发事件属于人为事故的是（　　）。

A. 中国20多名游客在巴黎被抢　　B. “3·8”马来西亚航班失踪事件

C. “12·31”上海外滩踩踏事件　　D. 中国游客在俄罗斯某酒店食物中毒

E. 游客发生严重高原反应

5. 旅游突发事件的等级可分为（　　）。

A. 一般事故　　B. 重大事故

C. 轻微事故　　D. 特大事故

E. 严重事故

6. 旅游经营者组织、接待（　　）等旅游者，应当采取相应的安全保障措施。

A. 老年人　　B. 未成年人

C. 残疾人　　D. 青年者

E. 少年者

7. 旅行社在组织老年旅游团时的非强制性规定有（　　）。

A. 连续游览时间不宜超过3小时

B. 连续乘坐汽车时间不应超过2小时

C. 入住3层以下酒店

D. 百人老年团配备随团医生

E. 连续乘坐车超 8 小时安排卧铺

8. 旅游安全制度包括（　　）。

A. 安全生产责任制

B. 安全经营规章制度和操作规程

C. 旅游安全风险监测评估制度

D. 旅游安全信息披露和告知制度

E. 旅游安全隐患排查制度、教育培训制度以及应急值守制度

9. 旅游经营单位应开展应急救助技能培训，其培训主要内容一般包括（　　）。

A. 现场急救　　B. 创伤急救

C. 心肺复苏　　D. 呼吸道梗死急救法

E. 意外伤害应急技能

10. 在旅游过程中，根据旅游合同的内容来看，旅游者的损失一般包括（　　）。

A. 财产损失　　B. 物质损失

C. 非财产损害　　D. 精神损失

E. 时间损失

9.3 判断题

1. 旅游者和司陪人员及其家属的需求层次中最高层次、最大的需求就是享受。(　　)

2. 旅游犯罪主要表现为针对旅游者、司陪人员的财产及人身的盗窃、诈骗、抢劫、性侵犯、奸杀等暴力犯罪。(　　)

3. 旅游突发事件分为轻微、一般、严重、重大、特大五个等级。(　　)

4. 旅游事故造成旅游者重伤，或经济损失在 1 万元至 10 万元者为一般旅游事故。(　　)

5. 旅游线路设计评审的结果应形成一份详细的设计评审结论报告。(　　)

6. 法院可以支持旅游者精神损害赔偿的主张，不得以没有法律规定为由拒绝精神损失赔偿请求。(　　)

7. 一般来讲，如果发生交通事故或食物中毒事故，旅游者最好选择追究供应商的违约责任，因为其赔偿能力更强。(　　)

9.4 简答题

1. 简述旅行社实施旅游安全管理的必要性。

2. 请问旅游突发事件处理的一般程序是什么？

3. 在旅游经营活动中，旅游经营者具有哪些安全义务？

4. 在旅游活动中，旅游经营者应该以明示的方式事先向旅游者做出说明或者警示的事项有哪些？

5. 旅游线路设计人员在设计、采购线路过程中应该采取哪些措施来确保旅游线路产品的安全？

第十章

旅行社财务管理

知识目标

1. 了解旅行社财务管理的特点、目标、任务及内容。
2. 明确旅行社资产的构成及各类资产的管理办法。
3. 熟悉旅行社成本的构成及控制措施。
4. 掌握旅行社营业收入和利润的构成及管理方法。
5. 掌握旅行社财务分析的方法。

实训要求

1. 实训项目：旅行社成本、收入及利润等基础数据调研。

2. 实训目的：通过对旅行社成本、收入及利润等基础数据进行调研，使学生掌握旅行社的财务状况。

第一节　旅行社财务管理概述

一、旅行社财务管理的概念

所谓旅行社财务，是指旅行社经营过程中所发生的资金运动及其体现的经济关系。旅行社财务管理，是指旅行社为保证其业务经营活动的顺利进行，按照国家方针、政策和企业决策要求，合理组织企业资金运动，正确处理企业同其他各方面经济关系的活动。究其实质，旅行社财务管理就是以利用货币为特征的综合性管理工作。财务管理区别于其他管理的特点，在于它是一种价值管理。

二、旅行社财务管理的内容

（一）筹资管理

筹资管理是旅行社经营活动的起点，旅行社经营活动的开展必须有足够的资金支持。资金的筹集一方面必须保持一定的规模，以确保旅游团队的正常运作；另一方面要通过选择吸收直接投资、发行股票、银行借款、商业信用等不同的筹资方式，确定合理的筹资结构，降低筹资成本和风险。

（二）投资管理

筹集的资金要通过投资取得收益，因此，投资是旅行社理财活动的关键措施。随着我国经济体制改革的不断深化，企业筹资和投资的范围和渠道都在进一步拓展。

（三）资产管理

资产管理是理财活动的重要内容。资产管理包括流动资产管理、固定资产管理、无形资产管理及其他资产管理。由于旅行社经营业务的特点，使其与其他旅游企业相比，固定资产的比重小于流动资产。

（四）成本费用管理

成本费用管理应按照客观经济规律的要求，对旅行社的经营成本和各项费用进行计划、控制。另外，还应对成本和费用的形成进行监督和分析，及时纠正偏差，把经营成本控制在目标限定的范围内，保证目标成本的控制。

（五）利润分配

利润来源于旅行社的营业收入，是经营活动成果的最终体现。旅行社实现的利润应按规定的程序进行分配，首先是依法纳税，其次是弥补亏损、提取公积金、公益金，最后向投资者分配利润。随着分配过程的进行，资金退出或留存，必然会影响旅行社的资金运动。因此，分配模式和分配方式的合理性，将直接影响旅行社的生存和发展。

三、旅行社财务管理的特点

旅行社财务管理是一种价值管理，这是其区别于其他管理形式及管理内容的基本特征。旅行社财务管理因旅行社自身经营业务的特质而具有显著特点。

（一）时效性

旅游业务具有较强的时间性和季节性，财务管理也随之有较强的时效性。旅游团在一地的逗留时间有限，来去匆匆，旅行社应为客人提供简单、快捷的结账服务，并在较短时间内完成各种财务结算；旅行社要抓住时机进行宣传促销，更需要大量资金作为活动的保障。

（二）复杂性

旅行社业务涉及吃、住、行、游、购、娱等各环节，旅行社与旅游者、与各旅游产品供应商和其他旅行社都有财务往来，业务较为烦琐、复杂。

四、旅行社财务管理的目标

旅行社是按照市场需求自主经营，以提供旅游服务、提高经济效益和实现保值增值为目的的经济组织。旅行社财务管理的目标有以下几个：

（一）利润最大化目标

利润代表了旅行社新创造的财富，利润越多，财富增加得越多，越接近旅行社的目标。因此，利润成为考核旅行社经营情况的首要指标，同时，旅行社员工的经济利益同旅行社实现的利润紧密地结合在一起。以利润最大化作为财务管理目标，旅行社必须讲求目标管理，以目标来指导和控制旅行社的一切经营活动，以目标作为管理人、财、物等各要素的基础，使旅行社管理行为始终围绕目标的实现而努力。

以利润最大化为目标有其明显不足：一方面会导致企业盲目追求利润，而忽视风险的存在；另一方面，容易造成只看到眼前利益，而忽视长远利益，无视资金时间价值影响的局面。在当前激烈竞争的市场环境中，这些不足无疑都是致命的。

（二）股东财富最大化目标

股份公司是现代企业的主要形式，其典型特征是所有权与经营权的分离。股东不直接参与企业的经营管理，而是委托给经营者。根据现代委托代理理论，企业经营者应该最大限度地谋求股东或委托人的利益，而股东的利益是要增加投资回报，增加股东财富。因此，股东财富最大化这一目标就自然受到人们的关注。旅行社通过合理经营，采取有效的财务策略，使股东财富最大化。

股东财富最大化考虑了风险因素，在一定程度上克服了企业的短期行为。但只强调股东财富最大化容易导致忽视利益相关者权益的情形，影响企业可持续发展。

（三）企业价值最大化目标

所谓企业价值最大化，是指通过经营者的经营管理，采用最优的财务政策（如资本结构决策和股利政策等），在考虑货币时间价值和风险的情况下，不断增加企业的财富，使企业的总价值达到最大。

在现代企业经营管理实践中，存在众多的企业“利益相关者”。那些受企业行为影响或可影响企业行为的任何个人、群体和组织，都是企业的利益相关者，包括顾客、供应商、竞争对手、所有者、债权人、企业员工、社区、政府等。企业与利益相关者的关系是客观存在的，没有了这种关系，企业也就不复存在了。企业价值最大化目标，不仅考虑了股东的利益，还考虑了债权人、经理层、企业员工等利益主体的利益。

旅行社以企业价值最大化作为财务管理的目标，将旅行社的长期稳定发展、持续的获利能力放在首位，又充分考虑了企业的其他利益相关者的正常需要，因此被认为是一个较为合理的财务管理目标。

五、旅行社财务管理的任务

旅行社财务管理的任务是财务管理总体目标的具体化。旅行社应认真执行国家经济政策，遵守国家财经制度和财经纪律，建立健全企业财务管理制度，并围绕企业财务管理的总体目标，从价值管理的特点出发，结合财务管理的具体内容，担负下列各项任务：

（一）积极筹集资金，组织资金供应

旅行社经营活动的正常开展，必须以一定量的资金投入为前提。因此，财务管理的首要任务，就是要在通过各种渠道积极筹集资金保证旅行社经营活动顺利进行的同时，提高资金的利用效益。

（二）合理使用资金，增加企业盈利

在一定条件下，一定的资金投入必须获得相应的经济效益，这是企业财务管理的基本要求。因此，旅行社财务管理必须将筹集的资金进行合理分配，并努力挖掘潜力降低各种耗费，力争以尽可能少的消耗实现尽可能多的经营成果，以增加旅行社的盈利。

（三）妥善分配利润，协调各方关系

利润是企业经营的最终成果，它与国家、企业和职工的切身利益有着直接的关系。因此，在对旅行社利润进行分配时，必须注意协调好企业与各方面的关系。旅行社应按国家有关规定，正确核算经营所耗，及时上缴各种税金，然后依据规定程序对旅行社利润进行合理、妥善地分配，以更好地协调旅行社与各方的利益关系。

（四）实行财务监督，提供经济信息

在正常情况下，企业的各项经营活动都会反映于企业的财务收支上。对财务收支进行控制，并以财务指标对之进行分析核算，即为财务监督。旅行社必须建立财务核算制度和财务报表，正确实行财务监督，发挥财务综合管理的作用，以便为旅行社经营决策的制定和正常业务的开展提供准确的数据及有效的经济信息。

第二节　旅行社资产管理

一、旅行社资产及其构成

旅行社资产是旅行社所拥有的全部资本的具体化。旅行社凭借其所拥有的资产，经营各种旅游产品，并获得预期的经济效益。旅行社资产主要包括固定资产、流动资产和其他资产。

（一）固定资产

旅行社的固定资产，是指旅行社使用年限在一年以上的房屋、建筑物、机器设备、运输工具，以及其他与生产经营有关的设备、器具、工具等使用时间较长、单位价值较高的劳动资料。旅行社固定资产相对于其他类型旅游企业而言是较少的，主要是房屋、建筑物、电脑设备、通信设备、车辆等。

（二）流动资产

旅行社的流动资产，是指旅行社可以在一个营业周期（通常一年）内将其转变为现金

或者耗用的资产，如旅行社的现金、银行存款、有价证券、应收账款、预付款项、库存商品、低值易耗品等，都属于流动资产。同旅游业的其他企业相比，旅行社的流动资产在其总资产中占有较大比重。

（三）其他资产

除了固定资产和流动资产外，旅行社还有一些其他资产，如旅行社拥有的、没有实物形态的非货币性的长期资产，主要包括商标权、特许经营权等；还有在旅行社设立时，向旅游行政管理部门缴纳的质量保证金及其利息的所有权等。

二、旅行社流动资产的管理

控制流动资产的规模和内部构成比例、加速流动资金的周转是旅行社财务管理的重要内容。旅行社对流动资产的管理主要有货币资产、生息资产、债权资产和存货资产管理四部分组成。

（一）货币资产的管理

旅行社的货币资产，主要包括现金和银行存款。它是旅行社所有资产中最具有流动性的一种资产。现金经常用于向旅游供应部门和企业采购各种旅游服务、支付旅行社各类劳务费用及其他各种费用、偿还到期的债务等。银行存款主要用于旅行社的各种经济较强的支付能力，但在使用前不能给旅行社带来任何利润，反而还需要承担一定的筹资成本。旅行社将现金存入银行所获得的利息也是微乎其微的。所以，在旅行社业务经营活动顺利进行的前提下，旅行社必须设法缩短现金在周转过程中占用的时间，减少实际占用的现金总量。旅行社在货币资产管理中主要采取下列措施：

1. 确定旅行社的库存现金限制

随着我国市场经济的逐步确立，许多商业银行已经不再为旅行社核定库存现金的限额。因此，旅行社必须根据本企业在日常经营活动中的需要，自行确定库存现金的数量。旅行社日常开支所需的现金数量要适宜，既不能出现经营中现金短缺的现象，也不能造成资金的闲置和浪费。按照《现金管理暂行条例》及实施细则的规定，旅行社库存现金金额以3～5天为限，具体金额应当由旅行社与银行核定，并报审批。

2. 严格控制现金的使用范围

除以下各项款项可用现金支付以外，旅行社不能随意扩大现金使用范围。（1）职工工资、各种工资性津贴和支付给个人的各种奖金。（2）各种劳保、福利费用以及国家规定的对个人的其他现金支出。（3）个人劳动报酬，包括稿费、讲课费及其他专门工作报酬。（4）出差人员必须随身携带的差旅费。（5）结算起点以下的零星支出。（6）确实需要现金支付的其他支出。

3. 严格现金收支管理

旅行社应将现金收入于当日送存开户银行。旅行社现金支出不得坐支，即不得从本企业的现金收入中直接支付。如因特殊情况需要坐支现金的，需报开户银行审核批准。

4. 加强银行存款管理

按照国家有关规定，旅行社作为企业必须在所在地的银行开立账户（分为人民币存款和外汇存款账户）。为保证银行存款与旅行社日记账所记业务及金额的一致性，旅行社财务人员应定期与银行对账。银行则应定期编制对账单，列明旅行社在一个会计期内，通过银行实际收付的资金。旅行社应将日记账与对账单进行认真的核对，如发现不符，要及时查明、调整。旅行社对其银行存款要加强管理，不准出租、出借账户，不准套取银行信用，不准签发空头支票或远期支票。

5. 严格控制现金支出

旅行社应充分利用商业信用所提供的方便，减少现金的占用时间，从而达到节约现金的目的。旅行社应严格控制现金支出，尽量避免在应付账款到期日之前支付现金，并设法减少某些不是十分必要的开支或推迟支付的时间。

（二）生息资产的管理

为了减少企业因保持超出日常开支所需的货币资金而蒙受利润损失，旅行社应将其暂时闲置的货币资金投资于生息资产。生息资产亦称短期有价证券或者金融资产，主要包括期限在一年以下（含一年）的国库券、商业票据、银行承兑汇票和可转让定期存单等。生息资产一般具有三个特点：一是能够在短期内变成现金，二是能够产生较（银行存款等）多的利息，三是市场风险小。生息资产由于具有以上优点，所以又常被看成“准现金”。但是，生息资产有时候也会出现因为货币市场上供求关系变化而出现价格波动，在个别情况下某些票据也存在违约风险等情况，这些都是旅行社的管理者所应予以注意的。

（三）债权资产的管理

旅行社债权资产的管理主要指应收账款的管理。这是组团社或地接社从事接待业务时，由于市场竞争的需要，大多采取先接待、后结算的形式，导致旅行社在接待后难以马上收回现金，要经过一系列的结算过程才能收回。在接待发生后到收入以现金形式回收的这段时期，旅行社被中间商占用的资金称为应收账款。旅行社应收账款在流动资金总额中比重较大。旅行社在加强债权资产管理方面可以采取以下措施：

1. 制定和执行恰当的信用政策

当信用政策宽松时（充分信任对方），旅行社的业务量往往增加，旅行社边际利润增加，市场占有量扩大，同时应收账款数目也会增加，造成应收账款回收的管理费用及坏账（账面有记录，但无法收回）损失增加。当信用政策紧缩时，旅行社可以减少应收账款的管理费用及坏账损失，但不利于边际利润的增加和市场占有量的扩大。因此，旅行社要根据自身所处的市场条件及客户的资信状况，制定恰当的信用政策。对信誉不佳的业务伙伴重点控制，及时催收。合理的旅行社信用政策，应该考虑到三个方面的内容：信用标准、信用期以及现金折扣。

（1）信用标准的设定。信用标准，是指旅行社决定授予客户信用所要求的最低标准。如果客户达不到该项信用标准，就不能享受企业按商业信用赋予的各种优惠。信用标准是减少应收账款损失的有效手段。企业可以通过以往与客户接触的经验，通过付款记录、收账人员的分析判断来了解客户的信用情况；也可以通过专业的信用公司来了解客户信用。另外，通过了解客户公司所有者背景、客户公司财务表、同行评价等方式也可以了解客户的信用情况。

（2）设定合理的信用期。信用期，是指旅游销售方允许旅游消费方从购买旅游产品到付款之间的一段时间。例如，海南岛某旅行社允许重庆某旅行社发团之后的30天内付款，此信用期为30天。通常信用期越长，越有利于吸引客户，但是收款风险和费用也会加大，企业很容易出现坏账；另外，信用期越长，越不利于企业的资金实现时间价值。因此，企业应该根据实际情况，慎重确定信用期。

（3）考虑现金折扣的问题。现金折扣又称销售折扣，是企业为了鼓励客户尽快付款而提供的一种价格优惠。在现实操作中，旅行社为了鼓励客户在信用期内尽快还款，降低发生坏账的风险和成本，往往做出在一定期限内付款则给予现金折扣的优惠。

2. 做好账款催收工作

（1）旅行社要建立好一个完备的账款催收流程。账款催收可分为三阶段：提醒阶段、追踪阶段以及强硬阶段。通常，在超过还款期20天以内旅行社就进入了提醒阶段，企业应该及时提醒客户履行还款合同。在3个月以内，旅行社可以采用信函、电话、造访等手段进行催收。而对于还款期超过半年的应收账款，旅行社应该采用发放律师函、上门催收等强硬手段以保证账款安全。

（2）旅行社要建立应收账款催收责任机制。本着“谁批准谁负责，谁办理谁催收”的原则，旅行社要建立个人责任机制。应收账款催收责任明确到人，并与员工个人收入挂钩，建立奖罚机制。通过明确的责任和奖罚机制，使得企业人员慎重对待每一笔应收账款的催收。

3. 建立坏账准备金制度

所谓坏账，是指旅行社无法收回或收回可能性极小的应收账款。坏账给企业带来的损失称为坏账损失。旅行社由于流动资产所占比重较大，为避免坏账给企业带来的损失，保障企业的正常运营，旅行社应该根据《企业会计准则》计提坏账准备金，即在年终从旅行社管理费中提取坏账准备金，发生坏账损失时，可冲减坏账准备金。当年的坏账损失超过上年计提的坏账准备金部分，计入管理费；如果收回已核销的坏账，划归坏账准备金；不设坏账准备金时，坏账损失计入管理费。

4. 建立信用动态评估档案

定期检查欠款客户对本旅行社业务的重要程度、应收账款的情况及拖欠原因，进行综合分析，建立信用动态评估档案，以便采取有针对性的措施。

（四）存货资产的管理

存货是旅行社资产的一部分，存货管理是旅行社内部控制的重要环节。存货资产管理的效果，直接关系到旅行社的资金占用水平和资产运作效率，是旅行社管理中不可忽视的一部分。

三、旅行社固定资产的管理

（一）固定资产概念

固定资产，是指使用年限在一年以上，并在使用过程中保持基本形态不变的资产。固定资产主要包括房屋、建筑物、机器、机械、运输工具以及其他与生产经营有关的设备、器具、工具等。一般而言，不属于生产经营主要设备的资产，其单价在 2 000 元以上，并且使用年限超过 2 年的，也应当视为固定资产。

对属于生产经营用的固定资产，只规定使用时间一个条件；而对于非生产经营用的固定资产，同时规定了使用时间和单位价值标准两个条件。这样规定，固定资产可以不因价格变化引起的单位价值标准调整而调整。另外，一项资产是否属于固定资产，还要视企业持有这项资产的目的是否为了长期使用，是否为了用于生产经营来确定。旅行社的固定资产相对其他旅游企业（如旅游酒店业、旅游餐饮业等）而言是较少的，主要是房屋、建筑、运输工具以及办公工具等。

（二）固定资产折旧

固定资产在使用过程中会发生三种损耗：实物损耗、自然损耗和无形损耗。

实物损耗，是指固定资产在使用过程中，实物形态由于运转磨损等原因发生的损耗。

自然损耗，是指固定资产受自然条件的影响发生的腐蚀性损失。

无形损耗，是指固定资产在使用过程中由于技术进步等非实物磨损、非自然磨损等原因发生的价值损失。

因此，在企业固定资产管理中，需要对固定资产进行折旧。

固定资产折旧是对固定资产由于磨损和损耗而转移到产品中去的那一部分价值的补偿。旅行社通过对固定资产进行折旧，用于满足今后在固定资产报废时的更新需要。

1. 折旧的范围

在旅行社中，常见的固定资产折旧范围包括：房屋和建筑物、在用的设施设备、计算机设备、运输工具、工具器具；季节性停用、大修理停用的固定资产；融资租入和以经营租赁方式租出的固定资产。一般而言，房屋和建筑物以外，未使用的固定资产、以经营租赁方式租入的固定资产、已提足折旧继续使用的固定资产和按规定单独估价作为固定资产入账的土地，均不进行计提折旧。

2. 折旧的方法

旅行社固定资产折旧的计算方法一般分为两种，工作量法和平均年限法。

（1）工作量法。工作量法是一种以固定资产的实际使用量或使用时间为变量的折旧方法，具体公式如下：

$$\text{单位工作量折旧额}=\frac{\text{原值}\times(1-\text{预计净残率})}{\text{预计使用年限内可以完成的工作量}}$$

这种计提方法，充分考虑到固定资产的实际使用情况，因此比较有利于企业对资产进行合理评估。旅行社部分固定资产，如接待旅游者的客车，由于汽车在不同经营时期的使用频率不均匀，发生损耗的程度也差异较大，工作量不均衡，所以常采用此方法来提取折旧。

（2）平均年限法。平均年限法，又称直线法，是我国目前最常用的计提折旧方法。具体的计算方法是，先将固定资产的初始成本扣除掉预计净残率，然后按照固定资产的预计使用年限进行平均分摊，计算每年或每月的折旧额和折旧率。相关计算公式如下：

$$\text{年折旧率} = \frac{1 - \text{预计净残率}}{\text{固定资产预计使用年限}}$$

$$\text{年折旧额} = \text{固定资产原始价值} \times \text{年折旧率}$$

这种方法的计算比较简单，但也存在一些局限性。例如，固定资产在不同使用年限产生的经济效益是不一样的，另外，固定资产在不同使用年限所产生的维修费用也是不一样的，平均年限法没有考虑这些因素。因此，这种方法往往适用于计算诸如房屋建筑物和贵重办公设备这类各期负荷程度相同、各期应分摊相同的固定资产折旧。固定资产净残率，一般按照3% ~5%提取。

例如，某旅行社新购入一台价值5 000元的台式电脑，预计使用寿命为5年，预计净残率为3%。如果采用平均年限法计提折旧，那么：

$$\begin{aligned}\text{年折旧率} &= (1 - \text{预计净残率}) / \text{固定资产预计使用年限} \\ &= (1 - 3\%)/5 = 0.194\end{aligned}$$

$$\begin{aligned}\text{年折旧额} &= \text{固定资产原始价值} \times \text{年折旧率} \\ &= 5\,000 \times 0.194 = 970(\text{元})\end{aligned}$$

★小知识

固定资产折旧年限

<table>
<tr><th>资产种类</th><th>折旧年限/年</th><th>行驶里程/公里</th><th>备注</th></tr>
<tr><td>营业用房</td><td>20 ~ 40</td><td></td><td></td></tr>
<tr><td>非营业用房</td><td>35 ~ 45</td><td></td><td></td></tr>
<tr><td>简易房</td><td>5 ~ 10</td><td></td><td></td></tr>
<tr><td>建筑物</td><td>10 ~ 25</td><td></td><td></td></tr>
<tr><td>大型客车（33座以上）</td><td>5 ~ 10</td><td>30万</td><td rowspan="6">符合折旧年限或行驶里程任一条件即可</td></tr>
<tr><td>中型客车（32座以下）</td><td>7 ~ 8</td><td>30万</td></tr>
<tr><td>小轿车</td><td>5 ~ 7</td><td>20万</td></tr>
<tr><td>行李车</td><td>7 ~ 8</td><td>30万</td></tr>
<tr><td>货车</td><td>12</td><td>50万</td></tr>
<tr><td>摩托车</td><td>5</td><td>15万</td></tr>
</table>

（三）固定资产的控制

旅行社固定资产占企业总资金的比例相对较小。对于固定资产的管理，应该从以下几方面入手：

（1）建立固定资产管理制度。旅行社的各类固定资产应该由各使用部门专人负责，责任到位。企业财务部则主要掌握固定资产的变动情况，定期进行财产清点，并与各部门一起建立各部门的固定资产管理制度。

（2）做好定期检查工作。旅行社应该对固定资产进行定期的清点，做到账实相符。旅行社固定资产一旦发生盘亏或损毁时，应该按照该项固定资产的净值扣除已提折旧费用、过失人及保险公司赔款后的差额计入营业外支出。出售或报废固定资产时，企业应该按其变价纯收入与折旧净值的差额，计入营业外收入。

第三节　旅行社成本管理

一、旅行社成本费用分析

旅行社成本费用分析，包括研究成本费用的构成和按照单团或部门批量对成本费用进行的分析。旅行社应根据本企业的具体情况实行单团成本费用核算或部门批量成本费用核算。

（一）旅行社成本费用的构成

旅行社成本费用主要由营业成本、营业费用、管理费用和财务费用所构成。

1. 营业成本

营业成本，是指在经营过程中发生的各项直接支出，包括房费、餐费、交通费、文娱费、行李托运费、票务费、门票费、专业活动费、签证费、陪同费、劳务费、宣传费、保险费、机场建设费代收、代付费用。

2. 营业费用

营业费用，是指旅行社各营业部门在经营中发生的各项费用，包括运输费、装卸费、包装费、保管费、保险费、燃料费、水电费、展览费、广告宣传费、邮电费、差旅费、洗涤费、清洁卫生费、低值易耗品摊销、物料消耗、经营人员的工资（含奖金、津贴和补贴）、职工福利费、服装费及其他营业费用。

3. 管理费用

管理费用，是指旅行社组织和管理经营活动所发生的费用，以及由旅行社统一负担的费用，包括公司经费、工会经费、职工教育经费、劳动保险费、待业保险费、劳动保护费、董事会费、外事费、租赁费、咨询费、审计费、诉讼费、排污费、绿化费、土地使用费、土地损失补偿费、技术转让费、研究开发费、税金、燃料费、水电费、折旧费、修理费、无形资产摊销、低值易耗品摊销、开办费摊销、交际应酬费、坏账损失、存货盘亏和毁损、上级管理费及其他管理费用。

4. 财务费用

财务费用，是指旅行社为筹集资金而发生的费用，包括旅行社在经营期间发生的利息净支出、汇兑净损失、金融机构手续费及筹资发生的其他费用。

★小贴士

旅行社不得以低于成本的报价招徕旅游者

2012年5月30日，四川省第十一届人大常委会第三十次会议听取审议了《四川省旅游条例(修订草案)》。其中拟规定，重要旅游线路的旅游成本价、市场参考价，应当由省价格行政主管部门和省旅游行政主管部门向社会公布。旅行社不得以低于旅游成本的报价招徕旅游者。

草案拟规定，旅行社组织旅游活动，应当与旅游者订立书面合同。合同示范文本，由省工商行政主管部门和省旅游行政主管部门向社会公布。未经旅游者同意，旅行社不得在旅游合同约定之外提供其他有偿服务。

在旅游资源保护方面，草案拟规定，开发利用旅游资源，应当遵守有关法律、法规的规定。利用自然保护区等自然资源建设旅游项目，应当采取相应的保护措施，不得破坏景观、污染环境；利用历史文化风貌区和优秀历史建筑以及其他历史人文资源开发旅游项目，应当保持其特有的历史风貌，不得擅自改建、迁移、拆除。旅游经营者组织登山、漂流、狩猎、探险或者经营蹦极跳、过山车、旱地雪橇等涉及人身安全的项目，应当严格按照国家和省有关规定办理许可审批手续。旅游景区景点不得提供无导游证、讲解证的人员在旅游景区内从事导游讲解有偿服务。

来源：《成都商报》2012年5月31日

（二）旅行社成本费用的核算

旅行社成本费用的核算可以根据旅行社的经营规模和范围分别实行单团核算和部门批量核算。

1. 单团核算

单团核算，是指旅行社以接待的每一个旅游团（者）为核算对象进行经营盈亏的核算。单团核算有利于考核每个团队的经济效益，有利于各项费用的清算和考核，有利于降低成本。但单团核算的工作量较大，一般适用于业务量较小的旅行社。

2. 部门批量核算

部门批量核算，是指旅行社的业务部门在规定期限内，以接待的旅游团（者）的批量为核算对象进行的核算。

按部门批量核算虽不像单团核算那样详细，却能从不同的侧面反映出旅行社经营的盈亏状况，为开拓市场、改善经营管理提供依据。这种核算方法适用于业务量较大的旅行社。

（三）旅行社成本费用的分析

成本是影响旅行社经济效益的一个重要因素。在营业量一定的前提下，成本费用越低，经济效益就越高。对成本的分析可以按核算的要求实行单团成本分析和部门批量成本分析。

1. 单团成本分析

单团成本分析的前提是实行单团成本核算。为了达到控制成本、提高旅行社经济效益的目的，应采取以下几个步骤：

（1）在分析市场状况和旅行社自身经营状况的基础上编制成本计划，制定出一套分等级的计划成本，并以此作为衡量旅行社经济效益的标准。

（2）将单团的实际成本与计划成本进行对比，找出差异。对于差异较大的旅游团要逐项进行分析，找出导致成本上升或下降的原因并加以改进。

（3）加强信息反馈，把在成本分析中发现的差异及其原因及时送给领导和部门，以便加强对成本的控制。

2. 部门批量成本分析

接待业务量较大的旅行社应实行部门批量成本分析和核算，将不同部门接待的旅游团作为成本核算的对象进行成本的归集和分配，核算出各个部门接待一定批量旅游者的成本水平和经济效益。旅行社在进行部门批量成本分析和核算时，应采取以下几个步骤：

（1）编制各部门接待一定批量旅游者的计划成本及计划成本降低额（率），核算出实际成本及实际降低额。

（2）按照部门接待旅游者的数量变动、产品结构变动、成本变动三方面进行因素替代分析，找出各因素的影响程度。

（3）将信息反馈给有关部门，采取措施，扭转不利因素的影响。

二、旅行社成本费用控制

成本费用控制，是指旅行社在经营过程中，根据事先制定的成本费用目标，并按照一定的原则、采用专门的方法，对日常发生的各项经营活动进行严格管理和监督，把各项成本费用控制在一定范围之内。成本费用控制是旅行社实行成本费用管理的重要步骤之一。旅行社通过对产品设计、产品开发、旅行服务采购、产品销售与促销和旅游接待等方面的成本和费用的形成过程进行监督和分析，及时纠正所发生的偏差，把经营成本限制在目标决策的范围内，以保证目标成本的实现。旅行社成本费用控制的内容主要包括：

（一）制定成本费用标准

旅行社在经营过程中需要付出大量的成本费用，以获得预期的经营收入。如果成本费用过高，会使旅行社的经营利润大幅度下降，甚至造成亏损。因此，旅行社管理者必须根据本企业的实际情况和经营目标，并参照其他旅行社的成本费用水平，制定出本旅行社的成本费用标准。这是旅行社成本控制的首要步骤。旅行社制定成本费用标准的方法主要有分解法、定额法和预算法。

1. 分解法

分解法，是指将目标成本费用和成本费用降低目标，按成本费用项目进行分解，明确各成本费用项目应达到的目标和降低的幅度。在此基础上，把各成本费用项目指标按部门进行归口分解。然后，各部门再把成本费用指标落实到各个岗位或个人，再由各个岗位或个人分别制定各项成本费用支出的目标和措施，对分解指标进行修订。各项修订后的指标要以现实目标成本费用为标准，进行综合平衡。经过综合平衡以后，即可形成各项成本费用开支的标准。

2. 定额法

定额法，是指旅行社首先确定各种经营成本费用的合理定额，并以此为依据制定成本费用标准。凡是能够直接确定定额的成本费用，都应制定标准成本费用。不能直接确定定额的成本费用，也要比照本行业平均水平确定成本费用开支标准限额，用以控制盲目的成本费用开支。

3. 预算法

预算法，是指旅行社把成本费用划分为同销售收入成比例增加的变动费用、不成比例增加的半固定成本费用或半变动成本费用，以及与销售收入增减无关的固定费用。在此基础上，按照各部门的业务量分别制定预算，并以此作为费用控制的标准。各部门的业务量不同，费用预算也不一样。旅行社可据此对业务量不同的各个部门制定弹性费用预算。

（二）日常控制

旅行社应当在日常经营管理中，按照预先制定的成本费用标准，严格控制各项消耗和支出，并根据已发生的误差，及时进行调整，以指导当前的经营活动。旅行社成本费用的日常控制，主要包括建立成本控制信息系统、实行责任成本制度和进行重点控制三项措施，并通过这些措施对旅行社经营管理的成本费用实行全过程、全面和全员的控制。

1. 建立成本控制信息系统

旅行社应该通过建立成本控制信息系统，对经营活动过程中产生的成本费用进行控制。成本控制信息系统主要包括三个部分：成本指标、标准、定额等输入系统；核算、控制、反馈系统；分析、预测系统。这三个系统构成一个整体，就会发挥提供、传递与反馈成本费用信息的作用，并成为旅行社成本控制的有效手段。

2. 实行责任成本制度

为了加强成本控制，旅行社应实行责任成本制度，即把负有成本责任的部门作为成本责任中心，使其对可控成本负完全责任。通过责任成本制度，可以把经济责任落实到旅行社内部各个部门，推动各部门控制其所负责的成本。

3. 进行重点控制

旅行社管理者应在日常成本费用控制中，对占成本比重较大的部门或岗位、成本降低目标较大的部门或岗位和目标成本事先较难的部门或岗位进行重点控制。按照确定的标准，对这些部门或岗位的成本费用进行检查和监督，以降低成本费用，提高经营利润。

（三）检查与考核

旅行社管理者应定期对各部门的成本费用控制情况及整个旅行社的成本费用控制情况进行检查和考核。在检查与考核过程中，旅行社管理者应着重做好以下几项工作：

（1）检查成本计划的完成情况，查找和分析产生成本差异的原因。

（2）评价各部门和个人在完成成本计划过程中的成绩和缺点，给予应有的奖励和惩罚。

（3）总结经验，找出缺点，提出办法，为进一步降低经营成本提供资料。

综上，成本控制的三项内容是紧密联系、循环往复的，每经一次循环，成本控制都应有所改善，成本控制手段都应更加科学化。

第四节　旅行社营业收入与利润管理

一、旅行社营业收入的管理

（一）旅行社营业收入的构成

旅行社的营业收入，是指旅行社在一定时期内，由于向旅游者提供服务而获得的全部收入。旅行社的营业收入主要由以下几个部分构成：

1. 综合服务费收入

综合服务费收入，是指为旅游团（者）提供综合服务所收取的收入，包括导游费、餐饮费、市内交通费、全程陪同费、组织费和接团手续费。

2. 房费收入

房费收入，是指旅行社为旅游者代订酒店的住房后，按照旅游者实际住房等级和过夜天数收取的住宿费用。

3. 城市交通费收入

城市交通费收入，是指旅行社在旅游期间为旅游者在旅游客源地与旅游目的地之间，以及在旅游目的地的各城市或地区之间乘坐各种交通工具所付出的费用而形成的收入。

4. 专项附加费收入

专项附加费收入主要指旅行社向旅游者收取的汽车超公里费、风味餐费、游江（湖）费、特殊游览门票费、文娱费、专业活动费、保险费、不可预见费等项收入。

5. 单项服务收入

单项服务收入主要指旅行社接待零散旅游者和代办委托事项所得的服务收入、代理代售国际联运客票和国内客票的手续费收入，以及代办签证收费等项收入。

（二）旅行社营业收入的管理

在旅行社的营业收入中，代收代支的款项占了很大比重，这是旅行社在业务经营方面区别于其他旅游企业的一个重要特点。旅行社在核算其营业收入时应根据这一特点，加强管理，准确地对其进行确认和时间上的界定。

1. 确认营业收入的原则

按照国家的有关规定，旅行社在确认营业收入时应实行权责发生制。根据权责发生制，旅行社在符合以下两种条件时，可确认其获得了营业收入：（1）旅行社已经为旅游者提供了合同上所规定的服务。（2）旅行社已经从旅游者或者组团社处收到了价款或取得了收取价款权利的证据。

2. 界定营业收入实现时间的原则

由于旅行社经营的旅游产品不同，其营业收入实现的时间也各异。根据有关规定，对旅行社营业收入实现时间的界定原则为：（1）入境旅游。旅行社组织境外旅游者在境内旅游，以旅游者离境或离开本地时作为确认其营业收入实现的时间。（2）国内旅游。旅行社组织国内旅游者在国内旅游，接团社应以旅游者离开本地时、组团社应以旅游者旅行结束返回原出发地时作为确认其营业收入实现的时间。（3）出境旅游。旅行社组织中国公民到境外旅游，以旅游者旅行结束返回原出发地时作为确认其营业收入实现的时间。

二、旅行社利润的管理

利润是旅行社在一定时期内经营活动的最终财务成果，是旅行社经营活动的效率和效益的最终体现。它不仅是反映旅行社经营状况的一个基本指标，也是考核、衡量旅行社经营成果与经济效益最重要的标准。

（一）旅行社利润的构成

旅行社的利润由营业利润、投资净收益和营业外收支净额构成。它是旅行社在一定时期内经营的最终成果。旅行社通过对利润指标的考核和比较，能够综合反映出企业在这段时期内取得的经济效益。

1. 营业利润

旅行社营业利润，是指营业收入扣除营业成本、营业费用、营业税金、管理费用和财务费用后的净额。

2. 投资净收益

旅行社投资净收益，是指投资收益扣除投资损失后的数额。投资收益包括对外投资分得的利润、取得的股利、债券利息、投资到期收回或中途转让的款项高于投出资产账面净值的差额。投资损失是投资不当而产生的投资亏损额或指投资到期收回或中途转让取得的亏损低于投出资产的账面净值的差额。

3. 营业外收支净额

旅行社营业外收支净额，是指营业外收入减营业外支出后的差额。营业外收入包括固定资产盘盈和变卖的净收益、罚款净收入、确实无法支付而按规定程序批准后转做营业外收入的应付账款、礼品折价和其他收入等。营业外支出包括固定资产盘亏和毁损、报废的净损失、非常损失、技工学校经费、赔偿费、违约金、罚息和公益性捐赠等。

（二）旅行社利润的分析

利润分析，是指旅行社根据初期的利润计划，对本期内所实现的利润进行的评价。它主要包括利润总额分析、利润总额构成因素分析和营业利润分析三个方面的内容。

1. 利润总额分析

利润总额分析，是指旅行社运用比较分析法将本期的利润总额同上期的利润总额或本期的计划利润指标进行对比，分析其增减变动的情况。计算本期利润比上期的利润增长（减少）的情况，可以使用下面的公式：

利润增长（减少）额 = 本期利润总额 - 上期利润总额

利润增长（减少）率 = 利润增长（减少）额 ÷ 上期利润总额 × 100%

完成计划百分比 = 本期实际利润总额 ÷ 本期计划利润总额 × 100%

超额或未完成计划百分比 = 完成计划百分比 - 100%

2. 利润总额构成因素分析

旅行社在分析其利润总额增长情况后，还应对利润的构成因素进行分析，以便发现导致本期利润变化的主要因素，并采取相应的措施。如果发现某项因素的增长比例或绝对额与上一期相差较大，则应对其发生的原因进行深入的分析。

3. 营业利润分析

营业利润分析，是指旅行社通过将利润计划指标与实际结果对比，运用因素分析法，找出影响营业利润实现的因素，以便采取措施、加强管理，为进一步增加营业利润指明方向。在营业收入一定的情况下，影响营业利润的因素是营业成本、营业费用、营业税金、管理费用和财务费用。尽可能降低成本费用，特别是严格控制费用的支出是增加营业利润的有效途径。

（三）旅行社利润的管理

利润管理是旅行社财务管理的一项重要任务，其主要内容是确定目标利润和进行利润分配。

1. 确定目标利润

旅行社应该在每一个营业期之初确定将在这个营业期内获得多少利润，即确定其目标利润，以便采用各种合理而且可能的方法努力实现这个目标。此外，旅行社确定了目标利润后，还应在营业期结束时将实际完成的利润同目标利润进行对比，以加强对利润的管理。旅行社计算目标利润的公式为：

目标利润 = 预计营业收入 - 目标营业成本 - 预计营业税金 - 预计费用

旅行社在确定了目标利润之后，可以运用各种方法来测算出为实现目标利润所应完成的销售量及所产生的各种成本和费用。成本—业务量—利润分析法（简称本量利分析法）是进行这种测算的一种有效方法。本量利分析法将成本分解为固定成本和变动成本，并根据由此获得的信息，预测出旅行社的保本销售量和为完成目标利润而需增加的销售量。本量利分析法的计算公式为：

$$保本销售量 = \frac{固定成本费用总额}{单位销售价格 \times (1 - 税率) - 单位变动成本}$$

$$实现目标利润的销售量 = \frac{固定成本费用总额 + 目标利润}{单位销售价格 \times (1 - 税率) - 单位变动成本}$$

$$实现目标利润的销售收入 = \frac{固定成本费用总额 + 目标利润}{(1 - 税率) - \dfrac{单位变动成本}{单位销售价格}}$$

例如，某旅行社预计2013年固定成本费用总额120万元，平均每个旅游者每次收费740元，营业税率5%，单位变动成本383元，2013年税前目标利润定位80万元，那么：

保本销售量 = 1 200 000/[740 × (1 − 5%) − 383] = 3 750(人次)

目标利润的销售量 = (1 200 000 + 800 000) /[740 × (1 − 5%) − 383] = 6 250(人次)

对于产品单一且售价和成本稳定的旅行社，使用本量利分析法能够做出比较准确的预测。但是，对于多数旅行社来说，其产品、成本和售价因受市场供求关系、同行之间的竞争激烈程度以及其产品的规格、内容和档次等因素的影响，使用本量利分析法存在着一定的难度。旅行社可以参考上一期的平均成本和营业收入按照上述的公式进行估算。

2. 进行利润分配

利润分配是旅行社利润管理的另一重要内容。由于旅行社的经营体制不同，利润分配的方式也存在一定的差异。目前，我国旅行社大致可以分为股份制旅行社和非股份制旅行社两类，其利润分配办法各不相同。

(1) 股份制旅行社。

根据国家有关规定，股份制旅行社在依法向国家缴纳所得税后，应首先提取公益金，然后按照以下顺序分配所剩余的利润：

①支付优先股股利。

②按公司章程或股东会议决议提取盈余公积金。

③支付普通股股利。

(2) 非股份制旅行社。

非股份制旅行社在依法向国家缴纳所得税后，按照下列顺序分配税后利润：

①支付被没收的财务损失和各项税收的滞纳金、罚款。

②弥补旅行社过去年度的亏损。根据国家有关规定，旅行社发生亏损，可用下一年度的利润弥补，连续 5 年未弥补的亏损，可以用所得税后的利润弥补。

③提取法定盈余公积金。

④提取公益金。

⑤向投资者分配利润。旅行社过去年度未分配的利润，可以并入本年度利润一并分配。

根据国家有关规定，旅行社提取的法定盈余公积金应为税后利润的 10%；法定盈余公积金已达旅行社注册资金的 50% 后，可不再提取。旅行社提取的法定盈余公积金用于弥补亏损或按规定转增资本金。旅行社提取的公益金主要用于职工集体福利设施的支出。

第五节　旅行社财务分析方法

一、旅行社的财务报表

旅行社的财务报表是反映旅行社财务状况和经营成果的书面文件，主要包括资产负债表、损益表和现金流量表及有关附表。

(一) 旅行社资产负债表

资产负债表是反映旅行社在某一特定日期财务状况的报表。它以“资产 = 负债 + 所有者权益”这一基本等式为依据，按照一定的分类标准和次序反映旅行社在某一个时间点上资产、负债和所有者权益的基本状况。

旅行社的资产负债表包括三大类项目：资产、负债和所有者权益。报表的左方为资产类部分，反映旅行社的资产状况。资产分为流动资产、长期投资、固定资产、无形及递延资产和其他长期资产五个类型。报表的右方上半部分是负债类部分，分为流动负债、长期负债和递延税项三个类型；下半部分是所有者权益部分。负债和所有者权益部分反映了旅行社资金的来源情况。资产负债表的结构见表 10－1。

表 10－1　资产负债表

会服 01 表　　编制单位　　年　月　日　单位：元

资产	行次	年初数	期末数	负债及所有者权益	行次	年初数	期末数
流动资产：				流动负债：			
货币资金	1			短期借款	34		
短期投资	2			应付账款	35		
应收账款	3			其他应付账款	36		
减：坏账准备	4			应付职工薪酬	37		
应收账款净额	5						
应收补贴额	6			未交税费	39		
其他应收款	7			未付利润	40		
存货	8			其他未交款	41		
待摊费用	9			预提费用	42		
待处理流动资产净损失	10			一年内到期的长期负债	43		
一年内到期的长期债券投资	11			其他流动负债	44		
其他流动资产	12						
				流动负债合计	47		
流动资产合计	14			长期负债：			
长期投资：				长期借款	48		
长期投资	15			应付债券	49		
				长期应付款	50		
固定资产：				其他长期负债	51		
固定资产原价	17			其中：住房周转金	52		
减：累计折旧	18						
固定资产净值	19						
固定资产清理	20						
在建工程	21			长期负债合计	53		
待处理固定资产净损失	22			递延税项：			

续表

资产	行次	年初数	期末数	负债及所有者权益	行次	年初数	期末数
				递延税项贷项	56		
固定资产合计	24			负债合计	58		
无形及递延资产：				所有者权益：			
无形资产	25			实收资本	59		
递延资产	26			资本公积	60		
无形及递延资产	28			盈余公积	61		
合计		、					
其他资产：				其中：公益金	62		
其他长期资产	29			未分配利润	63		
递延税项：							
递延税项借项	31			所有者权益合计	65		
	32						
资产总计	33			负债及所有者权益合计	69		

资产负债表揭示了旅行社的资产结构、流动性、资金来源、负债水平、负债结构等方面的情况，反映了旅行社的变现能力、偿债能力和资产管理水平，为旅行社的投资者和管理者提供了重要的决策依据。

（二）旅行社损益表

损益表又称收益表，是反映旅行社在一定期间的经营成果及其分配情况的报表。其基本等式为：

利润（亏损）= 收入 – 费用（成本）

损益表分为五个主要部分：营业收入、经营利润、营业利润、利润总额和净利润。损益表为旅行社的投资者和管理者提供了有关旅行社的获利能力、利润变化原因、企业利润发展趋势等方面的大量信息，是考核旅行社利润计划完成情况和经营水平的重要依据。损益表的结构见表 10 – 2。

表 10 – 2　损益表

项目	行次	本月数
一、营业收入（亏损以“ – ”号表示）	1	
减：营业成本	2	

续表

项目	行次	本月数
营业费用	3	
营业税金及附加	4	
二、经营利润（亏损以“－”号表示）	5	
减：管理费用	6	
财务费用	7	
三、营业利润（亏损以“－”号表示）	8	
加：投资收益（亏损以“－”号表示）	9	
补贴收入	10	
营业外收入	11	
减：营业外支出	12	
加：以前年度损益调整	13	
四、利润总额（亏损以“－”号表示）	14	
减：所得税	15	
五、净利润	16	

（三）旅行社现金流量表

旅行社在偿还到期的各种债务、向许多旅游服务供应部门和企业支付其所采购的旅游服务及向其员工支付工资时，都需要使用现金。如果旅行社未能及时获得其经营活动所必需的现金，就会给其经营活动带来困难。

除了经营活动以外，旅行社所从事的投资和筹资活动同样影响着现金流量，从而影响其财务状况。现金流量表向旅行社管理者及其他有关单位和部门提供了旅行社在一定会计期间内现金和现金等价物流入和流出的信息，以便他们了解和评价旅行社获取现金和现金等价物的能力，并据以预测旅行社未来的现金流量。现金流量表包括以下项目：

（1）经营活动产生的现金流量。

（2）投资活动产生的现金流量。

（3）筹资活动产生的现金流量。

（4）汇率变动对资金的影响额。

（5）现金及现金等价物净增加额。

★小贴士

老总每天必看的四个财务数据

企业财务数据、报表繁多，专业性强，许多老总如读天书，看不懂报表。不过他们在实践中体会到，你只要每天了解四个数据，就基本上掌握了公司的财务情况了。

其一，现金流量。现金是企业的血液。一个企业在账面有盈利数百万，那是有一定风险的，万一欠款大户破产或失踪，百万利润瞬间可能化为乌有，只有手上的现金是真的。所以，现金流是老总首先要关注的财务数据，企业财务必须每天及时向老总更新现金账目，老总根据现金流情况安排现金支出。

其二，应收账款。应收账款是企业现金流的重要来源，是老总应重点关注的对象。每天观察应收账款的变化，分析客户的动态，布置应收账款的收款工作，保证应收账款无坏账，确保现金流量。

其三，应付账款。应付账款是企业诚信度的重要指标，是企业和供应商关系的具体写照。老总应根据企业资金状况和与供应商的关系，进行应付账款清还的核准、审批工作。

其四，当日利润。当日利润指标是企业健康发展的重要标志。对当日利润测算的方法有多种，基本方法是按企业年度目标测算出每日利润指标，再测算出企业日盈亏平衡点，每日实际盈利超过每日利润指标，就完成了日计划。按当日作为核算单位，能及时了解公司的盈利情况，发现公司盈利方面存在的规律和问题，及时调整盈利指标，发现每一阶段、每一产品的盈利中存在的问题，加以解决，确保盈利指标的实现。

二、旅行社的财务分析

财务分析是在财务报表的基础上对旅行社在一定时期内的财务状况和经营成果进行的一种评价。通过对财务报表的分析，旅行社管理者能够了解本企业财产的流动性、负债水平、资金周转情况、偿还债务能力、获利能力及其未来发展的趋势，从而对旅行社的财务状况和经营风险做出比较合乎实际的评价，避免因方向性决策失误给旅行社带来重大损失。旅行社常用的财务分析方法有增减分析和比率分析。

（一）增减分析

增减分析是将两个会计期间的财务报表数字加以对比，计算两个期间的增减变动差额并编制成比较对照表，通过对差额的分析，从而对企业的经营状况和经营结果进行评价。

比较旅行社连续两年财务报表的历史数据，分析其增减变化的幅度及其变化原因，判断旅行社财务状况发展的趋势。目前，我国多数旅行社在采用此方法分析财务报表时，主要的分析对象是资产负债表和损益表。

1. 资产负债表增减分析

旅行社对资产负债表进行增减分析的目的是了解本企业资产、负债和所有者权益等方面的发展趋势及所存在的问题。在分析前，旅行社财务人员先把连续两期或数期的资产负债表编制成一份工作底表或比较资产负债表，然后对不同时期的资产、负债和所有者权益的差异进行比较和分析，从中发现存在的问题和变动趋势，从而把握旅行社的经营状况和经营成果，预测今后的发展趋势。

2. 损益表增减分析

损益表增减分析，是指通过对旅行社不同时期的经营情况进行比较分析，找出经营中存在的问题，分析产生问题的原因，并提出解决问题措施的一种财务分析方法。比较损益表的编制方法基本上与比较资产负债表的编制方法相同。

（二）比率分析

比率分析，是指在同一财务报表的不同项目之间或在不同报表的有关项目之间进行对比，以计算出来的比率反映各项目之间的相互关系，据以评价旅行社财务状况和经营成果的一种方法。旅行社分析和评价本企业财务状况和经营成果的主要财务指标包括：流动比率、速动比率、资产负债率、应收账款周转率、资本金利润率、营业利润率和成本费用利润率。这些指标分别反映旅行社的偿债能力、营运能力和盈利能力。

1. 偿债能力分析

偿债能力是指旅行社偿还各种到期债务的能力。通过这种分析可以揭示旅行社的财务风险，其分析指标包括流动比率、速动比率、资产负债率。

（1）流动比率。流动比率是反映旅行社短期偿债能力的一项指标。它表明旅行社偿还流动负债的保障程度。其计算公式为：

$$流动比率=\frac{流动资产}{流动负债}\times 100\%$$

式中，流动资产包括现金、短期投资、应收账款和存货等；流动负债主要包括短期借款、应付账款、各种应交款项、一年内将到期的长期负债。

在旅行社行业，流动比率一般应保持在 1.5∶1～2∶1 为宜，这表明旅行社财务状况稳定可靠，除能满足日常经营的流动资金需求外，还有足够的余力偿付即将到期的短期债务。若低于此范围，表明旅行社如期偿还到期债务会有困难，这是旅行社财务状况不良的信号；若高于此范围，表明旅行社资金的利用率欠佳，获利能力会受到影响。

（2）速动比率。速动比率是速动资产（流动资产－存货资产）和流动负债的关系，反映旅行社在最短时间内偿还流动负债的能力。其计算公式为：

$$速动比率=\frac{速动资产}{流动负债}\times 100\%=\frac{流动资产-存货资产}{流动负债}\times 100\%$$

速动比率是流动比率的补充。速动比率越高，说明旅行社的偿债能力越强。一般认为速动比率为 1∶1 时较好。但旅行社采用现金销售或者应收账款较少时，则允许保持大大低于 1∶1 的速动比率。而旅行社以赊销为主或者应收账款较多时，则应保持高一些的速动比率。

（3）资产负债率。资产负债率是旅行社负债总额（短期负债＋长期负债）与其资产总额的比例关系。它揭示了负债在全部资产中所占的比重，以及资产对负债的保障程度。其计算公式为：

$$资产负债率=\frac{负债总额}{资产总额}\times 100\%$$

资产负债率越高，旅行社偿还债务的能力越差；资产负债率越低，旅行社偿还债务的能力就越强。

2. 营运能力分析

营运能力反映了旅行社的资金周转状况。对此进行分析，可以了解旅行社的营业状况和经营管理水平。其主要分析指标是应收账款周转率。

应收账款周转率是旅行社赊销收入净额与应收账款平均余额的比率，反映旅行社应收账款的周转速度。其计算公式为：

$$应收账款周转率=\frac{赊销收入净额}{应收账款平均余额}\times 100\%$$

式中，赊销收入净额＝营业收入－现金销售收入

$$应收账款平均余额=\frac{期初应收账款余额+期末应收账款余额}{2}$$

目前，我国商业信用的使用日趋广泛，应收账款成了旅行社的重要流动资产。旅行社的管理者应该运用应收账款周转率这个工具，对企业应收账款的变现速度和管理效率进行分析。应收账款周转率越高，则旅行社在应收账款上冻结的资金越少、坏账的风险越小、管理效率越高。

此外，存货周转率虽也是衡量营运能力的一个指标，但由于旅行社的存货较少，故可以忽略。

3. 盈利能力分析

盈利能力，是指旅行社赚取利润的能力。衡量盈利能力的主要指标有资本金利润率、营业利润率和成本费用利润率。

（1）资本金利润率。资本金利润率是旅行社利润总额与其资本金总额的比率关系，用于计算投资者所投入资本金的获利能力。其计算公式为：

$$资本金利润率=\frac{利润总额}{资本金总额}\times 100\%$$

资本金利润率越高，说明资本金获利能力越强。当资本金利润率高于同期银行贷款利率时，旅行社可适度运用举债经营的策略，适当增加负债比例，优化资金来源结构。当资本金利润率低于同期银行贷款利率时，则说明举债经营的风险大，应适度减少负债以保护投资者的利益。

（2）营业利润率。营业利润率是旅行社利润总额与营业净收入总额之间的比率关系。其计算公式为：

$$营业利润率=\frac{利润总额}{营业净收入总额}\times 100\%$$

营业利润率是衡量旅行社通过销售赚取利润的能力，其比率越高就证明旅行社通过扩大营业收入获利的能力越强。

（3）成本费用利润率。成本费用利润率反映旅行社营业过程中为取得利润而消耗的成本费用情况，它是利润总额与成本费用总额之间的比率。其计算公式为：

$$成本费用利润率=\frac{利润总额}{成本费用总额}\times 100\%$$

成本费用是旅行社为了获取利润而付出的代价。成本费用利润率越高，说明旅行社付出的代价越小、获利能力越强。旅行社管理者运用这一比率，能够比较客观地评价旅行社的获利能力、对成本费用的控制能力和经营管理水平。

★实训项目　旅行社成本、收入及利润调研

实训内容：对一家旅行社的成本、收入及利润进行调研。

实训目的：通过对旅行社成本、收入及利润的调研，使学生掌握旅行社的财务状况。

实训步骤：

第一步，选择学校附近一家大型旅行社；

第二步，到旅行社财务部去进行调研，了解旅行社在过去一年里总收入是多少？总收入有哪些部分构成？总成本是多少？成本有哪些项目构成？总利润是多少？利润是由哪些部分构成的？

第三步，讨论、分析、归纳该旅行社过去一年的财务状况。

实训成果：调研结束之后，撰写一份旅行社财务分析报告。

★知识归纳

本章是学习旅行社财务管理的相关知识。本章从旅行社财务管理概述、旅行社的资产管理、旅行社的成本管理、旅行社的收入和利润管理、旅行社的财务分析五个方面进行了详细阐述。旅行社财务管理概述部分阐述了旅行社财务管理的特点、目标、任务及内容；旅行社的资产管理部分分析了旅行社资产的构成及各类资产的管理办法；旅行社的成本管理部分重点讲了旅行社成本的构成及控制措施；旅行社的收入和利润管理部分阐述了旅行社营业收入和利润的构成及管理方法；旅行社的财务分析部分重点讲了旅行社财务分析的两种方法。通过本章的学习，要求学生能够掌握旅行社财务管理的相关知识。

第十章　练习题

10.1　单项选择题

1. 旅行社财务管理是一种（　　），这是财务管理区别于其他管理形式及管理内容的基本特征。

   A. 资产管理　　B. 价值管理　　C. 人员管理　　D. 品牌管理

2. 按照《现金管理暂行条例》及实施细则的规定，旅行社库存现金金额以（　　）为限。

   A. 1~2 天　　B. 2~3 天　　C. 3~5 天　　D. 5~7 天

3. 旅行社应将现金收入于（　　）送存开户银行，旅行社不得从本企业的现金收入中直接支付。

   A. 当日　　B. 2 日内　　C. 3 日内　　D. 4 日内

4. 由于生息资产能够在短期内变成现金，产生较多的利息，市场风险小，因此生息资产又被看成是（　　）。

   A. 现金　　B. 准现金　　C. 存款　　D. 准存款

5. 旅行社的（　　）是反映旅行社财务状况和经营成果的书面文件。

   A. 资产负债表　　B. 损益表　　C. 财务报表　　D. 现金流量表

10.2　多项选择题

1. 旅行社财务管理的内容是（　　）。

   A. 筹资管理　　B. 投资管理

   C. 资产管理　　D. 成本费用管理

E. 利润分配

2. 旅行社财务管理具有的特点是（　　）。

A. 时效性　　B. 复杂性

C. 多样性　　D. 敏感性

E. 特殊性

3. 旅行社固定资产折旧的计算方法有（　　）。

A. 工作量法　　B. 估算法

C. 平均年限法　　D. 折算法

E. 计价法

4. 旅行社的成本费用主要由（　　）所构成。

A. 营业成本　　B. 营业费用

C. 管理费用　　D. 财务费用

E. 生产费用

5. 旅行社制定成本费用标准的方法主要有（　　）。

A. 分解法　　B. 分配法

C. 定额法　　D. 预算法

E. 申报法

6. 旅行社的营业收入主要由（　　）构成。

A. 综合服务费收入　　B. 房费收入

C. 城市交通费收入　　D. 专项附加费收入

E. 单项服务收入

10.3　判断题

1. 以企业价值最大化作为财务管理的目标是旅行社合理的财务管理目标。（　　）

2. 固定资产，是指旅行社使用年限在两年以上的房屋、建筑物、机器、运输工具以及其他与生产经营有关的设备、器具、工具等使用时间较长、单位价值较高的劳动资料。（　　）

3. 流动资产，是指旅行社可以在一个营业周期（通常为一年）内将其转变成为现金或者耗用的资产。（　　）

10.4　简答题

1. 旅行社财务管理的任务有哪些?

2. 旅行社应该如何管理货币资产?

3. 旅行社应该采取哪些措施来加强债权资产的管理?

参考文献

［1］北京旅游发展研究基地．中国在线旅游研究报告2014［M］．北京：旅游教育出版社，2014.

［2］国家旅游局人事劳动教育司．旅行社经营管理［M］．北京：旅游教育出版社，2014.

［3］梁智．旅行社经营管理［M］．北京：清华大学出版社，2015.

［4］李伟，魏翔．互联网+旅游［M］．北京：中国经济出版社，2015.

［5］中国旅游研究院．中国旅行社产业发展报告2014［M］．北京：旅游教育出版社，2014.

［6］熊晓敏．旅游圣经［M］．北京：中国旅游出版社，2014.

［7］吴丽云，刘洁．旅行社经营实务［M］．北京：北京大学出版社，2013.

［8］陈学春，叶娅丽．旅游法规与政策［M］．桂林：广西师范大学出版社，2014.

［9］叶娅丽．旅行社运营与管理［M］．桂林：广西师范大学出版社，2015.

［10］李兴荣．旅行社经营与管理［M］．成都：西南财经大学出版社，2011.

［11］叶娅丽，陈学春．旅行社计调实务与管理［M］．北京：北京希望电子出版社，2016.

［12］王煜琴．旅行社计调业务［M］．北京：旅游教育出版社，2014.

［13］柳中明．旅行社经营与管理［M］．北京：电子工业出版社，2010.

［14］陈永发．旅行社经营管理［M］．北京：高等教育出版社，2008.

［15］朱玉霞，邱小樱．旅行社管理实务［M］．镇江：江苏大学出版社，2015.

［16］但强．旅行社经营管理实务与实训教程［M］．成都：西南财经大学出版社，2014.